이 책에 쏟아진 찬사

1970년대에 『동물 해방』을 읽고 나서 나는 채식주의자가 되었다. 그때부터 고기를 먹지 않았다. 개정판 『우리 시대의 동물 해방』을 읽었다면 훨씬 더 빨리 비건이 됐을 것이다.

-제인 구달_『인간의 그늘에서』 저자, 제인 구달 연구소 설립자

동물 해방운동의 고전으로 널리 알려진 피터 싱어의 『동물 해방』은 모든 동물을 동등하게 고려해야 한다는 급진적인 철학에 눈뜨게 해주었다. 그의 최신작 『우리 시대의 동물 해방』은 모두를 위한 정의로운 사회를 구현하는 데 헌신하는 신세대 독자들에게 자극이 될 것이다.

-호아킨 피닉스_배우

초판 출간 당시부터 『동물 해방』은 같은 이름의 운동에 없어서는 안 될 고전으로 자리매김했다. 완전히 다시 쓴 『우리 시대의 동물 해방』에서 싱어는 내용을 새롭게 개정했다. 이 책에는 오늘날의 전 세계 공장식 축산 농장과 연구 실험실에서 벌어지는 일에 대한 진지하면서도 신뢰감을 주는 냉철한 조사 결과가 담겨 있다. 그의 모든 작품이 갖는 철학적 깊이와 정직함을 바탕으로 이 책은 오늘날 벌어지고 있는 복잡한 동물권 논쟁으로 우리를 안내해준다.

-존 쿳시_『추락』, 『동물로 산다는 것』 저자

피터 싱어는 지구상에서 가장 도덕적인 사람일지 모른다. 그의 가차 없는 일관된 이타주의 때문에 사람들이 불편해하거나 심지어 그의 강의를 시끄럽게 방해한다고 해도, 오히려 그것이 바로 이 책을 읽어야 할 이유일 것이다.

－리처드 도킨스_왕립학회 펠로,『이기적 유전자』,『만들어진 신』,『조상 이야기』저자

『우리 시대의 동물 해방』은 읽고, 소중히 간직하고, 사람들에게 널리 알려야 할 진정으로 혁명적인 책이다. 1975년 처음 출간되었을 때 피터 싱어의『동물 해방』은 철학적 폭탄과도 같았다. 이 책은 동물을 대하는 방식에 대한 논의를 완전히 바꾸어놓았는데,『우리 시대의 동물 해방』은 그 논의를 더 풍부하고 예리하게 만들어줄 것이다.

－잉그리드 뉴커크_'동물을 인도적으로 사랑하는 사람들PETA'의 설립자이자 회장,
『애니멀 카인드』저자

『동물 해방』은 실천윤리 분야의 몇 안 되는 훌륭한 고전 중 하나다. 전면 개정한 이 책은 거의 반세기에 걸쳐 싱어의 사상이 성장해온 과정을 반영하여 내용을 새롭게 확장했다. 도덕철학의 역사에서 한 획을 긋는 책이다.

－제프 맥머핸_옥스퍼드대학교 도덕철학과 세키라 & 화이트 교수

『새로운 동물 해방』은 반세기 전에 세상을 바꾼 책이 오늘날에도 여전히 그 힘을 잃지 않았음을 보여준다.

－데일 제이미슨_뉴욕대학교 환경 및 동물보호센터 소장

피터 싱어는 다른 존재들others이 쾌고감수능력을 가진 모든 존재를 아우른다는 사실을 보여줌으로써, 다른 존재들에 대한 우리의 의무 감각을 변화시키는데 도움을 주었다. 철학자로서『새로운 동물 해방』의 출간을 기쁘게 생각하며, 자신의 삶과 작업을 통해 우리가 다루는 주제를 돋보이게 해준 싱어에게 감사를 전한다.

－마크 존스턴_프린스턴대학교 헨리 퍼트넘 대학 철학과 교수

우리 시대의
동물 해방

우리 시대의
동물 해방
피터 싱어 지음
유발 하라리 서문
김성한 옮김
ANIMAL
LIBERATION
NOW
PETER SINGER
연암서가

옮긴이 김성한

고려대학교 불문과를 졸업하고, 같은 대학교 철학과 대학원에서 박사학위를 받았다. 현재 전주교육대학교 윤리교육과 교수로 재직 중이며, 나누는 삶과 동물 문제, 그리고 진화론에 관심을 가지고 있다. 지은 책으로 『비건을 묻는 십대에게』, 『나누고 누리며 살아가는 세상 만들기』, 『어느 철학자의 농활과 나누는 삶 이야기』 등이 있고, 옮긴 책으로 『동물 해방』, 『새로운 창세기』, 『인간과 동물의 감정 표현』, 『채식의 철학』, 『동물에서 유래된 인간』, 『동물권 옹호』(공역) 등이 있다.

우리 시대의
동물 해방

2024년 10월 25일 초판 1쇄 인쇄
2024년 10월 30일 초판 1쇄 발행

지은이 ｜ 피터 싱어
옮긴이 ｜ 김성한
펴낸이 ｜ 권오상
펴낸곳 ｜ 연암서가

등 록 ｜ 2007년 10월 8일(제396-2007-00107호)
주 소 ｜ 경기도 고양시 일산서구 대화동 2232번지 402-1101
전 화 ｜ 031-907-3010
팩 스 ｜ 031-912-3012
이메일 ｜ yeonamseoga@naver.com

ISBN 979-11-6087-129-6 03190
값 25,000원

동물을 대하는 방식에 눈뜨게 해준 리처드와 메리, 로스와 스탠에게
동물을 먹지 않기로 한 우리의 결단에 동참하고 이 멋진 여행을 함
께해준 레나타에게
생명이 있는 모든 존재에게 더 나은 세상을 선사하기 위해 애쓰는
수많은 선한 이들에게

이 책을 바칩니다.

차례

서문

유발 노아 하라리Yuval Noah Harari

인류의 역사에서 동물은 가장 큰 희생을 치러왔고, 산업형 농장에서 가축을 다루는 방식은 아마도 인류 역사상 가장 끔찍한 범죄에 해당할 것입니다. 피터 싱어가 처음 『동물 해방Animal Liberation』을 출간한 1975년으로 되돌아가면 사람들이 이런 주장을 얼토당토않다고 생각했을 것입니다. 하지만 오늘날 이 획기적인 책이 결코 적지 않은 영향을 미침으로써 더 많은 사람이 점차 이런 생각이 합당하다고, 적어도 논쟁거리가 된다고 생각하고 있습니다.

『동물 해방』 출간 이후 수십 년 동안 과학자들은 동물의 인지 능력, 행동 그리고 인간과 동물의 관계를 연구하는 데에 점점 더 많은 관심을 갖게 되었습니다. 그들이 알아낸 내용은 싱어가 보여준 주요 통찰을 대부분 확인해주었습니다. 즉 진보를 향한 인류의 행진에는 죽은 동물이 널려 있었던 것이죠. 이미 수만 년 전에도 우리의 석기시대 조상들은 일련의 생태학적 재앙을 일으킨 바 있습니다.

약 4만 5,000년 전 최초의 인류가 오스트레일리아에 당도했는데, 그들은 대형 동물의 90%를 순식간에 멸종시켰습니다. 이는 호모사피엔스가 지구 생태계에 미친 최초의 중대한 영향이었습니다. 그게 끝이 아니라 시작이었죠.

약 1만 5,000년 전 인간은 아메리카를 점령했고, 그 과정에서 대형 포유류의 약 75%를 말살했습니다. 다른 수많은 종이 아프리카, 유라시아, 해안 주변의 여러 섬에서 사라졌습니다. 수많은 나라의 고고학 기록도 동일한 슬픈 이야기를 전하고 있습니다. 이 비극은 풍부하고 다양한 대형 동물군을 보여주는 장면으로 시작하는데, 여기에서는 호모사피엔스의 그 어떤 흔적도 보이지 않습니다. 두 번째 장면에서는 사피엔스가 나타나는데, 사피엔스의 등장은 화석화된 뼈, 창끝 또는 모닥불 등으로 확인할 수 있습니다. 마지막으로 세 번째 장면이 빠르게 이어집니다. 이 장면에서는 남성과 여성이 무대 중앙을 차지하고 대부분의 대형 동물과 수많은 소형 동물이 사라집니다. 사피엔스는 지구상 모든 대형 육상 포유류의 약 50%를 멸종으로 몰고 갔습니다. 최초로 밀밭을 가꾸고, 최초의 금속 도구를 만들고, 최초로 문자를 쓰고, 최초의 주화를 만들기에 앞서서 말이죠.

인간과 동물의 관계에서 다음 주요 이정표는 농업혁명이었습니다. 이 시기에 이르러 지구에 완전히 새로운 생명체, 즉 가축이 출현했습니다. 처음에는 이 사건이 그다지 중요하지 않았을지도 모릅니다. 셀 수 없이 많은 종이 여전히 '야생' 상태에 있었던 반면 인간이 길들인 조류와 포유류는 고작 20종 미만이었기 때문입니다. 그러나 수 세기가 흐르면서 이 새로운 생명체가 대세가 됩니다. 오늘날 모든 대형 동물의 90% 이상이 가축입니다. 닭을 예로 들어보겠습니다. 1만 년 전만 해도 닭은 남아시아의 일부 지역에만 서식하는 희귀한 새였습니다. 하지만 지금은 수십억 마리의 닭이 남극 대륙을 제외한 거의 모든 대륙과 섬에 살고 있습니다. 가축화된 닭은 아마도 지구의 연대기에서 가장 널리 퍼져 있는 조류일 것입니다. 성공 여부를 개체수로 측정한다면 이 세상에서 가장 성공한 동물은 닭, 소, 돼지라 할 수 있습니다.

안타깝게도 가축화된 종은 집단적으로는 비교할 수 없을 정도로 성공했으나 개별적으로는 전례 없는 고통을 치러야 했습니다. 동물의 왕국은 수백만 년 동안 다양한 유형의 고통과 불행을 겪었습니다. 그러나 농업혁명은 완전히 새로운 종류의 고통을 만들어냈고, 세대가 지날수록 그 고통은 더 악화되었습니다.

언뜻 보면 가축이 야생에 사는 동일 종이나 그들의 조상보다 훨씬 잘 사는 것처럼 보일 수 있습니다. 야생 버펄로는 먹이, 물, 피난처를 찾아다니며 하루를 보내고, 사자, 기생충, 홍수 및 가뭄으로부터 끊임없이 위협을 받습니다. 반면 가축은 인간의 보살핌과 보호를 받습니다. 사람들은 소와 송아지에게 음식, 물, 보금자리를 제공하고 질병을 치료해주며 포식자와 자연재해로부터 그들을 보호해줍니다. 물론 대부분의 소나 송아지는 조만간 도축장으로 향하겠지요. 하지만 이들이 야생 버펄로보다 운이 나쁘다고 할 수 있을까요? 사자에게 잡아먹히는 편이 사람 손에 죽는 것보다 나을까요? 악어 이빨이 강철 칼날보다 더 부드러울까요?

가축화된 농장 동물의 삶이 유달리 고통스러운 것은 그들이 죽음을 맞이하는 방식, 그리고 무엇보다도 그들이 처한 생활환경 때문입니다. 농장 동물의 생활환경은 충돌하는 두 요소에 의해 결정되었습니다. 하나는 인간이 고기, 우유, 달걀, 가죽, 오락거리, 동물의 근력을 원한다는 것입니다. 다른 하나는 인간이 농장 동물을 오랫동안 살려두면서 번식을 시켜야 한다는 것입니다. 이론상 동물은 이런 상황에서 극도의 고통으로부터 보호를 받아야 합니다. 영농인이 소에게 음식과 물을 주지 않고 젖을 짜면 우유 생산량이 줄어들고 소도 빨리 죽게 됩니다.

유감스럽게도 인간은 농장 동물의 생존과 번식을 위협하지 않으면서 그들에게 엄청난 고통을 줄 수 있습니다. 문제의 뿌리는 가축이 인간의 농장에서는 불필요한 수많은 신체적·정서적·사회적 욕구를 야생의 조상으로부터 물려받았다는 데에 있습니다. 영농인은 경제적 대가를 치르지 않으면서 동물의 이런 욕구를 무시하는 것이 일상화되어 있습니다. 그들은 동물을 작은 우리에 가두고, 뿔과 꼬리를 절단하고, 어미와 새끼를 떼어놓고 기괴한 동물을 선택적으로 번식시킵니다. 동물은 큰 고통을 겪으면서도 계속 살아가고, 그 수도 늘어납니다.

그런데 이는 다윈 진화론의 가장 기본적인 원칙을 위배하는 것이 아닐까요? 진화론은 모든 본능, 충동, 감정이 생존과 번식을 위해 진화했다고 주장합니다. 그렇다면 농장 동물이 계속해서 번식한다는 사실은 그들의 실질적인 필요가 모두 충족된다는 것을 입증하는 게 아닐까요? 소가 생존과 번식에 실제로 필요하지 않은 '욕구'를 어떻게 가질 수 있겠습니까?

모든 본능, 충동, 감정이 생존과 번식을 위한 진화적 압력에 따라 진화했다는 것은 분명 사실입니다. 그러나 이 압력이 사라졌다고 해서 이미 형성된 본능이나 충동, 감정이 즉시 없어지는 것은 아닙니다. 이 압력은 더 이상 생존과 번식에 도움이 되지 않더라도 동물의 주관적인 경험에 영향을 미칩니다. 오늘날의 소, 개, 인간의 신체적·정서적·사회적 욕구는 현재의 상황을 반영하는 것이 아니라 수만 년 전에 그들의 조상이 겪었던 진화적 압력을 반영합니다. 현대인은 왜 그토록 단 것을 좋아할까요? 21세기 초를 살아가는 우리가 생존을 위해 아이스크림과 초콜릿을 잔뜩 먹어야 하기 때문은 아닐 겁니다. 그보다는 우리의 석기시대 조상들이 잘 익은 달콤한 과일을 발견했을 때 최대한 빨리, 많이 먹는 것이 가장 현명한 행동이었기 때문이겠죠. 왜 젊은이들은 난폭 운전을 하거나 폭력적인 싸움에 휘말리고, 기밀 인터넷 사이트를 해킹하는 데 열심일까요? 그들이 이 모든 행위를 금지하는 오늘날의 법률을 거부하려는 게 아니라, 아주 오래전의 유전 법칙을 따르지 않을 수 없기 때문에 그런 행동을 하는 것입니다. 7만 년 전, 목숨을 걸고 매머드를 쫓았던 젊은 사냥꾼은 모든 경쟁자를 물리치고 그 지역의 아름다운 여성을 얻었습니다. 그리고 오늘날의 남성에게 그의 마초적 유전자가 남아 있는 것이죠.

산업형 농장의 소와 송아지의 삶에도 정확히 동일한 논리가 적용됩니다. 고대의 야생 들소는 사회적 동물이었습니다. 그들은 생존하고 번식하기 위해 효과적으로 소통하고 협력하고 경쟁해야 했습니다. 모든 사회적 포유류와 마찬가지로 들소도 놀이를 통해 필요한 사회적 기술을 배웠습니다. 강아지, 새끼 고양이, 송아지, 어린이는 모두 놀이를 무척 좋아합니다. 진화가 그들에게 이런 욕구를 심어놓았기 때문입니다. 야생에서는 놀이가 **필요했습니다.** 만약 놀이가 없었다면 그들은 생존과 번식에 반드시 필요한 사회적 기술을 습득하지 못했을 것입니다. 새끼 고양이나 송아지가 놀이에 무관심한 희귀 돌연변이를 가지고 태어날 경우 살아남거나 번식할 가능성이 거의 없습니다. 마찬가지로 진화는 강아지, 새끼 고양이, 송아지, 어린이에게 어미와 유대를 맺으려는 압도적인 욕구를 심어주었습니다. 엄마와 아기의 유대를 약화시키는 우발적 돌연변이는 일종의 사형선고였습니다.

오늘날 영농인이 송아지를 어미와 격리하여 작은 우리에 가두고, 다양한 질병에 걸리지 않도록 예방접종을 하고 음식과 물을 공급한 다음, 수태를 할 만큼 충분히 성숙했을 때 황소의 정자로 인공수정을 시키면 어떻게 될까요? 객관적으로 보면 이 송아지에게는 생존과 번식을 위한 어미와의 유대나 놀이 친구가 더 이상 필요하지 않습니다. 이 송아지에게 필요한 모든 것은 인간 주인이 관리합니다. 하지만 주관적으로 보면 송아지는 여전히 어미와 유대를 맺고 다른 송아지와 놀고 싶은 강한 욕구를 느낍니다. 이 욕구가 충족되지 않으면 송아지는 큰 고통을 받습니다.

진화심리학의 기본 입장에 따르면 수천 세대 전에 형성된 생존과 번식에 필요한 욕구는 현재 더 이상 필요하지 않게 되었어도 주관적으로는 계속 느껴집니다. 비극적이게도 인간은 농업혁명으로 가축의 주관적인 욕구를 무시하면서 그들의 생존과 번식을 보장할 수 있는 힘을 갖게 되었습니다. 결과적으로 가축은 집단적으로는 세계에서 가장 성공한 동물인 동시에, 개별적으로는 지금까지 존재한 동물 중 가장 비참한 삶을 영위하는 동물입니다.

전통 방식의 농업이 산업형 농업으로 전환되면서 상황은 지난 몇 세기 동안 더 악화되었습니다. 고대 이집트, 로마 제국 또는 중세 중국 같은 전통 사회에서는 인간의 생화학, 유전학, 동물학, 역학疫學에 대한 이해가 매우 제한적이었고, 이에 따라 그들의 조작 능력은 한계가 있을 수밖에 없었습니다. 중세 마을에서는 닭이 집과 집 사이를 자유롭게 돌아다니며 쓰레기 더미에서 씨앗과 벌레를 쪼아 먹고 헛간에 둥지를 틀었습니다. 야심 찬 농부가 닭 수천 마리를 비좁은 닭장에 가두려고 했다면 치명적인 조류독감 전염병이 발생하여 수많은 마을 사람은 물론 닭도 전멸했을 것입니다. 어떤 성직자도, 무당이나 주술사도 이를 막을 수 없었을 겁니다.

현대 과학이 조류, 바이러스 및 항생제의 비밀을 밝혀내면서 인간은 동물을 극한의 생활환경에서도 살아갈 수 있게 만들었습니다. 예방접종, 약물, 호르몬, 살충제, 중앙 에어컨 시스템, 먹이 자동 공급 장치 및 수많은 새로운 장치의 도움으로 이제 수만 마리의 닭을 작은 우리에 몰아넣고 전례 없이 효율적으로 고기와 달걀을 생산할 수 있게 되었습니다.

관련된 개체의 수라는 측면에서, 이런 산업 시설에 수용된 동물의 운명은 우리 시대의 가장 시급한 윤리적 문제 중 하나가 되었습니다. 오늘날 우리 행성의 대형 동물은 대부분 산업형 농장에서 살아가고 있습니다. 우리는 지구에 수많은 사자, 코끼리, 고래, 펭귄이 살고 있다고 상상합니다. 내셔널지오그래픽 채널, 디즈니 영화, 어린이

동화에서는 그럴지 몰라도 TV 화면 밖의 현실 세계에서는 더 이상 그렇지 않습니다. 이 세상에는 4만 마리(이 책에서 사용하고 있는 단어들 중에는 우리나라에서 관행적으로 사용되고 있으나 사실은 종차별적인 단어들이 있다. 암탉, 육우, 암컷, 수컷, 마리 등의 단어는 그 예이다. 이는 부득이한 사용이며, 앞으로 바꾸어 나가야 할 것들이다.-옮긴이)의 사자와 10억 마리의 농장 돼지가 있고, 50만 마리의 코끼리와 15억 마리의 농장 소가 있으며, 펭귄은 5,000만 마리, 닭은 200억 마리가 살아가고 있습니다.

2009년 유럽의 야생 조류는 모두 합해 16억 마리였습니다. 같은 해 유럽의 육류 및 달걀 산업계에서 키운 닭은 19억 마리였습니다. 또한 전 세계에서 사육되는 가축의 총 무게는 약 7억 톤임에 반해, 인간의 총 무게는 3억 톤이며, 대형 야생동물(여기서 '대형'이란 무게가 적어도 수 킬로그램 이상 나가는 동물을 의미합니다)은 1억 톤 미만입니다.

이렇게 보면 농장 동물의 운명은 부차적인 윤리 문제가 아닙니다. 이 윤리 문제에는 지구상에 존재하는 대다수의 대형 동물, 즉 산업 생산 라인의 톱니바퀴처럼 살다 죽어가는, 각기 복잡한 감각과 감정을 지닌 수백억의 쾌고감수능력이 있는 존재sentient beings가 관련됩니다. 피터 싱어가 옳다면 산업형 농장은 역사상 모든 전쟁을 합친 것보다 더 많은 고통과 불행을 초래하고 있습니다.

지금까지 과학 분야에서의 동물 연구는 이러한 비극에서 암울한 역할을 맡아왔습니다. 과학계는 동물에 대한 축적된 지식을 동물의 삶을 보다 효율적으로 조작하는 데 활용하여 그들을 인간의 산업에 봉사하게 만들었습니다. 그런데 바로 이 지식이, 농장 동물이 복잡한 사회관계와 정교한 심리적 패턴을 지닌 쾌고감수능력이 있는 존재임을 분명하게 입증했습니다. 동물은 우리만큼 지적이지 않을지 몰라도 고통, 두려움, 외로움, 사랑을 확실히 느낄 수 있습니다. 그들도 고통을 받을 수 있고 그들도 행복을 느낄 수 있습니다.

지금은 우리가 과학계의 이러한 여러 발견들을 마음에 되새겨야 할 때입니다. 인간의 힘이 계속 커짐에 따라 다른 동물에게 해를 입히거나 이익을 줄 수 있는 능력도 덩달아 커지기 때문입니다. 40억 년 동안 지구상의 생명체는 자연선택의 지배를 받았습니다. 이제는 시나브로 인간의 지적 설계가 지배하게 되었습니다. 머지않아 생명공학, 나노기술, 인공지능 등을 이용해 인간은 급진적이고 새로운 방식으로 생명체를 재구성할 수 있게 될 것이며, 이를 통해 생명의 의미가 다시 정의될 것입니다. 이 멋진 신세계를 설계할 때 우리는 호모사피엔스만이 아니라 쾌고감수능력이 있는 모든 존재의 복지를 고려해야 합니다.

『우리 시대의 동물 해방*Animal Liberation Now*』은 모든 인간이 마음에 품어야 할 윤리적 문제를 제기합니다. 모든 사람이 싱어의 입장에 동의하지는 않을 겁니다. 그러나 인류가 다른 모든 동물에게 휘두르는 막대한 힘을 감안할 때, 이 문제를 신중하게 검토하는 것은 우리의 윤리적 책임입니다.

유발 노아 하라리
세계에서 가장 영향력 있는 지성인 중 한 명으로 꼽히는 베스트셀러 역사학자이자 철학자. 옥스퍼드대학교에서 역사 연구로 박사 학위를 받았으며, 예루살렘 히브리대학교 역사학과 교수이다. 그가 쓴 『사피엔스』, 『호모데우스』, 『21세기를 위한 21가지 제언』은 65개국 에서 4500만 부 이상 판매된 세계적인 베스트셀러이다.

1975년에 처음 출간된 『동물 해방』은 당시 태동하던 동물권 운동이 빠른 성장세를 보이면서 금세 동물권 운동의 바이블로 자리매김했다. 실험실에서 동물을 구출했거나 잔혹한 실험을 담은 비디오테이프를 훔쳐낸 활동가들은 이 책의 사본을 만들어 함께 나누면서 자신들이 벌이는 활동을 윤리적으로 뒷받침하고자 했다. 이 책의 강점은 무엇보다도 실험실과 공장식 농장에서 동물에게 일어나는 일에 대한 생생한 설명과 윤리적 논의를 아우르고 있다는 점이다. 이 중 동물에게 일어나는 일에 대한 설명은 대개 육류, 달걀, 유제품을 가장 효율적으로 생산하는 방법에 대해 실험자나 연구자가 직접 쓴 출판물에 근거를 두고 있다. 이 책이 출간되어 오늘날의 동물권 운동의 성장이 촉발되었고, 그 후 실험실과 공장식 농장의 동물 사용을 다룬 장들에서 서술하고 있는 동물의 환경을 바꿔야 한다는 압력이 거세졌다.

『동물 해방』은 처음 출간된 이래 단 한 번도 절판된 적이 없고, 이 책의 바탕이 되는 윤리적 논의의 핵심은 40년 넘게 도전을 받아왔음에도 잘 견뎌왔다. 하지만 그 외의 부분에서는 많은 변화가 있었고 그 내용은 다음과 같다.

- 1975년에는 동물권 운동이라는 것이 아예 없었고 동물학대 반대 단체들은 대부분 개와 고양이에만 관심을 가졌다. 하지만 지금은 농장 동물과 연구용 동물의 고통을 줄이기 위해 노력하는 단체들을 후원하는 사람이 수백만 명에 이른다.
- 미국의 몇몇 주에서는 이 단체들이 시민이 발의한 투표를 통해 사지를 뻗거나 몸을 돌리거나 한 발짝도 움직일 수 없을 정도로 좁은 우리나 스톨stall(축사에서 돼지나 소를 가두어놓는 좁은 틀—옮긴이)에 동물을 수용하는 것을 금지하는 데 성공했다. 하지만 가장 많은 돼지를 생산하고 가장 많은 산란계(암탉)를 사육하는 주에서는 이런 극단적인 형태의 감금이 여전히 만연해 있다.
- 유럽에서는 각국 의회는 물론 유럽연합EU 전체가 나서서 더 포괄적인 변화가 일어났다.
- 동물에 대한 정의로운 처우에 주력하는 정당이 유럽 국가 의회, 유럽연합 의회, 호주 주의회에서 의석을 차지했다.
- 유럽연합의 기본 조약은 동물이 단순히 재산 목록이 아님을 인정하며, 동물에게 쾌고감수능력이 있는 존재로서의 법적 지위를 부여한다.
- 언론은 더 이상 동물권 운동가를 조롱하지 않으며, 대부분 이들

을 존중한다.

- 1975년에는 아무도 '비건vegan'이라는 단어의 뜻을 몰랐다. 이
  제는 이 단어를 식당의 메뉴와 마트의 식품 라벨 등 어디에서나
  볼 수 있게 되었다.

그럼에도 어디에서나 이러한 발전이 있었던 것은 아니다. 중국이 번영을 누리게 되면서 동물 제품 생산이 크게 늘어났다. 이제 중국은 세계 최대 돼지 생산국이자 닭과 오리의 거대 생산국이다. 확장 일로에 있는 중국의 동물 생산은 여러 측면에서 국가의 동물복지법이 정한 규제를 전혀 받지 않으며, 그 확장 속도가 둔화될 기미가 보이지 않는다. 이 서문을 쓰고 있는 지금 이 순간에도 각 층이 40만m^2가 넘고 높이가 26층에 달하는 엄청난 규모의 초고층 '농장'이 세워지고 있다. 이 농장이 완공되면 그곳은 수백만 마리의 돼지로 가득 찰 것이다.

동물 해방을 위한 투쟁은 1975년 이래 진전을 보였으나, 대규모 잔혹 행위를 막는 데에는 여전히 실패하고 있다. 3장에서 확인하겠지만, 2020년 미국에서는 돼지 100만 마리가 열기와 습기가 가득한 축사에 갇혀 열사병으로 폐사했다. 이런 죽음은 끔찍하지만, 매년 식용으로 사육되어 도살당하는 830억 마리의 포유류와 조류가 겪는 고통의 한 사례에 불과하다. 이들 중 대다수는 평생을 빽빽한 축사에 갇힌 채 야외에 나가보지도 못하고 살아간다. 나는 이들을 위해, 그리고 갑작스럽고 근본적인 변화가 없는 한 앞으로 수십 년 동안 고통 받다가 죽어갈 다른 모든 동물을 위해 『우리 시대의 동물

해방*Animal Liberation Now*』을 썼다. 이 책에서 나는 『동물 해방*Animal Liberation*』 초판의 논의를 정리해 21세기의 현실에 적용했다.

『동물 해방』이 처음 출간되었을 때와 비교해보면, 현재 우리는 동물의 의식과 그들의 육체적·심리적 필요에 대해 훨씬 많은 것을 알고 있다. 오랑우탄에서 문어까지, 우리는 지구에서 함께 살아가는 다른 동물의 놀라운 삶을 이해하게 되었다. 엄밀한 과학 연구는 고통을 느끼는 능력이 포유류와 조류에만 국한되지 않고, 어류와 문어뿐 아니라 바닷가재와 게 등 일부 무척추동물에까지 확장된다는 사실을 확인해주었다. 이 새로운 지식은 우리가 관심의 범위를 시급히 넓혀야 한다는 사실을 일깨워준다. 현재 우리가 포유류와 조류보다 훨씬 더 많은 수의 어류 및 여러 수생동물들을 키워서 죽이고 있기 때문이다.

더불어 우리는 온실가스 배출이 전례 없는 폭염과 산불, 홍수를 일으키고, 우리 자신을 포함한 쾌고감수능력이 있는 모든 존재를 위험에 빠뜨리면서 우리 행성의 기후를 변화시키고 있다는 사실을 알고 있다. 육류 및 유제품 산업은 이러한 재앙에 가까운 변화에 영향을 미치는데, 그 규모는 운송 부문 전체의 영향에 비할 정도다. 이는 동물권 옹호자들이 오랫동안 촉구해온 식습관의 변화를 이루어야 할 또 다른 강력한 이유가 된다. 공장식 농업을 중단하면 다른 환경적 혜택도 얻을 수 있다. 가령 오염된 강을 정화하고, 많은 농촌 주민이 마시는 공기의 질을 개선할 수 있다. 이 밖에도 심장병과 소화기 암으로 인한 사망을 획기적으로 줄일 수 있다.

『우리 시대의 동물 해방』은 동물권 운동의 중요성이 점점 커지는

데도 동물학대가 납득할 수 없는 규모로 계속되고 있음을 보여준다. 이 책은 동물과 우리의 관계를 정립하는 새로운 윤리를 옹호한다. 이 윤리는 동물에게도 나름의 삶이 있고 쾌고감수능력이 있으며, 그들이 우리가 가하는 고통을 받을 이유가 전혀 없는 존재라는 전제에서 출발한다. 이 책은 동물에 대한 처우 방식을 근본적으로 개선하기 위해 우리 모두가 다른 사람들과 합심해 노력할 것을 촉구하고 있다.

피터 싱어

1장

모든 동물은 평등하다

인간 평등의 토대가 되는 윤리 원칙을 동물에게까지 확장해
적용하라고 요구하는 이유는 무엇인가

평등의 기초

　'동물 해방'은 우리가 지향해야 할 중대한 목표라기보다는 다른
해방운동을 어설프게 흉내 내는 것처럼 보일 수 있다. 실제로 "동물
에게 권리가 있다"는 주장은 한때 여성의 권리를 조롱하는 데 사용
되기도 했다. 1792년 현대 페미니스트의 선구자인 메리 울스턴크
래프트Mary Wollstonecraft가 『여성의 권리 옹호Vindication of the Rights of
Woman』를 출간했을 당시 대부분의 사람은 그녀의 견해를 터무니없
다고 생각했고, 얼마 뒤 『짐승의 권리 옹호A Vindication of the Rights of
Brutes』가 익명으로 출간되었다. 오늘날 이 풍자적 책의 저자는 케임
브리지의 저명한 철학자 토머스 테일러Thomas Taylor로 알려져 있는
데, 그는 여성에게 권리가 있다고 생각한다면 한 걸음 나아가 동물

에게도 평등을 인정해야 한다고 말함으로써 메리 울스턴크래프트의 논의를 반박하고자 했다. 그의 논거는 대략 다음과 같았다. "여성 평등에 대한 논증이 건실하다면 개나 고양이 또는 말이 평등해서는 안 될 이유가 무엇인가? 하지만 짐승에게 권리가 있다는 것은 말이 안 된다. 따라서 여성 평등을 옹호하는 추론 또한 건실하지 못하다."

테일러의 공격에 맞서 여성의 권리를 옹호하려 한다고 가정해보자. 어떻게 답해야 할까? 한 가지 방법은 남녀평등을 옹호하는 논변을 인간 아닌 동물로 확장하는 것이 타당하지 않다고 하는 것이다. 예를 들어 여성은 남성과 마찬가지로 미래에 대해 합리적인 결정을 내릴 수 있기 때문에 투표권이 있다. 반면 개는 투표의 의미를 이해하지 못하기 때문에 투표권을 주어서는 안 된다. 남성과 여성은 다양한 능력을 공유하지만 인간과 동물은 그렇지 않다. 따라서 남성과 여성은 동등하고 또 동등한 권리를 가져야 하지만, 인간과 인간 아닌 동물은 다르기 때문에 동등한 권리를 가져서는 안 된다고 말할 수 있다.

남녀평등을 옹호하는 추론이라는 측면에서 보자면 이 추론은 옳다. 인간과 다른 동물 사이에는 중요한 차이가 있기 때문에 각각이 갖는 권리에도 어느 정도 차이가 발생한다. 하지만 성인과 어린이 사이에도 중요한 차이가 있다. 개와 어린이는 모두 투표를 할 수 없기 때문에 투표할 권리도 없다. 그러나 이 차이를 인정한다고 해서 더 기본적인 평등의 원칙을 어린이나 인간 아닌 동물에게까지 확장할 수 없는 것은 아니다. 이 확장이 연령이나 정신 능력과 무관하게 모두를 정확히 똑같은 방식으로 대해야 한다는 의미는 아닌 것이다.

평등의 기본 원칙은 동등한equal 혹은 동일한identical 처우를 요구하는 것이 아니라, 동등한 고려equal consideration를 요구한다. 여기서 서로 다른 존재들을 동등하게 고려한다는 것은 서로 다른 처우와 서로 다른 권리를 인정한다는 의미가 될 수 있다.

이렇게 보았을 때, 여성의 권리 옹호를 조롱하는 테일러의 시도에 대응하는 또 다른 방법은, 인간과 인간 아닌 동물 간의 분명한 차이를 부인하지 않되, 평등의 기본 원칙이 소위 짐승에게도 적용된다는 생각에 아무 문제가 없다고 말하는 것이다. 현 단계에서는 이런 결론이 터무니없어 보일지 모른다. 하지만 모든 인간이 평등하다는 생각을 뒷받침하는 근거를 더 자세히 살펴보면, 인간 아닌 동물을 동등하게 고려하지 않으면서 호모사피엔스 종의 모든 구성원을 동등하게 대하라는 것이 얼마나 불확실한 근거에 기초한 요구인지 알게 될 것이다.

이런 주장을 명확히 하려면 우선 우리가 주장하는 바가 무엇인지 정확히 확인해볼 필요가 있다. 계층 간 위계질서를 인정하는 불평등한 사회를 옹호하는 사람들은 흔히 우리가 어떤 기준을 택하건, 모든 사람이 기술적記述的 의미에서 평등하다는 주장은 전혀 사실이 아니라고 지적한다. 인간은 체형과 몸집이 서로 다르다. 지적 능력, 체력, 도덕적 능력도 서로 다르고, 타인의 필요에 민감한 정도나 공감 능력, 효과적인 의사소통 능력, 즐거움과 고통을 경험하는 능력 등에도 개인차가 있다. 간단히 말해 평등에 대한 요구가 모든 인간 존재의 실제 평등에 기초한다면, 우리는 사람들을 평등하게 처우하라고 요구할 수 없을 것이다.

다행스럽게도 실제로 두 사람 간에 능력의 차이가 있다고 해서 그들의 필요와 이익에 도덕적 비중의 차이를 두어도 된다고 주장할 논리적인 이유는 없다. 평등은 도덕적 이상이지 사실에 대한 단언이 아니다. 인간 평등의 원칙은 인간이 실제로 평등하다는 사실을 기술description하고 있는 것이 아니라, 우리가 인간을 어떻게 대해야 하는지를 규정prescription하고 있다.

제러미 벤담Jeremy Bentham은 도덕철학의 한 분야인 개혁적 공리주의 학파의 창시자다. 그는 도덕적 평등의 핵심 토대를 "모든 사람은 각각 한 명으로 간주되어야 하고, 누구도 한 명 이상으로 간주될 수 없다"로 정식화해 이를 자신의 윤리 체계에 편입시켰다. 다시 말해 어떤 행위의 영향을 받는 모든 개별 존재의 이익은 다른 존재의 유사한 이익과 다를 바 없는 고려의 대상이 되어야 하고 또한 동일한 비중이 주어져야 한다는 것이다. 존 스튜어트 밀John Stuart Mill은 공리주의의 제1원칙이 "사람들 간의 완전한 공평무사함이다"라고 말했다. 벤담 이후의 공리주의자 헨리 시즈윅Henry Sidgwick은 이를 이렇게 표현했다. "(이렇게 말해도 될지 모르지만) 우주의 관점에서 볼 때, 한 개인의 선good은 다른 개인의 선보다 중요하지 않다."

내가 옥스퍼드대학교의 학생이던 1970년대에 도덕철학 교수였던 R. M. 헤어R. M. Hare는 진실 되게 윤리적 판단을 하려면 자신의 결정에 영향을 받는 모든 이의 입장에 기꺼이 서봐야 하며, 그 판단이 실천으로 연결되길 바라야 한다고 주장했다. 하버드대학교 교수이자 헤어와 같은 시기에 윤리학을 전공한 미국의 가장 저명한 철학자 존 롤스John Rawls도 '무지의 베일veil of ignorance'이라는 이론적 장치를 이용해 비슷한 제안을 했다. 롤스에 따르면 사람들은 이 '무지의 베일' 뒤에서 자신들이 살아갈 사회를 관장하는 정의의 원칙을 선택해야 한다. 원칙이 결정되고 베일이 벗겨진 뒤에야 비로소 사람들은 자신이 어떤 특징을 갖고 있고, 어떤 지위를 차지하고 있는지 알게 된다.[1]

이 평등의 원칙이 함의하고 있는 것은 타자에 대한 관심과 그들의 이익을 기꺼이 고려하려는 우리의 의지가 그들이 어떤 사람이고 어떤 능력이 있는지에 좌우되어서는 안 된다는 것이다. 우리의 관심이 우리에게 정확히 무엇을 요구하는가는, 우리 행동의 영향을 받는 존재의 특성에 따라 달라질 수 있다. 가령 우리가 아이들의 복리well-being에 관심을 갖는다면 그들에게 책 읽기를 가르칠 것이다. 돼지의 복리에 관심을 갖는다면 먹이를 충분히 주고 자유롭게 돌아다닐 수 있는 공간에 다른 돼지들과 함께 두기만 하면 될 것이다. 여기서 핵심은 그 존재의 이익이 무엇이건 그 이익을 고려하라는 것이다. 그리고 평등의 원칙에 따르면 이러한 고려는 인종, 성별, 종에 관계없이 이익을 갖는 모든 존재에게 평등하게 확장되어야 한다.

인종차별과 성차별에 반대하는 논의는 궁극적으로 이 원칙에 근거해야 하며, '종차별주의speciesism'도 이 원칙에 준하여 비난받아야 한다. 일차적이면서 가장 강력한 형태의 종차별주의는 오직 종을 기준으로, 자기가 속한 종의 이익을 옹호하고 다른 종의 이익을 배척하는 편견이나 왜곡된 태도를 말한다. 이차적 형태의 종차별주의는 특정 종의 인간 아닌 동물(예를 들어 돼지)의 이익보다, 그와 유사한 이익을 갖는 다른 종(예를 들어 개)의 이익을 더 중시하는 경우에 발생한다.[2]

벤담의 질문

많은 철학자는 이런저런 형태의 이익 동등 고려의 원칙을 기본적인 도덕 원칙으로 내세웠다. 하지만 이 원칙이 우리 자신 외의 다른 종 구성원에게 적용된다는 사실을 감지한 사람은 소수에 불과하다. 제러미 벤담은 이를 감지한 몇 안 되는 사람 중의 하나였다. 아프리카 노예의 후손들이 프랑스에서는 자유를 얻었으나 영연방 자치령에서는 여전히 노예로 살던 시절, 벤담은 미래를 내다보는 듯한 글에서 이런 말을 남겼다.

폭군의 손이 아니고서는 그 누구에게도 빼앗길 수 없는 권리를 인간 아닌 동물이 획득할 날이 올지도 모른다. 프랑스인들은 피부가 검다고 해서 사람을 제멋대로 고문하고 그로 인한 피해를 아무 조치 없이 방치해서는 안 된다는 것을 이미 깨닫고 있다. 언젠가는 다리의 숫자, 피부에 융모[털]가 있는지 여부, 천골薦骨의 끝 모양새[꼬리의 유무] 등이 감각을 느낄 수 있는 존재를 그와 같은 운명에 내동댕이칠 이유가 될 수 없음을 깨닫게 될 날이 올 것이다. 그 외에 무엇이 넘을 수 없는 경계선이 되겠는가? 이성 능력인가? 아니면 이야기를 나눌 수 있는 능력인가? 하지만 다 자란 말이나 개와 같은 동물은 갓난아기 또는 생후 일주일이나 1개월 된 유아보다 훨씬 합리적이고 의사소통도 더 잘한다. 그런데 그들에게 그런 능력이 없다한들 무슨 문제가 있겠는가? 문제는 그들이 **이성적으로 사고할** 수 있는지 또는 **말을 할** 수 있는지가 아니라, 그들이 **고통을 느낄** 수 있는지다.[3]

이 인용문에서 벤담은 '고통을 느낄 수 있는 능력'을 어떤 존재가 동등하게 고려될 권리가 있는지를 가늠하는 핵심적인 특징으로 꼽았다. 고통을 느끼는 능력, 좀 더 엄밀히 말하면 고통, 기쁨, 행복을 느끼는 능력은 단순히 언어 능력이나 자기 인식 능력, 혹은 정의감과 같은 수준의 특징이 아니다. 이러한 특징들을 기준으로 '넘을 수 없는 경계선'을 긋는 사람들은 고통을 느낄 수 있는 어떤 존재는 고려 대상에 포함하고 어떤 존재는 배제한다. 반면 벤담은 고통이나 즐거움을 느낄 수 있는 **모든** 존재의 이익을 고려해야 한다고 말한다. 그가 어떤 이익도 고려의 대상에서 배제하지 않는 이유는 고통과 즐거움을 느끼는 능력이 이익을 갖기 위한 전제조건이고, 우리가 이익을 제대로 논하기 전에 먼저 충족되어야 할 조건이기 때문이다.

예를 들어 어떤 아이가 길에서 돌을 찬 것이 돌의 이익을 고려하지 않은 행동이라고 주장한다면 그것은 허튼소리일 것이다. 돌은 이익을 갖지 않는다. 우리가 돌에 무슨 짓을 한다고 해서 돌의 복리가 바뀌지는 않기 때문이다. 하지만 고통과 즐거움을 느끼는 능력은 어떤 존재가 이익, 그러니까 최소한 고통을 느끼지 않을 이익을 갖는다고 말할 수 있는 필요충분조건이다. 예를 들어 쥐는 길에서 걷어차이지 않을 이익이 분명히 있다. 그런 일을 당하면 쥐도 고통을 느낄 것이기 때문이다.

앞서 인용한 구절에서 벤담은 '권리'에 대해 말하고 있지만 사실 그의 주장은 권리보다는 평등에 관한 것이다. 실제로 벤담은 잘 알려진 다른 구절에서 "자연권"을 "헛소리"로, "불가침의 천부적 권리"를 "과장된 헛소리"라고 서술한 바 있다. 벤담은 도덕적 권리를 말하면서, 사람과 동물이 법과 여론이 인정해주는 보호를 받아야 함을 이야기하고 있다. 하지만 도덕 논증의 진정한 힘은 권리에 좌우되지 않는다. 그 이유는 권리가 개별 사례에서뿐 아니라 장기적으로 영향을 받는 모두의 고통은 줄이고 행복은 늘릴 가능성을 바탕으로 정당화되어야 하기 때문이다. 이렇게 보자면 우리는 권리의 근거, 혹은 누가 권리를 가지고 그들이 어떤 권리를 갖는지에 대한 철학적 논쟁에 휘말리지 않고 동물이 평등하다고 주장할 수 있다. 권리라는 단어는 편리하게 쓸 수 있는 정치적 약어略語로, 벤담이 살았던 시대보다 '8초 사운드바이트 시대'(뉴스에서 정치인, 전문가, 일반 시민의 발언을 짧게 따서 내보내는 것을 사운드바이트라 하는데, 8~10초 분량의 짧고 강력한 구호에 의한 소통 방식이 통용되는 시대를 말한다-옮긴이)인 오늘날 더욱 빛을 발한다. 하지만 이것이 동물에 대한 우리의 태도를 근본적으로 변화시키기 위한 논의에 반드시 필요하지는 않다.

어떤 존재가 고통을 느낀다면 그 고통을 고려하지 않으려는 태도는 도덕적으로 정당화할 수 없다. 평등의 원칙은 그 존재가 어떤 특성을 갖건 그 고통을 다른 존재의 유사한 고통(대략적이나마 비교할 수 있다면)과 동등하게 여기라고 요구한다. 어떤 존재가 고통을 느낄 수 없거나 쾌락과 행복을 누릴 수 없다면 아무것도 고려할 필요가 없다. 이렇게 보았을 때, 쾌고감수능력sentience(고통이나 쾌락을 경험할 수 있는 능력을 지칭하기 위해 이 단어를 사용하겠다)이라는 제한은 다른 존재들의 이익에 관심을 가질지 여부를 판가름하는, 우리가 옹호할 수 있는 유일한 경계로 자리매김하게 된다.

하지만 사람은 우리 종의 구성원이고, 동물은 그렇지 않다는 사실이 우리가 다른 사람의 이익을 더 중시하는 것을 정당화해주지 않을까? "**우리는** ……(여기에 자신과 동일시하는 집단의 이름을 넣는다)이고 **그들은 아니다**"와 같은 주장은 과거에 다른 사람의 이익을 동등하게 고려하지 않으려는 태도를 정당화하는 데 사용되어왔다. 인종차별주의자는 자신과 같은 인종의 이익을 더 중요시한다는 점에서, 그리고 성차별주의자는 자신과 같은 성의 이익을 우선시한다는 점에서 평등의 원칙에 위배된다. 오늘날 우리는 인종차별주의와 성차별주의를 이런 식으로 정당화하는 것이, 지배 집단의 이익에 도움이 되기 때문에 받아들이고 있는 거짓된 이데올로기임을 파악할 수 있다. 그런데 성차별주의자와 인종차별주의자와 유사하게, 종차별주의자 또한 자기 종의 이익이 다른 종 구성원의 더 큰 이익에 우선해도 된다고 생각한다. 세 경우 모두 지배 집단은 자신들의 집단 외부에 있는 존재들을 마음대로 착취하는 것을 정당화하기 위해 그러한 존재들을 열등한 존재로 여긴다.

당신이 다음과 같이 생각할 수 있다. '아니, 인간은 달라! 인간은 동물보다 똑똑하고 이성적인 존재이며, 자기 인식을 할 수 있고 미래를 계획하는 자유로운 도덕 행위자야. 그러니까 우리에게는 다른 동물에게는 없는 권리가 있고, 우리는 우리가 원하는 대로 다른 동물을 사용할 권리가 있어.' 하지만 벤담이 지적했듯이, 이러한 주장은 인간의 유아들 또한 권리를 갖지 못할 것임을 함의한다. 즉 유아는 수많은 인간 아닌 동물에 비해 합리적이지 못하고, 자기 인식 능력이 떨어지며, 미래를 계획할 능력이 부족하기 때문에 우리가 동물을 사용하듯이 그들을 사용할 수 있게 되는 것이다. 이러한 지적은 유아기는 지났지만 유전자 이상이나 뇌손상으로 일부 인간 아닌 동물의 인지 능력을 절대 따라갈 수 없는 사람들에게도 적용된다. 또한 하버드대학교 심리학 연구원 루셔스 카비올라Lucius Caviola가 옥스퍼드대학교와 엑서터대학교의 심리학 및 철학과 연구원들과 함께 수행한 일련의 연구는, 정신 능력의 차이가 사람들이 다른 동물보다 인간에게 도덕적 우선권을 부여하는 이유를 사실상 설명하지 못한다는 사실을 밝혀냈다. 인간과 침팬지 중 하나를 선택해야 하는 상황에서 누구를 돕겠냐고 물었을 때, 피험자들은 침팬지가 인간보다 더 뛰어난 정신 능력을 갖고 있다는 말을 들었을 때조차도 66%가 인간을 돕겠다고 답했다.[4]

나는 이 책의 초판에서 학문적 경력의 대부분을 호주 국립대학교에서 보낸 널리 존경받는 철학자 스탠리 벤Stanley Benn의 관점을 검토한 바 있다. 그에 따르면 우리는 어떤 존재를 대할 때 실제 특성보다는 "그 종에 정상적인" 특성에 따라야 하며, 그러므로 인간이 동물보다 정신 능력이 낮은 상황에서도 동물보다 인간을 우선시하는 것은 정당하다. 이후 다른 철학자들도 비슷한 견해를 옹호해왔다.[5] 그러나 카비올라 팀이 수행한 연구를 보면, 어떤 종에 전형적인 정신 능력 수준이 연구 참여자들이 누구를 도울 것인지를 묻는 질문에 답할 때 크게 영향을 미치지 않았음을 알 수 있다. 그렇다고 이러한 결과가 인간과 동물을 다르게 대해야 한다는 윤리적 주장을 반박하는 것은 물론 아니다. 그럼에도 이러한 연구는 인간의 도덕적 지위가 더 높다고 생각할 때, 어떤 종에 전형적인 정신 능력 수준이 중요한 고려 사항이 아닌 듯하다는 사실을 보여준다. 나는 이러한 윤리적 주장을 6장에서 다시 검토할 것이다.[6] 카비올라와 그의 동료들은 "도덕적 인간중심주의를 견지하는 핵심 동인은 종차별주의"라고 결론지었다.

누가 고통을 받을 수 있는가?

대부분의 인간은 종차별주의자다. 이어지는 장들에서는 인간 종의 훨씬 덜 중요한 이익 증진을 위해 인간 아닌 동물의 가장 중요한 이익을 해치는 관행이 계속되는 데에 평범한 인간(극히 잔인하거나 냉혹한 소수가 아닌 압도적인 다수)이 연루되어 있음을 보여준다. 이 관행들을 서술하기에 앞서 만전을 기하기 위해, 내가 처음 동물의 고통 문제를 다루기 시작했을 때보다는 훨씬 덜하지만 여전히 간혹 마주치는 '인간 아닌 동물이 고통을 느끼는지 어떻게 알 수 있는가?'라는 질문을 다루어 보고자 한다.

이 질문에 답하기 위한 첫 번째 단계는 이렇게 묻는 것이다. '인간이든 인간이 아니든 **어떤 존재**가 고통을 느끼는지 어떻게 알 수 있을까?' 우리는 자신의 경험을 통해 스스로 고통을 느낄 수 있다는 것을 안다. 하지만 다른 존재가 고통을 느낀다는 건 어떻게 알 수 있을까? 우리는 다른 존재의 고통을 직접 경험할 수 없다. '그 존재'가 가장 친한 친구이건 길 잃은 개이건 마찬가지다. 고통이란 어떤 의식 상태, 즉 '정신적 사건mental event'이므로 고통 자체는 눈으로 확인할 수 없다. 타자의 고통은 몸부림이나 비명, 손등에서 담뱃불을 털어내는 등의 행동을 통해 추론할 수 있을 따름이며, 고통과 관련된 우리 뇌의 부위에서 무슨 일이 일어나는지 보여주는 뇌 영상 장치로 확인할 수 있을지 모른다.

이론상 우리는 타인이 고통을 느낀다고 추정할 때 매번 실수를 저지를 수 있다. 예를 들어 친한 친구 중 하나가 고통을 느낀다는 모든 징후를 보여주도록 프로그램 되어 있지만 다른 지능적인 기계처럼 실제로는 감각을 느끼지 못하는 로봇이라고 생각해볼 수 있다. 이런 문제는 비록 철학자들에게는 골칫거리가 될지언정, 우리는 누구도 가까운 친구가 우리처럼 고통을 느낀다는 사실을 의심하지 않는다. 이는 추정이지만 완벽하게 합리적인 것으로, 우리가 고통을 느낄 상황에서 그들의 행동에 대한 관찰에 근거한 추정이다. 또한 우리의 친구가 우리와 같은 존재이며, 유사한 상황에서 유사한 감정을 느끼고 우리와 똑같이 기능하는 신경계를 가진 존재라고 생각할 충분한 이유가 있다는 사실에 근거한 추정이기도 하다.

그런데 다른 인간이 우리처럼 고통을 느낀다고 추정하는 것이 정당하다면 동물의 경우에도 유사한 추정을 해볼 수 있지 않을까? 2012년 케임브리지에서 열린 국제 신경과학자 회의에서 저명한 신경과학자들은 케임브리지 의식 선언The Cambridge Declaration on Consciousness을 발표했다. 이 선언은 인간의 대뇌피질이 다른 동물보다 더 발달했지만 이 부위는 기본적인 충동, 감정, 느낌보다는 사고 기능에 관여한다는 사실을 확인해주고 있다. 선언문에 명시되어 있는 것처럼, "여러 증거 자료는 인간이 의식을 만들어내는 신경 기질을 소유한 유일한 존재가 아님을 보여준다. 모든 포유류와 조류 그리고 문어를 포함한 다른 많은 생물도 이런 신경 기질을 갖추고 있다."7

　다른 사람들의 고통을 추정하게 해주는 거의 모든 외적인 징후는 다른 동물에서도 살펴볼 수 있다. 행동으로 확인되는 고통의 징후는 종에 따라 다르지만, 이러한 징후에는 몸부림치기, 일그러진 표정짓기. 낑낑거리기, 신음소리 내기, 울부짖기 또는 다른 형태의 소리치기, 고통이 반복될 것을 두려워하는 모습 보이기, 고통에서 벗어나려 하기 등이 있다. 그리고 이전에 고통을 경험했던 장소를 피하고 오직 긍정적인 경험만 했던 장소를 찾는 모습도 포함된다. 우리는 다른 포유류의 신경계가 우리와 유사하다는 사실도 알고 있다. 그들의 신경계는 우리가 고통을 느끼는 상황에서 우리의 신경계와 유사한 신경학적 반응을 일으킨다. 가령 그들 또한 고통을 느낄 경우 먼저 혈압이 오르고 동공이 팽창하며, 땀을 흘리고 맥박이 빨라지며, 자극이 계속되면 혈압이 떨어진다. 뿐만 아니라 이 동물들에게 진통제(우리가 고통을 느낄 때 복용하는 것과 동일한 종류의 통증 완화제)를 투여하면 고통을 느낄 때 하는 행동과 고통을 느끼는 생리적 지표가 모두 감소한다. 예를 들어 브리스틀대학교 임상 수의학과의 T. C. 댄버리는 판매용 닭에게 두 가지 서로 다른 색깔의 사료를 주었는데, 한쪽 사료에는 항염증제인 카프로펜carprofen이 들어 있었다. 절뚝거리는(3장에서 살펴보겠지만 이는 상업용으로 사육되는 닭에게 흔한 증상이다) 닭은 카프로펜이 함유된 사료를 더 많이 선택했고, 절뚝거림은 카프로펜 섭취량에 비례해 줄어들었다. 이런 현상은 인간에게 나타나는 통증 완화 효과와 매우 유사하며, 다리를 다친 닭이 걸을 때 고통을 겪을 가능성이 높다는 사실을 보여준다.8

다른 동물의 신경계는 인간이 고통을 느낄 때 보이는 행동을 모방하도록 고안된 로봇처럼 인공적으로 만들어진 것이 아니다. 그들의 신경계가 진화의 산물임은 의심의 여지가 없다. 고통을 느끼는 능력은 동물의 생존 가능성을 높여 부상과 죽음을 피할 수 있게 해주기 때문이다. 이러한 진화는 대부분 우리와 다른 척추동물이 공통의 조상으로부터 갈라지기 전에 일어났다.

오랫동안 과학계에서는 우리가 설명하는 것이 무엇이든, 가장 단순한 설명이 최선의 설명임을 받아들여왔다. 그런데 '생리적으로 거의 동일한 신경계는 공통의 기원과 공통의 진화적 기능을 가지며, 유사한 상황에서 유사한 형태의 행동을 유발하면서 유사한 방식, 다시 말해 유사한 의식 경험을 유발하면서 작동한다'고 생각하는 편이, '이 모든 유사성을 과학을 통해 입증할 수 있음에도 주관적인 감정에 관한 한 우리의 신경계는 다른 척추동물의 신경계가 작동하는 방식과는 전혀 다르게 작동한다'고 생각하는 것보다 단순하다.

내가 이 책의 초판을 썼을 때 동물 심리 연구는 막 출발 단계에 있었다. 당시는 과학이 관찰할 수 있는 것만 언급해야 한다는 믿음에 기초한 행동주의가 지배했던 시기였다. 동물의 의식적인 감정, 욕구, 목적을 언급하면서 동물의 행동을 설명하는 것은 '비과학적'인 태도로 여겨졌다. 정신 상태를 가리키는 '고통'과 같은 용어를 사용하지 않으려고 행동주의자들은 전기충격을 가한 쥐나 개가 쇼크를 받으면 '반감 행동aversive behavior'을 보일 거라는 내용이 담긴 과학 논문들을 쏟아냈다.[9] 이후 1976년 동물 행동에 관한 뛰어난 연구 업적을 남긴 연구자 도널드 그리핀Donald Griffin이 『동물의 인식에 관한 질문

The Question of Animal Awareness』을 출간했다. 그는 이 책에서 과학자들이 인간 아닌 동물의 인식 능력을 인정하지 않는 이유를 물었다. 이 책은 행동주의라는 풍선을 찌르는 핀과 같았다. 그리핀이 의문을 제기하면서 동물의 행동에 대한 행동주의자의 설명 방식이 쥐가 고통과 배고픔을 의식적으로 경험한다는 설명보다 복잡하다는 사실이 분명해졌다(심지어 잘 먹인 쥐는 먹이를 얻기 위해 전기가 흐르는 바닥을 통과하지 않는 반면, 어느 정도 굶주린 쥐는 이러한 바닥을 통과하는 이유를 설명하는 경우에도 행동주의자의 설명은 더 복잡했다). 그 이유는 우리가 긍정적이든 부정적이든 정신 상태를 언급하지 않고 유사한 상황에서의 인간 행동(배고픈 사람이 처벌을 무릅쓰고 먹을 것을 훔치는 경우와 같은)을 설명한다는 게 불완전할 거라는 사실을 알고 있기 때문이다. 오늘날 동물이 전기충격의 경험을 고통스럽거나 불쾌하게 느낀다는 이야기를 하지 않으면서 그들이 전기충격을 피하는 이유를 설명하는 것은 터무니없어 보인다.

인간과 인간 아닌 동물의 한 가지 차이점은 인간의 경우 특정 나이를 넘어도 심각한 인지 장애가 없다면 언어를 사용할 수 있으며, 이에 따라 자신이 고통을 느낀다고 말로 표현할 수 있다는 것이다. 반면 인간 아닌 동물은 일부 예외적인 경우 외에는 언어를 사용할 수 없고, 적어도 우리가 이해할 수 있는 언어를 사용하지 않는다. 따라서 이렇게 주장할 수 있다. "다른 존재가 고통 받고 있다는 가장 확실한 증거는 그들이 고통스럽다고 말하는 것인데, 동물은 말을 할 수 없으므로 동물이 고통을 받고 있다는 사실을 계속 의심해야 한다." 하지만 제인 구달Jane Goodall이 침팬지에 대한 선구적 연구인 『인간의 그늘에서In the Shadow of Man』에서 지적하고 있듯이, 기분이나 정서를 표현할 때 언어보다 중요한 것은 등을 토닥이며 격려하거나 꼭 안아주거나 손뼉을 치는 등의 비언어적 의사소통 방식이다. 고통, 두려움, 분노, 사랑, 기쁨, 놀람, 성적 흥분 및 그 외 다른 많은 정서 상태를 전달하기 위해 사용하는 기본적인 몸짓은 인간 종에서만 살펴볼 수 있는 독특한 것이 아니다.[10] '아파'라는 언어 표현은 말하는 사람이 아프다는 결론을 내리기 위한 하나의 증거가 될 수는 있지만 유일한 증거는 아니다. 사람들은 간혹 거짓말을 하고 로봇도 '아프다'라는 말은 할 수 있기 때문에 언어가 가장 확실한 증거라고 할 수는 없다.

설령 '언어가 없는 존재는 고통을 느낄 수 없다'라고 주장할 더 강력한 근거가 있다 해도, 동물의 고통을 거부하면 받아들일 수 없는 결론을 받아들여야 하는 상황에 처할 수 있다. 가령 인간의 아기와 아주 어린아이는 언어를 사용하지 못한다. 그렇다고 한 살배기 아기가 고통을 느낄 수 있는지 의심해야 할까? 그렇지 않다면 언어는 결정적 기준이 될 수 없다. 물론 대부분의 부모는 다른 동물의 반응보다 자녀의 반응을 더 잘 이해한다. 하지만 이는 단지 우리가 동물에 비해 인간의 유아와 더 많이 접촉하기 때문일 것이다. 동물을 친구로 생각하는 사람은 우리가 유아의 반응을 잘 이해하는 것처럼, 혹은 그 이상으로 동물의 반응을 금방 이해한다. 성숙한 개와 고양이의 마음이 생후 1개월 된 유아의 마음보다 우리의 마음과 더 가깝기 때문이다.

선긋기

적어도 일부 인간 아닌 동물이 고통을 느낄 수 있고, 긍정적이든 부정적이든 다른 의식 상태를 경험할 수 있다는 사실에 대해 과학자들은 더 이상 크게 의견이 갈리지 않는다. 오늘날 이보다 더 활발하게 이루어지고 있는 과학적 논쟁은 어떤 동물이 의식적 경험을 할 수 있고, 혹은 그럴 가능성이 있는지에 관한 논쟁이다. 동물학자가 '동물'이라는 용어로 지칭하는 존재는 포유류에서 해면에 이르기까지 다양하며, 동물과 식물의 경계가 고통을 느낄 수 있는 존재와 그렇지 않은 존재 사이의 경계와 일치한다고 믿을 타당한 이유가 없다. 따라서 이익 동등 고려의 원칙이 언제 적용되는지 알고자 한다면 경계선을 어디에 그어야 하는지를 알아야 한다.

동물의 고통을 연구하는 일부 과학자들은 인간의 고통을 줄여주는 것과 비슷한 약물을 동물에게 투여할 경우 고통 자극을 주었을 때 고통을 나타내는 행동이 감소하는지를 조사하는 실험 방법을 개발했다. 그들은 동물이 먹이 같은 보상을 얻을 수 있는 기회와, 고통스러운 경험이나 고통을 느낄 위험 사이에서 균형을 잡으려 한다는 증거를 확보하고자 했다. 그들은 이런 식으로 유연하게 의사결정을 한다는 사실을 공통의 가치 측정 기준이 포함된 중앙 집중식 정보 처리가 이루어지는 증거로 간주한다.[11] 그러나 이런 유형의 정보 처리가 이루어진다는 증거는 아직 일부 종에서만 확인된다.

방금 살펴본 것처럼, 포유류와 조류가 고통을 느낄 수 있는 능력이 있음을 보여주는 증거는 강력하다. 그런데 인간은 척추동물 중에서 파충류나 양서류보다 훨씬 많은 어류를 포획하거나 기르고 죽인다. 이에 따라 파충류와 양서류가 고통을 느낀다는 증거가 있음은 간략하게 언급하고,[12] 어류가 고통을 느낄 수 있다는 증거를 더 상세히 살펴보기로 하겠다.

어류

빅토리아 브레이스웨이트Victoria Braithwaite는 펜실베이니아 주립대학교의 수산학 및 생물학 교수이자 『어류도 고통을 느끼는가?Do Fish Feel Pain』의 저자다. 그녀는 2019년 사망할 때까지 어류의 신경계, 그리고 고통을 유발할 수 있는 상황에서 어류가 보이는 행동을 연구한 최초의 과학자 중 한 명이다. 브레이스웨이트의 연구팀은 어류에게도 통각 수용체가 있다는 사실을 최초로 밝혀냈다. 통각 수용체는 포유류와 조류의 손상된 조직에서 나오는 신호를 감지하는 것으로 알려진 감각 수용체다. 브레이스웨이트는 우리에게 신체적 고통을 줄 수 있는 자극, 예를 들어 식초나 벌침 독을 어류의 입술에 주입할 경우 어류가 어떤 행동을 보이는지도 조사했다. 이 실험에서 그녀는 어류가 이런 자극을 받았을 때 호흡이 빨라지고 입술을 비벼대고, 수조에서 일어나는 일에 평소와 달리 관심을 보이지 않는 등 통증을 암시하는 방식으로 행동한다는 사실을 알아냈다. 이러한 행동 변화는 수 시간 지속될 수 있는데, 모르핀과 같은 진통제를 투여하면 물고기는 빠르게 다시 정상적인 행동을 보인다. 물고기는 가벼운 전기충격과 같은 불쾌한 경험을 피하는 방법을 배우지만, 앞서 언급한 동기의 균형을 잡으려 하는 경우도 있다. 즉 어떤 물고기는 먹이

만을 선택하지 않고 동료에게 가까이 가기 위해 감전을 견디는 선택을 하기도 하는 것이다.

이러한 관찰은 물고기가 쾌고감수 능력이라는 가장 중요한 기준을 충족한다는 것을 시사한다. 하지만 물고기에게 포유류와 조류에게는 있는 인지 능력이 부족하다는 이런저런 신화를 불식시킨다는 점에서도 이 실험은 의미가 있다. 일부 어종은 동료가 먹이를 찾는 동안 교대로 포식자를 경계하는 등 상호 협력하는 모습을 보인다. 일부 물고기는 협동 사냥을 하는데, 이러한 사냥을 한다는 것은 예상 능력과 의사소통 능력을 모두 갖추었음을 시사하기 때문에 이전에는 사회적 포유류에서만 관찰되는 것으로 알려져 있었다. 더 놀라운 사실은 서로 다른 어종끼리도 이런 협력을 한다는 것이다. 관찰에 따르면 대형 어종인 참바리gouper는 사냥을 하다가 자신이 들어가기에 너무 좁은 틈새로 먹잇감이 피신하면 뱀장어과의 곰치가 숨어 있을 법한 틈새로 헤엄쳐 간다. 그런 다음 참바리는 독특한 몸동작을 보여주는데, 곰치는 이를 보고 자신이 있던 틈새에서 빠져나와 참바리를 따라 헤엄쳐 간다. 먹이가 숨어 있는 틈새에 도달하면 참바리는 몸짓으로 먹이를 가리키고, 그러면 곰치가 틈새로 들어간다. 이렇게 하면 대개 먹이는 숨을 곳이 없는 탁 트인 곳으로 나오게 되는데, 참바리는 이곳에서 달려들 태세를 갖추고 먹이를 기다리고 있다. 때로는 곰치가 먼저 먹이를 잡아먹기도 한다. 사회적 포유류의 협동 사냥과는 달리, 참바리와 곰치는 먹이를 통째로 삼키기 때문에 사냥한 먹이의 사체를 나눠 먹을 수 없다. 그러나 협력할 기회가 반복되면 곰치와 참바리는 모두 이익을 얻는다.

브레이스웨이트는 자신의 연구와 다른 연구에서 확보한 증거를 요약하고 나서 이렇게 썼다. "이 모든 사실로 보았을 때, 현재 우리가 조류와 포유류의 복지를 고려하는 것과 동일한 정도의 관심을 어류에게도 갖지 말아야 할 논리적 이유가 없다고 생각한다."[13] 나는 이 세상에 약 3만 3,000개의 어종이 있고, 이는 어림잡아 포유류의 대략 다섯 배에 달하며, 고통을 느끼는 능력과 관련된 연구는 이 중 일부 어종만을 대상으로 했다는 점에 동의한다. 브라이트웨이트는 상어와 가오리 같은 연골어류를 연구한 과학자들이 뼈 골격을 갖춘 포유류, 조류, 어류와 동일한 종류의 통각 수용체를 발견하지 못했다고 지적했다.[14] 이렇게 보았을 때, 우리가 신중한 입장을 취하려면 물고기가 쾌고감수능력이 있는 존재라는 결론은 오직 뼈가 있는 물고기, 즉 경골어류라고도 불리는 물고기로 제한해야 할 것이다. 그렇다고 상어와 가오리가 쾌고감수능력이 있는 존재가 **아니라**는 뜻은 물론 아니다. 다만 그 증거가 인간이 먹는 물고기의 압도적 다수를 차지하는 경골어류만큼 강력하지 않다는 의미일 뿐이다.

그렇다면 우리는 왜 물고기가 아무것도 느끼지 못하는 것처럼 대할까? 물고기가 소리를 지르거나 낑낑거릴 수 없고, 고통을 읽어낼 수 있는 표정이 없기 때문일까? 만약 이도저도 아니라면 잡아놓은 물고기가 옆에서 무기력하게 파닥거리며 서서히 질식해 죽어가는 동안, 무심하게 강가에 앉아 미늘 달린 낚싯바늘을 물속에 드리워놓고 오후를 즐길 수 있는 사람은 분명 사이코패스밖에 없을 것이다.

무척추동물

대다수의 척추동물이 포유류가 아니라 어류이듯이, 대다수의 동물은 척추동물이 아니다. 무척추동물에는 엄청나게 다양한 집단이 속해 있는데, 척추가 없다는 사실만으로 무척추동물을 정의한다는 점을 감안하면 그렇게 놀라운 일은 아니다. 무척추동물을 이런 식으로 정의하는 것은 우리의 관점이 인간 중심적임을 보여주는 또 다른 사례다. 즉 우리처럼 척추가 있는 존재가 있고 나머지는 모두 무척추동물인 것이다. 무척추동물을 객관적으로 파악하려 할 경우, 우리는 일부 무척추동물이 쾌고감수능력과 지능을 모두 갖추었고, 쾌고감수능력을 갖추었을 가능성을 배제할 수 없는 무척추동물도 상당히 많다는 사실을 알게 될 것이다.

침팬지, 코끼리, 돌고래 등 영리한 척추동물과 만날 때 우리는 우리와 공통의 조상을 갖는 정신적 존재와 만나는 것이다. 그러나 문어는 연체동물이며, 이에 따라 이 동물은 척추동물보다 굴과 더 밀접한 관련성을 갖는다. 문어와 우리의 공통 조상을 찾으려면 5억 년 전으로 거슬러 올라가 의식이 전혀 없었을 것 같은 벌레로 되돌아가야 한다. 하지만 문어는 영리하다. 여러 유튜브 동영상을 보면, 문어가 뚜껑을 돌려야 열리는 병을 열어 그 안에 담긴 맛있는 먹이를 취하는 등 새로운 문제를 해결하는 모습이 나온다. 문어가 수조에서 탈출하거나, 밤에 수조에서 나와 옆에 있는 물고기 수조로 갔다가 다시 자기 수조로 돌아오는 에피소드 같은 '문어판 쿠키 단지 습격 사건'은 많이 있다. 야생 문어는 빈 코코넛 껍데기 반쪽을 이용해 숨는 법을 익히며, 껍데기를 원하는 장소로 꽤 멀리까지 운반하기도 한다. 이러한 사실들은 문어에게 앞일을 계획하는 능력이 있음을 짐작케 한다.[15] 만약 문어를 만난다면 그것이 혈연과의 만남이 아니라, 완전히 독립적으로 진화한 마음과의 만남임을 기억하라. 이는 지적 외계인과 접촉하는 것과 가장 유사한 만남이라 할 것이다.[16]

현재 쾌고감수능력을 갖추었다는 강력한 증거가 있는 또 다른 무척추동물 집단으로는 게, 바닷가재crab, 가재lobster 및 일부 새우를 포함한 십각류decapod 갑각류가 있다(십각류라는 용어는 '10개의 다리'라는 그리스어에서 유래했다). 런던정치경제대학교의 조너선 버치Jonathan Birch가 이끄는 학제 간 과학자 연구팀은 두족류(문어와 오징어가 속한 집단)와 십각류 갑각류의 쾌고감수능력에 대한 연구 결과를 「두족류 연체동물과 십각류 갑각류의 쾌고감수능력 유무에 대한 증거 검토」에서 요약해서 발표했다. 당시 동물복지법의 적용 범위를 검토하던 영국 환경부와 농림축산식품부에 제출된 보고서였다. 연구자들은 이 동물들의 쾌고감수능력을 다룬 300개 이상의 과학적 연구를 검토했고, 동물에게 쾌고감수능력이 있는지 여부를 판단할 수 있는 일련의 기준을 개발했다. 연구자들은 십각류에게 고통을 느끼는 감각 수용체가 있다고 굳게 믿었으며, 게와 바닷가재의 뇌가 다양한 출처의 정보를 통합할 수 있다는 사실에 대해서도 매우 강한 확신을 가졌다. 하지만 게와 바닷가재를 제외한 다른 십각류에게도 이런 능력이 있음을 보여주는 증거는 부족했다. 어떤 경우에는 동물 자체에서 생성된 화합물이, 또 어떤 경우에는 실험 과정의 일부로 외부에서 유입된 화합물이 게와 바닷가재, 그리고 일부 새우의 고통스러운 자극에 반응하는 정도를 감소시켰다. 연구자들은 전반적으로 십각류 갑각류의 쾌고감수능력을 보여주는 증거가, 두족류의 쾌고감수능력을 보여주는 증거보다 덜 강력하다는 사실을 발견했다. 하지만 이것은 십각류에 쾌고감수능력이 없다는 증거라기보다, 연구가 적어 증거가 부족하다는 사실과 어느 정도 관련이 있다고 그들은 강조했다.

2021년 11월에 발표한 이 보고서의 핵심 권고사항은 다음과 같다. "모든 두족류 연체동물과 십각류 갑각류는 영국 동물복지법의 목적상 쾌고감수능력이 있는 동물로 간주되어야 한다." 당시 의회는 동물을 쾌고감수능력이 있는 존재로 인정하는 새로운 법안을 논의 중이었다. 동물을 쾌고감수능력이 있는 존재로 인정하는 입장은 유럽연합 법에 포함되었으나, 영국은 유럽연합을 탈퇴하면서 동물의 이러한 지위를 보장하는 법적 효력이 사라졌다. 2022년 법제화된 영국 동물복지 (쾌고감수능력) 법은 버치 연구팀의 보고서가 미친 영향을 보여준다. 이 법은 '동물'이 (호모사피엔스를 제외한) 모든 척추동물, 두족류 연체동물, 십각류 갑각류를 의미한다고 명시하고 있다. 뉴질랜드, 노르웨이, 스위스 동물복지법은 문어, 오징어, 게, 바닷가재, 가재도 보호 대상으로 규정하고 있다.[17]

그 외 다른 수많은 갑각류 종의 쾌고감수능력에 대해서는 별다른 연구가 이루어지지 않았다. 따라서 우리는 이들에 대해 아는 것이 별로 없으며, 곤충에서는 이런 불확실성이 더 커진다. 일부 곤충의 행동을 보면 그들이 고통을 느낀다는 생각을 하기 어렵다. 암컷 사마귀가 수컷을 연인으로 생각하지 않고 저녁 식사로 취급해도 수컷은 암컷 사마귀와 교미할 관심을 포기하지 않는다. 다른 곤충들은 다리가 으스러지고도 계속 걷고 자신이 먹히는 동안에도 계속 먹는다. C. H. 아이제만C. H. Eisemann과 여러 동료들은 1984년에 발표한 한 영향력 있는 논문에서, 이 사례를 바탕으로 곤충이 고통을 느끼지 않을 것이라는 결론을 이끌어냈다.[18] 35년 후, 캐나다의 무척추동물 행동 및 생리학 전문 과학자인 셸리 아다모Shelley Adamo는 곤충에게 의식이 있다고 판단하기에 충분할 정도의 뉴런이 있는지 의구심을 나타내면서 비슷한 결론에 도달했다.[19]

한편 곤충에게도 의식이 있다는 생각에 더 개방적인 과학자들도 있다. 1923년 오스트리아의 과학자 카를 폰 프리슈Karl von Frisch는 꿀벌이 '8자 춤'으로 먹이의 방향과 거리에 대한 의견을 나눈다는 사실을 발견했다. 그가 처음 이런 주장을 했을 때 사람들은 회의적인 반응을 보였지만 결국 이 생각이 받아들여졌고, 1973년 폰 프리슈가 노벨상을 받으면서 정점을 찍었다. 하지만 이와 같이 복잡한 방식으로 의사소통을 한다는 것이 의식이 있음을 나타내는 것일까? 동물의 자연스런 행동 신경 메커니즘 전문가인 신경과학자 앤드루 배런Andrew Barron과 의식을 연구하는 철학자 콜린 클라인Colin Klein은 곤충의 뇌 구조가 "주관적 경험 능력"[20]을 갖추고 있음을 시사한다고 주장했다.

동물도 고통을 느낀다는 말의 함의

이제 우리는 다음과 같은 두 가지 중요한 결론에 도달하게 되었다. 첫째, 많은 동물이 고통을 느낄 수 있다. 둘째, 동물이 느끼는 고통을 인간이 느끼는 비슷한 양의 고통보다 하찮게 여기는 것은 도덕적으로 정당화할 수 없다. 이 결론은 우리에게 어떤 실천을 요구하는가? 오해를 피하기 위해 지금부터는 내가 말하려는 것을 좀 더 상세히 설명해보도록 하겠다.

손바닥으로 말의 엉덩이를 세게 때리면 말은 앞으로 뛰쳐나가겠지만 그렇게 아프지는 않을 것이다. 말가죽은 찰싹 때리는 정도로는 아프지 않을 만큼 두껍다. 하지만 같은 방식으로 아기를 때리면 아기는 울음을 터뜨리면서 아파할 것이다. 아기의 피부는 말보다 민감하기 때문이다. 다른 조건이 동일하다면 말을 때리는 것보다 아기를 때리는 것이 더 나쁜 행동이 될 것이다. 그런데 아기를 손으로 찰싹 때려서 아프게 하는 것과 같은 정도로 말에게 고통을 줄 수 있는 어떤 가격, 가령 굵은 몽둥이로 때리는 것과 같은 방법이 분명 있을 것이다. 이것이 '같은 정도의 고통'이라고 할 때 내가 말하려는 것이다. 아무 이유 없이 그 정도로 아기를 아프게 하는 것이 잘못이라고 생각한다면, 아무 이유 없이 같은 정도로 말을 아프게 하는 것 역시 잘못이라고 생각해야 한다. 종차별주의자가 되지 않으려면 그래야 한다.

그런데 인간과 동물이 달라서 다른 복잡한 문제가 발생할 수 있다. 특정 상황에서 비장애인은 같은 상황에서 동물이 느끼는 것 이상의 고통을 느낄 정신적 능력이 있다. 예를 들어 비장애인에게 치명적인 과학 실험을 하기로 결정했고 이를 위해 비장애인을 임의로 공원에서 납치했다면, 사람들 사이에 공포가 확산될 것이다. 반면 인간 아닌 동물에게 같은 실험을 한다면 상대적으로 적은 고통을 줄 것이다. 동물은 우리가 멀리 있는 사람과 소통하듯 멀리 떨어져 있는 다른 동물과 소통할 수 없으며, 따라서 납치당해 실험 대상이 될지 모른다는 두려움을 느끼지는 않을 것이기 때문이다. 그렇다고 동물실험이 옳다는 말은 아니다. 굳이 실험을 해야 한다면 일반 성인보다는 동물을 사용하는 편이 낫다고 할 이유가 있다는 뜻일 뿐이다.

동물 사용을 옹호하는 이 주장은 종을 언급하지는 않지만, 비장애인 인간과 다른 동물의 인지적 차이를 바탕에 깔고 있다. 그렇다면 이 주장은 위장된 형태의 종차별주의가 아닐까? 앞의 주장이 종차별적이지 않다는 것을 제대로 입증하려면, 그런 주장을 하는 사람들이 '같은 논리가 일반 성인을 대상으로 한 실험보다 심각한 인지 장애가 있는 사람을 대상으로 한 실험을 선호하는 근거가 된다'는 사실을 받아들여야 할 것이다. 심한 인지 장애가 있는 사람도 자신에게 무슨 일이 일어날지 전혀 모르기 때문이다. 우리가 동물실험을 계속 허용하면서 위의 주장이 갖는 이와 같은 함의를 거부한다면 그것은 우리 종의 구성원을 선호하는 입장을 견지하는 것과 다를 바 없다.

대부분의 성인이 갖는 우월한 정신 능력, 가령 예측 능력, 미래를 계획하는 능력, 과거에 대한 상세한 기억력, 자신과 타인에게 일어나고 있는 일에 대한 많은 지식 등은 차이를 만들어낸다. 하지만 이 차이는 장점이면서 동시에 단점이기도 하다. 예를 들어 전시戰時에 포로를 수용하고 있다고 가정해 보자. 우리는 그들이 억류, 수색, 감금을 당할 수 있지만 해를 입지는 않을 것이며, 전쟁이 끝나면 석방될 것이라고 그들에게 설명해줄 수 있다. 반면 야생동물은 잡아서 가두려는 것과 죽이려는 것을 구분하지 못한다. 그들에게 잡아 가두는 것은 죽이는 것만큼, 혹은 그 이상으로 공포를 불러일으킨다.

물론 서로 다른 종끼리 고통을 비교하기는 힘들고, 이 때문에 동물과 인간의 이익이 충돌할 때 평등의 원칙이 정확한 지침이 되지 않을 수 있다. 하지만 이 원칙을 통해 현재의 우리 행위를 변화시키고자 할 때 정확성이 반드시 필요한 것은 아니다. 우리가 동물에게 행하는 많은 것들이 동물에게 엄청난 고통을 주지만, 그것들이 우리에게 꼭 필요한 것은 아니다. 사실 우리가 동물에게 끼치는 해악이 우리가 얻게 되는 이익보다 크고 해악의 규모도 엄청나다는 건 분명하다. 2022년 케니 토렐라Kenny Torella가 『복스Vox』에서 밝히고 있는 바와 같이 "호모사피엔스를 제외한 거의 모든 동물 종, 특히 우리가 식용으로 길들인 종인 닭, 돼지, 소 그리고 점차 물고기마저도 현재 최악의 시기를 보내고 있다고 할 수 있을 것이다."[21] 이렇게 열악한 상황에서 지금보다 더 나은 일을 하기란 어렵지 않을 것이다.

'죽이는 것'이 잘못인 경우는 언제인가?

지금까지 나는 동물에게 고통을 주는 문제에 대해 많은 이야기를 했다. 하지만 동물을 죽이는 것에 대해서는 전혀 말을 하지 않았다. 일부러 이야기를 꺼내지 않은 것이다. 고통을 주는 데 평등의 원칙을 적용하는 것은 적어도 이론적으로는 아주 간단하다. 고통과 아픔은 그 자체로 나쁘며, 따라서 고통 받는 존재가 어떤 종에 속하건 고통을 막거나 최소화해야 한다. 고통이 얼마나 나쁜지는 고통의 강도와 지속 시간에 좌우되지만, 고통의 강도와 지속 시간이 같다면 그것을 인간이 느끼든 동물이 느끼든 나쁘기는 마찬가지다. 그런데 한 존재를 죽이는 것이 언제 잘못인가를 결정하는 것은 더 복잡한 문제다. 지금까지 나는 '죽임'의 문제를 뒷전으로 미루어두었고, 앞으로도 그럴 것이다. 지금처럼 인간이 다른 종에게 저지르는 폭정이 만연한 상황에서는 고통이나 쾌락을 동등하게 고려한다는 매우 단순하고 간단한 원칙만으로도 인간이 동물을 학대하고 착취하는 다양한 방식을 확인하고 거기에 항의하는 데 부족함이 없기 때문이다. 그럼에도 동물을 죽이는 것에 대해 무언가를 말하지 않는다면 이 장이 불완전하다는 느낌을 지울 수 없을 것이다.

대부분의 사람은 인간에게는 고통을 주지 않으려 하면서 동물에게는 거리낌 없이 고통을 주기 때문에 종차별주의자다. 마찬가지로 대부분의 사람은 인간은 죽이려 하지 않으면서 다른 동물은 거리낌 없이 죽이기 때문에 종차별주의자다. 그러나 이런 논의를 전개할 때는 조심할 필요가 있다. 말기 환자의 임종 결정이나 낙태에 관한 줄기찬 논쟁에서도 알 수 있듯이, 어떤 경우에 인간을 죽여도 되는지에 대해 의견이 분분하기 때문이다. 심지어 윤리학자들도 인간을 죽이는 것이 왜 잘못인지에 관해 합의에 도달할 수 없었다.

먼저 무고한 사람의 생명을 빼앗는 것은 어떤 경우에도 잘못이라는 입장을 고려해보자. 이는 흔히 인간의 생명이 신성불가침하다고 생각하는 입장으로 일컬어지며, 낙태와 안락사에 반대하는 근거로 활용된다.[22] 이 입장을 옹호하는 사람들 중에서 인간 아닌 동물을 죽이는 것을 반대하는 사람은 거의 없다. 그런데 인간의 생명, 그리고 오직 인간의 생명만이 신성하다는 믿음은 일종의 종차별주의다.

이를 확인해보는 차원에서 1992년 플로리다에서 뇌의 대부분이 없는 무뇌증으로 태어난 아기 테레사의 사례를 고찰해보자. 무뇌아는 호흡이나 심장 박동 같은 기능을 관장하는 뇌간이 여전히 기능하기 때문에 뇌사 상태에 놓인 것은 아니다. 하지만 무뇌아는 의식이 전혀 없고 엄마를 보고 웃지도 못한다. 일반적으로 의사는 이런 아기를 살리기 위해 애쓰지 않으며, 아기는 출생 후 몇 시간 내에 숨을 거둔다. 하지만 테레사의 엄마 로라 캄포는 비극적으로 태어난 아기가 좋은 일을 하고 저세상으로 가길 바랐고, 치명적인 심장 결함을 갖고 태어난 다른 아기를 위해 장기 기증을 하겠다고 했다(심장 결함을 갖고 태어난 아기들은 유아의 심장을 이식받을 수 있는 기회가 드물기 때문에 사망하는 일이 흔하다). 하지만 의사들은 테레사가 죽지 않았다면서 장기 적출을 거부했다. 캄포와 테레사의 아버지는 심장이 멈춘 상태에서는 심장 이식이 성공할 가능성이 낮기 때문에 테레사가 살아 있는 동안 장기를 적출할 수 있도록 소송을 제기했다. 판사는 생명이 "아무리 짧거나 만족스럽지 못하더라도" 인간의 생명을 빼앗는 것은 허용할 수 없다면서 요청을 기각했다. 아기의 심장을 적출하는 것은 법적으로 살인이 될 수 있었는데, 이런 점에서 이 법은 모든 무고한 인간이 불가침의 생명권을 갖는다는 생각을 반영하고 있다.

테레사는 며칠 뒤 사망했고, 그녀의 장기는 누구에게도 도움이 되지 못하고 말았다.[23] 그런데 테레사를 죽이는 것이 잘못이라고 말하는 사람들 중에서 의식이 있는 건강한 돼지나 원숭이, 심지어 침팬지의 심장을 적출하여 인간의 생명을 구한다고 했을 때 반대할 사람은 없을 것이다. 이처럼 서로 다른 판단을 그들은 어떻게 정당화할 수 있을까? 어떤 사람들은 종교적 견해에 호소하면서 테레사는 불멸의 영혼이 있거나 신의 형상에 따라 만들어진 반면, 인간 아닌 동물은 영혼이 없고 신의 형상에 따라 만들어지지 않았다고 말할 것이다. 이런 입장은 합리적인 방식으로 호모사피엔스의 모든 구성원이 불멸의 영혼을 갖고 있거나 신의 형상에 따라 만들어졌지만 다른 종의 구성원은 그렇지 않다는 믿음을 설명하지 않는다. 역사적으로는 이런 믿음이 중요했을 수 있지만, 요즘 그렇게 믿는 사람은 거의 없다. 또한 교회와 국가가 분리된 다원주의 사회에서는 어떤 경우에도 종교적 믿음이 법의 바탕이 되어서는 안 된다. 이런 사회에서는 '테레사의 심장을 적출하는 것은 잘못이지만 더 큰 인식 능력과 삶을 누릴 잠재력을 지닌 인간 아닌 동물의 심장을 적출하는 것은 옳다'는 사람들의 생각이 테레사가 호모사피엔스 종의 일원이지만 돼지, 개코원숭이, 침팬지는 그렇지 않다는 사실이 뒷받침하고 있는 것으로 보인다. 여기서 우리는 다시 한 번 순전히 종차별적인 믿음을 마주하게 된다.[24]

　그런데 이상에서의 주장이 '개를 죽이는 것이 온전한 능력을 갖춘 인간을 죽이는 것만큼 나쁘다고 주장해야만 종차별주의를 피할 수 있다'는 뜻은 아니다. 오직 생명권의 경계를 우리 종의 경계와 정확히 일치시키는 사람만이 구제불능의 종차별주의자가 되는 것이다. 종차별주의를 피하려면 우리는 관련된 모든 측면에서 유사한 존재들이 유사한 생명권을 갖는다는 사실을 인정해야 한다. 우리는 스스로가 속한 종의 구성원이라는 단순한 사실을 이러한 권리를 뒷받침하는 적절한 도덕 기준으로 삼을 수 없다. 이렇게 제한을 두면서도 우리는 가령 자기 인식 능력, 미래를 계획하는 능력, 타인과 의미 있는 관계를 맺는 능력을 갖춘 성인을 죽이는 것이, 이 모든 능력이 없을 가능성이 높은 쥐를 죽이는 것보다 나쁘다는 생각을 고수할 수 있다. 또한 이러한 생각을 고수하기 위해 인간에게는 있지만 쥐에게는 (인간과 같은 정도로는) 없는 긴밀하고 오래 지속되는 가족 간의 유대, 혹은 다른 개인적인 유대를 근거로 들 수도 있다. 이 밖에 비장애인을 죽이면 다른 사람들도 목숨을 잃을지 모른다고 두려워하게 될 텐데, 이것이 결정적인 차이라고 생각할 수도 있다. 하지만 어떤 기준을 선택하건 우리는 그 기준이 우리 종의 경계와 정확히 일치하지 않는다는 사실을 인정해야 할 것이다. 물론 방금 언급한 것들과 같은, 인간 아닌 동물을 죽이는 것보다 대부분의 인간을 죽이는 것을 더 나쁘게 만드는 일부 특징이 있다는 입장을 합당하게 견지할 수 있다. 하지만 종차별주의가 아닌 기준으로 보았을 때, 많은 동물은 아기 테레사 같은 인간, 혹은 인지 능력이 영구적으로 심각하게 손상된 인간보다 더 높은 정도로 이런 특징을 갖고 있다. 그러므로 만약 이러한 특징에 기초해 생명권을 부여한다면 우리는 최소한 이와 같은 동물에게도 이러한 인간에게 부여하는 것만큼 강력하게 생명권을 부여해야 한다.

이러한 논의는 인간 아닌 많은 동물이 강력하고 어쩌면 절대적인 생명권을 가진다는 사실을 보여주는 것으로 느껴질 수 있다. 설령 이러한 동물이 노쇠하고 고통 받고 있으며, 우리의 의도가 그들을 고통에서 벗어나게 하는 데 있을지라도 그들을 죽일 경우에는 항상 심각한 도덕적 범죄를 범하는 것임을 보여주는 것으로 느껴질 수 있는 것이다. 아니면 생명권을 갖는 데에 필요한 특징을 가지고 있지 않은 사람의 목숨을, 지금 우리가 동물을 죽이듯이 사소한 이유로도 빼앗을 수 있음을 보여주는 것으로 느껴질 수도 있다. 나는 이 문제들을 다른 곳에서 상세하게 다룬 바 있다.**25** 이 책의 주요 관심사는 우리가 동물을 대하는 방식에 관한 윤리적 문제이지, 인간 생명의 마지막 단계에서의 결정에 대한 윤리적 문제가 아니므로 여기서 이 문제를 완결 지으려 하지는 않겠다. 다만 방금 설명한 두 입장 모두 종차별주의를 피할 수는 있어도 어느 쪽도 만족스럽지 않다는 점만 언급하도록 하겠다. 우리에게 필요한 것은 중도적 입장이다. 여기서 중도적 입장이란 종차별주의를 피하되 중증 인지 장애를 가진 인간의 생명을 현재의 돼지나 개의 생명처럼 하찮게 만들지도 않고, 돼지나 개의 생명을 너무 신성시하여 불치병에 걸린 동물의 고통을 끝내는 것이 잘못이라고 생각하지도 않는 중간 지점이다. 우리가 해야 할 일은 인간 아닌 동물을 도덕의 관심 영역 안으로 끌어들이고, 사소한 목적을 위해 그들의 생명을 소모품처럼 다루지 않는 것이다. 동시에 인간이 의미 있는 삶을 영위할 가능성이 전혀 없거나, 견디기 힘든 고통을 느끼지 않고 살아갈 가능성이 전혀 없을 때에도 기어코 인간의 생명을 지켜야 한다는 우리의 방침을 다시 생각해보는 것이다.

고통을 주는 문제와 생명을 빼앗는 문제의 차이점을 살펴보려면, 우리가 우리 종 내에서 어떤 사람의 생명을 구하려 할 것인지를 생각해볼 필요가 있다. 정상적인 인식 능력의 범위 내에 있는 사람과 심각한 인지 장애가 있는 사람 중 한 명을 구해야 하는 상황에서 선택해야 한다면, 다른 모든 조건이 같을 때 우리 대부분은 인지적으로 정상인 사람의 생명을 구하려 할 것이다. 그런데 인지적으로 정상인 사람과 인지 장애가 있는 사람 중 누구의 고통을 덜어줄지 선택해야 한다고 가정해보자. 가령 둘 다 고통을 받고 있지만 상처가 가볍고, 진통제는 한 사람 분량밖에 없다고 생각해보자. 이때 우리가 누구를 선택해야 할지는 그렇게 분명하지 않을 것이다.

다른 종을 고려할 때도 마찬가지다. 고통은 이를 느끼는 존재의 다른 여러 특징에 영향을 받지 않고 그 자체로 악하다. 반면 생명의 가치는 이런 여러 특징의 영향을 받는다. 미래에 달성하고자 하는 목표를 정하고, 계획하고 그 목표를 위해 노력하는 한 존재의 생명을 빼앗는 것은 그가 온갖 노력으로 이루려는 바를 앗아가는 것이다. 반면 자신이 미래가 있는 존재임을 인지하지 못할 정도로 정신 능력이 낮은 것은 물론이고, 미래를 위한 계획을 세운다는 건 엄두도 못 낼 존재의 생명을 빼앗을 때는 이런 특별한 종류의 손실이 따르지 않는다.

일반적으로, 장기적인 목표를 달성하려는 열망을 가진 사람을 죽이는 것이 그저 현재를 살아가며 미래를 제대로 내다보지 못하는 존재를 죽이는 것보다 훨씬 큰 잘못이라는 입장을 견지하는 것은 합당하다(여담이지만, 이것은 모기에게도 인간과 같은 생명권을 주고 싶다고 말하면서 동물 생명권 옹호자들을 조롱하는 흔한 전략에 어떻게 대응할지 잘 보여준다).[26] 하지만 나는 동물을 고통 없이 죽이는 것이 언제 잘못인지 묻는 질문에 일반적인 답변을 제시하지는 않을 것이다. 이 책에서 옹호하는 결론은 오직 고통 최소화 원칙에서만 도출된다. 매우 흥미롭게도 대부분의 상황에서 동물 제품을 먹지 말아야 한다는 결론(평범한 사람들은 이러한 결론이 동물을 죽이는 것이 잘못이라는 믿음에 근거하고 있다고 생각한다) 또한 이러한 원칙에서 도출된다.

미리 생각해보기

당신은 다음과 같은 의문을 가질 수 있다.

- 유사한 이익을 동등하게 고려해야 한다는 원칙을 받아들인다면, 인간에게 해를 끼치는 동물에 대해서는 어떻게 해야 할까?
- 고양이가 쥐를 죽이지 못하게 하거나 사자가 얼룩말을 죽이지 못하게 해야 할까?
- 식물이 고통을 느끼지 못한다는 것을 어떻게 아는가? 식물이 고통을 느낀다면 우리는 굶어야 할까?

이 모두가 좋은 질문이지만, 이 책의 주요 논점이 흐려지지 않도록 나는 이 질문들에 대한 답을 6장까지 미뤄놓겠다. 물론 당신이 답변을 얼른 확인하고 싶어 6장부터 살펴보려 한다면 이를 막을 수는 없다. 만약 기다릴 수 있다면, 당신은 이어지는 두 장에서 관행으로 자리 잡고 있는 종차별주의의 두 사례가 검토되고 있음을 확인하게 될 것이다.

나는 인간이 동물에게 행하는 온갖 못된 짓들을 백과사전식으로 소개하는 개론서를 쓰고 싶지는 않았다. 이에 따라 이 책에서는 스포츠 사냥, 모피 산업, 이국적인 반려동물 키우기, 서커스 동물이나 로데오 같은 관행은 전혀 다루지 않았다. 또한 인간이 야생동물에게 미치는 영향에 대해서도 거의 언급하지 않았다.

대신 나는 현실에서 자행되고 있는 종차별주의의 두 가지 핵심 사례를 심층적으로 검토했다. 이들은 아무 맥락 없는 가학 행위의 사례들이 아니라, 하나는 1억 마리의 동물이 관련된 사례이고 또 하나는 매년 1,000억 마리가 넘는 척추동물이 관련되어 있다. 우리는 자신이 이 관행과 상관없다고 생각해서는 안 된다. 그중 하나인 동물 실험은 우리가 선택한 정부가 후원하고, 대개 우리가 내는 세금이 쓰이기 때문이고, 또 다른 사례인 식용 동물 사육은 많은 사람이 동물 제품을 구입하고 먹기에 가능한 것이기 때문이다. 이 관행들은 대표적인 종차별주의의 사례다. 이들은 인간이 행하는 다른 어떤 것보다도 많은 동물에게 많은 고통을 주고 있다. 이 관행을 막으려면 우리가 식생활을 바꾸고 정부 시책도 바꿔야 한다. 공공연히 장려되는 이런 형태의 종차별주의를 중단할 수만 있다면, 다른 종차별주의 관행을 폐지할 날도 머지않을 것이다.

2장

연구를 위한 도구

동물 실험이 오직 인간의 생명을 구하기 위해서만 이루어지는 것은 아니다

이 장에 대하여

매년 연구자들은 수천만 마리의 동물을 대상으로 고통과 죽음을 야기하는 실험을 한다. 일반적으로 사람들은 주요 질병의 치료법 발전에 기여한다는 이유로 동물실험을 지지하는 경향이 있다. 하지만 이는 오해이다. 이 장에서 나는 그런 목적의 실험은 극히 일부에 불과하며, 실험을 하는 개인이나 기업 외에는 누구에게도 큰 이익을 가져다줄 가능성이 없음을 보여주고자 한다.

전 세계적으로 얼마나 많은 동물이 실험에 사용되는지를 대략적으로라도 파악하고 있는 사람은 없다. 그 이유 중 하나는 일부 국가가 얼마나 많은 동물이 자국에서 사용되는지를 조사하지 않기 때문이다. 가령 미국의 경우 미국 농무부USDA가 실험용 동물을 규제하는

공식 기관인데, 이 기관은 사용되는 동물의 수에 대한 자료를 수집하지 않는다. 놀랍게도 이처럼 자료를 수집하지 않는 이유는 동물실험을 규제할 권한을 농무부에 부여하는 미국 동물복지법이 실험용 동물 중 절대다수를 차지하는 쥐rat, 생쥐mouse, 새를 규제 대상에서 제외한다고 명시해놓고 있기 때문이다. 결과적으로 농무부가 실험을 규제하고 통제 자료를 수집할 권한을 갖는 대상은 실제 실험용 동물의 극히 일부에 국한된다. 농무부는 원숭이, 개, 토끼를 포함한 다른 포유류의 수치는 수집한다. 이에 따라 2019년에 쥐, 생쥐, 새를 제외한 동물 79만 7,546마리가 사용되었음을 확인할 수 있다. 이 수치에는 고양이 1만 8,270마리, 개 5만 8,511마리 그리고 6만 8,257마리의 인간 아닌 영장류가 포함된다. 그런데 이처럼 농무부 통계에 포함되는 실험동물은 사용된 전체 동물 중 몇 % 정도일까? 주요 대학에서 40년 동안 실험동물을 다뤘던 수의사 래리 카본Larry Carbone은 이를 파악하기 위해 11개 공공 연구 시설과 5개 민간 연구 시설에서 자료를 수집했다. 이 시설들은 모두 미국 국립보건원NIH이 자금을 지원하는 상위 30개 시설에 속했다. 자료를 보면 이 시설들은 농무부에 보고해야 하는 동물 3만 9,000마리와 생쥐 및 쥐 550만 마리 이상을 사용했다. 그러니까 이 시설에서 사용한 동물의 99.3%가 쥐와 생쥐라는 것이며, 이는 16개 시설에서 실험된 온혈 포유류의 0.7%만이 농무부 통계에 잡힌다는 말이다. 카본의 계산에 따르면, 농무부에 동물 사용을 보고하는 미국의 모든 연구 시설에 비슷한 비율을 적용했을 때 2018년 미국에서 사용된 동물은 1억 1,200만 마리 이상이다.[1] 이와 대조적으로 국립생의학연구협회National Association for Biomedical

Research는 비록 구체적인 자료를 제공하지는 않았지만 연구에 사용된 동물의 95%가 쥐와 생쥐라고 주장한다. 이 주장이 옳다면 사용된 동물의 총수는 대략 1,560만 마리가 될 것이다.[2]

　우리가 더 낮게 잡은 추정치를 받아들인다면 미국에서 실험에 사용되는 동물의 수는 중국보다 훨씬 적다. 중국의 비즈니스 컨설팅 회사인 지엔 컨설팅Zhiyan Consulting은 2021년 과학 분야에서의 동물에 대한 수요가 쥐와 생쥐 4,980만 마리, 토끼 220만 마리, 인간 아닌 영장류 12만 9,000마리, 개 6만 4,000마리로 총 5,200만 마리 이상이었다고 말한다. 이 모든 동물이 실제로 실험에 사용되었는지는 분명하지 않지만, 대부분의 동물이 실험용으로 사용되었을 가능성이 크다.[3] 동물을 대량으로 사용하는 또 다른 국가인 일본은 공식적인 통계 자료가 없다. 일본 실험동물과학협회Japanese Association for Laboratory Animal Science가 실시한 조사에 따르면 2008년과 2009년 사이에 실험실들이 사육하거나 보유한 동물의 수가 1,500만 마리를 웃돌았지만 조사가 정확했는지는 확실치 않으며, 그 이후 수치가 달라졌을 가능성이 있다.[4] 모든 척추동물을 망라하는 유럽연합의 통계에 따르면 2019년 약 1,040만 마리의 동물이 실험실에서 사용되었다. 이 통계에는 당시 여전히 유럽연합 회원국이었던 영국과, 회원국은 아니지만 유럽연합에 자료를 보고하는 노르웨이의 수치가 포함되어 있다.[5] 이보다 적은 수의 동물을 사용하는 다른 국가의 추정치를 추가하면 전 세계적으로 연간 1억~2억 마리의 동물이 사용된다. 여기서 더 높은 수치는 미국을 조사 대상으로 한 카본의 계산에 바탕을 두고 있고, 더 낮은 수치는 국립생의학연구협회의 추정치에 바탕을 둔 것이다. 카본의 수치는 제한된 자료를 토대로 한 추정치이므로 오류가 있을 수 있다. 하지만 더 신뢰할 만한 자료가 없으므로 나는 대략 2억 마리의 동물이 매년 실험에 사용된다고 정리하겠다.

이어지는 내용에서는 이러한 실험들 중 일부를 소개할 것이다. 이 책의 현재 판과 이전 판들을 통틀어 나는 이 장을 쓰기 위한 조사를 할 때마다 매번 아주 충격적인 경험을 했다. 독자의 입장에서도 이 장을 읽는 것이 즐거운 경험은 아닐 것이다. 하지만 동물이 여기서 언급하는 실험을 겪어야 한다면, 우리가 할 수 있는 최소한의 것은 이 실험을 제대로 파악하는 일이다. 무엇보다도 우리가 내는 세금이 이런 실험에 사용되는 일이 많기 때문에 그렇다. 나는 자극적인 언어를 피하려 했지만, 그렇다고 동물에게 행해지는 실험을 완곡하게 보여주거나 얼버무리려 하지 않았다. 앞으로 소개할 내용들은 대부분 실험자들이 직접 작성한 글로, 동료 심사를 거친 과학 저널에 게재된 내용을 가져온 것이다. 외부 관찰자가 쓴 것과 비교했을 때, 이런 보고서는 대개 실험자에게 유리한 내용만 담게 된다. 실험자는 실험의 성격과 결과를 전달하기 위해 꼭 필요한 경우가 아니라면 자신들이 야기한 고통을 부각시키지 않을 것이며, 이에 따라 대부분의 고통은 보고 내용에 포함되지 않는다. 또한 실험자는 뭔가 잘못된 것을, 그리고 동물에게 해를 끼친 것을 출간물에서 언급하지 않을 것이다. 특히 그것이 실험 자체의 맥락에서 벗어난 경우에는 더 그럴 것이다. 이런 것들은 대개 동물보호 단체의 회원들이 실험실에 잠입하여 무슨 일이 벌어지고 있는지 폭로하고 나서야 비로소 확인된다.

과학 저널이 실험자에게 유리한 출처라고 생각하는 두 번째 이유
는 오직 실험자와 저널 편집인이 중요하다고 판단한 실험만을 저널
에 게재하기 때문이다. 여러 분야의 연구자들은 '출판 편향성'에 대
해 점점 깊은 우려를 표하고 있다. 출판 편향성이란 오직 긍정적인
결과를 얻은 실험 보고서만 게재하는 저널의 경향을 말한다. 가령 다
섯 개의 연구 집단이 독립적으로 유사한 치료법을 테스트해서 단 한
집단만이 긍정적인 결과를 얻을 경우, 그 집단의 치료법만 저널에 게
재될 가능성이 높고 그 결과는 원래 받아야 할 것 이상의 신뢰를 얻
게 되는데, 이런 편향성은 게재된 연구 결과를 불신하게 만든다. 네
덜란드 위트레흐트대학교 심장학 연구원 미라 판 데르 날드Mira van
der Naald가 이끄는 연구팀은 출판 편향성이 동물 사용 연구에서 어느
정도로 나타나는지 확인해보기 위해 위트레흐트대학교 의료센터의
동물 관련 연구 신청서를 검토했다. 그리고 이 신청서들이 제출된 후
7년간 출간된 저작물과 이 신청서들을 연결시켜 보았다. 연구팀은
출판물이 사용 동물의 26%, 즉 5,590마리 가운데 단 1,471마리의 동
물에 관한 연구만을 기술하고 있다는 사실을 발견했다. 이는 실험 대
상 동물의 거의 3/4을 사용한 연구가 출간되지 않았음을 의미한다.[6]
위트레흐트대학교는 네덜란드의 최상위권 대학이고 세계 52위의 대
학이다. 순위가 높은 대학의 연구자들은 순위가 낮은 대학의 연구자
보다 연구 결과를 출간할 확률이 높다. 이렇게 본다면 다른 대다수
기관의 프로젝트는 동물 사용 비율이 더 높더라도 출간되지 않을 가
능성이 크다.[7] 결론적으로 이어지는 내용을 읽으면서 실험 결과가 동
물에게 가하는 고통을 충분히 정당화할 만큼 중요하지 않은 것 같더

라도, 그 사례들은 모두 빙산의 일각에서 가져온 것임을 기억하기 바란다. 다시 말해 실험 결과 중에서도 저널 편집자가 충분히 의미 있다고 판단한 것만을 가져왔다는 것이다.

내 주장을 확인해보고 싶은 독자를 위해, 나는 주저자의 이름을 포함해 출간물의 출처를 명시할 것이다. 저자가 유난히 악하거나 잔인한 사람일 거라고 생각해서는 안 된다. 그들은 훈련받은 대로 행동했고 수천 명의 동료가 하는 일을 했을 뿐이다. 이 책에서 내가 여러 실험을 기술하고 있는 이유는 제도화된 종차별주의적 사고방식을 드러내기 위해서다. 연구자들은 이런 사고방식을 가지고 있음으로써 피험자인 동물의 고통을 무시하거나 외면할 때에만 할 수 있는 실험을 설계하고 수행하게 된다.

원숭이를 사이코패스로 만들기

2015년 미 의회 의원 네 명이 미국 국립보건원 원장 프랜시스 콜린스Francis Collins 박사에게 편지를 보냈다. 그들은 스티븐 수오미 Stephen Suomi 박사가 정신질환 원숭이 모델을 만들어낼 목적으로 수행한 일련의 실험에 우려를 표했다. '동물을 인도적으로 사랑하는 사람들People for the Ethical Treatment of Animals, PETA'이 출간한 한 보고서에 따르면 수오미는 30년간 국립보건원의 지원을 받아 수백 마리 새끼 원숭이에게 실험을 했다. 그는 새끼 원숭이들을 작은 금속 우리에 격리하여 어미와 접촉할 수 없게 했고, 의도적으로 불안, 우울, 탈모를 유발하고, 자신을 물어뜯고 머리털을 뽑는 등 자해를 하게 했다. 그야말로 평생 지속되는 사회적·정서적·육체적 피해를 입힌 것이다. '동물을 인도적으로 사랑하는 사람들'이 입수한 영상을 보면 새끼 원숭이들은 설 수도 웅크릴 수도 없는 '놀람 상자startle chamber(동물을 가둬놓고 큰 소리 등의 자극으로 동물을 놀라게 하며 반응을 살펴보는 상자 모양의 장치-옮긴이)'에 갇혀 있고, 실험자들은 큰 소리로 새끼 원숭이들을 놀라게 한다. 겁에 질린 원숭이들은 소리를 지르며 도망가려 하지만 도망갈 방법이 전혀 없다. 다른 영상에서는 작은 우리 안의 원숭이들이 사람이 나타날 때마다 반복해서 겁을 먹는다. 그들은 소리를 지르며 우리 뒤쪽에 모여 앉아 사람한테서 최대한 멀리 떨어지려고 한다. 또 다른 영상 속의 새끼 원숭이들은 어미와 함께 있을 수는 있지만 어미에겐 수면제가 투여된 상태이고, 어미의 젖꼭지에는 새끼 원숭이가 빨지 못하게 테이프를 붙여놓았다. 겁에 질린 새끼 원숭이는 어린아이가 엄마가 반응하지 않을 때 필사적으로 깨우려 하듯이 어미를 깨우려고 안간힘을 쓴다.

야생 침팬지 연구의 선구자인 제인 구달은 영상을 보고 "충격과 슬픔을 느꼈다"라고 말했다. 사회적 접촉을 막았을 때 원숭이에게 나타나는 영향을 검토했던 연구자 존 글럭John Gluck은 나중에야 접촉을 금지당한 원숭이가 인간 정신질환의 모델이 되기에 적합하지 않다는 사실을 깨달았다. 그는 자신이 수행한 이전의 연구와 수오미의 실험이 "고통과 아픔을 대가로 치러야 하기 때문에" 정당화될 수 없다고 생각했다. 원숭이와 유인원 행동 전문가 바버라 킹Barbara King은 『사이언티픽 아메리칸Scientific American』에 어미의 온정과 보호가 야생의 새끼 원숭이에게 미치는 중요성에 관한 글을 썼다. 킹은 수오미의 실험에 대해 다음과 같은 말을 덧붙였다.

> 사랑하는 두 가족 구성원이 정신질환에 시달리는 모습을 지켜본 사람으로서 나는 이 분야의 연구가 얼마나 중요한지 깨닫고 있다. 그럼에도 체계적으로 검토해본 결과, 동물 모델이 인간의 정신건강 문제를 적절히 해명해주지 못한다는 사실을 확인할 수 있었다. 인간의 정신질환을 다루려면 새끼 붉은털원숭이에게 주는 인위적인 스트레스 요인이 아니라, 우리 삶에서 경험하는 실제 스트레스 요인에 직접적으로 관심을 기울여야 한다.[8]

'동물을 인도적으로 사랑하는 사람들'이 1년간 캠페인을 벌인 끝에 미국 국립보건원은 수오미의 실험실을 폐쇄할 것이고, 그가 더 이상 동물실험에 관여하지 않게 하겠다고 발표했다.[9] 이는 여론이 인간의 중요한 목적에 전혀 도움이 되지 않으면서 동물에게 심각한 고통을 주는 행위를 중단시킨 드문 사례다(하지만 이런 유형의 실험은 50년간 지속되고 나서야 비로소 중단되었다). 그리고 이 장에서 확인하겠지만, 수오미의 실험처럼 나쁜 동물실험들이 미국과 다른 나라에서 계속 이어지고 있다.

수오미는 별종의 '불한당 같은 실험자'가 아니었고, 새끼 원숭이와 어미의 접촉을 차단하는 아이디어를 생각해낸 장본인도 아니었다. 그는 영장류를 이용한 행동 연구 실험실을 설립한 해리 할로Harry Harlow 밑에서 공부했다. 위스콘신 주 매디슨의 국립영장류연구센터에서 일했던 할로는 수년간 주요 심리학 저널 편집자로 활동했고, 1981년에 사망할 때까지 심리학 연구 분야의 동료들로부터 매우 긍정적인 평가를 받았던 인물이다. 모성 박탈이 원숭이에게 미치는 영향에 관한 그의 연구는 많은 심리학 기본서에서 긍정적으로 인용되어왔고, 심리학 개론 과정을 수강하는 수백만 명의 학생들이 읽었다.

1965년에 발표된 논문에서 할로는 자신의 연구를 이렇게 서술하고 있다.

> 지난 10년 동안 우리는 갓 태어난 원숭이들을 철망 케이지에서 사육하며 부분적인 사회적 고립의 영향을 연구해왔다……. 이 원숭이들은 철저한 모성 박탈을 경험한다. 좀 더 최근에는 스테인리스로 만든 방에서 생후 몇 시간부터 3개월, 6개월, 12개월 된 원숭이를 사육하여 완전한 사회적 고립의 영향을 알아보는 일련의 연구를 시작했다. 원숭이는 정해진 기간 동안 이 장치 안에서 다른 동물, 인간 또는 유인원과의 접촉이 완전히 차단된다.

이어서 할로는 이 연구에서 다음과 같은 사실을 발견했다고 주장한다. "이 원숭이들은 삶의 이른 시기에 매우 가혹하고 지속적인 고립을 경험함으로써 두려움이 주요 사회적 반응인 수준으로 사회 정서 수준이 떨어진다."[10]

수오미는 1971년에 졸업한 뒤에도 계속 할로와 연구를 진행했다. 한 연구에서 수오미와 할로는 별 효과도 없어 보이는 기술로 어떻게 어린 원숭이에게 정신병을 일으키려고 했는지 서술하고 있다. 당시 영국의 정신의학자 존 볼비John Bowlby가 그들을 방문하여 고충을 듣고 난 뒤 위스콘신 실험실을 둘러봤다. 그는 철망 케이지에 개별적으로 수용되어 있는 원숭이들을 보고 이렇게 물었다. "굳이 원숭이에게 정신병을 일으키는 실험을 할 필요가 있습니까? 실험실에는 세상 그 어떤 곳보다 정신병에 걸린 원숭이가 이미 많이 있는데요."[11]

흔히 할로는 모성 박탈이 초래하는 심각한 심리적 후유증을 발견한 사람으로 인정받고 있다. 그러나 이런 결과는 이미 수 년 전 볼비가 어머니를 잃은 아이들, 주로 전쟁고아, 난민, 시설에 수용된 아이들을 대상으로 한 연구에서 입증한 바 있다. 1951년 볼비는 이렇게 결론을 내리고 있다.

> 지금까지 나는 줄곧 증거를 검토해왔다······. 어린아이가 지속적으로 어머니의 보살핌을 받지 못할 경우 아이의 성격과 미래의 삶 전반에 심각하고 광범위한 영향이 미칠 것이라는 이 일반 명제에 대해서는 이제 의심의 여지가 없는 증거가 확보되었다고 말할 수 있다.[12]

이런 말을 해놓고도 1950년대 후반부터 할로와 그의 동료들은 새끼 원숭이에게서 어미 원숭이를 떼어놓는 실험을 끊임없이 고안하고 수행했다. 그들은 이후 수십 년 동안 우울증과 정신병리 원숭이 모델을 만들어내기 위해 훨씬 더 극단적인 형태의 박탈 방법을 활용했다. 볼비의 방문을 언급한 그 논문에서 할로와 수오미는 어떻게 "괴물이 될 수 있는 헝겊 대리모에게 새끼 원숭이가 애착을 갖게 하여" 우울증을 유발하는 "기막힌 생각"을 하게 됐는지 서술하고 있다.

첫 번째 괴물은 정해진 시간이나 명령에 따라 고압의 압축 공기를 내뿜는 헝겊 대리모였다. 압축 공기가 너무 강해서 새끼 원숭이가 어미 몸에서 떨어져 나갈 정도였다. 새끼 원숭이가 어떻게 했을까? 새끼 원숭이는 어미에게 더 꽉 달라붙을 수밖에 없었다. 공포에 질린 새끼는 어미에게 필사적으로 달라붙기 때문이다. 우리는 어떤 정신병도 일으킬 수 없었다.

하지만 우리는 포기하지 않고 또 다른 괴물 대리모를 제작했다. 이번에는 새끼 원숭이의 머리와 이빨이 떨릴 정도로 강하게 진동하는 대리모였다. 이 상황에서 새끼 원숭이는 대리모에게 더 꽉 달라붙을 수밖에 없었다. 우리가 만든 세 번째 괴물은 몸속에 와이어 프레임이 내장돼 있었는데, 이것이 앞으로 튀어나와 새끼 원숭이를 배에서 떨어뜨렸다. 새끼 원숭이는 바닥에 나뒹굴면서도 와이어 프레임이 몸속으로 들어가기를 기다렸다가 다시 대리모에게 달라붙었다. 마지막으로는 호저처럼 생긴 대리모를 만들었다. 이 대리모는 명령에 따라 배 부분 전체에서 뾰족한 쇠못이 튀어나오게 되어 있었다. 새끼 원숭이들은 이러한 단호한 거절에 마음이 상했겠지만, 어미의 몸속으로 못이 들어갈 때까지 기다렸다가 도로 가서 안겼다.

실험자들은 이런 결과가 별로 놀랍지 않다고 밝히고 있다. 상처 입은 새끼 원숭이가 할 수 있는 일이라고는 어미에게 달라붙는 방법 외에는 없기 때문이다.

마침내 할로와 수오미는 인공 괴물 대리모를 더 이상 사용하지 않게 되었다. 좀 더 나은 방법을 발견했기 때문이다. 바로 괴물이 된 진짜 어미 원숭이였다. 이처럼 어미를 괴물로 만들기 위해 실험자들은 암컷 원숭이를 격리해 기른 다음 임신을 시키려 했다. 이 암컷들은 수컷 원숭이와 정상적인 짝짓기를 할 수 없어서 부득불 할로와 수오미가 '강간대rape rack'라고 부르는 장치에서 새끼를 가졌다. 실험자들은 새끼를 낳은 원숭이를 관찰했는데, 일부 원숭이들은 보통 원숭이와 달리 새끼의 울음소리가 들려도 안아주지 않고 무시했다. 다른 원숭이들은 이와 다른 행동 패턴을 드러냈다.

> 다른 원숭이들은 포악하거나 치명적인 모습을 보여주었다. 그들이 좋아하는 한 가지 장난은 이빨로 새끼의 두개골을 부숴버리는 것이었다. 하지만 정말 역겨운 행동은 새끼의 얼굴을 바닥에 내리쳐 앞뒤로 문질러버리는 것이었다.[13]

1972년의 논문에서 할로와 수오미는 인간의 우울증이 "자포자기라는 우물에 빠져 무력함과 절망"의 상태를 구현하는 것으로 알려져 왔다고 말한다. 이런 이유로 그들은 "직관에 기초하여" 그러한 육체적·심리적 '절망의 우물'을 재현하는 장치를 고안했다. 그들은 윗부분은 넓고 밑으로 내려갈수록 옆 부분이 좁아지며 바닥은 둥근 스테인리스 재질의 수직 공간을 만들어, 어린 원숭이를 최대 45일간 이곳에 두었다. 그들은 원숭이들이 이렇게 감금된 채 며칠을 보내면 "거의 대부분의 시간을 방구석에 웅크린 채 지낸다"는 사실을 알게 됐다. 원숭이들에게는 감금으로 인해 "심각하고 지속적인 정신병리학적 행동"이 나타났다. 정상적인 원숭이는 이리저리 왔다 갔다 하거나 주변을 살펴보지만, 이 공간에서 풀려난 원숭이들은 9개월이 지난 뒤에도 팔로 몸을 감싸고 가만히 앉아 있었다. 그러나 보고서는 애매하고 불길하게 마무리된다.

> [결과가] 방의 형태와 크기, 감금 기한, 감금당할 때의 연령, 또는 이 요소들을 조합한 것과 같은 변수들, 그리고 그 외 다른 변수들로 구체적으로 추적될 수 있는지 여부는 추후 과제로 남아 있다.[14]

다른 논문에서 할로와 동료들은 '절망의 우물' 외에, '공포의 터널 tunnel of terror'을 만들어 어떻게 원숭이를 겁에 질리게 했는지를 설명하고 있다.[15] 또 다른 논문에서는 할로가 원숭이들에게 수건 재질의 천terry cloth으로 만든 '대리모'를 제공하여 "붉은털원숭이에게서 심리적 죽음을 유발한" 방법을 서술하고 있다. 이 대리모는 평상시에는 37℃를 유지하다가, 거부 의사를 드러낼 때는 약 1.5℃ 정도로 온도가 급격히 내려가도록 제작되었다.[16]

할로가 사망한 뒤에도 그의 제자들은 유사한 맥락의 실험을 이어갔다. 그중 한 명인 진 새킷Gene Sackett은 워싱턴대학교 영장류 센터에서 박탈 연구를 계속했는데, 결국 자신의 연구가 이 모든 연구의 정당성, 즉 인간의 정신병리 치료에 가치가 있는지에 대해 의문을 제기한다는 사실을 확인했을 뿐이다. 새킷은 개인적 행동, 사회적 행동, 탐색적 행동의 차이를 연구하기 위해 서로 다른 세 종(붉은털원숭이, 돼지꼬리원숭이, 게잡이원숭이)의 새끼 원숭이를 완전히 격리한 상태에서 사육했다. 그가 확인한 것은 각각의 종마다 행동의 차이가 있으며, 이러한 차이가 "영장류 종 전체에 일괄 적용할 수 있는 '고립 증후군'이 있는지에 의문을 제기한다"는 사실이었다.[17] 이처럼 원숭이 종들끼리 차이가 있다면 원숭이에서 인간으로 일반화시키는 데에는 훨씬 의문의 여지가 클 수밖에 없다.

콜로라도대학교의 데보라 스나이더Deborah Snyder는 보닛원숭이와 남부돼지꼬리원숭이를 이용해 박탈 실험을 했다. 스나이더는 제인 구달이 고아가 된 야생 침팬지를 관찰하면서 "주로 슬픔이나 우울함으로의 정서 변화가 동반되는 심각한 행동 장애가 나타났다"고 설명했다는 사실을 이미 알고 있었다. 하지만 "일반 원숭이 연구에 비해 대형 영장류의 격리 실험 논문이 비교적 적게 발표되었다"는 이유로 스나이더와 다른 실험자들은 새끼 침팬지 일곱 마리를 연구하기로 했다. 침팬지들은 태어나자마자 어미로부터 격리되어 양육 시설에서 자랐다. 그곳에서 7~10개월을 보낸 뒤 일부 새끼 침팬지들은 5일 동안 독방에 갇혀 지냈다. 혼자가 된 새끼는 소리를 지르고 몸을 흔들며 벽에 몸을 부딪쳤다. 연구자들은 "새끼 침팬지를 격리시키면 뚜렷한 행동 변화가 나타날 수 있다"고 결론 내렸다. 그러면서 예상대로 더 많은 연구가 필요하다는 말도 빼놓지 않았다.[18]

60여 년 전 할로가 모성 박탈 실험을 시작한 이래 미국과 다른 곳에서 비슷한 실험이 수백 건 시행되었고, 수천 마리의 동물이 고통, 절망, 불안, 심리적 황폐화 및 죽음에 이르는 절차를 겪어야 했다. 앞에서 살펴본 일부 인용문에서 확인할 수 있듯이 이 연구는 자생력을 갖추게 되었다. 스나이더와 동료들은 원숭이에 비해 다른 대형 영장류에 대한 실험이 상대적으로 적다는 이유로 침팬지를 실험 대상으로 삼았다. 그들은 '왜 우리가 동물에게 모성 박탈 실험을 해야 하는가'라는 기본적인 문제를 거론할 필요조차 느끼지 못한 것이 분명했다. 심지어 자신들의 실험이 인간을 이롭게 하는 것이라고 주장하며 정당화하려는 시도조차 하지 않았다. 그들의 태도는 이러했다. "실험은 다양한 종의 동물들에게 한 것이었지 특정 종의 동물에게 한 것은 아니었다. 그러니까 이제 특정 종의 동물에게 실험을 해보자." 종마다 모성 박탈에 다르게 반응한다면 호모 사피엔스도 다르게 반응할 가능성이 클 텐데, 그런데도 그들은 이런 태도를 고수했다. 심리학과 행동과학 분야에서는 이와 유사한 방식으로 많은 동물들에게 해악을 끼치는 관행이 정당화되고 있다.

심리학자들의 윤리적 딜레마

동물을 사용하는 심리학 연구자들은 다음과 같은 윤리적 딜레마에 직면한다. 먼저 동물의 마음이 우리와 다를 수 있는데, 이 경우 실험은 우리에게 도움이 되지 않을 것이며, 자금을 지원받아 실험을 해야 할 정당성이 떨어지게 된다. 다음으로 동물의 마음이 우리와 같을 수 있는데, 이 경우 우리에게 행했을 때 너무나 충격적일 실험을 동물에게 해서는 안 된다. 동물에게 극도로 고통을 주는 실험을 하는 수많은 심리학 연구자들은 이런 명백한 사실을 보지 못하고 있는데, 이는 업튼 싱클레어Upton Sinclair의 다음과 같은 말에 한층 힘을 실어준다. "어떤 것을 이해하지 않아야 돈을 번다면, 그것을 이해하게 만들기는 어렵다."[19]

심리학 연구, 혹은 정신질환 예방이나 치료에 유용할 것으로 파악되는 다른 연구에서 얼마나 많은 동물이 실험 대상이 되는지 추정하기는 어렵다. 미국 국립보건원 산하 RePORTER의 한 연구는 2020년 미국 국립정신건강연구소가 동물실험을 포함한 304개 연구 프로젝트에 1억 8,500만 달러를 지원했음을 밝혀냈다. 하지만 이 연구는 각 연구 프로젝트에 얼마나 많은 동물이 사용되었는지를 알려주지 않으며, 다른 출처로부터 지원받은 연구가 포함되어 있는지도 알려주지 않는다.[20]

학습된 무력감

심리학 분야에서 장기간 이어지고 있는 또 다른 일련의 충격적인 실험이 '학습된 무력감'이라는 이름으로 시행되고 있다. 이러한 실험은 인간의 우울증을 모델링하고자 하는 것으로 보인다. 1953년 하버드대학교의 R. 솔로몬R. Solomon, L. 카민L. Kamin, L. 윈L. Wynne은 '왕복상자shuttlebox'라는 장치에 개 40마리를 집어넣었다. 왕복상자란 중간에 장벽을 설치해 두 칸으로 구획을 나눈 실험 장치다. 실험이 시작되었을 때 실험자들은 개의 등 높이로 장벽을 세웠고, 철망 바닥을 통해 개의 다리에 강한 전기충격을 수백 번 주었다. 첫 단계에서는 개들이 장벽을 뛰어넘어 다른 칸으로 이동하는 방법을 학습하면 전기충격을 피할 수 있었다. 다음 단계로 실험자들은 반대쪽 구획의 쇠망 바닥에도 전기를 흐르게 했고, 장벽을 뛰어넘으려는 의도를 '좌절시키기' 위해 그곳으로 개들을 100번 뛰어넘게 했다. 그들에 따르면 개들은 장벽을 뛰어 넘어가면서 "기대가 담긴 낑낑거리는 소리를 뚜렷하게 내는데, 이러한 소리는 장벽을 넘어가 쇠망 바닥을 디뎌 감전됨과 동시에 고통의 소리로 바뀐다." 이어서 실험자들은 상자의 가운데를 유리판으로 막고 재차 실험을 했다. 개들은 울타리를 "뛰어넘으려다 머리를 유리판에 찧었다." 이후 이들은 "똥오줌을 싸고 날카롭게 울부짖고 몸을 떨거나 실험 장치를 공격하는" 등의 증세를 보이기 시작했다. 하지만 어떻게 해도 충격을 피할 수 없게 된 개들은 10~12일 뒤 저항을 멈추었다. 실험자들은 이런 사실이 "인상적이었다"고 보고하면서, 유리벽과 다리 충격의 조합이 개가 장벽을 뛰어넘지 못하게 하는 데 "매우 효과적"이었다고 결론을 맺었다.[21]

이 연구는 피할 수 없는 심각한 충격을 반복해서 줄 경우 무력감과 절망감을 불러일으킬 수 있음을 보여주었다. 1960년대의 다른 실험자들은 이 아이디어를 이어받아 '학습된 무력감' 연구를 한층 더 정교하게 설계했다. 그중에서 유명한 연구자로는 펜실베이니아대학교의 마틴 셀리그먼Martin Seligman이 있다. 셀리그먼은 동료인 스티븐 마이어Steven Maier, 제임스 기어James Gear와 공동 작성한 연구 보고서에서 자신의 연구를 이렇게 설명하고 있다.

실험 대상이 되어본 적이 없는 정상적인 개가 왕복상자에서 도망/회피 훈련을 받으면 전형적으로 다음과 같이 행동한다: 전기충격이 시작되면 개는 미친 듯이 날뛰며 똥오줌을 싸고 울부짖다 결국 장벽을 뛰어넘어 충격을 모면한다. 다음 실험에서는 날뛰고 울부짖던 개가 더 빨리 장벽을 넘는 등의 행동을 보이는데, 이는 효과적인 다른 회피 방법이 나타날 때까지 계속된다.[22]

셀리그먼과 동료들은 이런 패턴을 바꿔 개가 도망가지 못하게 하네스를 채워놓고 전기충격을 가했다. 그러고는 개들을 도피 행동을 할 수 있는 원래의 왕복상자에 집어넣었는데, 이때 그들은 다음과 같은 사실을 발견했다.

처음에는 이 개가 실험 경험이 없는 개와 다를 바 없는 방식으로 왕복상자 안에서 충격에 반응했다. 하지만 얼마 있지 않아 이 개는 날뛰기를 멈추고 전기충격이 끝날 때까지 조용히 있었다. 실험 경험이 없는 개와는 매우 대조적인 모습이었다. 개는 장벽을 넘어가서 전기충격을 피하지 않았다. 오히려 모든 걸 '포기하고' 충격을 수동적으로 '받아들이는' 것 같았다. 이어진 실험에서도 개는 도피 행동을 하지 않았고, 실험을 할 때마다 50초 동안의 모질고 치 떨리는 충격을 감수했다. 이전에 피할 수 없는 충격을 받은 개는 도망가거나 회피하지 않고 무제한의 충격을 감수하려 할 것이다.[23]

그 후 셀리그먼은 연구의 초점을 완전히 바꾸었고, 삶을 가장 가치 있게 만드는 것이 무엇인지를 연구하는 '긍정 심리학'으로 유명해졌다. 수 년 동안 나는 셀리그먼이 뒤늦게나마 동물에게 수많은 고통을 주는 관행에 내재된 윤리적 딜레마를 깨닫고, 직업적인 진로를 바꾸지나 않았을까 궁금해했다. 심지어 그가 자신이 행한 일을 뉘우치고 다른 사람들에게도 그런 일을 하지 말라고 하길 바랐다. 그러던 중 "50세의 학습된 무력감: 신경과학에서 얻은 통찰"이라는 기사를 우연히 발견했다. 2016년 셀리그먼이 스티븐 마이어와 함께 쓴 기사였다. 거기서 나는 다음과 같은 글귀를 발견했다.

> 우리는 개 실험이 우리 두 사람 모두에게 끔찍한 경험이었음을 언급하지 않을 수 없다. 개를 사랑하는 사람인 우리는 가능한 한 빨리 개를 이용한 실험을 중단하고 쥐, 생쥐, 사람을 대상으로 무력감 실험을 진행했고, 동일한 패턴의 결과를 얻었다.[24]

쥐도 고통을 느낄 수 있다. 고통을 느낄 수 없다면 어떻게 그들에게 충격을 가해 학습된 무력감을 느끼게 할 수 있겠는가? 그리고 이책의 첫 장을 읽어보았다면, 당신은 내가 '사람들이 개보다 쥐와 생쥐를 덜 좋아한다'는 사실을 '양자의 고통을 동등하게 고려하지 않는 훌륭한 이유'로 간주하지 않는다는 점을 잘 알고 있을 것이다.

어쩌면 대중이 개 사용에 민감하게 반응함에 따라 학습된 무력감을 연구하는 다른 연구자들도 다른 동물을 사용하게 되었는지 모른다. 개, 쥐, 생쥐는 물론 금붕어까지도 학습된 무력감 실험에 사용되었지만 결과는 엇갈렸다. 테네시대학교 마틴 캠퍼스의 G. 브라운G. Brown, P. 스미스P. Smith, R. 피터스R. Peters는 특수한 왕복상자를 고안해 물고기 45마리에게 각각 65회의 충격을 가했는데, 결론은 "이 연구에서 확보된 자료는 무력감이 학습된다는 셀리그먼의 가설을 크게 지지한다고 볼 수 없다"[25]였다.

스티븐 마이어는 여러 동물에게 학습된 무력감을 야기하는 방법으로 연구 업적을 쌓았다. 하지만 1984년 그는 이 동물들과 우울증에 빠진 인간을 비교하는 것에 대해 이렇게 말할 수밖에 없었다.

> 그런 비교가 유의미해지려면 우울증의 특징이나 신경생물학적 논의, 우울증 유발 원인, 예방과 치료에 대한 충분한 합의가 있어야 하는데 그렇지 못하다고 말할 수 있다……. 이렇게 보았을 때 어떤 일반적인 의미에서도 학습된 무력감이 우울증 모델이 될 가능성은 없어 보인다.[26]

마이어는 학습된 무력감이 우울증 모델이 아니라 '스트레스와 그 대처 방안'에 관한 모델이 될 수 있다고 말함으로써 이와 같은 당혹스러운 결론을 어느 정도 만회해보고자 했다. 그러나 동물에게 엄청난 양의 극심한 육체적 고통을 야기했다는 사실과는 별개로, 그는 30년 넘는 기간의 동물실험이 시간 낭비였으며, 납세자의 어마어마한 세금을 낭비했음을 분명히 인정했다.

학습된 무력감이 우울증을 설명해줄 적절한 동물 모델이 아님을 마이어가 인정하는 모습을 본 순간, 당신은 동물에게 충격을 주어 학습된 무력감을 유발하는 연구에 지원금이 끊겼을 것이라고 생각할지 모른다. 그렇지 않았다. 1992년, 헬케 판디켄Hielke van Dijken과 다른 네덜란드 연구자들은 쥐의 발에 가해진 피할 수 없는 충격이 변화된 환경에 노출된 이후의 행동에 어떻게 장기적인 영향을 미치는지를 밝혀보고자 했다. 그러면서 그들은 이런 종류의 사전 스트레스가 외상 후 스트레스 장애PTSD와 다른 증상을 연구하기 위한 동물모델이 될 수 있다고 주장했다.[27] 이렇게 하여 연구자들에게 피할 수 없는 전기충격을 반복적으로 가할 새로운 이유가 생겼다. 즉 PTSD 모델을 제공한다는 것이다. 바로 이것이 이 실험이 지금도 여전히 계속되는 이유다.

2019년 「동물의 PTSD 모델링」이라는 제목의 한 논문에서 헝가리와 크로아티아의 비비안나 퇴뢰크Bibiana Török와 동료들은 PTSD 동물 모델을 만들어내기 위해 연구자들이 사용하는 광범위하고도 다양한 방법을 서술했다.[28] 그들은 동물에게 네 가지 다른 스트레스를 순차적으로 주는 과정이 포함된 "단일 지속 스트레스 패러다임 single prolonged stress paradigm"이 가장 자주 사용되는 방법이라고 보고했다. 다음은 그 전형적인 사례다: 첫 단계에서 실험자는 몸을 전혀 움직일 수 없는 관管 속에 동물을 2시간 동안 '구속'해 놓는다. 다음 단계는 '강제 수영 테스트'로, 동물은 빠져나갈 수 없는 깊은 물에서 20분간 수영을 해야 익사를 면할 수 있다. 세 번째 단계에서 실험자는 동물을 작은 방에 집어넣고 에테르에 노출시켜 의식을 잃게 한다. 마지막 단계에서 실험자는 전기가 통하는 격자형 바닥에 동물을 올려놓고 30초 동안 다리에 피할 수 없는 전기충격을 가하고, 어떤 경우에는 짧은 충격을 90분 간격으로 반복해서 가한다. 다른 스트레스 모델에는 다음과 같은 것들이 있다.

- 발에만 충격 주기
- 동물을 포식자나 포식자의 냄새에 노출시키기
- 장시간 전혀 움직이지 못하게 하기. 때로는 포식자의 냄새에 노출시키는 방법을 추가한다.
- '사회적 패배감social defeat' 불러일으키기. 동물을 동일 종의 훈련받은 공격적인 개체와 강제로 접촉시킨 후 그 개체와 가까운 거리에 두지만 육체적 접촉은 이루어지지 않게 한다.
- '물밑 트라우마' 주기. 동물을 강제로 수영을 하게 한 후 20초간 물밑underwater에 둔다.

이 기술들은 모두 퇴뢰크와 동료들이 인용한 연구자들이 사용한 방법이다. 그러나 퇴뢰크와 다른 연구자들은 이런 기술을 이용해 적절한 PTSD 모델을 만들어낼 수 있을지 의문을 제기한다. 인간 아닌 동물은 고통스럽고 스트레스를 받는 경험을 하고 나서 어떤 느낌을 갖게 되는지 우리에게 말할 수 없다. 이에 따라 연구자들은 동물이 PTSD와 비슷한 장애를 겪게 되는지를 판단하기 위해 다방면으로 노력을 기울인다. 이들은 혈액 샘플의 특정 바이오마커 수준, 부정적인 기분을 나타내는 행동, 수면 장애, 사회적 상호 작용 감소, '놀람 반응'의 빈도수 증가와 같은 다양한 기준으로 이를 파악하고자 한다. 그런데 이런 다양한 형태의 트라우마가 PTSD와 같은 징후로 이어지는 동물의 비율은 사용되는 동물 종에 따라 다르고, 한 종 내에서도 품종에 따라 편차가 있다. 퇴뢰크 연구팀은 스프래그 다울리Sprague Dawley로 알려진 한 종의 쥐 중에서 30~50%가 PTSD에 취약하다고 보고하고 있다. 이 수치는 트라우마 경험자 중 10~20%만이 나중에 PTSD를 갖게 되는 인간보다 상당히 높은 편이다.

일부 연구자들은 이른바 '삼중 충격 이론three hit theory'을 개발해 트라우마를 경험한 인간이 PTSD를 갖게 되는 비율이 낮다는 사실을 설명하고자 했다. 이는 PTSD를 겪는 사람이 PTSD에 잘 걸리는 유전자를 갖고 있고, 초년기에 역경을 겪으며, 그 후 특정 문제에 직면하게 되면서 PTSD를 겪는다는 이론이다. 방금 서술한 다양한 스트레스들은 이러한 '충격' 중 오직 세 번째만 모델링하려는 시도다. 퇴뢰크 연구팀은 동물에게서 PTSD를 유발하려 했던 과거의 시도들이 오직 세 번째만 모델링하려는 문제가 있었다고 판단하면서도, 동물 모델을 만들어내는 시도를 포기하는 대신 이 세 요인을 모두 재현할 방안을 모색한다. 그들은 개체군 내의 유전적 변이를 제대로 연구하려면 "연구자들이 대규모 개체군들의 여러 대처 전략에 초점을 맞추어야 한다"고 권고한다. 이 말은 한 대규모 개체군 내의 개별 동물에게 모두 스트레스를 주어야 한다는 뜻이다. PTSD 민감성은 어린 시절에 겪는 스트레스와 밀접한 관련이 있는데, 이를 근거로 그들은 생후 첫 10일 동안 하루 3시간씩 어린 동물을 어미와 격리시키거나, 장기간 계속 수영시키는 방법으로 초년기에 겪는 스트레스 요인을 모사하라고 권장한다. 이와 같이 스트레스를 겪게 한 후 연구자들은 다음 단계로 성인기에 도달한 동물에게 트라우마가 생길 사건을 겪게 한다.

달리 말해 이 연구자들은 이전에 연구를 진행했던 사람들이 유용한 동물 모델을 만드는 데 실패했음을 인정하지만, 더 많은 동물에게 더 오랜 기간, 더 많은 스트레스를 주면서 재차 모델을 만들어내고자 하는 것이다. 그들은 인간에게 PTSD를 야기할 수 있는 원인들을 스스로 설명하고 있으면서도(그들은 이러한 사실에 비추어 그들 자신이 유용한 동물 모델을 만들어낼 가능성에 의문을 품었어야 한다) 이런 제안을 한다. 그들은 인간의 경우 유전적 위험 요인 외에 "어린 시절의 가정생활과 수년 동안의 교육을…… 스트레스 전前 변수, 트라우마 후 삶의 스트레스, 그리고 트라우마 후 사회적 지지 요인"으로 고려할 필요가 있다고 썼다. 나는 연구자들이 어떻게 어린 시절의 가정생활과 사람들마다 편차가 있는 교육 기간을 동물 모델에 반영할지 궁금할 따름이다.

PTSD 동물 모델을 만들어 적용할 가능성이 의심스럽고, 이를 만드는 과정에서 동물에게 온갖 고통이 야기됨에도 불구하고, 유감스럽게도 이 분야는 성장을 거듭하고 있는 듯하다. 레이 장Lei Zhang과 동료들로 구성된 팀은 주요 의학 연구 목록을 확인할 수 있는 펍메드PubMed를 검색하여 2018년 8월 이전의 PTSD 동물 모델을 다룬 792건의 출판물을 찾아냈다. 그중 대부분은 2007~2018년에 출간된 것이었다. 퇴뢰크와 마찬가지로 그들은 "학습된 무력감, 발 충격, 구속 스트레스, 피할 수 없는 꼬리 충격, 일회성 지속 스트레스, 수중 트라우마, 사회적 고립, 사회적 패배, 초년기의 스트레스, 포식자 기반 스트레스"를 포함한 다양한 스트레스를 활용해 만든 모델들을 개발했다. 이러한 모델 개발에는 쥐, 생쥐, 돼지, 새, 원숭이, 개, 고양이가 사용되었다.[29]

이 와중에 다른 연구자들은 활용되는 동물 종과 스트레스 유형을 바꿔가며 우울증 동물 모델을 만들어내려고 여전히 애쓰고 있다. 플로리다 주립대학교의 연구자인 메건 도노반Meghan Donovan, 얀 리우Yan Liu, 주오신 왕Zuoxin Wang은 프레리들쥐(미국 초원지대에 서식하는 작은 설치류)를 플라스틱 관에 집어넣고, 그들의 표현에 따르면 "실험 대상을 꼼짝 못하게 하기" 위해 플라스틱 그물망과 벨크로 끈을 사용하여 1시간을 꼬박 그곳에 두었다. 그들이 이렇게 한 이유는 이전 연구에서 이런 식으로 움직이지 못하게 하는 것이 프레리들쥐에게 스트레스를 주는 것으로 밝혀졌기 때문이다(놀랄 일도 아니다). 하지만 왜 하필이면 프레리들쥐를 사용하는가? 연구자들은 "사회적 동물로서의 인간이 생존과 성공을 보장하기 위해 사회적 유대에 지속적으로 의존해왔고", 이런 유대 덕에 불안, 우울 및 다른 부정적인 상태로부터 자신을 보호할 수 있었기 때문이라고 답한다. 동물에게서 이런 보호 효과를 모델링해 보려는 이전의 시도는 실패했다. 대부분의 동물 모델들은 "인간 사회에서 살펴볼 수 있는 복잡한 사회 구조"를 이루고 살아가지 않기 때문이다. 이어서 연구자들은 프레리들쥐가 대부분 일부일처제를 유지하며 짝 유대를 형성한다고 지적한다. 그들의 연구는 파트너의 존재가 꼼짝 못하는 들쥐가 나타내는 스트레스 징후를 감소시켰음을 보여주었다. 인간 피험자에게 동의를 받아 연구를 했다면 아마도 비슷한 결과가 나왔을 것이다. 하지만 실험이 끝나자마자 들쥐들은 목이 잘리고 뇌가 절개되었는데, 이러한 단계를 인간을 대상으로 진행하지는 못했을 것이다. 연구자들은 "사회적 환경은 우리 삶의 중요한 부분이며, 이 때문에 우리는 이 연구 분야에 대한 탐구를 이어가야 한다. 사회적 유대가 궁극적으로 우리의 행복과 건강에 어떤 영향을 미칠지 이해하고자 한다면 그렇게 해야 한다"라고 결론을 맺는다.

들쥐는 대체로 일부일처로 살아간다는 점에서 인간과 유사할 수 있다. 하지만 일부일처로 살아간다는 이유로 1시간 동안 스트레스를 받아도 되는 것은 아니다. 또한 들쥐의 짝 유대가 실제로 인간의 관계와 비슷하다면, 꼼짝 못하는 들쥐를 바라보는 그들의 파트너도 분명히 극도의 스트레스를 경험할 것이다. 이 연구는 국립보건원의 지원을 받았고, 다양한 저자들이 스트레스를 받는 들쥐를 대상으로 행한 여러 연구 중 하나에 불과하다. 들쥐의 사회 환경은 우리와 매우 다르며, 이에 따라 연구는 그들에게 큰 고통을 주면서 공적 자금 수백만 달러를 지출한 뒤 결국 거부되고 버려질 또 다른 동물 모델이 될 가능성이 높다.[30]

다음은 중국에서 수행했지만 미국 연구자들이 관여한 연구 사례다. 연구는 T. 텅T. Teng이 팀을 이끌었고, 노스캐롤라이나 웨이크포레스트대학교의 캐럴 시블리Carol Shively, 버지니아 커먼웰스대학교의 그레첸 니Gretchen Neigh, 충칭 의과대학교 연구자들이 참여했다. 연구자들은 원숭이들을 생후 첫 1년간 대규모 사회 집단에서 사육한 후 70일 동안 혼자 우리에 가둬놓았다. 이후 원숭이들은 7일을 한 주기로, 총 다섯 주기에 걸쳐 하루에 두 가지 다른 형태의 스트레스를 받았다. 연구자들은 각 주기가 마무리되면 다른 스트레스 주기가 시작되기에 앞서 나흘간 실험을 중단하고 여러 가지를 측정했다. 스트레스를 받는 매 35일 동안 격리된 사춘기 원숭이들은 다음 중 두 가지를 경험했다: 12시간 동안 큰 소음에 노출되기, 12시간 동안 물마시지 않고 있기, 24시간 동안 먹지 않고 있기, 4시간 동안 좁은 공간에서 지내기, 12시간 동안 **스트로보스코프**(운동하는 물체의 운동 방식을 아주 짧은 일정 시간 단위로 촬영하여 해당 물체의 운동 상황을 매 순간 정지 화상으로 관측하는 장치-옮긴이)에 있기, 10분 동안 10℃의 저온에서 지내기, 4시간 동안 더 좁은 공간에서 지내기, 10~15초 동안 3~4회에 걸쳐 다리에 피할 수 없는 전기충격 받기. 논문 제목을 보면 이들이 단지 '가벼운' 스트레스에 지나지 않는 것 같지만 사실은 원숭이의 행동을 충분히 바꿀 정도로 심각한 것들이었다. 대조군과 비교해보았을 때, 이 원숭이들은 연구자들이 '허들 자세'라고 부르는 자세, 즉 머리를 어깨 높이 혹은 그보다 낮게 숙이고 자기 몸을 꽉 껴안는 자세로 훨씬 많은 시간을 보냈다. 연구자들은 자신들이 일으킨 스트레스가 "우울증과 불안증을 겪을 때와 유사한 행동을 유발할 수 있다"고 결론 내렸다.[31]

중국의 다른 곳에서도 연구자들이 원숭이에게 우울증을 유발하기 위해 비슷한 방법을 사용하고 있다. 두 가지 예를 더 들어보자.

웨이신 옌Weixin Yan과 대부분의 연구자들이 광저우 남방 의과대학 소속인 대규모 연구팀은 바닥 면적이 42×30cm, 높이가 50cm에 불과한 개별 케이지에 원숭이 10마리를 수용했다. 출판 전 공개논문 preprint(학술지 게재 승인을 받지 않은 상태에서 온라인에 게시된 논문)에서 연구자들은 이 정도로 좁은 공간을 이렇게 서술했다: "그들은 활동의 제약을 받으며, 간신히 몸을 돌릴 수 있을 뿐이다……. 그들은 서로 보거나 만질 수 없다."

이런 극단적 형태의 감금 상태에서 원숭이는 10가지 서로 다른 스트레스 요인에 노출되었다. 연구자들은 이 스트레스 요인을 "무작위로 90일 동안 밤낮으로 연달아 배치했다. 스트레스 요인은 다음과 같았다. (1) 먹이 안 주기, (2) 물 안 주기, (3) 밤새 조명 비추기, (4) 하루 종일 빛 차단하기, (5) 얼음물, (6) 사회적 고립, (7) 구속, (8) 막대기 자극, (9) 막대 케이지, (10) 케이지 디스토피아."이 스트레스 요인들 중 일부는 의미가 불분명하며, 출판 전 공개논문에 추가적인 세부 정보가 나와 있지 않다. 실험 내용은 이후 주요 의학 저널에 게재되었으나 이내 철회되었다. 저널 편집자들은 논문 게재를 철회하면서 "게잡이원숭이 우울증 모델의 단점"을 언급했다. 그들은 "고립된 조건에서 연구되었고, 행동 분류법에 결함이 있으며, 동물 모델 실험 기간이 부족하여 논문의 결론이 부정확하다"고 덧붙였다. 달리 말해 원숭이 10마리가 아무 의미 없이 90일간 극단적인 고통을 견뎌야 했던 것이다.[32]

중국 베이징 약리학 및 독성학 연구소의 용유 인Yong-Yu Yin과 다른 연구자들은 다음 계획에 따라 원숭이 10마리를 8주 동안 매일 두 가지 스트레스에 노출시켰다.

스트레스 요인과 첫 주에 주게 될 예측 불가능한 만성 스트레스 일과

날짜	스트레스 요인 1 (낮 7:30-19:30)	스트레스 요인 2 (밤 19:30-7:30)
월요일	먹이 안 주기	섬광
화요일	물 안 주기	시끄러운 소음
수요일	위협	공간 제약
목요일	시끄러운 소음	먹이 안 주기
금요일	공간 제약	섬광
토요일	위협	시끄러운 소음
일요일	물 안 주기	공간 제약

연구 논문에 따르면 "원숭이들에게 매일 두 가지 유형의 스트레스를 줬으며, 일반적으로 각 스트레스 요인은 12시간 지속되었다." 위협의 경우 원숭이가 무서워하는 가짜 뱀을 사용했다.[33]

'동물을 인도적으로 사랑하는 사람들'은 조지아대학교에서 신경과학 박사학위를 받은 에밀리 트러넬Emily Trunnell에게 방금 서술한 세 가지 실험을 검토해달라고 요청했다. 그녀는 "사실상 원숭이들은 이런 실험에서 고문을 당했다"라는 답변을 주었다. 하지만 원숭이에게 가해진 스트레스는 인간에게 우울증이나 다른 형태의 정신질환을 유발하는 것들, 가령 성적·신체적 학대, 인간관계 문제, 재정적 어려움, 중독, 질병 혹은 부상, 그리고 이 문제들이 다양한 방식으로 조합된 것과는 상당히 달랐다. 이에 따라 트러넬은 인간 아닌 영장류 동물 모델을 인간의 우울증에 적용하기 어렵다고 결론 내렸다.[34]

지금까지 우리는 우울증과 외상 후 스트레스 장애 동물 모델을 만들기 위해 다양한 방식으로 시도되고 있는 심리학 실험을 살펴보았다. 이 실험들은 모두 동물에게 오랜 시간에 걸쳐 심각한 고통을 주는 경우가 흔했다. 이런 유형의 연구에서 고통을 받은 동물은 매년 심리학 실험에서 고통 받는 엄청나게 많은 피실험동물의 일부에 지나지 않는다. 그럼에도 여기에서 보여준 자료는 이 책의 1975년 초판에서 설명했던, 동물에게 가해지는 아픔과 고통이 멈추지 않았음을 보여주기에 충분하다. 동물에게 큰 고통을 주면서도 새롭고 중요한 지식을 이끌어낼 가능성은 별로 없는 수많은 실험이 여전히 행해지고 있다. 과거와 다를 바 없이 실험자들이 동물을 단순히 연구 도구로 취급하는 일은 흔한 관행이다. 과거에 '강간대'를 이용해 암컷 원숭이를 억지로 임신시키는 방법을 설명했던 할로와 수오미에 비하면, 오늘날의 연구자들은 공적인 이미지에 좀 더 신경을 쓸지 모른다. 하지만 심리학에 종사하는 많은 연구자들은 그럴듯한 공적인 얼굴 뒤에서 여전히 동물의 고통은 사실상 중요하지 않다는 듯이 동물을 처우하고 있다.

중독, 실명, 그리고 다른 동물실험 방법

또 다른 주요 동물실험 분야는 인간이 사용해야 할 물질을 출시하기에 앞서 동물에게 테스트해야 한다는 규정에 따라 매년 동물 수백만 마리를 중독시키는 분야다. 2019년 유럽연합에서는 규정에 따라 물질을 테스트하기 위해 178만 8,779건의 '동물을 사용'했다.[35] 연구자들은 이러한 동물 사용 중 9%를 '심한 고통'을 야기한 것으로, 33%를 '중증 고통'을 야기한 것으로 분류했다. 이는 그해에 '가벼운 고통' 이상을 유발하는 절차가 약 75만 건 진행되었고, 그중 16만 건은 심한 고통을 주었다는 뜻이다. 이 수치는 연구자들이 실험으로 얼마나 많은 고통을 주었는지를 정확하게 보고한다고 전제한 것이다.[36] 2019년 영국에서는 규정에 따라 물질을 테스트하기 위해 동물을 대상으로 43만 7,124건의 과학적 절차가 진행되었다. 이 중에서 연구자들은 중증 고통을 야기한 것이 8만 371건, 심한 고통을 야기한 것이 4만 7,574건이라고 보고했다.[37]

이미 살펴본 것처럼 미국에서는 연구에 사용되는 동물 중 극소수만이 정부의 규제를 받으며, 연구자가 개, 고양이, 원숭이 같은 정부규제 대상 동물에게 가하는 고통의 심각성을 평가해야 할 의무도 없다. 이에 따라 우리는 규제 테스트를 포함해 특정 목적에 사용되는 동물의 수와 심한 고통을 수반하는 테스트의 횟수를 추측할 수 있을 따름이다. 2019년 유럽연합에서는 동물을 과학적 목적으로 사용한 경우 중 17%가 규제 테스트에 사용되었고,[38] 2019년 영국에서는 그 수치가 25%였다.

미국에서의 비율이 이와 유사하다고 가정해서 그 비율을 21%라고 하면, 그리고 매년 연구에 사용되는 동물의 수가 도합 1억 1,200만 마리라는 카본의 추정이 정확하다면, 규제 테스트에 사용되는 동물의 수는 약 2,400만 마리가 되어야 한다. 규제 테스트에 사용된 동물 2,400만 마리 중에서 또다시 유럽연합과 영국의 중간값을 취하면, 그중 10%인 240만 마리가 심한 고통을 겪은 것으로 볼 수 있다. 실제 수치는 그보다 두 배 혹은 세 배 많을지도 모른다. 미국이 유럽이나 영국보다 이 분야에서 훨씬 많은 연구와 개발을 하고 있고, 미국 식품의약국FDA이 새로운 물질이 출시되기 전 광범위한 테스트를 요구하기 때문이다. 생명을 구할 가능성이 있는 약품을 검증하기 위해 동물 시험을 요구하는 것은 정당하다고 생각할 수 있다. 하지만 식용 색소나 바닥 세정제 같은 제품을 검증하는 데에도 동일한 테스트가 행해진다. 예를 들어 유럽연합에서는 규제 테스트 중 61%가 의료용품, 18%가 수의과용품을 대상으로 실시되었다. 이 밖에 가장 큰 범주의 테스트 대상은 '산업용 화학물질'로, 여기에 15만 4,397건의 동물이 사용되었다. 과연 새로운 종류의 식용 색소나 청소용 세제를 시장에 출시하기 위해 수천 마리의 동물이 고통 받아야 하는 것일까?

동물을 의약품 테스트에 사용하더라도 그 제품이 우리의 건강을 개선하지 못할 수 있다. 제약회사들은 기존에 승인된 의약품과 유사한 구조와 치료 효과를 가지는 의약품인 '유사' 약품 생산에 막대한 비용을 지출한다. 경쟁사가 특허를 갖고 있는 약품이 지배하는 수익성 높은 시장에서 점유율을 확보하기 위해서다. 이와 같은 약품은 이미 유통되는 약품이 아니라 위약placebo과 비교하여 규제 당국의 승인을 얻는다. 따라서 이러한 약품은 기존의 경쟁 약품보다 개선된 것이어야 할 필요가 없고, 심지어 약효가 더 나쁠 수도 있다. 옥스퍼드대학교와 노팅엄대학교의 제프리 애런슨Jeffrey Aronson과 리처드 그린Richard Green은 각각 세계보건기구WHO가 작성한 필수 의약품 목록을 조사해보았는데, 그중 리피토Lipitor 같이 잘 알려진 고지혈증 약을 포함해 60%의 약을 유사 약품으로 분류했다. 두 사람은 경쟁 대상인 원본 약품보다 일부 유사 약품에 장점이 있을 수 있음을 인정한다. 하지만 그들이 확인한 바에 따르면 다수의 유사 약품들이 "이전 약품에 비해 뚜렷한 장점을 갖추고 있는 것은 아니었다." 그들은 혈압 강하제인 안지오텐신 전환효소ACE 억제제를 예로 들고 있다. 두 사람은 국가 필수 의약품 목록에 등재된 15가지 서로 다른 ACE 억제제를 찾을 수 있었는데, 그중 앞의 두 가지만 상당한 이점이 있었고, 프리니빌Prinivil이나 제스트릴Zestril이라는 이름으로 판매되는 리시노프릴lisinopril 같은 약물을 비롯해 나머지 13가지는 "중요한 이점이 전혀" 없다고 보고했다.[39]

어떤 물질의 독성이 어느 정도인지 판단할 때는 '급성 경구 독성 테스트acute oral toxity tests'를 한다. 이 테스트는 다양한 물질의 독성을 비교하는 기준을 마련하기 위해 1920년대에 개발되었다. 이 테스트에는 동물이 최대 100마리까지 사용되며, 서로 다른 용량을 투여한 집단으로 나눈다. 여러 물질의 독성을 비교하기 위해 채택한 기준은 동물의 절반이 숨을 거둘 때까지 섭취한 물질의 양(체중 1kg당 밀리그램)이었다. 이는 후일 '치사량 50%' 또는 LD50으로 알려지게 된 테스트다. 이후 수십 년간 어떤 물질의 LD50을 결정하는 일은 과학자들이 여러 물질의 독성을 비교할 때 사용하는 방법일 뿐 아니라, 기업이 신제품을 시장에 출시하기 전에 충족시켜야 할 기준으로 자리 잡았다. 이 테스트는 적어도 서로 다른 두 종의 동물을 대상으로 시행해보아야 했는데, 1980년대에는 이 기준을 적용한 결과 중독되어 죽은 동물이 매년 미국에서만 수백만 마리로 증가했다.[40]

많은 동물은 먹이에 들어 있는 다양한 종류의 독을 능숙하게 탐지하고 피한다. 야생에서 생존하려면 그래야 한다. 연구자들이 테스트해보려는 물질을 동물이 먹지 않으려 하면 실험자들은 목구멍에 관을 삽입해 강제로 이를 먹인다. 이 기술은 위관영양법gavage으로 알려져 있으며, 푸아그라를 만들기 위해 오리와 거위에게 사용하는 방법으로 악명이 높다. 한 연구는 반복된 위관영양법의 활용이 쥐의 건강에 미치는 영향을 조사해보았다. 연구자들의 보고에 따르면, 위관영양법을 시행한 사람은 스트레스와 불안을 줄이기 위해 특별한 핸들링 기술을 사용하는 숙련된 기술자였고, 동물이 안정된 상태에서만 이러한 방법을 시행했다. 하지만 모든 기술자의 숙련도가 동일하다고 볼 수 없고, 동물에게 스트레스를 주지 않으려고 그렇게까지 애쓰지는 않을 거라고 가정하는 것이 합리적이다. 어쨌거나 위관영양법을 시행한 집단의 폐사율은 15%였다. 죽은 생쥐의 식도에서는 천공이 발견되었는데, 이런 것을 보면 숙련된 기술자가 아무리 주의를 기울여 생쥐를 진정시키더라도, 치명적이고 매우 고통스러운 부상을 입히지 않기가 극히 어렵다는 것을 알 수 있다. 동일한 상황에 있었지만 위관영양법을 시행하지 않은 대조군에서는 죽은 쥐가 한 마리도 없었다.[41]

표준적인 테스트는 14일간 매일 일정량의 물질을 투여하지만, 어떤 테스트는 (그때까지 살아남는 동물이 있다면) 최대 1년까지 계속되기도 한다. 일반적으로 실험동물은 절반이 죽는 시점에 도달하기 전에 전부 혹은 거의 전부가 병에 걸리거나 뚜렷한 고통을 겪게 된다. 연구자들이 거의 무해한 물질이라도 여전히 동물의 절반을 죽이는 농도를 확인하려 할 수 있다. 결과적으로 동물은 엄청난 양의 물질을 강제로 먹어야 하고, 그 농도가 인간이 그 제품을 사용하는 상황과 무관해도 단지 다량의 고농도 물질을 먹었기 때문에 죽을 수 있다. 이기간에 동물은 흔히 구토, 설사, 마비, 경련, 내출혈 등 전형적인 중독 증세를 보인다. 이 테스트는 실험동물의 50%를 중독사시키는 해당 물질의 양을 측정하는 것이 주목적이기 때문에 정확하지 못한 결과가 나올 것을 우려하는 실험자들은 죽어가는 동물을 고통에서 벗어나게 하지 않는다.

급성 독성 테스트 외에, 실험자들은 토끼의 눈에 여러 물질을 넣어 눈에 자극이 될 수 있는지 여부를 테스트하기도 한다. 이러한 테스트를 토끼에게 시행하는 이유는 그들의 눈이 크고 다루기 쉬우며 비용이 저렴하기 때문이다. 이 영역에서도 수십 년간 표준적인 테스트가 시행되어왔는데, 1940년대에 개발된 드레이즈 눈 자극 테스트가 그것이다. 당시 미국 식품의약국에서 근무하던 J. H. 드레이즈J. H. Draize는 토끼 눈에 어떤 물질을 넣었을 때 얼마나 자극적인지를 평가하는 척도를 개발했다. 실험자들은 흔히 토끼를 머리만 내민 채 몸을 움직이지 못하게 고정시킨 장치에 감금한다. 눈을 비비거나 긁지 못하게 하기 위해서다. 그런 다음 실험자들은 테스트할 물질을 토끼의 한쪽 눈에 넣는다. 그들은 토끼의 아래쪽 눈꺼풀을 잡아당겼을 때 생기는 작은 '그릇' 같은 곳에 물질을 넣은 다음 눈을 감기며, 물질을 반복해서 넣는 경우도 있다. 그들은 토끼의 눈을 매일 관찰하면서 부종, 궤양, 감염, 출혈 여부를 조사한다. 연구는 3주 동안 계속된다. 표준 반응 측정 척도에는 "통증 평가(동물의 반응)"라는 제목의 글이 포함되어 있는데, 가장 높은 단계의 반응을 다음과 같이 설명하고 있다.

  각막 또는 내부 구조의 심각한 손상으로 시력을 완전히 상실한다. 토끼는 눈을 급히 깜박거리며 소리를 지르거나 껑충껑충 뛰면서 도망가려 한다.[42]

  어떤 물질은 눈의 모든 구성요소가 망가질 정도로, 다시 말해 홍채, 동공, 각막 등이 한꺼번에 심각하게 감염된 것처럼 보이기 시작할 정도로 토끼의 눈을 매우 심각하게 손상시킨다. 수십 년간 행해진 드레이즈 테스트에서는 실험자에게 마취제를 사용할 의무가 없었다. 물질을 주입할 때 간혹 국소 마취제가 사용되기도 했지만, 눈에 물질을 넣은 뒤 3주 동안 생길 수 있는 고통을 누그러뜨리는 데는 별 효과가 없었을 것이다.

동물은 수많은 물질의 독성을 판단하기 위해 다른 테스트의 대상이 되기도 했는데, 어떤 테스트는 아직도 계속되고 있다. LD50이 동물에게 강제로 물질을 먹여 50%가 죽는 치사량을 찾는 테스트라면, LC50의 목표는 밀폐된 방 안에서 동물이 스프레이, 가스, 증기를 강제로 흡입했을 때의 치사 농도를 찾는 것이다. 피부 독성 연구에서는 토끼의 털을 제거하고 실험 물질을 피부에 직접 도포한다. 실험자들은 토끼가 자극받은 부위를 긁지 못하게 하는데, 이때 피부에서 피가 나거나 수포가 생기고 벗겨지기도 한다. 담금 테스트에서는 희석된 용액을 담은 통에 동물을 넣는데, 이 과정에서 실험 결과를 얻기도 전에 동물이 익사하는 일이 발생하기도 한다. 주사 테스트에서는 실험 물질을 동물의 피하, 근육, 장기에 직접 주사한다.

오래전부터 독성학자들은 한 종에서 확인된 사실로부터 다른 종에 대한 사실을 추정하는 것이 매우 위험한 모험임을 알고 있었다. 영국에서 오프렌Opren이라는 이름으로 판매되었던 오라플렉스Oraflex는 제조사인 제약업계의 거두 일라이 릴리Eli Lilly가 관절염 치료에 효능을 발휘하는 '놀라운 신약'이라고 광고했던 약이다. 오라플렉스는 1980년 영국 출시를 앞두고 일상적인 동물실험을 모두 통과했다. 그 후 2년간 오라플렉스는 3,500건의 부작용과 96명의 사망자를 낳았다. 미국에서는 1982년 5월에 약이 시판되었는데, 1982년 8월

시장 판매가 전면 중단되기까지 43명의 사망자가 보고되었다. 밝혀진 바에 따르면 쥐는 인간보다 훨씬 많은 양을 투여해도 아무 부작용 없이 견딜 수 있었다.[43] 또 다른 인기 관절염 치료제 바이옥스Vioxx는 동물실험을 거쳐 1999년 최초로 출시되었는데, 2004년에 시장에서 퇴출되었다. 미국 식품의약국 조사관 데이비드 그레이엄David Graham에 따르면, 퇴출되기 전까지 이 약으로 인해 6만 명의 사망자가 발생했다.[44] '책임 있는 의학을 위한 의사위원회Physicians Committee for Responsible Medicine'는 바이옥스 제조업체인 머크Merck를 상대로 낸 소송에서, 바이옥스 복용자를 대상으로 한 연구가 심장마비에 걸릴 위험이 증가한다는 사실을 보여주었음에도 머크가 동물실험을 통해 계속된 바이옥스 판매를 뒷받침하려 했다고 주장했다.[45] 2011년 머크는 바이옥스 마케팅 과정에서 불법 판촉 활동을 했다는 혐의를 인정하고, 회사를 상대로 한 민사 및 형사 소송을 해결하기 위해 9억 5,000만 달러를 지불하기로 합의했다.[46]

동물실험은 인간을 위험에 노출시킬 뿐 아니라, 이러한 실험 때문에 동물에게는 위험하지만 인간에게는 위험하지 않은 유익한 제품이 개발되지 않게 될 수도 있다. 예를 들어 인슐린은 새끼 토끼와 쥐에게는 기형을 일으킬 수 있지만 인간에게는 그렇지 않다.[47] 인간을 진정시키는 모르핀은 쥐에게 극도의 흥분을 일으킨다. 또 다른 독성학자가 말한 것처럼 "페니실린의 독성을 기니피그로 판단했다면, 페니실린은 인간에게 결코 사용되지 않았을지도 모른다."[48]

수십 년간 무분별한 동물실험이 자행된 후, 1980년대에 들어서는 일부 과학자들이 생각을 달리하기 시작했다. 과학자이며 '미국 과학 및 건강 협의회American Council on Science and Health' 사무국장인 엘리자베스 웰런Elizabeth Whelan 박사는 이렇게 지적했다. "설치류가 하루에 탄산음료 1,800병을 마시는 것과 같은 분량의 사카린에 노출됨으로써 받게 되는 영향은 우리가 매일 탄산음료를 몇 잔 마셨을 때 받게 되는 영향에도 채 미치지 못한다. 이런 사실을 알아내는 데 과학박사학위가 있을 필요는 없다." 웰런은 최근 환경보호청Environmental Protection Agency 관계자들이 농약 및 기타 환경 화학물질의 위험성에 대한 이전의 추정치를 하향 조정했다는 소식을 듣고 반가워했다. 그러면서 그녀는 동물에게서 추론한 사실로 인간의 암 발병 위험을 평가하는 것이 "신뢰성이 떨어지는 단순화된" 가정에 기초하고 있는 것이라고 언급했다. 웰런에 따르면 이러한 변화는 "규제 기관이 연구실 내 동물실험이 절대적인 신뢰를 주는 것은 아니라고 말하는 과학 문헌에 주목하기 시작했음"[49]을 의미한다. 예일대학교 의과대학 및 공중보건대학의 마이클 브래컨Michael Bracken은 2009년 『영국 왕립의학협회 저널Journal of the Royal Society of Medicine』에 발표한 논문에서 탈리도마이드가 많은 동물 종에서 선천적 결함을 유발하지 않지만 인간에게는 유발하는 데 반해, 코르티코스테로이드는 다수의 인간 아닌 동물에게서 선천적 결함을 유발하지만 인간에게는 유발하지 않는다는 사실을 비롯해 종간 편차에 관한 여러 사례를 소개했다. 그는 인간 아닌 영장류 실험을 거쳐도 인간의 생명에 위협이 되는 반응을 예측하지 못할 수 있다고 주장하기도 한다.[50] 생화학 공학의 선구자이자 코넬대학교 명예교수인 마이클 슐러Michael Schuler는 "동물실험의 6%만이 인간의 반응을 제대로 예측하는 데 도움이 된다"[51]고 자신에게 귀띔해준 한 주요 제약회사의 말을 인용했다.

　1980년대에는 성장 일로에 있던 동물권 운동 활동가들 사이에서도 동물을 독성 실험에 사용하는 관행을 비판하는 목소리가 나왔다. 미국에서는 남부에서 흑인들과 함께 인종 차별 반대 시위를 벌였던 민권 운동가 헨리 스피라Henry Spira가 정보공개법Freedom of Information Act을 이용해, 공공기관과 주요 기업들이 동물실험을 수행하면서 제출한 정부 문서를 손에 넣었다. 그러던 중 그는 당시 미국 화장품업계의 선두주자였던 레브론Revlon이 자사 화장품을 토끼의 눈에 넣어 테스트한다는 정보를 확보했고, 레브론사를 찾아가 총매출의 1/100%를 드레이즈 테스트를 대체할 실험 개발에 쓰라고 제안했다. 레브론이 반응을 보이지 않자, 스피라는 지지자들로부터 충분한 자금을 모아 "레브론은 아름다움을 구실로 얼마나 많은 토끼의 눈을 멀게 하는가?"[52]라는 제목의 전면 광고를 『뉴욕타임스』에 게재했다. 『뉴욕타임스』는 눈에 붕대를 감은 흰 토끼와 그 가까이에 실험용 유리 플라스크가 놓인 사진을 실었는데, 그 아래에는 다음의 문구가 적혀 있었다.

　　누군가 당신의 머리에 목칼을 씌운다고 상상해보라. 당신이 스스로를 방어할 수 없는 상태에서 무력하게 앞을 응시하고 있는데, 갑자기 고개가 휙 뒤로 젖혀진다. 당신의 아래 눈꺼풀을 당겨 안구에서 떼어놓고 이어서 화학물질을 눈에 쏟아붓는다. 고통이 느껴진다. 당신은 고함을 지르며 절망적으로 몸부림친다. 당신은 도망칠 수 없다. 이것이 바로 드레이즈 테스트다. 이는 의식이 있는 토끼의 맨눈이 얼마만큼 손상되었는지를 확인하는 방법으로 화학물질의 유해성을 측정하는 테스트로, 레브론과 다른 화장품 회사들은 자사 제품을 시험하기 위해 수천 마리의 토끼에게 이러한 테스트를 강제적으로 시행하고 있다.

당시 레브론의 투자자 관리 담당 부사장이었던 로저 셸리Roger Shelley는 훗날 이렇게 말했다. "그날 주가가 하락하고 있다는 걸 알았다. 하지만 더 중요한 것은 일일 주가만이 아니라 회사의 핵심적인 부분에까지 영향을 미칠 수 있는 심각한 문제를 회사가 안고 있다는 사실이었다." 셸리가 옳았다. 레브론의 뉴욕 본사 밖에서 시위가 벌어졌고, 이 장면이 TV에 방영되었다. 토끼 복장을 한 사람들이 레브론사의 연차 총회에 나타났다. 결국 레브론사는 항의하는 사람들의 뜻을 받아들여 동물실험 대체 연구 자금을 마련했다. 에이번Avon과 브리스틀 마이어스Bristol-Myers 같은 기업도 이 선례를 따랐다.[53] 이때 마련한 자금은 볼티모어 소재 존스 홉킨스 동물실험 대안센터의 설립에 보탬이 되었다.

에이번, 브리스틀 마이어스, 프록터 & 갬블Procter & Gamble 같은 기업은 자사 실험실에서 대체 방안을 사용하기 시작했고, 그렇게 사용 동물 수를 줄였다. 1989년 에이번은 드레이즈 테스트를 대체하기 위해 아이텍스Eyetex라 불리는 합성 물질을 특별히 개발했고, 이를 사용한 테스트 검증이 마무리되었다고 알렸으며, 이어서 에이번과 레브론은 모든 동물실험을 영구적으로 중단한다고 발표했다.[54]

이와 같은 가장 극적인 발전은 대중을 많이 의식해야 하고, 상대적으로 대중의 의견을 무시하기 힘든 화장품업계에서 일어났다. 하지만 동물실험 반대 운동은 다른 산업 분야에도 널리 영향을 미치고 있었다. 1987년『사이언스』에 실린 보고서는 다음과 같이 지적하고 있다.

> 동물복지 운동에 힘입어 의약품, 살충제, 생활용품을 생산하는 주요 제조업체는 최근 몇 년간 독성 실험에 사용되는 동물의 수를 줄인다는 목표를 향해 가는 행보에서 상당한 진전을 이루었다. 세포 및 조직 배양, 컴퓨터 모델링 같은 대체 방안을 사용할 경우 훌륭한 홍보 효과를 거둘 수 있음은 물론, 경제적·과학적으로도 바람직하다는 인식이 점차 확산되고 있다.[55]

이어서 보고서는 당시 미국 식품의약국 독성과학국 국장이던 게리 플램Gary Flamm의 발언을 인용해 "우리는 대다수의 경우에" LD50을 "대체해야 한다"고 밝혔다.『뉴욕타임스』의 한 기사는 G. D. 설 & 컴퍼니G. D. Searle and Company의 한 선임 독성학자가 "동물복지 운동이 제기하는 엄청나게 많은 주장은 극단적이지만 옳다"[56]라고 인정한 내용을 인용했다.

독성학자가 이 말을 하면서 규제가 요구한다는 이유만으로 행해진 수많은 무감각하고 어리석은 일들을 염두에 두었을 수 있다. 사실 동물실험 규제 담당자들은 동물권 운동이 활발하게 일어나기 전까지 동물의 고통을 생각해본 적도 없다는 결론을 피하기 어렵다. 가령 미국 연방기관이 1983년에 이르러서야 "잿물, 암모니아, 오븐 세제 같은 부식성 자극제로 알려진 물질을 의식이 멀쩡한 토끼의 눈에 넣어 실험할 필요가 없다"라고 주장한 사실을 어떻게 달리 설명할 수 있겠는가?[57]

1990년대 초까지만 해도 대체 실험 방법 개발에 속도가 붙으면서 동물권 운동의 압력이 실험실에서 야기되는 심하고, 때로는 가혹할 정도의 고통으로부터 동물을 구하는 듯 보였다. 미국 국립암연구소National Cancer Institute는 항암제의 효능을 검사하는 데 사용되는 생쥐를 인간 배양 세포로 대체하여 더 정확한 지표를 얻을 수 있었다. 다른 정부기관들도 동물실험 관련 요구 사항들을 줄였다. 유럽연합의 전신인 유럽경제공동체European Economic Community는 가능하면 언제든지 동물 대체 모델을 사용하도록 요구할 수 있는 법안을 제정했고, 대체 모델의 사용 시기를 결정하기 위한 유럽 대체 모델 검증위원회European Committee to Validate Alternative Models를 설립했다.[58] 이와 같은 과정을 거치면서 LD50, LC50, 드레이즈 테스트는 마침내 중단될 것처럼 보였다.

1990년대에 경제협력개발기구OECD는 전 세계의 테스트를 표준화하기 위한 프로그램을 시작했다. 이 프로그램이 시행되면 궁극적으로 실험에 사용되는 동물 수가 줄어들게 될 것이다. 국가마다 조금씩 다른 규제를 따르기 위해 테스트를 반복할 필요가 없어지기 때문이다. 하지만 아직까지 OECD의 지침은 여전히 동물 사용을 요구하고 있으며, 대규모 사용을 요구하기도 한다. 예를 들어 살충제 등록 허가를 받으려면 대략 3년이 걸리고, 총 8,000~9,000마리의 동물을 사용하는 다양한 연구를 수행해야 한다. 현재 사용 중인 화학물질은 대략 5만 종으로 추정되며, 그중 95%는 아직 완전한 평가를 받지 못한 상태다. 현재의 방법으로 이 물질을 전부 평가하려면 앞으로 동물 4억 마리가 필요할 것이다.[59] 현재 OECD는 테스트에 사용되는 동물 수를 줄이고 실험 방법을 개선하여 고통을 줄이려 노력하고 있다. 하지만 이는 길고도 느린 과정이다.

과거 미국에서의 동물보호운동은 공장식 축산 동물보다 실험실 동물 사용에 더 초점을 맞추었는데 1990년대에 접어들어 이런 경향이 바뀌기 시작했다. '동물을 인도적으로 사랑하는 사람들', '미국 휴메인 소사이어티Humane Society of the United States' 같은 단체들이 공장식 축산과 이러한 축산이 동물에게 주는 고통에 문제를 제기하면서 나타난 변화다. 나는 이런 변화를 지지했다. 식용으로 사육되어 도축되는 동물의 수가 실험실 동물의 수보다 수백 배나 많기 때문이다. 나는 공장식 축산 동물에 관해 방대한 양의 글을 썼고, 어느 순간 실험실 동물에게 일어나는 일에 대해서는 더 이상 자세히 살펴보지 않게 되었다. 그럼에도 나는 동물에게 실로 많은 고통을 주는 실험을 단계적으로 폐지하는 추세가 1990년대부터 지금까지 계속되고 있다고 생각했고, 내 관심을 끌 만큼 중요한 몇몇 조치들은 이런 생각을 확실하게 뒷받침해주었다. 2002년 미국 환경보호국Environmental Protection Agency은 기존의 LD50 테스트를 활용한 화학물질 시험을 중단하고, 동물을 계속 사용하되 그 수와 고통을 줄인 보다 정교한 테스트를 채택한다는 성명을 발표했다.[60] 유럽연합은 동물을 대상으로 한 화장품 시험을 금하는 일련의 조치를 취했고, 2013년에는 그날 이후 세상 어디에서 했건, 동물실험을 한 화장품이나 화장품 원료의 판매를 금지시킴으로써 궁극적 성과를 달성했다. 2015년 미국에서는 국립보건원이 침팬지를 대상으로 한 침습 연구invasive research 지원을 중단했다. 이 기관은 생의학 연구를 위해 수용되어 있던 약 500마리의 침팬지를 보호구역에서 여생을 보낼 수 있도록 허가해 준 적이 있었는데, 이후 긴급한 요청이 있을 때(이런 요청은 한 번도 없었다) 사용하려고 예비로 남겨두었던 침팬지 50마리에 대해서도 동일한 조치를 취한 것이다.[61] 이어서 2019년에는 환경보호국이 2025년까지 포유류 테스트가 포함된 연구를 30% 줄이고, 2035년까지 각 사례별로 승인을 받지 않는 한 포유류에 대한 연구 및 자금 지원을 중단하겠다고 선언했다. 환경보호국은 주요 형태의 동물 사용을 단계적으로 폐지하기 위한 데드라인을 설정한 최초의 미국 연방기관이다.[62]

이 와중에 나는 LD50 테스트가 사라지지 않았다는 사실을 최근에 알게 되었고 실망을 금치 못했다. 현재 세포에 영향을 미치는 독성 물질 선별에는 시험관 검사가 흔히 사용되며, 이런 검사를 통해 배제된 물질은 더 이상 동물실험을 하지 않는다. 덕분에 LD50 테스트에 사용되는 동물 수가 줄었다. 하지만 세포에 독성이 없는 물질이라도 막상 신경계 같은 전체 시스템에 독성이 있을 수 있는데, 이런 물질은 여전히 동물 집단에게 일정 유형의 LD50 테스트를 시행해보고 있다.[63] 2019년(이는 이 책을 쓸 당시 수치를 확인할 수 있는 가장 최근의 연도다) 유럽연합에서는 동물 3만 1,654마리가 LD50과 LC50 테스트를 거치면서 중독되었다.[64] 영국은 2019년의 수치를 발표했는데, 이는 동물 1만 558마리에게 동일한 테스트를 했음을 보여주고 있다.[65] 이미 언급한 것처럼 미국은 동물의 구체적인 사용 방식을 수치로 정리하지 않으므로, 미국에서 사용된 동물의 수는 알 수 없다.

현재 드레이즈 테스트도 개선 및 축소 절차를 밟고 있다. 나는 이 테스트의 현황을 알게 되면서도 충격을 받았다. 스피라가 드레이즈 테스트의 대안을 찾는 데 투자하라고 레브론과 에이번사에 요구한 지 40년이 흘렀음에도, 토끼 눈에 물질을 넣어 자극성이나 부식 효과를 테스트하는 실험은 여전히 계속되고 있었던 것이다. 2013년 눈을 손상시킬 수 있는 제품 시험을 검토한 한 조사에서 레안드로 텍세이라Leandro Texeira와 리처드 두비엘지그Richard Dubielzig는 동물보호론자들이 드레이즈 테스트에 강하게 반대한다고 주장하면서, 독성학자들도 이 테스트를 '혹독하게 비판'하고 있다고 덧붙였다. 두 사람에 따르면 독성학자들은 만성 독성 반응을 예측할 때 드레이즈 테스트가 신뢰를 주지 못하며, 이 테스트의 등급 시스템이 객관적인 정량화 척도를 갖추지 못했다고 주장한다. 텍세이라와 두비엘지그는 아이텍스 시스템을 포함해, 살아 있는 동물을 사용하지 않고 눈 독성을 테스트하는 여러 방법을 제시한다. 그들은 이 시스템이 정량화와 재현이 가능하고 드레이즈 테스트와의 상관관계도 높다고 말한다. 그럼에도 "드레이즈 테스트는 여전히 전 세계가 채택하는 눈 자극 및 독성 연구의 공식 모델이다."[66] 이와는 별개로 최근에는 상황이 더 빨리 개선되고 있는 것으로 보인다. 유럽연합의 통계는 '눈 자극/부식'으로 분류되는 시험에 사용된 동물 수가 2005년 4,208마리에서 2015년 1,518마리로, 2019년에는 474마리로 줄어들었음을 보여준다.[67] 거듭 말하지만 미국에서는 눈에 물질을 넣는 시험에 쓰인 동물 수에 관한 정보를 구할 수 없다.[68] 그럼에도 2017년 OECD는 살아 있는 동물에게 물질을 테스트할 때 통증 완화제를 사용하는 것이 포함된 눈 자극 테스트 지침을 채택했다. 이 지침은 2021년 사용 동물의 수를 최소화하기 위해 추가적으로 개정되었다.[69]

이렇게 독성 시험 여건이 개선되면서 동물은 엄청난 양의 불필요한 고통과 아픔을 피할 수 있었다. 정확히 얼마나 되는지 말하기는 어렵지만, 이런 개선이 없었다면 수백만 마리의 동물이 지금은 더 이상 시행되지 않는 시험으로 매년 고통을 받았을 것이다. 이것은 동물보호운동에 많은 공을 돌릴 수 있는 중요한 성과다. 하지만 이런 잔인한 시험이 이 세상에서 사라지게 하기 위해 우리가 해야 할 일은 여전히 많이 남아 있다. 만약 사람들이 진정으로 원한다면 이처럼 동물의 생명을 낭비하고 동물에게 고통을 주는 일을 중단하기는 그리 어렵지 않을 것이다. 물론 동물을 사용하는 모든 독성 시험을 대체할 완벽하고도 적절한 대안을 개발하기까지는 시간이 더 걸리겠지만 불가능한 일은 아니다. 그런 날이 올 때까지 독성 시험에 수반되는 고통의 양을 줄이는 간단한 방법이 있다. 첫 단계로 만족스런 대안을 개발할 때까지 삶에 꼭 필요하지 않은, 새롭지만 해를 미칠 가능성이 있는 물질을 사용하지 않고 살아가면 되는 것이다.

의료 실험

동물실험에 '의료'라는 이름이 붙을 경우 우리는 그 실험에 수반되는 고통이 정당화된다고 생각하는 경향이 있다. 그러한 연구가 인간의 생명을 연장하고 고통을 완화하는 데 기여한다는 이유 때문이다. 하지만 우리가 이미 확인해본 바와 같이 새로운 치료제를 생산하는 제약회사는 모두에게 최대의 선이 되겠다는 의지보다는 최대의 이익을 취하겠다는 욕구의 추동을 받을 가능성이 크다. 연구자들도 기존의 실험을 계속 변형하여 고안해내는 경향이 있는데, 이 또한 인간의 건강을 개선하기보다는, 더 많은 연구비를 받고 더 많은 논문을 발표하여 자기 분야에서 성공하는 것과 밀접하게 관련된다는 사실도 살펴봤다.

인간의 건강보다는 연구자의 이익을 위해 실험이 수행되는 또 다른 예로 동물에게 쇼크(여기서 쇼크란 전기 쇼크, 즉 감전이 아니라 심각한 부상을 당했을 때 흔히 발생하는 정신적·육체적 쇼크를 말한다)를 유도하는 실험을 들 수 있다. 1946년 이 분야의 연구자인 컬럼비아대학교의 매그너스 그레거슨Magnus Gregersen은 문헌을 조사해보았는데, 쇼크에 관한 실험 연구를 다룬 논문이 800편 이상이 있음을 확인했다. 그는 쇼크를 유발하는 데에 사용되는 방법을 다음과 같이 나열하고 있다.

> 사지의 한 군데 이상에 지혈대 사용, 압궤 손상, 압박, 가벼운 망치 타격으로 인한 근육 타박상, 노블 콜립 드럼Noble-Collip drum장치(동물을 드럼에 넣고 돌리는 장치. 드럼이 돌아가면서 동물은 반복해서 바닥에 팽개쳐지며 상처를 입는다)를 이용한 외상, 총상, 질식, 장협착 또는 장꼬임, 동상, 화상.

그레거슨은 인위적 출혈이 "널리 사용"되어왔으며, "마취 같은 성가신 수단을 사용하지 않고 시행되는 연구가 점점 증가해왔다"고 지적하기도 했다. 하지만 그는 이처럼 다양한 방법이 있다는 사실에 만족하지 않고, 오히려 방법이 너무 다양해서 여러 연구자의 결과를 평가하기가 "극히 어렵다"고 불평했다. 그는 일정하게 쇼크를 일으키는 일으키는 표준 절차가 "하루 속히" 마련돼야 한다고 말했다.[70]

시간을 뛰어넘어 1974년에도 실험자들은 어떤 부상을 입혀야 만족할 만한 '표준' 쇼크 상태를 일으킬 수 있는지 알아내려고 여전히 노력 중이었다. 적절한 동물 모델을 만들어내기 위해서는 이를 알아야 했다. 개에게 출혈을 일으켜 쇼크가 생기도록 고안된 실험이 거의 30년간 계속돼왔다. 하지만 최근의 연구는 개에게 쇼크를 일으키는 출혈이 인간에게 쇼크를 일으키는 출혈과 다르다는 사실을 보여준다. 이 연구에 주목한 로체스터대학교 연구자들은 쇼크와 관련해 개보다 인간에 더 가깝다고 생각한 돼지에게 출혈을 일으켰다. 연구자들은 실험을 통해 돼지에게 실험적 쇼크를 일으키는 혈액 유출량을 파악하고자 했다.[71]

여기서 40년을 더 건너뛰어 2013년으로 가보자. 이 때는 그레거슨이 쇼크를 유발하는 표준 절차가 없다고 안타까워한 이래 거의 70년이 지난 시점이다. 부다페스트 소재 제멜바이스대학교의 A. 필립A. Fülöp과 동료 연구팀은 출혈성 쇼크 동물 모델을 검토한 결과 다음과 같은 사실을 발견했다.

연구자들은 광범위한 스펙트럼의 종과 실험 모델을 사용할 수 있다. 하지만 출혈성 쇼크를 연구하기 위한 이상적인 동물 모델을 만들기는 다소 어렵다. 연구자가 풀어야 할 주요 과제는 임상 상황을 정확히 모사하면서 단순하고 쉽게 재현할 수 있는 표준화된 시스템을 고안하는 일이다……. 종마다 유전적 배경이 다르므로 동일한 상해라도 전신 반응이 다르게 나타날 수 있다. 그러므로 그 결과를 인간에게도 적용할 수 있는지는 전혀 확실하지 않다.[72]

중독은 연구자들이 오랫동안 동물 모델을 찾으려 했던 또 다른 분야다. 관련 연구는 미국에서 금주법이 폐지된 데에 따른 후속 조치로 이루어진 알코올의존증(알코올중독) 연구로 거슬러 올라가며, 새로운 형태의 중독이 나타날 때마다 연구가 급증했다. 다음은 1980년대의 한 사례다.

켄터키대학교의 실험자들은 발륨Valium과 이와 유사한 신경안정제 로라제팜Lorazepam을 복용한 비글의 금단 증상을 관찰했다. 실험자들은 개에게 강제로 약물 중독을 일으켰고, 이후 2주에 한 번 안정제를 주지 않았다. 개들은 경련, 뒤틀림, 전신 떨림, 질주성 발작, 급속한 체중 감소, 두려움, 위축 등의 금단 증상을 보였다. 40시간 동안 발륨을 끊자 "아홉 마리 중 일곱 마리에서 강직성-간헐성 경련이 다수 나타났다……. 두 마리는 전신에 반복적으로 간헐적 발작 증상이 나타났다." 네 마리는 목숨을 잃었다. 두 마리는 경련을 일으키는 도중에 죽었고, 두 마리는 급속한 체중 감소가 나타난 후 숨을 거뒀다. 로라제팜을 복용한 개들도 유사한 증세를 보였지만 경련을 일으키다 죽지는 않았다. 실험자들은 쥐, 고양이, 개, 영장류에게서 바르비투르산염과 진정제 금단 증상이 관찰되었던 1931년의 실험을 검토했다.[73]

1980년대에 있었던 더 기괴한 약물 연구 사례에서 UCLA의 로널드 시겔Ronald Siegel은 코끼리 두 마리를 헛간에 사슬로 묶어두었다. 암코끼리는 "LSD 투약 절차와 용량을 결정하기 위한" 범위 탐색 실험에 사용되었다. 약은 경구 및 마취총으로 투여되었다. 그 후 실험자는 두 달간 매일 두 마리 코끼리에게 약을 투여하고 행동을 관찰했다. 환각제를 다량 투여하자 암코끼리는 옆으로 넘어져 1시간 동안 경련을 일으키며 겨우 숨을 쉬었다. 수코끼리는 LSD를 다량 투여하자 공격적으로 돌변하며 시겔에게 돌진했다. 그는 이런 반복적인 공격 행동을 "부적절하다inappropriate"[74]라고 표현했다.

이런 암울한 약물 실험 이야기 중에서 한 에피소드는 적어도 항의가 효과적이었음을 입증한다. 코넬대학교 의학대학 연구진은 1976년 발간된 논문에서 고양이의 위에 수술로 이식한 튜브를 통해 바르비투르산염을 다량 투여한 실험을 설명하고 있다. 그들은 그렇게 하다가 급작스럽게 투약을 중지했는데 다음은 그들이 서술하고 있는 금단 증상의 특징이다.

> 몇 마리는 몸을 일으키지 못했다. 고양이는 매우 심각한 금단 증상과 대발작형 경련 증세를 빈번하게 보이며 '날개를 편 독수리 자세'를 취했다. 대부분의 고양이는 경련이 지속되는 와중에 또는 경련이 멈춘 직후 숨을 거뒀다. ……고양이가 다른 금단 증상을 강하게 겪을 때, 호흡이 가쁘거나 숨 쉬기 힘들어 하는 모습이 종종 관찰됐다. ……저체온증은 고양이가 특히 발작이 계속되거나 죽기 직전에 몸이 극도로 쇠약해지면서 나타났다.[75]

이미 수년 전부터 바르비투르산염 남용은 심각한 문제로 인식됐지만, 1970년대 중반에는 바르비투르산염 사용이 엄격히 제한되었고 남용도 감소했다. 코넬대학교에서 이와 같은 고양이 실험이 계속되던 14년 동안 이러한 남용의 횟수는 계속 줄어들었다. 1988년 동물권 운동가들은 관련 연구가 진행되던 실험실 앞에서 피켓 시위를 벌였고, 자금을 지원하는 여러 기관, 언론 기관, 대학, 입법가에게 항의 편지를 보냈다. 그 뒤 코넬대학교는 자금 지원 기관인 국립약물남용연구소National Institute on Drug Abuse에 서한을 보내 또 다른 3년 동안 실험에 쓰일 새로운 연구 보조금 53만 달러를 포기하겠다는 의사를 밝혔다.[76]

알코올 연구는 중독 연구의 또 다른 주요 분야다. 우선 이 연구에서 문제가 되는 것은 인간 외 대부분의 동물은 자발적으로 알코올에 중독되지 않는다는 것이다. 이에 따라 동물을 중독시키기 위해 다양한 기술이 활용되는데, 여기에는 알코올을 섞은 순 액체 사료를 먹여 알코올을 섭취하게 하거나 이러한 사료를 거부하면 굶기는 방법, 알코올 증기를 강제로 흡입시키는 방법, 이미 살펴본 것처럼 괴롭고 간혹 치명적인 부상을 입히기도 하는 위관영양법 등이 포함된다. 대개 위관영양법은 동물에게 고통스러운 경험이다. 연구자들은 동물을 강제로 알코올의존증에 빠트린 다음 금단 증상을 연구하기 위해 알코올 공급을 중단하며, 어떤 경우에는 금단 증상에 스트레스를 더하기도 한다.

캐서린 하퍼Kathryn Harper와 채플힐Chapel Hill 소재 노스캐롤라이나 대학교의 다른 연구자들은 유동식에 알코올을 섞어 청소년기의 쥐와 성체 쥐에게 이를 강제로 섭취하게 했다. 2017년 저자들이 발표한 논문에서 밝힌 바에 따르면 이 유동식은 "알코올 금단이 유사 불안 행동에 미치는 영향을 확인하기 위해 수십 년 동안" 자신들의 연구실에서 사용한 것이었다. 최종적으로 알코올 제공을 중단하고 난 뒤에는 "쥐의 절반을 플라스틱 쥐 데카피콘decapicone에 집어넣고 1시간 동안 감금 스트레스를 주었다."(데카피콘은 끝에 구멍이 난 원뿔형의 부드러운 플라스틱으로, 케이크 장식용으로 쓰는 짤주머니처럼 생겼다. 설치류의 목을 자르기 전에 고정시키는 데 사용된다는 뜻에서 데카피콘이라는 이름이 붙었다) 이어서 연구자들은 쥐의 스트레스 수준을 측정했다. 그들은 성체 쥐의 경우 금단 기간에 스트레스를 더했을 때 불안감이 증폭되었지만 청소년기의 쥐는 알코올에 중독되지 않은 쥐처럼 행동하는 정반대의 효과가 나타난다는 사실을 발견했다. 하지만 연구자들은 "행동에 미치는 효과는 크지도 작지도 않은 정도였으며, 이 발견을 재현하고 최적의 조건을 확인하려면 추가 연구가 필요하다"[77]는 의견을 내놓았다.

이런 추가 연구가 정말 필요할까? 알코올에 중독되게 한 다음 금단 과정을 거치게 하고, 이어서 부드러운 플라스틱 원뿔에 넣어 1시간 동안 움직이지 못하게 한 청소년기 쥐와 성체 쥐의 행동과 편도체 반응의 차이를 정확히 관찰하기 위한 최적의 조건을 확인할 필요가 있을까? 고도의 훈련을 거친 총명한 과학자들이 그런 일에 시간과 노력을 들여야 할 정확한 이유는 무엇인가? 그것이 국립 알코올 남용 및 알코올의존증연구소의 자금을 가장 잘 사용하는 방법으로 간주되는 이유는 무엇인가? 그리고 그것이 동물에게 가하는 고통을 정당화하는 이유는 무엇인가?

셰필드대학교 심리학과와 보건 및 관련 연구 대학의 매트 필드Matt Field와 잉게 커스버겐Inge Kersbergen은 중독 문제에서의 동물 사용을 날카롭게 비판했다. 그러면서 그들은 중독 동물 모델이 인간에게 유익한 치료법을 규명하고 개발하는 데에 기여한 바가 "계속해서 잘못 전달되고 부풀려져 왔으며" 이것이 "막대한 자원을 낭비"하게 했다고 주장한다. 그들은 중독이 언어에 의존하는 인간만의 고유한 현상일 수 있으며, 동물에게서는 결코 모델링할 수 없는 환경과 사회적 네트워크의 영향을 받기도 한다고 주장한다. 그들에 따르면 더 심각한 문제는 중독 동물 모델을 강조함으로써 "인간 중독의 본질이 오도"[78] 되었을 수 있다는 점이다. 이 주장이 결정적으로 반박되지 않는 한, 거의 한 세기 동안 공을 들여온 중독 동물 모델이 동물에게 고통과 아픔을 주면서 자원을 낭비했을 뿐 아니라 중독된 인간에게도 득보다 실이 컸다고 생각하는 편이 합리적일 것이다.

조건화된 윤리적 맹목성

도대체 어떻게 이런 일이 일어날 수 있을까? 특별히 가학적인 성향의 사람들도 아니면서 어떻게 원숭이를 겁주고, 생쥐에게 피할 수 없는 전기충격을 가하고, 고양이를 마약이나 알코올에 중독시키면서 일과를 보낼 수 있을까? 그러고는 어떻게 흰 가운을 벗고 손을 씻고 집에 가서 가족과 편안하게 식사를 할 수 있을까? 납세자들은 자신이 낸 세금이 이런 실험을 지원하는 데 사용되는 것을 어떻게 용인할 수 있을까? 내 생각에 이 질문들에 대한 답은 우리가 종차별주의를 아무 의심 없이 받아들이는 데 있다. 우리는 어떤 잔혹 행위가 인간에게 가해졌다면 분노를 느끼지만, 다른 종 구성원에게 가해질 때는 그냥 넘어간다. 연구자들은 종차별주의적 태도를 견지함으로써 실험동물을 고통을 느끼는 생명체가 아니라 장비나 실험실 도구쯤으로 생각하게 된다.

앞서 서술한 실험이 계속되는 데는 실험자와 시민이 공유하는 일반적인 종차별주의적 태도 외에도 몇 가지 특별한 요인이 작용한다. 그중 가장 중요한 요인은 사람들이 여전히 과학자에게 남다른 존경심을 갖고 있다는 것이다. 오늘날 생각이 제대로 박힌 사람이라면 대부분 과학과 기술에 어두운 측면이 있음을 알고 있지만, 하얀 가운을 걸친 박사라고 하면 많은 사람이 여전히 경외의 눈으로 바라보는 경향이 있다. 스탠리 밀그림Stanley Milgrim은 잘 알려진 실험에서 일반인이 흰 가운을 입은 연구자의 지시에 기꺼이 따르려 한다는 사실을 보여줬다. 실험에서 일반인은 연구자의 지시에 따라 피험자가 올바르게 대답하지 못했을 때 전기충격으로 보이는 '처벌'을 가하려 했으며, 피험자가 소리치며 몹시 아픈 시늉을 해도 '처벌'을 멈추지 않았다. 최근 이 실험을 다시 했을 때도 결과가 비슷하게 나왔다.[79] 인간에게 고통을 준다고 믿는데도 이런 일이 벌어지는데, 하물며 교수가 동물실험을 지시한다면 학생들은 처음에 느꼈던 양심의 가책을 얼마나 쉽게 내려놓겠는가?

도널드 반즈Donald Barnes 박사는 수년간 미국 공군항공우주의학교 U.S. Air Force School of Aerospace Medicine 주임 연구원으로 있었으며, 텍사스 주 샌안토니오에 있는 브룩스 공군 기지에서 원숭이 훈련을 맡았던 인물이다. 그의 임무는 원숭이에게 영장류 평형 플랫폼primate equilibrium platform이라는 장치를 작동하게 하는 일이었다. 원숭이는 플랫폼의 일부로 장착된 의자에 묶여 있었는데, 이 의자는 비행기처럼 좌우로 방향이 기울어지게 제작되었다. 원숭이는 조종간을 조작해 플랫폼의 수평을 유지하도록 훈련을 받았다. 훈련은 단계적으로 진행되었으며, 그동안 원숭이는 최종적으로 자신이 해야 할 일을 학습할 때까지 계속 전기충격을 받았다. 40일간의 훈련을 거치면서 각 원숭이는 수천 번의 전기충격을 받았다. 일단 훈련을 마치면 원숭이는 방사능과 화학전 물질에 노출되고, 플랫폼의 수평 유지 능력을 평가받았다. 이렇게 하는 것은 방사능과 독성 화학물질에 노출된 조종사가 임무를 계속 이행할 수 있는지 확인하기 위해서였다(이 이야기가 익숙하게 느껴진다면, 1987년 개봉한 영화 「프로젝트 X」를 봤기 때문일 것이다. 매튜 브로데릭과 헬렌 헌트가 주연한 이 영화는 대체로 반즈가 수행한 실험을 바탕으로 제작되었다).

다음은 영장류 평형 플랫폼을 사용하도록 훈련받은 원숭이에게 수행한 한 가지 실험 사례다. 이는 1987년 미 공군항공우주의학교에서 발표한 보고서 「매일 소량의 소만soman에 반복 노출되는 것이 영장류의 평형 수행에 미치는 영향」에서 가져온 것이다.[80] 소만은 신경가스의 일종으로 전쟁용 독성 화학물질이며, 제1차 세계대전 당시 병사들에게 엄청난 고통을 안겨줬다. 다행히 그 후 전쟁에서 사용된 적은 거의 없었다. 보고서는 동일 연구팀이 작성한 '급성 소만 노출'이 영장류 플랫폼의 평형을 유지하는 데 미치는 효과를 다룬 여러 선행 보고서들을 언급하면서 시작된다. 하지만 이 특별한 연구는 저용량의 소만을 투여했을 때 나타나는 효과를 다룬 것이었다. 실험에 사용된 원숭이는 적어도 2년간 '최소한 주 단위로' 플랫폼을 조작해왔고, 다양한 약물과 소량의 소만에 노출되었으나 실험 전 6주간은 그 어떤 것에도 노출되지 않았다. 실험자들은 얼마만큼의 소만이 원숭이의 플랫폼 작동 능력을 저하시키는지 계산했다. 애초에 원숭이는 플랫폼의 평형을 유지하지 못한다. 때문에 이러한 계산이 가능하려면 원숭이는 플랫폼의 평형을 유지하는 훈련을 받으면서 계속 전기충격을 받아야 했을 것이다. 보고서는 주로 신경독神經毒이 원숭이의 플랫폼 작동 수준에 미치는 영향을 다루고 있지만, 화학무기의 다른 효과들에 대한 통찰도 일부 제공한다.

실험 대상이 된 원숭이는 소만에 노출된 다음 날 협조운동실조gross incoordination, 쇠약, 기도진전intention tremor 등 신경증 증상이 나타났으며 임무 수행 능력을 완전히 상실했다. 이 증상은 며칠 동안 계속됐고, 그동안 원숭이는 영장류 평형 플랫폼PEP 과제를 수행할 수 없었다.[81]

반즈는 이 직책을 맡고 있던 14년간 약 1,000마리의 훈련된 원숭이를 방사능에 노출시켰을 것으로 추정한다. 그런데 그가 나중에 쓴 것처럼 어떤 변화가 일어났다.

수년간 나는 우리가 수집한 자료의 효용에 의심을 품어왔으며, 형식적으로 몇 가지 증거를 수집해 우리가 발행한 기술적 보고서의 지향점과 목적을 뒷받침하려 했다. 하지만 이제 나는 우리가 미 공군에, 나아가 자유세계의 수호에 실질적으로 이바지하고 있다는 지휘관들의 확신을 받고 싶어 했음을 솔직히 인정하지 않을 수 없다. 나는 현장에서 본 현실을 회피하기 위해 그들의 확신을 눈가리개로 이용했다. 그 눈가리개를 항상 편안하게 쓰고 있지는 않았지만, 그것은 지위와 수입을 잃을 수 있다는 잠재적 불안감을 막아주는 역할을 했다……. 그런데 하루는 눈가리개가 떨어져 나갔고, 내가 미 공군 항공우주의과대학 사령관인 로이 드하트Roy Dehart 박사와 심각하게 대립하고 있음을 깨달았다. 나는 핵 대결 상황에서 작전사령관이 붉은털원숭이에게서 얻은 데이터를 바탕으로 한 도표와 수치를 보고 상대의 대략적인 전력이나 2차 공습 능력을 추정할 가능성은 거의 없다는 점을 지적하려 했다. 드하트 박사는 "그들은 데이터가 동물 연구에 기반한 것이란 사실을 모른다"고 말하며 자료가 매우 소중하다고 우겨댔다.[82]

심리학을 공부했던 반즈는 훗날 레버를 눌러 먹이 보상을 받도록 조건화된 쥐에게 일어나는 일과 훈련 중에 자신에게 일어났던 일을 비교했다.

앞에서 나는 내가 '조건화된 윤리적 맹목성'이라고 부르기로 한 것의 전형적인 사례를 소개했다. 나는 평생을 동물을 이용한 대가로 보상을 받아왔다. 그들을 인간의 개선이나 오락거리로 취급하며 보상을 받아온 것이다……. 실험실에서 보낸 16년간 동물실험의 도덕성과 윤리 문제는 재직 말년에 생체해부학자로서 내가 문제를 제기하기 전까지는 공식적이든 비공식적이든 어떤 회의 장소에서도 거론된 적이 없었다.[83]

하버드대학교 심리학 교수인 스티븐 핑커Steven Pinker도 윤리적 맹목성에 관한 유사한 이야기를 들려준다. 그가 학생 시절 동물 행동 실험실에서 연구 조교로 여름 아르바이트를 할 때였다. 어느 날 저녁 책임 교수가 핑커에게 생쥐를 대상으로 새로운 실험을 해보라고 말했다. 핑커는 바닥에 전기가 흐르고, 레버를 누르지 않으면 6초마다 충격이 가해지고 레버를 누르면 10초 동안 충격이 멈춰지는 타이머가 설치된 상자 안에 쥐를 넣어놓으라는 지시를 받았다. 그는 쥐가 금세 상황을 이해하고, 충격을 피하기 위해 제때 레버를 누르는 방법을 익힐 것이라는 이야기를 들었다. 이에 따라 핑커가 해야 할 일이라고는 쥐를 상자에 넣고, 타이머를 작동시킨 후 집에 가는 것뿐이었다. 하지만 다음 날 아침 핑커가 실험실에 도착했을 때 "쥐의 척추는 기이하게 굽어 있었고, 걷잡을 수 없이 떨고 있었으며", 몇 초도 지나지 않아 충격을 받고 튀어 올랐다. 핑커는 쥐가 레버를 누르는 법을 습득하지 못하여 밤새 6초마다 충격을 받았음을 확인할 수 있었다. 그는 쥐를 상자에서 꺼내 실험실 수의사에게 데려갔지만 이내 숨을 거두었다. 핑커의 말을 그대로 옮기자면 "나는 한 마리 동물을 죽을 때까지 고문했다." 핑커는 이를 자신이 "한 일 중 최악의 일"이라고 이야기하면서 자신이 실험에 대한 설명을 들을 때 이미 뭔가 잘못됐다는 걸 감지했다고도 말했다. 설령 생쥐가 레버를 누르는 방법을 습득했다고 해도 꼬박 12시간을 불안해하면서 보냈을 것이기 때문이다. 하지만 그는 이렇게 고백한다. "어찌되었건 나는 윤리적으로는 위선이지만 심리적으로는 이것이 표준적인 관행이라고 안심시켜주는 원칙에 따라 그 절차를 이행했다."[84]

조건화된 윤리적 맹목성을 갖는 것은 오직 실험자뿐만이 아니다. 연구기관은 자신들을 비판하는 사람들에게 우리도 동물을 돌보기 위해 수의사를 고용한다는 말로 대응한다. 이런 주장은 우리를 안심시킬 것이다. 수의사는 동물을 돌보는 사람이고, 동물이 불필요한 고통을 겪도록 내버려 두는 것은 그들의 직업윤리에 어긋난다는 믿음이 널리 확산돼 있기 때문이다. 유감스럽게도 이는 사실이 아니다. 물론 많은 수의사가 동물을 사랑해서 그 분야에 종사한다는 것은 의심의 여지가 없다. 하지만 동물을 진심으로 사랑하는 사람이라도 동물의 고통에 대한 감수성이 무뎌지지 않고 수의학 교육 과정을 마치기는 어렵다. 진정으로 동물을 사랑하는 사람은 어쩌면 학업을 마치지 못할지도 모른다. 과거에 수의학도였던 한 사람은 동물복지 단체에 이런 편지를 보냈다.

내가 다니던 주립대학 수의과대학 선생님들은 냉정한 표준 실험 절차에 따랐고, 수의사가 되고 싶었던 내 평생의 꿈과 야망은 이로 인해 수차례 정신적 충격을 경험한 후 사라졌습니다. 그들은 동물을 실험에 사용하는 것이 아무 문제가 없으며, 자신들이 사용한 모든 동물의 생명을 빼앗는 것도 전혀 잘못이 아니라고 생각했습니다. 그런데 내 자신의 도덕 규율에 따르면 이는 진절머리 나도록 받아들일 수 없는 것이었습니다. 그런 냉정한 생체해부학자들을 여러 번 접하고 나서 나는 가슴 아파하며 다른 길을 걷기로 마음먹었습니다.[85]

1965년 말과 1966년 초, 당시 널리 읽히던 잡지 『라이프Life』와 『스포츠 일러스트레이티드Sports Illustrated』는 집에서 키우는 개가 어떻게 도난당해 실험실에 팔리는지 설명하는 기사들을 실었다. 이에 대한 대중의 반응은 격렬했고, 이는 실험동물 보호 법안을 통과시키려는 움직임으로 이어졌다.[86] 미국 수의학협회American Veterinary Medical Association는 미 연방의회위원회가 실험실에 판매할 목적으로 반려동물을 훔치는 것을 막는 법안을 제출하는 데는 찬성하지만, 그런 간섭이 연구에 방해가 될 수 있기 때문에 연구시설에 대한 허가 및 규제에는 반대한다고 증언했다. 『미국 수의학회저널Journal of the American Veterinary Medical Association』에 실린 기사에서 확인할 수 있듯이, 수의사는 기본적으로 "자신의 존재 이유가 하등동물이 아닌 인간의 총체적인 행복에 있다"[87]고 생각한다. 이러한 이데올로기를 가지고 있음을 감안한다면, 수의사가 이 장에서 서술하는 수많은 실험을 한 실험 팀의 일원이라고 해서 놀랄 건 없다. 예를 들어 영장류 평형 플랫폼 실험 보고서에는 이런 내용이 나온다: "이 동물들에 대한 정기적인 건강 관리는 미국 공군항공우주의과대학 수의과학과가 맡았다."

일단 동물실험이 특정 분야에서 승인된 연구 방법으로 자리 잡으면, 그 과정은 자생력을 갖게 된다. 동물실험으로 경력을 쌓은 교수들이 지배력을 발휘하는 분야에서는 출판과 승진뿐만 아니라 연구비를 지원하는 포상과 보조금도 모두 동물실험에 맞춰져 있다. 연구비 신청서를 검토하는 사람들은 동물을 이용한 새로운 실험 제안서를 기꺼이 지원할 준비가 되어 있다. 동물을 사용하지 않는 새로운 방법은 생경하고 지원받을 가능성도 낮다.

　물론 모든 과학자가 윤리적으로 맹목인 것은 아니다. 예기치 않게 어떤 연구 결과를 획득함으로써 연구 대상 동물을 재고해보게 되는 과학자도 있긴 하다. 야생동물의 행동을 연구하는 생태학자는 GPS 추적 장치 같은 기술 발전을 적절히 활용해왔고, 이제는 이 장치를 새에게 부착할 수 있을 정도로 작고 가볍게 만들 수 있다. 퀸즐랜드 소재 선샤인코스트대학교 생태학 조교수인 도미니크 포트빈Dominique Potvin은 연구팀과 협업을 하고 있었는데, 이들은 연구 중인 호주 까치에게 부착할 수 있는 소형 추적 장치가 달린 경량 하네스를 개발 중이었다. 그들은 현장에서 이 장치를 테스트해보고자 선행연구를 진행했다. 그들은 10주에 걸쳐 까치 무리가 먹이 제공 구역을 방문하는 데 익숙해지게 했는데, 그곳에서 무리 중 다섯 마리를 잡아 하네스와 추적 장치를 장착한 후 방사했다. 방사된 까치들은 하네스를 쪼아대기 시작했지만 이것을 떼어낼 수 없었다. 그러자 하네스를 하지 않은 어린 까치가 하네스를 한 어린 까치에게 다가가 하네스를 쪼아댔다. 그래도 별 소용이 없었다. 그런데 몇 분 후 성체 암컷 까치가 다가와 어린 까치가 하고 있는 하네스를 쪼아대기 시작했다. 10분쯤 지나자 하네스가 벗겨졌다. 다른 까치 두 마리에게도 같은 일이 벌어졌다. 다음 날 하네스를 한 남은 까치 두 마리는 여전히 하네스를 하고 있었지만, 사흘 째 되는 날에는 하네스가 전부 벗겨져 있었다. 이 연구에서 놀라웠던 점은 까치의 이동을 알려주는 추적 장치에서 얻은 정보가 아니라, 하네스를 하지 않은 까치가 다른 까치들이 하네스를 벗을 수 있게 도와준 협력적이고 이타적인 행동이었다. 포트빈과 동료들이 말하듯이, 이런 행동은 "복잡한 인지적 문제 해결"과 관련이 있다. 결론적으로 그들은 "[까치의] 이런 반응이 윤리적 생태 연구에 시사하는 바"[88]를 고려할 필요가 있다고 말했다.

이 연구를 읽고 난 뒤 나는 포트빈에게 편지를 보내 까치가 연구에 참여할 의사가 없음을 분명히 밝혔는데도 까치가 제거할 수 없는 추적 장치를 또다시 장착할 계획인지 물었다. 그녀는 이렇게 답했다. "우리는 까치가 추적 장치에 어떻게 반응할지 전혀 몰랐습니다. 그래서 먼저 소수의 개체를 대상으로 선행연구를 진행했던 것이고요. 적어도 그들이 추적 장치를 열광적으로 좋아하지 않는다는 것만큼은 분명하고, 때문에 유사한 장치로 그들을 계속 추적하려 하는 것은 윤리적이지 않고 과학적으로도 합당하지 않다고 생각합니다."[89]

이런 과학을 좋은 과학이라 할 수 있는가?

동물에게 고통을 주면서 정말 중요한 결과를 얻으려는 의지마저 없는 보고서를 읽다 보면, 먼저 우리는 우리가 생각할 수 있는 것 이상의 무언가가 있을 거라고 생각하는 경향을 나타낸다. 즉 과학자가 그런 실험을 하는 데는 그들의 출판물이 보여주는 것보다 더 그럴듯한 이유가 분명 있을 거라고 생각한다는 말이다. 하지만 이 주제를 더 깊이 파고들어가 보면 겉보기에 시시해 보이는 것이 실제로도 시시한 경우가 매우 흔하다는 사실을 알게 된다. 간혹 실험자가 경계를 늦추고 이런 사실을 인정하는 경우가 있다. 이 장 초반에서 살펴본 원숭이 모성 박탈 실험을 수행한 해리 할로는 12년간『비교심리학과 생리심리학 저널Journal of Comparative and Physiological Psychology』의 편집인이었다. 이 잡지에는 동물에게 고통을 주는 수많은 실험 보고서가 게재되었다. 출판을 목적으로 제출된 약 2,500편의 원고를 심사했다는 할로는 임기 말년에 고별사에서 "대다수 실험은 행할 가치가 없었고, 얻은 자료도 출판할 가치가 없었다"[90]라고 반농담조로 밝혔다.

　할로가 고별사를 쓴 것은 1962년이다. 이후 일반 및 동물 관련 생의학 연구가 얼마나 가치 있는지에 대한 진지한 연구가 진행되었다. 동물의 고통을 줄이는 것에 관심이 없더라도 이 물음에 대한 답변은 모든 사람에게 경종을 울릴 것이다. 많은 사람이 현재 생의학과 행동과학이 '재현 위기replication crisis'에 직면해 있음을 인정하고 있다. 과학적 결과를 재현할 수 없다면, 그 결과는 우리의 지식에 보탬이 되지 않을 것이다. 그런데 생의학 및 심리학 분야의 연구 결과를 재현해 보려 했던 연구자들은 이들의 50~90%가 재현되지 않는다는 사실을 알게 되었다.[91] 저명한 의학자 C. 글렌 베글리C. Glenn Begley와 존 P. A. 이오아니데스John P. A. Ioannides는 자신들의 연구 분야에 대한 가차 없는 검토를 통해 생의학 연구의 85%가 낭비되고 있음을 인정했다. 이들은 신경질환에 대한 동물 연구와 관련된 4,445개 이상의 데이터 세트를 분석했고, 그 결과 "사실이라고 하기엔 너무 많은 긍정적인 결과가 발표"되었음을 확인했다. 베글리와 이오아니데스는 위트레흐트대학교 판데르 날드van der Naald가 이끄는 연구팀과 동일한 입장을 견지했는데, 그의 연구팀은 연구에 사용된 모든 동물의 고작 26%만이 보고서로 출간된다는 사실을 보여줬다. 이는 긍정적인 결과만을 출판하는 출판 편향성이다. 베글리와 이오아니데스의 주장에 따르면 자금 지원 기관은 자신이 승인해주는 연구에 훨씬 더 엄격해져야 한다.[92] 또 다른 연구는 재현할 수 없는 전 임상 연구에 미국에서만 매년 280억 달러를 지출한다는 사실을 밝혀냈다.[93]

이것이 일반적인 생의학 연구의 현실이라면, 동물을 사용한 연구 중 인간에게 도움이 되는 연구 비율은 더 적을 것이다. 동물에게 효과가 있는 것이 인간에게는 그렇지 않은 경우가 흔하기 때문이다. 미국 국립암연구소의 전 소장이었던 리처드 클라우스너Richard Klausner는 이렇게 말한다. "우리는 수십 년간 암에 걸린 쥐를 치료해왔지만 이 치료법은 인간에게는 소용이 없었다."[94] 동물에서 발견한 사실을 인간에게 적용하는 데 실패한 것은 비단 암뿐만이 아니다. 미국과 캐나다 내 주요 기관의 과학자로 구성된 공동 연구팀은 쥐를 사용하여 중상 및 화상을 입거나 패혈증으로 이어진 감염 증세가 있는 사람에게 치명적일 수 있는 염증 질환 치료법을 찾으려 했다. 연구팀은 생쥐에게 한 실험 중에서 150건에 가까운 임상 시험 결과를 검토했다. 이러한 시험 결과는 모두 인간 중증 환자의 염증 반응을 막는 데 유망한 방법으로 보이는 것들이었다. 하지만 그들은 "이 시험이 모두 실패했다"고 판정했다. 연구팀은 자신들의 연구가 "쥐 모델에 의존하여 인간의 염증 질환을 연구하기보다는, 인간이 놓인 더 복잡한 상황에 초점을 맞추는 것이 낫다는 사실을 뒷받침한다"[95]고 결론 내렸다.

프렌시스 쳉Frances Cheng은 미국의 주요 생의학 연구센터인 케이스 웨스턴리저브Case Western Reserve 대학교에서 동물실험으로 박사학위를 취득한 연구원이다. 그녀는 하급 연구원이 동물실험이라는 패러다임에 맞서기가 얼마나 어려운 일인지 설명했다. 그녀가 함께 일하던 팀은 연구비를 지원받아 생쥐에게 심부전을 유도하는 실험을 했다. 이는 고지방식이 심장 기능에 미치는 영향을 연구하기 위한 실험이었는데, 고지방식이 인간의 식단과 심장병의 상관관계에 대한 이해를 개선하리라는 믿음을 전제로 하고 있었다. 실험을 하고 학회지에 논문을 제출하고 나서야 쳉은 생쥐의 지방대사가 인간과 다르며, 이에 따라 이 발견이 인간에게 적용되지 않을 것임을 알게 되었다. 이는 연구팀이 제출한 지원금 신청서를 검토한 사람도 깨닫지 못한 사실이었다.

쳉의 지도교수들은 그녀가 쓴 논문이 단순히 쥐 연구 결과를 보고한 것이며, 이 연구 결과가 인간의 건강 개선에 도움이 된다고 주장하지 않았다고 입장을 밝혔다. 하지만 쳉은 자신이 밝힌 것처럼 "오해의 여지가 있는 연구를 출간하고 불필요한 연구로 동물에게 해를 끼쳤다"는 사실을 깨닫고 낙담했다. 급기야 그녀는 박사학위 위원회에 어떤 일이 있었는지 보고했는데, 위원회가 이 사실을 문제 삼지 않는다는 데 놀랐다. 그중 한 사람은 "누군가는 언젠가, 어떤 식으로든 당신의 연구가 유용하다고 생각할 것"이라고 말했다. 또 다른 사람은 그녀에게 "박사 과정 학생으로서 당신의 일은 졸업을 하는 것이지, 이런 문제를 생각하는 것이 아니"라고 말했다. 나머지 한 사람은 "[동물을 사용하지 않으면] 대안이 있는가?"라고 물었다. 쳉은 동물 데

이터를 인간에게 적용할 수 없는 문제를 어떻게 극복할 수 있는지 제대로 된 답을 얻지 못했고, 상급 과학자 중 누구도 답을 알지 못한다는 사실을 깨달았다. 그녀는 이렇게 말했다. "그들은 너무 오랫동안 동물을 사용하는 훈련을 받아왔기 때문에 자기기만에 빠져 있거나 그저 언젠가, 어떻게든 인간에게 도움이 되리라는 마지막 희망을 붙잡고 있을 따름입니다."

미 국립보건원 전 국장이었던 일라이어스 제르후니Elias Zerhouni는 동물 모델을 사용하는 것이 인간의 질병을 예방하거나 치료하는 방법을 습득하는 최선의 방법이라는 가정에 대해 이렇게 밝히고 있다. "나를 포함해 우리 모두는 그런 가정을 맹목적으로 신봉하고 있었다." 그는 이렇게 덧붙인다. "그것은 별 효과가 없었다. 이제 우리는 더 이상 이 문제의 핵심을 회피하면서 주변부를 맴돌지 말아야 한다……. 인간의 질병 생물학을 이해하려면 인간에게 사용할 새로운 방법론에 다시 초점을 맞추고 이를 적용해보려 해야 한다."[96] 비극은 제르후니가 국립보건원의 방향을 바꿀 권한이 없어진 2013년에야 자신의 실수를 인정했다는 사실이다. 그 와중에 동물을 이용한 연구 산업은 동물에게 엄청난 고통을 주면서, 또한 수백억 달러의 연구 자금을 낭비하면서 계속 번창하고 있다. 이 자금이 효과적으로 사용되었다면 인간을 괴롭히는 어떤 질병은 치료법을 개발할 수 있었을 것이다.

영국의 생의학 연구 분야에서는 관련 연구에서 동물이 중심을 차지해야 한다는 생각을 재고해보려는 징후가 나타나고 있다. 영국 바이오산업협회UK Bioindustry Association와 의약품 개발 캐터펄트Medicines

Discovery Catapult(생의학 연구 분야의 혁신을 촉진하려는 정부자금 지원기관)가 공동 집필한 보고서는 전 임상 연구가 "지금까지 환자를 대상으로 진행되지 않았고, 인간과 유사성이 거의 없는 동물의 질병과 독성학 모델에 의존해왔다"고 결론을 맺고 있다. 또한 보고서는 영국 바이오산업이 중국 및 인도와 경쟁하려면 인간 환자에서 출발한 후보 약물을 고안하여 신약 개발을 "인간화"해야 한다고 말한다. 이 후보 약물은 "동물 표적이 아닌, 명확히 규정된 인간 환자 하위 집단 내에서 인간 질병 표적에 매우 선택적으로 작용하는" 약물이어야 한다. 보고서는 동물이 아닌 인간에 적용할 독성과 효능의 증거를 확보하기 위해 인간 체외 모델human in vitro 개발을 권장하고 있기도 하다.[97]

실효성 없는 규제

수백억 달러에 달하는 예산이 낭비되고 있음을 폭로했는데도 대부분의 동물실험은 폐지되지 않았다. 그런데 설령 그렇다 해도 동물보호법이 최소한 이 장에서 서술한 최악의 고통을 막아줄 거라고 생각해볼 수 있다. 하지만 그렇지 않다. 물론 나라마다 법이 다르지만 미국에서는 표준적인 동물학대 방지법을 연구용 동물에 적용할 수 없다. 연구용 동물을 생산하고 사용하는 주요 산업계와 협력하는 동물실험자가 효과적으로 방어를 하고 있기 때문이다. 2006년까지 캘리포니아 공과대학 학장을 지낸 데이비드 볼티모어David Baltimore는 미 과학진흥협회American Association for the Advancement of Science 전국회의에서 자신과 동료들이 연구 규제에 대항해 싸운 "오랜 시간"에 대해 이야기한 적이 있다.[98] 그가 규제에 반대하는 근거는 이미 몇 년 전 다른 과학자들, 그리고 하버드대학교 철학자 고故 로버트 노직 Robert Nozick과 함께 출연한 TV 프로그램에서 분명하게 확인할 수 있다. 여기서 노직은 수많은 동물이 실험으로 죽어간다는 사실이 지금까지 과학자에게 실험을 하지 말아야 할 이유가 된 적이 있었느냐고 질문했다. 그중 한 과학자는 "그에 대해 아는 바가 없습니다"라고 대답했다. 노직이 "동물은 전혀 중요하지 않은가요?"라고 묻자, 한 과학자가 "왜 그래야 합니까?"라고 반박했다. 이때 볼티모어가 끼어들어 동물실험은 도덕적으로 전혀 문제가 되지 않는 것으로 생각한다고 말했다.[99] 안타깝게도 과학 분야에서 탁월한 능력이 있다고 해서 반드시 윤리 문제를 제대로 이해하고 있는 것은 아니다. 오늘날, 적어도 영어권 철학계에서는 볼티모어의 주장에 동의하려는 전문 철학자를 찾아보기 어렵다.

지금까지 미국의 과학자들은 자신들이 동물에게 행하는 것에 대한 일반인들의 감시에 지나칠 정도로 완고한 태도를 보여왔다. 그들은 실험의 고통으로부터 동물을 보호하는 최소한의 규제마저도 성공적으로 묵살해왔다. 미국에서는 동물복지법Animal Welfare Act이 연구에 사용되는 동물을 효과적으로 보호할 수 있는 유일한 연방법이다. 동물복지법은 앞서 언급했던 사건, 즉 반려동물이 도난당해 실험실에 팔려나간다는 사실이 폭로되어 큰 소동이 벌어지고 난 후 1966년에 통과된 법이다. 이 법은 반려용, 관람용, 연구용으로 판매되는 동물의 수송, 수용시설, 취급 방법에 대한 기준을 마련하고 있다. 하지만 실제 실험에 관한 한, 이 법은 연구자가 원하는 대로 실험하는 것을 허용한다. 이 조치는 다분히 의도적이다. 미국 연방의회 양원협의회는 법안을 통과시키면서 이렇게 설명했다.

> 법안의 목적은 실제 연구나 실험 중에 사용되는 모든 동물을 규제 대상에서 제외함으로써 이 문제로부터 연구자를 보호하는 것이다⋯⋯. 위원회는 어떤 식으로든 연구나 실험을 방해할 의도가 없다.**100**

한 법조항의 규정에 따르면 법률에 등록된 개인 사업자 및 기관은 진통제 없이 고통을 주는 실험을 할 경우 연구 과제의 목적을 달성하는 데 필요한 실험이라는 뜻을 담은 보고서를 정리·보존해야 한다. 하지만 이 '목적'이 고통을 정당화할 정도로 중요한지 평가하는 작업은 아직 시도된 바 없다. 이런 경우 보고서 정리 규정이 서류 작업만 가중시킬 뿐이며, 이 때문에 실험자는 불만을 많이 갖게 된다. 물론 동물을 마취시키면 연속으로 전기충격을 가해 무력감을 이끌어낼 수 없을 것이다. 또한 원숭이에게 약물을 투여해 행복감을 주거나 몽롱한 상태에 빠뜨리면 우울증을 이끌어낼 수도 없다. 이 상황에서 과연 실험자는 진통제를 사용하면 실험 목적을 달성할 수 없다고 말할 수 있게 되며, 이렇게 하여 그들은 관련법이 만들어지기 전까지 했던 실험을 계속 이어갈 수 있게 된다.

때문에 가령 소만soman을 이용한 영장류 평형 플랫폼 실험(본서 111쪽 참고) 보고서가 이런 문구로 시작된다고 해서 놀라면 안 된다.

이 연구에 사용된 동물은 동물복지법 및 국립연구협의회의 실험실동물 자원연구소Institute of Laboratory Animal Resources-National Research Council에서 작성한 '실험동물 관리 및 사용에 관한 지침'에 따라 조달·관리·사용되었다.

이와 유사하게, 중국에서 텅과 그의 동료들이 70일간 원숭이를 우리에 격리시켜 우울증을 유발하려 한 실험을 다룬 논문에도 이런 주장이 담겨 있다.

동물은 충칭 의과대학교 윤리위원회의 승인을 받은 실험(승인 번호: 20180705) 프로토콜에 따라 관리되었다. 이는 '연구에서의 비인간 영장류 사용' 및 '실험동물 관리와 사용 지침'의 권고를 따르고 있다.[101]

베이징 약리학 및 독성학 연구소의 용유 인 연구팀(본서 84쪽 참고)이 간행한 책자는 그들이 원숭이를 격리하고 스트레스를 줌으로써 어떻게 우울증을 유발했는지 설명하고 있는데, 다음에 인용한 이 책자 속 '윤리 선언'의 마지막 문구는 이 선언이 얼마나 오도의 가능성이 큰지 잘 보여주고 있다.

모든 절차는 미 국립보건원 실험동물 관리 및 사용 지침(국립보건원 간행물 제80-23호, 1996년 개정)의 지시사항을 엄격히 준수했으며, 동물 연구는 중국 국립동물연구청과 베이징 약리학 및 독성학연구소의 검토와 승인을 받았다. 우리는 사용되는 원숭이 수를 줄이고 동물의

고통을 최소화하기 위해 온갖 노력을 기울였다.[102]

실험의 주요 목적이 동물에게 충분히 심한 고통을 주어 우울증 모델을 만드는 것이었음을 감안한다면, 이 진술을 실험이 동물에게 얼마만큼의 고통을 주는지에 대한 지침으로 삼을 수 없음을 어렵지 않게 파악할 수 있다.

미국에 효과적인 규제가 전혀 없다는 사실은 다른 여러 선진국의 상황과 극명하게 대비된다. 예를 들어 영국에서는 내무부 장관의 승인 없이는 어떤 실험도 할 수 없고, 1986년의 동물(과학 절차)법Animals (Scientific Procedures) Act은 실험 계획의 허가 여부를 결정할 때 "내무부 장관이 관련 동물에게 미칠 수 있는 이익과 대비되는 악영향을 평가해보아야 한다"라고 명시적으로 규정하고 있다. 호주에서는 (미국립보건원에 해당하는) 주요 정부 과학 기관이 제정한 시행령에 따라 모든 실험이 동물실험 윤리위원회의 승인을 받아야 한다. 이 위원회에는 실험을 하는 기관에 고용되어 있지 않으면서 동물복지에 관심이 있는 사람, 그리고 동물실험에 관여하지 않는, 어디에도 속하지 않은 사람이 포함되어야 한다. 위원회는 일련의 세부 원칙과 조건을 적용해야 하는데, 여기에는 동물복지에 미칠 수 있는 잠재적인 영향에 대비되는 시험의 과학적 혹은 교육적 가치의 비중을 평가하는 지침이 포함된다. 또한 위원회는 "의료 혹은 수의학 실습에서 일반적으로 마취가 사용되는 정도와 종류의 고통을 유발할 수 있는" 실험을 할 경우 마취를 해야 한다고 규정하고 있다. 호주의 시행령은 원래 정부 지원금을 받는 연구자에게만 적용되었지만, 현재는 호주의

각 주 및 영토 법에 통합되어 동물실험을 하는 모든 사람에게 법적 구속력을 갖는다.[103] 스웨덴 또한 일반인이 포함된 위원회가 실험을 승인할 것을 요구한다. 1986년 미 의회 기술평가국OTA은 호주, 캐나다, 일본, 덴마크, 독일, 네덜란드, 노르웨이, 스웨덴, 스위스, 영국의 법률을 살펴보고 다음과 같은 결론을 내렸다.

> 이 평가를 위해 검토한 대부분의 국가에는 미국보다 실험동물을 보호하는 데 훨씬 적극적인 법률이 마련돼 있다. 이런 보호 조치가 취해지고 있지만 동물복지 옹호자들은 더 강력한 법률을 제정하도록 상당한 압력을 가하고 있으며, 호주, 스위스, 서독, 영국을 포함한 많은 국가가 대대적인 변화를 검토하고 있다.[104]

실제로 호주, 영국, 유럽연합에서는 이런 얘기가 나온 뒤 더 강력한 법률이 통과되었다.

이런 비교에 오해가 없길 바란다. 내 의도는 영국, 호주, 유럽연합에서 수행되는 동물실험에 아무 문제가 없음을 보여주려는 것이 아니다. 이는 진실과는 거리가 멀다. 이들 국가는 여전히 인간의 이익이 어떤 경우에도 동물의 이익보다 훨씬 중요하다고 전제하고 있으며, 이러한 전제하에 동물에게 가해지는 해악과 잠재적인 이득 간의 '균형'을 맞추는 작업을 하고 있다.

내가 미국의 상황을 다른 나라들과 비교한 것은 이 문제에 대한 미국의 기준이, 동물 해방론자의 기준뿐만이 아니라 다른 주요 선진국의 과학 공동체가 받아들이는 기준으로 봤을 때도 형편없음을 보여주기 위해서일 따름이다. 내 생각에 이런 현상이 나타나는 것은 미국의 정치 시스템이 다른 민주 국가들에 비해 로비스트에 의해 왜곡될 가능성이 크기 때문이다(여기서 로비스트란 동물 연구자, 동물 연구로 수익을 창출하는 기업, 그리고 부끄럽게도 미국 수의사협회를 말한다).

　미국의 동물실험 규제 실패의 역사는 우리에게 교훈을 준다. 1970년 동물복지법이 개정되어 실험에 사용되는 모든 온혈동물이 법의 적용 범위에 포함되게 되었다. 하지만 동물복지법을 관장하는 부서의 책임자인 농무부 장관은 미국의 실험실에서 사용되는 모든 온혈동물의 적어도 95%를 차지하는 쥐, 생쥐, 새가 포함된 규제를 발표한 적이 없다. 또한 관련 부서가 여러 실험실을 점검하는 데에 충분한 예산이 할당된 적도 없다. 그러니 이 동물들은 관심에서 배제될 수밖에 없었다. 1986년 기술평가국이 밝히고 있듯이 "지금까지 실험용 동물의 고통 방지나 완화가 현행법의 주요 임무라고 믿는 사람들이 기대하는 만큼 법 집행에 필요한 예산과 인원 문제가 충족된 적은 없었다."[105] 기술평가국 직원들이 112개 실험 시설을 정리해 놓은 목록을 점검한 결과, 실험실 조사를 담당하는 농무부 관련 부서에 등록조차 안 된 시설이 39%에 달했다. 여기에 덧붙여 기술평가국 보고서는 이러한 추산이 등록이 되지 않은, 그리하여 검열이나 통제를 전혀 받지 않는 동물실험실의 수를 그나마 낮게 잡은 것이라고 밝혔다.[106]

　1998년 미국 동물해부반대협회American Anti-Vivisection Society는 실험실에서 사용되는 쥐, 생쥐, 새를 보호 동물에 포함하지 않아야 할 법적 근거가 없다고 주장하면서 농무부장관을 법정으로 소환했다. 여기서 협회가 승리를 거두었고, 농무부는 이 동물들을 포함하는 새

규정을 마련했다. 하지만 이 규정이 시행되기 전, 연구업계 로비스트들이 손을 써 의회가 새 개정안을 통과시켰다. 놀랍게도 이 개정안은 동물복지법의 목적상 "동물"이라는 용어에 "연구에 사용하기 위해 사육되는 새, 쥐(Rattus 속), 생쥐(Mus 속)가 포함되지 않는다"고 규정하고 있다. 지금 이 글을 쓰고 있는 이 순간에도 미국의 상황은 변함이 없다. 실험에서 가장 일반적으로 사용되는 동물을 보호 대상에 포함시키지 못했다는 것은, 미국의 과학자와 동물실험계가 자신들이 사용하는 대다수 동물의 환경을 가장 기본적으로 개선하는 데서도 방해자의 태도를 고집한다는 사실을 입증한다.[107]

1985년 미국 동물복지법이 개정되어 기관동물 관리 및 사용위원회Institutional Animal Care and Use Committees, IACUC가 창설됐다. 이 장 앞부분에서 살펴본 것처럼 스티븐 핑커는 교수의 지시에 따라 생쥐를 실험했고, 이 실험에서 자신이 쥐를 고문하여 죽인 것임을 뒤늦게 깨달았다. 그는 이 위원회의 도입으로 "실험실 동물의 복지에 무관심한 과학자가 동료에게 경멸의 대상"[108]이 될 정도로 과학자들 사이에서 동물을 대하는 태도가 바뀌었다고 말했다. 실제로도 그랬으면 좋겠다. 핑커는 자신의 대학 시절 이래 미국의 대학 사회에서 동물에 대한 태도가 완전히 바뀌었다고 주장하지만, 그의 주장은 IACUC가 만들어진 지 한참이 지났는데도 미국의 연구자들이 이 장에서 설명한 여러 실험을 수행해왔다는 사실과 조화를 이루기 어렵다. 2015년까지 이어진 수오미의 모성 박탈 실험, 도노반, 리우, 왕의 프레리들쥐 스트레스 실험, 충칭 의과대학교 연구팀과 함께 원숭이에게 불안과 우울 행동을 유발한 시블리와 니의 실험, 하퍼와 그의 동료들의 알코올을 이용한 쥐 실험은 그 예다.

　에밀리 트러넬은 내가 이 장 앞부분에서 인용한 우울증 원숭이 모델 연구에 대한 평가를 담당했던 연구자다. 그녀는 미국 내 대학에서 연구에 동물을 사용하는 학과에 만연한 태도를 유감스런 시선으로 바라본다. 트러넬은 IACUC가 미국 대학에 설치된 지 이미 25년 이상 지난 2012년에 조지아대학교 대학원에 입학했다. 가족 중 처음으로 대학에 진학한 그녀는 대학원에 입학했다는 사실, 특히 자신이 선택한 분야인 신경과학을 공부하게 됐다는 사실에 흥분을 감출 수 없었다. 하지만 자신이 어떤 종류의 연구를 하게 될지는 구체적으로 알지 못했다. 지도 교수는 그녀에게 동물실험을 추천했다. 생체외in vitro 연구보다는 동물실험을 해야 연구 결과를 저널에 게재할 기회가 더 많을 거라는 이유에서였다. 트러넬은 이 조언을 받아들였다. 처음에 그녀는 동물과 '함께' 일한다는 사실에 흥분했고, 생쥐와 쥐 중에서도 특히 쥐와 시간을 보내는 걸 좋아했다. 훗날 '실험 대상Test Subjects'이라는 짧은 다큐멘터리 속 인터뷰에서 트러넬은 이렇게 말했다. "매일 실험실로 출근하는 일이 정말 중요하게 느껴졌어요……. 나는 '좋아, 이건 중요한 실험이고, 여기저기서 동물 몇 마리를 사용하지만 모두 과학 발전을 위한 일이야'라고 생각했죠." 하지만 시간이 흐르면서 그녀는 자신이 하는 일에 불편함을 느꼈고, 특히 마지막 실험 중 하나가 그랬다. 그 실험에는 그녀가 생각하기에 쥐에게 극심한 복통을 일으키는 물질을 주사하는 과정이 포함되어 있었다. 그녀는 더 큰 선善, 다시 말해 질병 치료를 위해 이 실험을 하는 게 아니란 걸 뚜렷이 느꼈다. "내가 이 실험, 다시 말해 동물실험을 설계한 목적은 학위를 취득하려는 것뿐이었지 다른 건 없었어요. 실험을 마무리해서 트러넬 박사가 되는 것이었죠." 트러넬은 박사학위 취득이 동물 200여 마리의 목숨을 앗아갈(자신이 그랬던 것처럼) 값어치가 있다고 생각하지 않았다. 박사학위 논문을 준비하면서 그녀에게 주어진 과제는 자신이 수행한 실험이 인간에게 어떤 이득을 주었는지 보여주는 것이었다. 핑커와 달리 그녀는 동물에게 고통을 주라는 명시적인 지시를 받은 적이 없었다. 하지만 실험이 가져올 이득이라는 측면에서 정당화할 근거가 별로 없었음에도, 생쥐에게 고통을 주고 목숨을 빼앗는 실험을 쉽게 계획하고 수행할 수 있다는 사실에 그녀는 고민을 하지 않을 수 없게 되었다. 그녀는 영상에서 이렇게 말했다.

제가 한 일에 대해 말하는 것이 당혹스럽습니다. 책임을 맡은 모두가 전부 이런 일을 하고 있어서, 당시에는 더 잘 알 도리가 없었지만 그래도 어떻게든 더 잘 알았어야 했다는 생각이 들어요. 내가 하고 있는 이 실험이 더 큰 의미에서 옳은지 아닌지 의문을 품기 시작하면, 그것 자체가 금기라는 메시지를 받게 됩니다. 실험실에서는 질문을 할 수 없습니다. 실험실의 전제는 과학은 무조건 다 좋고, 우리는 무언가를 배울 것이며, 아무리 엉망으로 설계됐다 해도 거기서 무언가를 배울 거라는 겁니다. 하지만 저는 누군가 고통 받고 있으면, 바로 그 이유 때문에 한발 물러나야 한다고 생각합니다.

트러넬은 학위 논문을 마무리하면서 논문에 이런 헌사를 넣었다.

숭고한 희생을 치른 대상들에게 이 논문을 바칩니다. 이어지는 장들에서 제시하는 1차 연구 자료를 직접 수집하는 과정에서 200마리 이상의 동물, 즉 쥐와 생쥐가 안락사 되었습니다.

그 후 트러넬은 직업을 바꾸기로 마음먹고 동물권 옹호자가 되었다. 이런 이유로 그녀의 전공 지도교수는 트러넬이 졸업식에서 학위를 받을 때 그녀와 함께 무대에 오르기를 거부했다. 트러넬은 이렇게 회상했다. "지도교수님은 제게 배신감을 느꼈다고 하더군요. 교수님도 어색했을 거예요." 그녀는 누구에게도 불편을 끼치고 싶지 않았고, 결국 졸업식에 참석하지 않았다.[109]

동물실험은 언제 정당화될 수 있는가?

수많은 실험의 본질을 파악하고 나면 어떤 사람들은 모든 동물실험을 중단해야 한다고 주장한다. 이처럼 흑백 논리로 도덕성을 판단하는 것은 회색 지대를 없애고, 선을 어디에 그을지 물을 필요를 없애기 때문에 유혹적이다. 하지만 "절대 안 돼!"라고 말하는 것은 바람직하지 않다. 우리가 이처럼 한 발짝도 물러설 생각 없이 요구하면 실험자는 이렇게 대응할 것이다. '쥐 한 마리에게 단 한 번의 실험을 해서 인간 수천 명을 구할 수 있는데도 인간을 그냥 죽게 내버려둘 것인가?' 이렇게 순전히 가설적인 질문에 답하는 방법은 또 다른 질문을 던지는 것이다. 수천 명의 목숨을 구하는 유일한 방법이 인간에게 실험을 하는 것이라고 가정해보자. 예를 들어 자동차 사고가 났는데 공교롭게도 부모는 사망하고 아이는 구출되었다. 하지만 아이는 심각한 뇌손상을 입었고, 검사 결과 아이의 인지 능력과 고통을 느끼는 능력이 쥐보다 떨어지며 회복 가능성이 전혀 없다. 만약 동물실험을 옹호하는 사람이 이 상황에서 아이를 기꺼이 사용할 마음이 없다면, 인간 아닌 동물을 기꺼이 사용하려는 그의 태도는 종에 근거한, 결코 정당화할 수 없는 형태의 차별을 드러내는 것이다 (나는 아이를 실험에 사용하면 부모가 고통 받을 거라는 반론을 피하기 위해 부모가 사고로 사망했다고 구체적으로 명시했다. 이런 식으로 사례를 명시하는 것은 인간 아닌 동물 실험을 옹호하는 사람들에겐 지나치게 관대한 처사다. 실험용 포유류는 흔히 어릴 때 어미로부터 격리되는데, 이 시기의 이별은 어미와 새끼 모두에게 고통을 주기 때문이다).

오해를 피하기 위해 덧붙이자면 이것은 물론 가상의 사례이며, 동물실험의 대안으로 제안하는 것도 아니다. 이 사례는 동물실험 옹호가 인간에 고유한 능력에 기초한 것인지, 아니면 단순히 우리 종의 구성원이란 사실에 기초한 것인지를 판별하는 수단이다. 하지만 이것이 억지 사례는 아니다. 안타깝게도 세상에는 지적장애인이 많으며, 그중에는 오래전 부모와 친척에게 버림받은 사람도 있고, 슬프지만 누구의 사랑도 받지 못한 경우도 있다. 이들의 해부학적·생리학적 특징은 거의 모든 면에서 정상인과 동일하다. 그러므로 이들에게 다량의 바닥 광택제를 강제로 먹이거나 눈에 가정용품의 농축액을 떨어뜨린다면, 인간 아닌 다양한 종을 검사한 결과를 끌어와서 얻는 것보다 인간에 대한 훨씬 신뢰할 수 있는 안전성 지표를 획득할 수 있을 것이다. 만약 LD50 실험, 드레이즈 눈 실험, 그리고 이 장 앞부분에서 서술한 다른 많은 실험을 개, 토끼, 쥐 대신 심각한 뇌손상을 입은 인간에게 시행했다면 인간이 시험 대상 물질에 어떻게 반응하는지에 대한 정보를 더 많이 얻을 수 있었을 것이다.

이따금 동의할 능력이 없는 인간을 대상으로 한 의학 실험이 세간에 알려지는 경우가 있다. 가령 1956년에 시작되어 1971년에야 마무리된 의학 실험의 일환으로, 연구자들은 뉴욕 주 스태튼아일랜드에 위치한 시설인 윌로브룩 주립학교에 수용된 지적장애 아동을 고의로 간염에 걸리게 했다. 이 사실이 밝혀졌을 때 사람들은 이 실험이 "지금까지 미국에서 아동을 대상으로 한 가장 비윤리적인 의료 실험"이라고 비난했다.[110] 이런 비난은 실험이 시작되기 전 윌로브룩 아동의 90%가 어떤 방식으로든 이미 간염에 감염되어가고 있었고 이 연구로 간염이 어떻게 확산되는지를 더 잘 이해할 수 있었음에도 제기되었다. 이처럼 인간에게 유해한 실험을 했다는 사실이 알려지면 당연하게도 실험자에게는 비난의 화살이 쏟아진다. 대개 이런 실험은 지식에 기여한다는 이유로 자신의 작업을 정당화하는 연구자의 오만함을 보여주는 또 다른 사례로 간주된다. 그럼에도 사람들은 우리 종의 구성원에게 하는 실험은 비난하면서, 고통이 더 심하고 얻는 것은 더 적은 (하지만 인간이 아니라 동물에게 하는) 실험은 허용한다. 너무나 상반된 이 두 태도는 합리적으로 방어하기가 거의 불가능할 정도도. 2020년 코로나바이러스 팬데믹이 정점에 달했을 때에도, 이 바이러스에 대해 충분한 정보를 갖고 있던 지원자들은 더 빨리 효과적인 백신을 찾는 데 도움이 되고자 기꺼이 자발적으로 바이러스에 감염되려 했다. 그러나 사람들은 이 제안을 받아들이기까지 상당히(내 생각에는 과도하게) 머뭇거렸다.[111] 반면 정보도 없고 자원할수도 없는 동물을 사용하는 데에는 전혀 주저함이 없었다.

　연구 분야에서 확인되는 이와 같은 노골적인 종차별주의는 노골적인 인종차별주의적 태도를 견지함으로써 다른 인종에게 고통스러운 실험을 행했던 과거를 떠올리게 한다. 이러한 실험은 지배적인 인종에 도움이 된다는 이유로 옹호되었다. 나치 체제가 지배하던 독일에서는 의학계에서 잘 알려진 의사들을 포함해 거의 200명의 의사가 유대인, 러시아인, 폴란드인 포로를 대상으로 한 실험에 참여했다. 다른 수천 명의 의사도 이 실험을 알고 있었으며, 일부 실험은 의과대학 강의 주제로도 쓰였다. 기록을 보면, 의사들은 이 '열등한 인종'에게 끔찍한 상처를 입히는 내용을 설명하는 구두口頭 보고를 묵묵히 듣고 있다가 거기서 얻을 수 있는 의학적 교훈에 대해 토론을 벌였다. 이때 실험의 성격에 대해 사소하나마 항의한 사람은 아무도 없었다. 지금처럼 당시에도 실험자는 실험 대상에게 끔찍한 부상을 입혔고, 그 결과는 냉정한 전문 과학 용어로 정리되었으며, 연구자들은 이 내용을 주제로 차분하게 토론했다.[112] 위대한 유대인 작가 아이작 바셰비스 싱어Isaac Bashevis Singer는 이렇게 썼다. "동물에 대한 태도에 관한 한 모든 사람은 나치다."[113]

　실험자 자신이 속한 집단이 아닌 대상에게 실험을 행하는 이야기는 피해자를 바꿔가면서 끊임없이 반복된다. 앨라배마 주 터스키기 연구소Tuskegee Institute 사건은 미국에서 가장 악명 높은 인간 실험 사례다. 이 사건에서 실험자들은 흑인 매독 환자를 고의로 치료하지 않고 질병의 자연적 경과를 관찰했다. 이 실험은 페니실린이 효과적인 매독 치료제로 밝혀지고 난 뒤에도 오랫동안 계속되었다.[114] 뉴질랜드에서는 1987년 심각한 인간 실험 스캔들이 세간에 알려졌다. 오클랜드에 위치한 한 유명 병원의 존경받는 의사였던 허버트 그린 Herbert Green 박사는 자궁경부암 초기 징후를 보이는 환자들을 치료하지 않기로 마음먹었다. 그는 이 초기 징후가 급속히 퍼지지 않는다는 자신의 비정통적 이론을 입증할 생각이었다. 하지만 환자들에게는 그들이 실험 대상이라는 말을 하지 않았다. 그의 이론은 틀렸고 환자 27명이 목숨을 잃었다. 물론 희생자는 모두 여성이었다.[115]

이제 실험이 언제 정당화될 수 있는가라는 질문으로 돌아가자. 극단적인 상황에 처하면 절대주의자의 답변은 설득력을 잃기 마련이다. 인간을 고문하는 것은 거의 항상 잘못이지만, 절대적으로 잘못인 것은 아니다. 예를 들어 뉴욕 시 어느 지하실에 핵폭탄이 숨겨져 있고 시민들이 대피하기 전에 폭발하도록 타이머가 설정돼 있다고 하자. 이 상황에서 오직 테러리스트를 고문해야만 폭탄이 숨겨진 위치를 알 수 있다면 이때는 고문이 정당화될 수 있을 것이다. 마찬가지로 한 건의 실험으로 암을 치료할 수 있다면 이 실험도 정당성을 획득할 것이다. 하지만 현실에서 이득을 얻을 가능성은 늘 멀리 있고 확실하지도 않다. 상황이 이러하다면, 실험이 정당화될 수 있는 경우를 결정할 수 있는 방법은 무엇일까?

우리는 인간 아닌 동물에게 실험하는 모든 경우에 실험자가 자신이 속한 종을 우선시하는 편견을 드러내고 있음을 확인했다. 이러한 실험은 인간에게 행한다면 결코 정당화될 수 없을 것이다. 심지어 심각한 뇌손상을 입었거나 고아라 해도 마찬가지다. 그런데 이 원칙이 우리의 질문에 대한 답이 될 수 있다. 인종차별주의적 편견과 다를 바 없이 종차별주의적 편견 또한 정당화될 수 없으므로, 뇌손상을 입은 인간을 이용하는 것이 정당화될 수 있을 만큼 중요한 실험이 아니라면, 어떤 실험도 정당화될 수 없다. 우리는 이것을 비종차별주의 윤리 지침이라고 부를 수 있을 것이다.

어떤 사람들은 정신 능력과 무관하게 그리고 얼마만큼 이익이 초래되는지와 상관없이, 모든 사람이 절대로 침해받지 않을 권리를 갖는다고 생각한다. 그들은 사전 동의를 구하지 않고 인간에게 해를 끼치는 실험을 하는 것은 어떤 경우에도 잘못이라고 생각한다. 그들에게 비종차별주의 윤리 지침은 동물에게 해를 끼치면서 실험을 하는 것이 항상 잘못임을 의미하기도 할 것이다.

나는 비종차별주의 윤리 지침을 받아들이지만, 심각한 뇌손상을 입은 인간이나 동물에게 해를 끼치는 실험이 **항상** 잘못이라고 생각하지는 않는다. 단 한 사람에게 해를 끼치는 한 번의 실험으로 다수가 받게 될 해악을 정말로 막을 수 있고, 다수가 받게 될 해악을 막을 다른 방법이 없다면 실험을 하는 편이 옳을 것이다.

2006년, BBC와 동물실험에 관한 다큐멘터리를 촬영하던 중 나는 이 입장을 옹호할 수 있는 한 연구 사례를 접하게 되었다. 옥스퍼드 대학교의 신경외과 의사인 티푸 아지즈Tipu Aziz는 파킨슨병의 특징적인 증상인 파킨슨증 전문가다. 그는 원숭이 100여 마리를 대상으로 한 실험이 파킨슨증 환자 4만 명의 상태를 크게 호전시켰다면 어떻게 판단할 것인지에 대한 내 윤리적 견해를 물어왔다. 나는 그렇게 많은 사람의 상태를 개선하는 데 활용되는 지식을 발견할 다른 방법이 없다면 그 연구가 정당화될 수 있을 거라고 답했다. 내가 이렇게 답하자, 어떤 사람들은 이 책의 이전 판들에서 내가 취했던 동물 연구에 반대하는 강경한 입장에서 한발 물러난 것이라고 생각했다. 하지만 이 책 몇 페이지 앞의 "'절대 안 돼!'라고 말하는 것은 바람직하지 않다"는 문장은 이 책의 초판에도 이미 나와 있다.

2018년 아지즈와 두 공저자에 따르면 당시까지 10만 명의 환자가 원숭이 연구의 결과로 개발된 다양한 형태의 뇌심부자극술 치료를 받았는데, 이 치료법이 파킨슨증을 완전히 치료하지는 못하지만 파킨슨병의 여러 증상을 개선하는 데 매우 효과가 있다는 것이 입증되었다. 한편으로는 연구에 사용된 원숭이 수도 증가했을 것이다. 저자들이 영장류가 인간과 유사하므로 향후 치료법 개발에 영장류를 계속 사용해야 할 것이라고 말하고 있기 때문이다. 그럼에도 저자들은 수많은 연구자가 간과하는 점을 명시적으로 인정하고 있는데, 바로 인간과 영장류가 유사하기 때문에 "연구자가 상당한 윤리적 책임을 져야 한다"[116]는 점이다. 나는 실험에 원숭이를 사용하지 않고는 이 치료법을 개발할 수 없었을 거라는 주장을 평가할 만큼 전문 지식이 많지는 않다. 하지만 이 주장이 사실이고 고통이 최소화되었다면 이 연구는 우리에게 해악보다는 이득을 더 많이 준다고 볼 수 있다. 이 해악이 실험용 원숭이보다 인지 능력이 떨어지는 인간에게 끼치는 유사한 해악과 다를 바 없는 것으로 본다 해도 연구는 해악보다 이득이 더 많다.

이제 어디에 선을 그어야 하는가라는 문제를 다시 한 번 고려해보자. 이 장이 보여준 바와 같이, 공평무사한 관점에서 고통을 정당화하기에 적절치 못한 목적을 이루기 위해 수백만 마리의 동물이 끔찍한 고통을 받는다. 말할 것도 없이 이 실험들이 위치하는 곳은 선線을 기준으로 잘못된 쪽이다. 우리가 이 실험들을 더 이상 하지 않는 시기가 되면 특정한 경우에 하는 실험이 어느 쪽에 위치하는지를 논의할 시간이 있을 것이다.

현재 실험을 제대로 통제하지 못하고 있는 미국은 앞에서 설명한 유형의 실험을 여전히 허용하고 있다. 따라서 미국에서는 최소한의 첫 단계로 이득을 얻을 가능성이 동물에게 가해지는 해악보다 크다고 볼 수 없을 때, 실험 승인 거부권이 있는 윤리위원회의 사전 승인 없이는 어떤 실험도 할 수 없다는 요건이 만들어져야 할 것이다. 앞서 살펴본 것처럼 호주, 스웨덴 및 다른 국가에는 이런 유형의 시스템이 이미 존재하며, 일반 대중뿐만 아니라 과학계에서도 이를 공정하고 합당한 것으로 인정한다. 물론 이 책의 윤리적 논의를 근거로 한다면 이 시스템은 이상과는 한참 거리가 멀다. 대개 이런 위원회의 동물복지 대표들은 각기 다양한 견해를 지닌 집단에 속해 있다. 하지만 명백한 이유로, 동물실험 윤리위원회에 참여해달라는 권유를 받고 이를 수락한 사람들은 동물복지 운동 내에서도 덜 급진적인 집단에 속한 경우가 많다. 그들은 인간 아닌 동물과 인간의 이익이 동등하다고 생각하지 않을 수 있다. 설령 양자의 이익이 동등하다고 생각해도, 막상 그들이 동물실험 신청서를 심사할 때는 다른 위원들을 설득해 동의하게 만들 수 없기 때문에 소신을 밀고 나가기 힘들다고 생각할 수 있다. 때문에 그들은 대안을 적절히 고려해보자고 하거나 고통을 최소화할 수 있도록 진심으로 노력해보자고 제안하는 데 머물 수 있으며, 실험에서 없앨 수 없는 고통이나 괴로움을 능가할 만큼 실험이 상당한 이익을 산출할 수 있음을 확실하게 보이라고 요구하는 정도에 그칠 수 있다. 현재 활동 중인 동물실험 윤리위원회는 대부분 방금 언급한 것과 같은 기준을 종차별주의적으로 적용하여 인간의 잠재적 이익보다 동물의 고통을 가볍게 평가한다. 그렇다고 해도 위원회가 이런 기준을 강조하면 현재 용인되는 수많은 고통스런 실험을 사라지게 할 수 있고, 다른 실험이 주는 고통도 줄일 수 있을 것이다.

근본적인 측면에서 종차별주의적인 사회에서는 윤리위원회가 겪는 이와 같은 어려움을 신속하게 해결할 수 있는 방법이 없다. 이런 이유로 일부 동물권 옹호자들은 위원회와 일절 관계를 맺지 않는다. 대신 그들은 모든 동물실험의 전면적이고도 즉각적인 폐지를 요구한다. 이 요구는 지난 한 세기 반 동안 생체해부 반대 활동을 하면서 수없이 제기되었으나, 어떤 나라에서도 이 요구가 다수의 유권자의 마음을 얻었다는 징후는 보이지 않는다. 그 와중에 이 장 초반에서 설명한 헨리 스피라와 '동물을 인도적으로 사랑하는 사람들'의 캠페인 덕에 실험실 동물의 고통을 줄이는 문제에서 아주 커다란 진전이 있을 수 있었다. 이런 획기적인 진전은 동물의 입장에서 사실상 아무런 성과가 되지 못하는 '모 아니면 도'라는 식의 사고방식에서 벗어날 방법을 찾아낸 사람들의 노력에 따른 결과다.

앞으로 나아갈 길은?

우리가 좀 더 깨어 있는 국가에서 이미 실현된 최소한의 개혁을 좀 더 발전시킬 수 있다고 가정해보자. 그리하여 동물의 이익이 그와 유사한 인간의 이익과 동등하게 고려되는 지점까지 이를 수 있다고 가정해보자. 이것은 오늘날 우리가 알고 있는 거대한 동물실험 산업에 종지부를 찍는다는 의미일 것이다. 전 세계적으로 동물을 가두었던 우리는 텅 비고 실험실은 폐쇄될 것이다. 그렇다고 그때부터 의학 연구가 중단된다거나 실험을 거치지 않은 제품이 시장에 쏟아져 나올 거라고 생각해서는 안 된다. 새로운 제품에 관한 한, 우리는 이미 안전하다고 알려진 재료를 사용하면서 더 적은 수의 제품으로도 얼마든지 살아갈 수 있다. 그렇게 살아도 큰 어려움은 없을 것이고 어느 정도 이득이 있을 것이다. 하지만 정말 없어서는 안 될 제품을 시험하거나 다른 종류의 연구를 해보려 할 때, 연구자는 동물을 사용하지 않는 방법을 찾거나 적어도 동물에게 심각한 고통을 주지 않는 대안을 찾아볼 수 있을 것이고, 실제로 찾기도 할 것이다.

동물실험을 옹호하는 사람들은 동물 연구 덕분에 인간의 기대 수명이 늘어났다고 말하곤 한다. 예를 들어 영국에서는 동물실험법 개정 논쟁이 한창이던 시기에 영국 제약산업협회가 『가디언Guardian』에 이런 제목의 전면광고를 실었다. "요즘은 인생이 40부터라고들 한다. 얼마 전까지만 해도 40세는 죽음에 이르는 나이였다." 광고 내용을 보면, 지금은 40대에 목숨을 잃는 것을 비극으로 생각하지만 기대 수명이 42세에 불과했던 19세기에는 40대의 장례식에 참석하는 것이 흔한 일이었다. 광고에 따르면 "우리 대부분이 70대까지 살게 된 것은 상당 부분 동물 연구가 이끌어낸 비약적 발전 덕분"이다. 이 광고는 너무나도 뻔뻔하게 사람들을 오도하고 있다. 지역사회 의학 전문가인 데이비드 세인트 조지David St. George 박사는 『랜싯』에 이렇게 썼다. "이 광고는 두 가지 중대한 통계 해석상의 오류를 범하고 있다는 점에서 일종의 훌륭한 교재라 할 수 있다." 가장 명백한 오류는 기대 수명이 42세라고 해서 그 나이에 죽는 것이 흔하다는 뜻은 아니라는 점이다. 기대 수명이 42세였을 당시 가장 흔한 사망 연령은 생후 1년이었고, 어린 시절을 잘 넘긴 사람은 누구나 70대까지 생존할 가능성이 컸다.

세인트 조지는 토머스 멕케온Thomas McKeown이 1976년에 출간한 영향력 있는 저서 『의학의 역할The Role of Medicine』[117]을 언급한다. 이 책을 계기로 19세기 중반 이후의 의료 개입과 사회·환경 변화가 사망률 개선에 미친 상대적 기여도에 대한 논쟁이 시작되었다. 세인트 조지는 이렇게 적고 있다. "이 논쟁은 해결되었다. 이제 의료 개입이 사망률에 미미한 영향을 주었을 뿐이고, 그것도 사망률이 이미 현저하게 낮아진 후의 매우 나중의 단계에서 주로 영향력을 발휘했다는 사실이 널리 인정되고 있다."[118]

J. B. 매킨리와 S. M. 매킨리는 미국의 10가지 주요 전염병 감소를 연구하면서 유사한 결론에 도달했다. 그들은 소아마비poliomyelitis를 제외한 모든 질병의 사망률이 새로운 의료 처방이 도입되기에 앞서 이미 현저하게 낮아졌음을 보여주고 있다(아마도 이는 위생과 식생활 개선의 결과일 것이다). 그들은 1910~1984년에 미국에서 자연 사망률이 40%

낮아진 사실에 주목하면서, 전체 사망률 하락 중에서 주요 전염병에 대한 의료적 개입으로 설명할 수 있는 비율은 3.5% 정도일 것이라고 '보수적으로' 추정했다. 실제로 의료계에서 주장하는 사망률 감소의 성공 사례는 대부분 이들 질병과 관련된다. 이 점을 감안하면 3.5%는 아마도 의료 조치가 미국 전염병 사망률 감소에 기여한 바를 가장 후하게 평가한 수치라고 할 수 있을 것이다.[119] 더군다나 이 3.5%는 모든 의료 개입에 관한 수치다. 동물실험 자체는 의료 개입이 사망률을 낮추는 데 기여한 이와 같은 작은 비율의 일부에 지나지 않는다.

실험용 동물의 이익을 고려하다 보면 방해를 받는 과학 연구 분야도 분명 있을 것이다. 동물실험 옹호자들이 흔히 거론하는 중요한 발견은 17세기 하비Harvey의 혈액 순환 연구로 거슬러 올라가며, 그들이 거론하는 것에는 밴팅Banting과 베스트Best의 인슐린 발견과 인슐린이 당뇨병에 미치는 역할이 포함된다. 또한 소아마비를 바이러스가 일으키는 질병으로 파악하게 된 것, 소아마비 백신 개발, 심장 절개 수술, 관상동맥 우회술을 가능하게 한 여러 발견들, 그리고 우리의 면역 체계와 이식 장기의 거부 반응을 극복하는 방법을 이해하게 된 것 등도 거론된다.[120] 하지만 일부 동물실험 반대자는 반드시 동물실험을 했기 때문에 이와 같은 발견을 할 수 있었던 것은 아니라고 주장한다.[121] 여기서 이에 대해 논쟁할 생각은 없다. 방금 우리는 동물실험으로 얻은 지식이 우리의 수명 연장에 기껏해야 극히 미미하게 기여했다는 사실을 살펴보았다. 그런데 동물실험이 삶의 질 향상에 기여한 정도는 수명 문제에 비해 가늠하기가 더 어렵다.

좀 더 근본적인 의미에서 생각해볼 때, 동물실험으로 얻는 이익에 관한 논쟁은 본질적으로 해결이 불가능하다. 동물을 사용해 귀중한 발견을 했다 해도, 현재 동물 연구에 투입되는 막대한 자원이 인간 대상 임상 연구와 대체 시험 방법 개발에 투입되었을 경우 의학 연구가 얼마나 성공적으로 이루어졌을지 단언할 수 없기 때문이다. 어떤 발견은 지연되었거나 전혀 이루어지지 않았을지도 모른다. 하지만 많은 연구가 잘못된 방향으로 흘러가지 않았을 수 있고, 의학이 지금과 매우 다르고 효과적인 방향으로 발전했을 수도 있다.

어떤 경우라도 동물실험은 인간에게 주는 이득을 거론하면서 정당화할 수 없다. 아무리 그런 이득이 있음을 뒷받침하는 증거가 설득력이 있다고 해도 그렇다. 지식을 추구할 권리에 신성함을 부여할 이유는 없다. 앞서 살펴본 것처럼 우리 사회는 이미 과학 연구에 대한 많은 제한을 받아들이고 있다. 우리는 과학자가 동의도 없이 인간에게 고통스럽거나 치명적인 실험을 할 일반적인 권리가 있다고 믿지 않는다. 동의 없이 이루어지는, 해악을 끼치는 실험에 대한 제한은 우리 종을 넘어 확장되어야 한다. 물론 그러면서도 간혹 확인되는 신중하고도 면밀하게 검토된 예외의 정당성은 인정해야 할 것이다. 또한 실험 내용을 숙지하고, 자신의 자유 의사에 따라 동의하는 지원자를 연구 대상으로 더 많이 받아들여야 할 것이다.

마지막으로 가장 많은 사람의 목숨을 앗아가는 건강 문제가 여전히 사라지지 않고 있는 것은 질병을 예방하고 건강을 유지하는 방법을 몰라서가 아니라, 이미 알고 있는 방법을 실천하는 데 돈을 투자하는 사람이 거의 없기 때문임을 제대로 깨달아야 한다(게이츠 재단

Gates Foundation은 가장 주목할 만한 예외다). 설사, 말라리아, 폐렴처럼 이 세상의 빈곤 지역을 황폐화시키는 질병은 대체로 우리가 예방법이나 치료법을 알고 있는 질병이다. 그런 질병은 적절한 영양, 위생, 의료 서비스를 갖춘 지역사회에서는 이미 사라졌다. 매년 5세 미만 아동 500만 명(매일 1만 3,800명)이 사망하는 것으로 추산되는데, 만약 저소득 국가 아이들에게 안전한 식수, 말라리아모기를 막아줄 모기장, 더 나은 영양을 제공하고, 더 많은 예방접종을 위해 열심히 노력한다면 이런 사망은 얼마든지 막을 수 있다.[122]

지금까지 많은 이야기를 했지만 어떻게 실천해야 하는지에 대한 의문은 여전히 남아 있다. 널리 시행되는 동물실험 관행을 변화시키려면 무엇을 해야 하는가? 당연히 정부 정책을 바꾸는 어떤 행동이 필요할 것이다. 하지만 정확히 어떤 행동을 해야 하는가? 변화를 일으키기 위해 일반인이 할 수 있는 일은 무엇인가?

입법자는 동물실험에 항의하는 유권자의 목소리를 외면하는 경향이 있다. 과학, 의학, 수의학계가 입법자에게 지나친 영향력을 행사하기 때문이다. 미국에서 이 직업군은 워싱턴에 등록된 정치 로비스트를 보유하고 있으며, 이들은 실험을 제한하라는 제안에 맞서 열심히 로비를 벌인다. 입법자는 이 분야에서 전문 지식을 습득할 시간적 여유가 없기 때문에 '전문가'의 의견을 듣고 결정을 내린다. 하지만 동물실험의 지속 여부는 과학의 문제가 아니라 도덕의 문제이며, '전문가'는 대개 실험이 지속되는 것과 이해관계가 있거나 지식 증진이 선(善)이라는 윤리에 물들어 있기 때문에 자신들이 고수하는 입장에서 한발 물러나 생각을 하지 못한다.

또한 대기업이 동물을 사육하여 연구기관에 판매하거나, 동물을 가두는 우리, 동물에게 공급할 사료, 동물실험 장비를 제조·판매하는 수익 사업에 관여할 경우 개혁 과제를 수행하기가 어려워진다. 이런 기업은 수익성 있는 시장을 빼앗길 법률 제정을 막으려고 막대한 로비 자금을 기꺼이 뿌려댈 것이다. 의학과 과학에 대한 세간의 신망과 기업의 재정적 이해관계가 얽히면 실험실에서 종차별주의에 종지부를 찍으려는 투쟁은 어려운 장기전이 될 수밖에 없다. 그렇다면 진전을 이루기 위한 최선의 방법은 무엇인가?

그 어떤 주요 서구 민주주의 국가에서도 동물실험이 단번에 폐지되지는 않을 것이다. 하지만 2021년 유럽의회는 과학자와 협력하여 동물실험의 단계적 폐지 계획을 수립할 것을 유럽연합 집행위원회에 촉구하는 결의안을 통과시켰다. 이 목표를 달성하기까지는 당연히 몇 년이 걸릴 것이다. 그렇지만 매년 약 1,000만 마리 동물을 실험하는 27개국 국민을 대표하는 의회가 다 같이 이 계획을 승인했다는 사실은, 유럽에서의 논쟁이 동물의 이익을 진지하게 고려하는 방향으로 얼마나 크게 선회했는지 보여주는 징후다.[123]

유럽에서 동물실험을 정치 이슈화하기까지는 수년간의 피나는 노력이 필요했다. 다행스럽게도 오늘날 여러 국가에서 이런 일이 일어나기 시작했다. 이들 국가의 정치 감각이 있는 동물권 옹호자들(이들 중 일부는 국회에 대표를 두고 있다)은 좌우, 중립을 막론한 주요 정당에 동물복지 개선 정책을 개발하도록 압력을 가할 수 있을 만큼 많은 추종자를 확보하고 있다. 이에 따라 주요 정당들은 선거 캠페인을 벌일 때 유권자의 관심을 끌 수 있는 구체적인 공약을 제시할 필요성을 느끼게 된다.

실험실에서 벌어지는 동물 착취는 종차별주의라는 빙산의 일각이며, 종차별주의 자체가 없어지지 않는 한 완전히 사라지지 않을 것이다. 하지만 언젠가 우리 후손들은 우리 시대의 실험실에서 어떤 일이 벌어졌는지에 대한 글을 읽으면서 다른 측면에서는 문명인이 그런 짓을 했다는 사실에 혐오감과 놀라움을 느낄 것이다. 그들은 로마 검투사 시합장에서 있었던 잔혹 행위나 18세기 노예무역에 대한 글을 접했을 때 우리가 느끼는 것과 동일한 느낌을 가질 것이다.

3장

공장식 축산업계에서 벌어지는 일들

당신의 저녁 식사가 아직 동물이었을 때 어떤 일을 겪었을까

미국의 수의사들이 어떻게 고의로 실내 온도를 높여서 돼지 24만 3,016마리를 죽였는가

2021년 8월, 다섯 명의 수의사가 미국 『수의학협회저널Journal of the American Veterinary Medical Association』에 논문을 실었다. 논문에서 수의사들은 2020년 4~6월에 미국 중서부의 여러 주에서 데려온 돼지 24만 3,016마리를 어떻게 죽일 계획을 세우고 또한 지시를 내렸는지를 차트와 표를 곁들여 차분하고 명확한 언어로 서술했다. 그들은 이런 목적을 위해 특별 개조한 밀폐된 축사로 돼지를 수송할 계획을 세웠고, 작업자들은 성체 돼지 약 1,500마리와 새끼 돼지 3,700마리로 집단을 나눠 축사에 따로 가뒀다. 그런 다음 작업 팀은 환기창을 닫고 히터와 증기 발생기를 사용하여 축사 내부 온도를 54℃ 이

상으로 올리고, 습도를 최소 90%로 유지했는데, 어떤 때는 온도가 76.7℃까지 올라가기도 했다. 수의사들은 돼지를 축사에 가두는 순간부터 원하는 온도에 도달할 때까지의 시간, 그리고 그로부터 '침묵의 시간', 다시 말해 돼지가 더 이상 소리를 지르거나 움직이지 않을 때까지 걸리는 시간을 기록했다. 그들은 돼지를 수용한 대부분의 축사 내부 온도가 54℃에 이르기까지 대략 30분이 걸렸고, 그때부터 돼지가 침묵을 지키거나 움직이지 않을 때까지 65분이 더 걸렸다고 보고했다(이 하나의 과정이 처음부터 끝까지 마무리되는 데는 2.5시간 이상 걸렸다). 새끼 돼지는 약간 더 빨리 죽었다. 수의사들은 모든 돼지가 죽을 때까지 이 절차를 138번 진행했다.[1]

수의사의 지시로 죽은 돼지는 모두 아이오와 주의 최대 돼지 생산자인 아이오와 실렉트 팜스Iowa Select Farms 소유였지만, 미국의 다른 주요 생산업체도 유사한 방식으로 돼지를 죽였다. 수의사들의 추산에 따르면 그들은 2020년 한 해 동안 미국에서 100만 마리의 돼지 "개체수를 줄였다depopulated"(이 단어는 그들이 사용하는 완곡한 표현을 빌린 것이다). 당신은 왜 이 동물들을 고온 상태에서 한꺼번에 죽였느냐고 물을 수 있다. 그 일이 있던 당시 평소 생산업자들이 사육한 돼지를 받던 도축장이 코로나 19 팬데믹으로 문을 닫았다. 수의사들은 도축장이 다시 문을 열 때까지 돼지를 도축하거나 수용해둘 다른 장소가 없었다고 말했다(수의사들은 이를 돼지가 "수용 한계를 초과한 축사에 있었다"고 표현했다). 또한 그들은 가령 이산화탄소를 사용하는 등 열사병을 유발하는 것보다 더 빨리 죽음에 이르게 하는 다른 안락사 방법도 없었다고 말했다.

코로나 19 팬데믹을 경험해본 사람이라면 누구나 그 당시 공급망에 문제가 있었다는 사실을 잘 알고 있을 것이다. 하지만 여기서 우리가 관심을 갖는 산업계는 화장지가 아니라 쾌고감수능력이 있는 동물을 생산한다. 동물의 삶과 죽음이 생산자의 손에 달려 있을 경우 생산자는 동물과 관련된 모든 문제에 전적으로 책임을 져야 한다. 유달리 심한 폭풍우 속에서 유람선이 침몰했고 선주가 구명보트를 제공하지 않아 승객이 전원 익사한 경우를 생각해보자. 이때 선주는 매우 심한 폭풍우를 예상하지 못했다는 이유로 책임을 면할 수 없을 것이다. 마찬가지로 동물 수십만 마리를 사육하는 생산자가 무언가 잘못될 가능성에 대비하지 않은 것은 잘못이다. 또한 돼지를 수용할 대체 사육장이건 돼지를 도축하는 인도적인 방법이건, 문제에 대비할 훈련된 직원, 장비, 자재 등을 갖추지 않은 것도 잘못이다. 이 돼지들에게 일어난 일을 통해 우리는 오늘날 동물 생산의 기초를 이루는 동물에 대한 우리의 태도를 조명해볼 수 있다. 이 장에서 살펴보겠지만 공장식 농장을 운영하는 기업은 코로나 19 팬데믹 이전에도, 도축장이 정상적으로 가동되던 팬데믹 이후에도 동물 수백만 마리를 고온 상태에서 도살했다. 비상사태에 대한 대비 없이 동물을 생산하는 산업계는 몇몇 경우를 통해 자신들이 생산하는 쾌고감수능력이 있는 존재의 복리에 사실상 별 관심이 없음을 보여주었다.

집약적 동물 생산

대부분의 사람들, 특히 오늘날 도시와 교외에 사는 사람들이 가장 직접적으로 인간 아닌 동물과 접촉하는 때는 식사 시간이다. 즉 우리는 동물을 먹음으로써 그들과 접촉하는 것이다. 이 단순한 사실은 다른 동물에 대한 우리의 태도를 보여주는 실마리이며, 이 태도를 바꾸기 위해 각자가 할 수 있는 일을 확인해볼 단서가 될 수 있다. 식용으로 사육되는 동물의 사용과 학대는 관련 동물의 수만 따져봐도 다른 종류의 학대를 크게 앞선다. 매년 미국에서만 소 3,400만 마리, 돼지 1억 2,800만 마리, 양 200만 마리, 오리 2,300만 마리, 칠면조 2억 1,600만 마리, 닭 93억 마리를 모두 합쳐 총 97억 마리의 육상 척추동물이 식용으로 도축된다.[2] 물론 전 세계에서 사용되는 동물의 수는 이보다 훨씬 많다. 유엔 식량농업기구Food and Agriculture Organization, FAO는 매년 830억 마리 이상의 조류와 포유류가 식용으로 도축된다고 추정한다.[3] 이 책 한 페이지를 읽는 데 2분이 걸린다면, 그 시간 동안 대략 31만 6,000마리의 쾌고감수능력이 있는 개별 존재가 도축되는 것이다.

우리가 다른 종에 대한 전대미문의 대규모 착취를 직접 접하게 되는 곳은 바로 이곳, 다시 말해 우리의 저녁 식탁이나 동네 마트다. 대개 우리는 우리가 먹는 음식 뒤에 가려진 생명체에 대한 학대에 무지하다. 가게나 식당에서 음식을 사먹는 것은 긴 학대 과정의 종착점이며, 최종 제품을 제외한 모든 과정은 교묘하게 감추어져 있다. 우리는 깔끔한 비닐 포장재에 담긴 고기와 가금류를 구입한다. 이

상태에서 동물이 피를 흘리는 일은 없다. 때문에 비닐 포장재에 담긴 고기를 보면서 살아 숨 쉬고 걷고 고통 받는 동물을 떠올리기는 쉽지 않다. 적어도 우리가 사용하는 대형 포유류 고기를 지칭하는 단어는 그 고기의 출처를 은폐한다. 우리는 닭고기나 생선을 먹을 때 그 본질을 굳이 숨기려 하지 않는다. 하지만 몇 가지 이유에서 가령 '양 다리leg of lamb'라고 할 때 그 본질을 쉽게 파악할 수 있음에도 우리는 좀처럼 그렇게 하지 않는다. 그리하여 소고기beef를 먹는다고 하지 황소bull, 거세 황소steer, 암소cow를 먹는다고 하지 않으며, 돼지고기pork를 먹는다고 하지 돼지pig를 먹는다고 하지 않는다. '미트meat'라는 단어는 그 자체로 기만적이다. '미트'는 원래 모든 고형固形 음식을 지칭하는 단어로, 반드시 동물의 고기만을 뜻하지 않았다. 그러다 14세기에 와서야 비로소 그때까지 '살코기flesh-meat'라고 불리던 것에 흔히 사용되었다. 다음 한 세기 동안 채소는 여전히 '그린 미트green-meat'로 불렸고, 일부 유제품은 '화이트 미트white-meat'로 불렸다. 흥미롭게도 프랑스어로 고기를 뜻하는 비앙드viande는 원래 '음식'을 의미했지만 이 또한 시간이 흐르면서 식용으로 쓰이는 동물의 살에만 제한적으로 사용되었다.[4] 우리는 더 일반적인 의미의 '미트'를 사용함으로써 우리가 먹는 것이 실제로 동물의 '살'이라는 것을 회피한다. 현재 여러 나라의 육류업계는 죽은 동물에서 나오지 않은 고기에는 '미트'라는 라벨을 붙이지 못하게 하려 한다. 그런데 더 정확성을 기하려면 자신들이 생산한 제품은 '살코기flesh meat'로 광고하고, 다른 형태의 고기는 '식물성 고기plant-meat'나 '배양육cultured-meat'이라는 라벨을 붙여야 할 것이다.

이런 언어적 위장은 우리가 동물 음식이 어디서, 어떻게 왔는지를 심층적으로 파악하지 못하는 극히 일부 이유에 지나지 않는다. '농장'이라는 단어를 들었을 때 어떤 이미지가 떠오르는지 생각해보라. 농가, 외양간, 뜰을 파헤치는 암탉, 으스대며 암탉을 지켜보는 수탉, 젖을 짜기 위해 들판에서 되돌아오는 암소, 과수원에서 코로 땅을 파헤치며 먹을 것을 찾는 암퇘지, 그 뒤를 활기차게 쫓아다니며 꽥꽥거리는 새끼 돼지의 모습이 떠오를 것이다.

이처럼 전통적인 이미지에 부합하는 목가적인 농장은 별로 없었다. 그럼에도 전통적인 농장은 적어도 심미적인 즐거움을 줬고, 이윤을 추구하는 산업형 도시 생활 방식과는 거리가 멀었다. 1975년 이 책의 초판이 출간되었을 때만 해도, 현대적인 동물 사육 방식에 대해 많이 아는 사람은 별로 없었다. 당시 사람들은 야생동물이 생존을 위한 투쟁에서 견뎌야 할 고난을 농장 동물은 겪지 않으며, 동물이 누릴 수 있는 자연스런 즐거움을 누린다고 생각했다. 24살이 될 때까지 나 또한 이렇게 생각했다.

최근 들어 이런 안일한 가정이 현대 농업의 현실과 별로 관련이 없다는 사실을 인식하는 사람이 점차 많아지고 있다. 대체로 보았을 때, 영농은 더 이상 독립 농가가 맡아서 하는 일이 아니다. 지난 70년간 대기업과 조립 생산 라인 방식이 도입되면서 영농agriculture은 기업식 영농agribusiness으로 전환되었다. 오늘날 미국에서는 4대 대기업이 가금류 산업의 54%를 점유하고 있으며, 돼지고기는 상위 4개 기업이 시장의 70%를 장악하고 있다. 또한 소고기는 가장 큰 4개 기업이 시장의 85%를 점유하고 있다.[5] 달걀 생산업계의 경우 1세기 전

대규모 생산자가 소유했던 산란계 수는 3,000마리 정도였지만 오늘날에는 고작 67개에 불과한 생산업체가 미국 전체 달걀의 거의 90%를 생산한다. 각 생산업체는 50만 마리 이상의 산란계를 사육하며, 이 중 가장 큰 생산업체는 800만~4,700만 마리를 소유한다.[6] 대기업, 그리고 이들과 경쟁해야 하는 기업은 동물, 식물, 자연의 조화에는 관심이 없다. 동물 제품 생산 분야는 경쟁이 치열하므로 비용을 절감하고 생산량을 늘리는 방법을 택하기 마련이다. 하청업체에 요구 조건을 제시하는 것은 거대 기업이므로, 파산하지 않으려면 선택의 여지가 별로 없다.[7] 동물 생산은 공장식 영농으로 널리 알려진 산업 공정이 되었다. 여기서 동물은 저가의 사료를 더 수익성 있는 고기로 전환해주는 기계로 취급되며, 생산자는 전환율이 더 저렴하다면 아무리 파격적이라도 그 방법을 쓸 것이다. 이 장의 대부분은 이 방법을, 그리고 이 방법을 동물에게 적용했을 때 어떤 의미를 갖는지 설명하고 있다.

거듭 말하지만, 내 의도는 이런 일을 하는 사람이 유달리 잔인하고 사악하다고 말하려는 것이 아니다. 내가 설명하려는 영농법은 이 책의 다른 곳에서 언급한 지배적인 태도와 편견을 현실에 적용한 것에 지나지 않는다. 일단 인간 아닌 동물을 우리의 도덕적 고려의 범위 밖에 두고, 그들을 우리의 욕구를 충족시키는 데 사용하는 물건처럼 다루면 어떤 결과가 나타날지 예측할 수 있을 것이다. 영국의 집약적 영농법을 선구적으로 폭로한 『동물 기계*Animal Machines*』의 저자 루스 해리슨Ruth Harrison은 다음과 같이 적절하게 이 영농법의 특징을 정리했다. "잔인함을 인정하는 경우는 오직 더 이상 수익이 나지 않을 경우에 한한다."[8] 앞으로 읽어나갈 부분에서 여러 사례를 통해 입증되겠지만, 동물의 복지는 오직 그들의 상황이 나빠져서 수익이 감소될 경우에만 중요한 것으로 간주된다.

수익성 있는 동물 생산 시스템을 운영하는 것과 동물에게 엄청난 양의 고통을 주는 일은 양립 가능하며, 경쟁이 치열한 시장에서는 심지어 이런 고통이 필요하다고 여겨지는 경우도 있다. 특히 미국에서는 산업형 동물 생산자들이 농장 동물의 환경을 개선하려는 법안을 무력화시키기 위해 막대한 자금을 쏟아부으면서 변화에 가능한 한 강경하게 저항해왔다. 그들은 투표에서 패하면 법안을 저지하기 위해 법원에 소송을 제기한다.[9]

설명을 되도록 객관화하기 위해 나는 농장과 농장의 상황에 대한 개인적인 관찰에 바탕을 두고 이어지는 내용을 서술하고 있지 않다. 대신 이어지는 내용은, 전부는 아니지만 주로 영농산업에 가장 우호적이라고 판단되는 출처(영농산업 자체 웹사이트, 잡지, 업계지 등)에서 인용했고, 동물 생산 관련 분야 전문 과학자의 심사를 거친 연구로 보완했다.

기업식 영농법으로 생산한 닭

비교적 자연에 가까운 전통 농장의 환경을 가장 먼저 빼앗긴 동물은 닭이었다. 인간은 고기와 달걀이라는 두 가지 형태로 닭을 이용한다. 현재는 이 두 제품을 얻기 위한 표준적인 대량 생산 기술이 도입돼 있다. 기업식 영농 진흥인들은 양계업의 발전을 가장 성공한 축산 사례의 하나로 꼽는다. 제2차 세계대전이 끝날 무렵까지만 해도 닭고기가 식탁에 올라오는 경우는 그리 흔치 않았다. 닭고기는 주로 소규모 자영농이 생산한 것이거나, 암탉이 낳았지만 아무 쓸모가 없는 수탉이었다. 오늘날 미국에서는 매년 80억 마리 이상의 '육계 broiler(식용으로 사육되는 어린 닭을 이렇게 부른다)'가 도축된다.[10] 이 새는 각기 뚜렷한 개성을 지닌 사회적 동물이다. 닭 무리가 여전히 소규모이고, 농부가 자신의 닭을 개별적으로 알고 있던 시절, 동물 행동 과학의 선구자인 콘라트 로렌츠Konrad Lorenz는 이렇게 말했다.

> 닭들이 서로 알아보는가? 물론 그렇다……. 모든 가금류 사육자는…… 닭들 사이에 분명한 서열이 있고, 각각 자신보다 서열이 높은 닭을 무서워한다는 사실을 잘 알고 있다. 반드시 거친 싸움일 필요는 없고 가벼운 다툼을 벌인 뒤에 닭들은 각각 누구를 두려워해야 하고, 누가 자신에게 존경을 표해야 하는지 알게 된다. 육체적인 힘 외에 용기, 활기, 심지어 자신감도 '쪼는 순서'를 유지하는 데 결정적인 역할을 한다.[11]

실내 감금은 농가의 뜰에서 자유롭게 뛰어다니던 닭이 공장의 제조품으로 전락하게 된 결정적 단계였다. 일반적으로 생산자는 가금류 대기업과 계약을 맺는데, 기업은 병아리 사료와 사육 방법에 대한 지침과 더불어, 부화장에서 태어난 지 하루 된 5만 마리 혹은 그 이상의 병아리를 생산자에게 배송한다. 생산자는 창문이 없는 거대한 닭장 당 2만~3만 마리의 병아리를 수용한다. 이 병아리들은 왕성한 식욕으로 신속하게 자라도록 선택적으로 사육된다. 닭장 내부에서는 닭이 적은 사료로 더 빨리 자라도록 모든 환경이 통제된다. 사료와 물은 자동 공급되고, 조명은 농업 연구원의 조언에 따라 조정된다. 예를 들어 병아리가 닭장에 수용된 처음 한두 주는 체중을 빨리 불리기 위해 하루 23시간, 심지어 24시간 내내 조명을 밝게 켜놓는다. 그런 다음 오랜 어둠의 기간을 갖는데, 이 시간은 하루 최대 6시간에 이른다. 닭이 성장하여 공간이 더 과밀해지면 조명을 계속 어둑하게 유지하여 과밀 사육으로 생길 수 있는 공격성을 낮춘다. 닭을 한곳에 모아 도축장으로 보내기 전에는 어둠의 기간이 또다시 줄어드는데, 사료를 더 많이 먹게 하여 체중을 불리기 위해서다.[12]

육계는 생후 5~7주 사이에 도축되는데, 작은 닭을 선호하는 유럽에서는 대개 5주에 가깝고, 미국에서는 7주에 가깝다[13](닭의 자연 수명은 약 7년이다). 이 짧은 생의 마지막에 닭의 무게는 평균 3kg에 못 미치는데, 그럼에도 닭이 태어난 지 7주 미만임을 감안한다면 놀라운 성장 속도다. 1925년에는 평균적인 닭의 무게가 1kg 정도 되려면 16주가 걸렸다.[14] 닭이 자라 더 많은 공간을 차지하게 되면서 닭장은 더 혼잡해지는데, 결국 닭 한 마리당 465cm², 즉 표준적인 타이핑 용지 한 장의 면적보다 작은 공간을 차지하는 데까지 이르게 된다(A4용지의 표준 규격은 210×297mm로 면적은 약 623.7cm²이다−옮긴이).

미국 양계협회National Chicken Council는 닭 한 마리당 650cm²를 권장하지만, 협회의 권장 사항은 법적 구속력이 없는, 말 그대로 권장 사항일 뿐이다. 심지어 최대 사육 밀도를 법적으로 제약하는 국가에서도 생산자는 이 제한을 초과할 수 있다. 사육 밀도가 생산성에 미치는 영향을 조사한 캐나다의 한 연구를 보면 캐나다의 최대 사육 밀도는 m²당 38kg이다. 하지만 사육 밀도 연구를 기꺼이 허용한 상업적 생산자(그러니까 은밀하게 시설을 운영하는 불량 생산자가 아니라 외부 연구자를 환영하는)의 사육 밀도는 m²당 41kg 이상이거나, 닭 한 마리당 465cm²를 겨우 넘기도 했다."[15] 유럽연합에서도 사육 밀도를 법적으로 규제하지만 무게가 2kg인 닭을 m²당 25마리까지 수용하도록 허용한다.[16] 높은 사육 밀도는 더 많은 수익을 뜻한다. 관련 업계 매뉴얼에는 이렇게 적혀 있다. "바닥 면적을 제한하면 닭 한 마리당 수익률이 낮아진다. 그럼에도 '투자 수익을 극대화하기 위해 닭 한 마리당 필요한 최소한의 바닥 면적은 어느 정도인가?'라는 문제는 늘 제기되어 왔고, 앞으로도 그럴 것이다."[17]

아마도 닭장에 들어갔을 때 가장 먼저 느껴지는 것은 매우 심한 악취일 것이다. 그리고 얼마 있지 않아 당신은 이것이 단순히 무해한 악취가 아님을 깨닫게 된다. 실내 공기가 눈을 따갑게 하여 눈물이 나고 숨 쉴 때 폐가 타는 듯한 느낌이 나기 시작한다.[18] 그 원흉은 닭의 배설물에서 배출되는 암모니아다. 대개 배설물은 바닥의 깔짚에 쌓여 있어도 별다른 제재를 받지 않는다. 이에 따라 배설물은 한 무리의 닭이 그곳에 머무는 6~7주가 아니라 보통 여러 해 동안 그곳에 방치되기도 한다. 새 깔짚을 구입하는 데 드는 비용과 오래된 깔짚을 처리하는 데 드는 비용을 줄이기 위해서다. 조지아대학교의 가금류 과학자들에 따르면 "수많은 가금류 회사와 육계 생산업체가 1년, 2년, 심지어 그 이상의 생산 기간 내내 깔짚을 재사용하는 관행을 채택해왔다." 그들은 이것이 사실상 "업계의 표준이 되었다"라는 말을 덧붙였다. 미국 환경보호국은 인간의 대기 중 암모니아 노출 최대 수준을 35ppm에서 15분, 25ppm에서 최대 8시간으로 설정해놓고 있다. 하지만 조지아대학교 과학자들에 따르면 닭은 닭장에 갇힌 채 평생 매일 50~110ppm 수준의 공기 속에서 살아간다. 닭은 공기 중 암모니아를 들이마심으로써 만성 호흡기 질환에 시달린다. 암모니아는 부식성이 있기도 한데, 때문에 수분을 흡수한 깔짚 위에서 휴식을 취하다 보면 다리 관절 부위에 궤양이 생기고 가슴에 물집이 생긴다. 최고 수준에 노출될 경우 닭은 눈이 멀 수도 있다.[19]

과거에는 닭이 병에 걸리거나 상처를 입으면 주인이 돌봐주거나 필요한 경우 신속하게 죽이기도 했다. 오늘날에는 한 사람이 수만 마리, 심지어 수십만 마리의 닭을 돌본다. 한 사람이 이렇게 많은 닭을 돌볼 경우, 사실상 거기에는 '돌봄'이라는 것이 존재하지 않는다. 1970년 미국 농무부 장관은 열정적인 어조로 당시 실내에서 닭을 사육하는 새로운 방법으로 한 사람이 어떻게 6만~7만 5,000마리의 닭을 '돌볼 수' 있게 되었는지에 대한 글을 썼다.[20] 이처럼 말도 안 되게 많은 닭을 '돌본다'는 발상은 지금도 여전히 통용되고 있다.

2018년 오하이오 주에서 발간하는 영농 신문 『영농과 낙농Farm and Dairy』에 「동물복지」라는 제목으로 실린 한 기사에는 한나 맘스버리Hannah Malmsberry가 10만 마리 이상의 닭을 '사육한다'는 내용이 나온다. 그녀가 닭을 한 마리 한 마리 살피지 않는 것은 분명하다. 닭 한 마리를 살피는 데 하루에 1초씩만 할애해도 총 24시간 이상이 걸리기 때문이다.[21] 조지아대학교 가금류 과학자들은 현대식 닭장에

필요한 노동력이 1,000마리당 4~6분이며, 이는 한 마리당 약 1/3초에 해당한다고 밝혔다.[22]

『영농과 낙농』의 기사는 한나 맘스버리의 주요 업무 중 하나가 출하 체중에 도달하는 45일까지 살아남지 못한 3~4%의 닭 사체를 치우는 일임을 확인시켜 주었다. 즉 죽는 닭이 3,000~4,000마리이고 매일 77마리가 죽는다는 말인데, 그럼에도 이는 2021년 업계 전체 평균 폐사율인 5.3%보다 여전히 나은 수치다.[23] 공식 통계에 따르면 그해 미국에서 도축된 닭의 수는 최소 9,210,889,000마리였다.[24] 그러니까 생산자가 최소 9,726,387,539마리 닭으로 사육을 시작했고, 그중 5억 마리 이상이 생후 첫 7주 이내에 죽었다는 말이다.

육계 사육장의 닭은 빠른 성장 속도와 관련된 여러 질병으로 쓰러진다. 한 폐사 원인으로 지목되는 질병은 '돌연사 증후군', '뒤집어지는 질병Flip-over Disease', '양호한 상태에서의 폐사Dead in Good Condition' 등 다양한 이름으로 알려져 있다. 수의학 매뉴얼에 나와 있는 것처럼, 질병에 걸린 새는 "손을 쓸 수 없이 짧게, 날개를 퍼덕이는 경련을 일으키다 갑자기 죽는다." 질병에 걸린 다수의 육계는 그냥 "몸이 뒤집어져 바닥에 등을 대고 죽는다."[25] 이런 현상이 얼마나 흔하게 일어나는지는 육계 사육장의 환경과 닭이 어느 정도 압박감을 느끼는지에 따라 다르지만, 한 연구는 육계에서 이러한 질병 발생률이 0.5~9.62%에 이른다는 사실을 밝혀냈다. 생산자 입장에서는 닭을 빨리 성장시키는 것이 종합적으로 따져볼 때 이익인데, 때문에 그들은 닭의 체중 증가 속도를 늦추기보다 폐사율을 감수하는 편을 택하려 한다.[26]

아칸소대학교 연구원들은 인간의 아기가 오늘날의 닭과 같은 속도로 성장하면, 생후 2개월 만에 300kg에 이를 것이라고 지적했다![27] 이 정도의 성장률은 동물복지의 관점에서 볼 때 급사보다 더 우려되는 다른 문제로 이어진다. 사실 육계 사육장에서 일찍 삶을 마감하는 닭은 정말 운이 좋다고 할 수 있다. 그들은 한꺼번에 트럭에 가득 욱여넣어진 채 도축장으로 향하는 트라우마를 겪지 않아도 되기 때문이다. 이들보다 운이 나쁜 닭들은 빠른 성장 속도로 인해 직접적이고 지속적으로 고통을 겪는 닭들이다. 이런 고통을 겪는 가장 뚜렷한 이유는 닭의 미성숙한 다리뼈가 체중을 지탱하기 어렵기 때문이다. 이미 1990년대 초에 이루어진 한 연구 결과에 따르면 육계 중 90%가 다리에 확연한 문제가 있었고, 26%는 뼈 질환으로 인한 만성 고통에 시달렸다. 연구자들은 이 문제들을 신속한 성장을 위한 유전적 선택과 연결시켰는데, 이러한 선택이 지난 30년간 계속되면서 닭의 성장은 오늘날 더 빨라졌다.[28] 농장 동물 복리 분야에서 가장 존경받는 전문가인 브리스틀대학교 수의과 대학의 존 웹스터 John Webster 교수는 다음과 같이 말했다. "육계는 일생의 마지막 20% 동안 만성 고통에 시달리며 살아가는 유일한 가축이다. 그들이 돌아다니지 않는 이유는 좁은 공간에 과도하게 수용되어 있어서가 아니라 관절이 너무 아파서다."[29] 닭이 앉아서 고통을 피해보려 할 수도 있겠지만, 앞서 살펴본 것처럼 부식성이 강해 몸에 염증을 일으킬 수 있는 암모니아가 가득한 깔짚 외에는 앉을 곳이 없다. 그들이 처한 상황은 관절염이 있어서 하루 종일 서 있을 수밖에 없는 사람의 상황과 흡사하다. 웹스터는 현대의 집약적 닭 생산 방식을 "규모

면에서나 가혹함이라는 측면에서 인간이 쾌고감수능력을 가진 다른 동물에게 가하는 가장 심각하면서 체계적으로 자행되는 비인간적인 사례"[30]라고 서술했다.

웹스터가 말하고 있는 고통은 집약적 닭 생산 시스템에서 사육되면서 겪는 닭의 고통이다. 하지만 잠복 조사원이 촬영한 영상을 보면 닭의 생사를 완전히 장악하고 있는 사람들이 냉담한 태도를 보임으로써 닭이 고통을 더 심하게 느끼게 되는 경우도 있다. 가령 2014년 동물보호 단체 '도살에도 자비를Compassion Over Killing'에서 일했던 한 조사원은 노스캐롤라이나의 한 생산업체에 잠입했는데, 이 업체는 미국 최대 브랜드의 하나인 필그림스 프라이드Pilgrim's Pride를 위해 닭을 사육하던 업체였다. 잠입해서 찍은 영상에는 살아 있지만 병들었거나 장애가 생긴 닭을 끄집어내서 플라스틱 양동이에 던져 넣는 장면이 나온다. 작업자는 양동이가 가득 차면 밖으로 가지고 나가 해치에 털어서 비워버린다. 한 작업자가 이렇게 설명한다. "밖에 구덩이가 있어요. 깊은 골짜기같이 생겼고, 출입구처럼 그 위에 깔판이 있어요. 우리가 닭을 그곳에 버리면 나머지는 대자연이 돌봐줍니다." 그는 웃으며 이렇게 덧붙인다. "저 아래를 보면 꼭 그레이비소스처럼 부글거리고 꿈틀거리죠." 영상은 한 작업자가 닭이 여전히 걸을 수 있고 날개를 퍼덕일 수 있는데도 해치를 닫아버리는 모습을 보여준다. 조사원이 "이 닭은 아직 살아 있는데 때려서 죽여야 하나요?"라고 묻자 작업자가 이렇게 답한다. "아니요. 그냥 그대로 구덩이에 떨어뜨릴 겁니다." 이어서 그는 목을 비틀어 죽일 수도 있다고 하면서 다음과 같이 덧붙인다. "그러니까 내 말은 양동이가 여러 개 있으면 하루 종일 여기에 서서…… [그는 손으로 목을 비트는 동작을 해 보이며 어깨를 으쓱이고 말을 이어간다] 그렇게 해야 하겠지만…….”

물론 필그림스 프라이드는 이 사실을 알고 난 뒤 이 생산업체와 거래를 끊었다고 말했을 것이다. 하지만 용감한 잠복 조사원이 폭로하기 전까지 이런 관행이 얼마나 오래 지속되었는지, 또 얼마나 많은 다른 생산업체가 장애를 가진 닭을 똑같이 잔인한 방식으로 처리했는지 알 수 없다. 연간 310억 달러 규모의 닭고기업계도 이를 확인해 보려 하지 않는다. 대신 그들은 소유주의 허락 없이 농업 자산의 사진이나 영상을 촬영하는 것을 범죄로 규정하는 '어그 개그ag-gag'법을 통과시키려고 로비를 벌인다.[31]

주요 브랜드에 납품하기 위해 생산되는 닭에게 가하는 소름 끼치는 고통이 폭로될 때마다 해당 브랜드를 소유한 회사는 그런 학대를 방지할 강력한 조치를 취하겠다고 말한다. 그럼에도 우리는 이런 학대가 계속 반복되는 모습을 목도한다. 그리고 예상대로 내가 이 장을 수정하던 2022년 2월, 또 다른 영상물이 공개되었다. 이번에는 유럽에서 네 번째로 큰 생산업체인 AIA에 닭을 공급하는 이탈리아의 한 시설을 촬영한 것이다. 영상에서 가장 눈에 띄는 장면은 수많은 닭이 기형이어서 걷지 못하거나 물통에 이르지 못하는 모습이다. 이들은 바닥에 누워 속수무책으로 뒹굴거나 움직이려 발버둥 치지만, 깔짚 위에서 원을 그리면서 빙글빙글 돌기만 하고 있다. 스페인의 동물보호 단체 '이퀄리아Equalia'가 '영국 휴메인 리그The Humane League UK'와 협력하여 발표한 조사 관련 성명에 따르면, 영상에서 확인되는 수많은 문제는 업계에서 '생산병production diseases'이라고 부르는 것과 관련된다. 그들의 지적에 따르면 업계에서는 이러한 질병에 걸리는 것이 식욕이 왕성하고 최대한 빨리 살이 찌도록 유전적으로 선택된 닭이 으레 겪어야 하는 과정이므로 어떻게든 정당화된다고 생각한다.[32]

영상에 나오는 닭들 중 일부는 척추전방전위증spondylolisthesis으로 고통 받고 있었을지 모른다. 업계에서 흔히 '굽은 등kinky back' 현상으로 더욱 널리 알려져 있는 이 증상은 '유전적 배경과 성장률'의 영향을 받는 것으로 알려져 있다. 한 주요 수의학 매뉴얼에서는 이런 닭이 "걸을 수 없고, 사료와 물에 접근할 수 없으며, 굶주림이나 탈수로 죽을 것이기 때문에" 도살할 것을 권한다.[33] 하지만 앞서 살펴본 것처럼 한 사람이 닭 10만 마리를 관리할 책임을 진다면(게다가 그는 암모니아로 가득한 축사 내부에서 오래 머물고 싶어 하지 않을 것이다), 이 닭들은 고난에서 벗어나기보다 서서히 죽음을 맞이할 가능성이 크다.

공장식 축산 옹호자들은 가금류나 가축이 행복하지 않으면 발육이 더뎌 수익성도 떨어질 것이라고 말한다. 육계 산업의 암울한 현실은 이런 순진한 신화가 확실하게 반박됨을 보여준다. 닭의 고통을 멈추는 방법은 누구나 알고 있지만, 그런 방법을 써야 수익이 나기 **때문에** 계속되는 것이다. 닭 한 마리가 도축장에 가기 전에 죽으면 생산자는 그만큼 비용이 발생한다. 하지만 최종적인 수익은 각 육계 무리에서 생산되는 판매 가능한 제품이 얼마나 되는지에 좌우된다. 아칸소대학교 연구자들은 천천히 자라면서 폐사율은 낮은 품종의 육계를 사육할 경우 생산자가 돈을 더 벌 수 있는지 조사했다. 그들은 이런 방식으로 사육했을 때 드는 비용이 정확히 얼마인가에 따라 답이 달라진다는 것을 알아냈지만, 대체로 "무게를 신속하게 늘리면서 폐사율을 무시하는 편이 더 낫다"고 결론을 내렸다.[34]

빠른 성장을 목표로 한 사육 방식으로 고통 받는 것은 식용으로 판매되는 영계만이 아니다. 마트에서 판매되는 닭의 부모를 업계에서는 '종계種鷄'라고 부른다. 물론 이들은 자손에게서 왕성한 식욕과 사료를 신체질량으로 전환하는 능력을 부여하는 유전자가 발현되도록 개량되었다. 방금 살펴본 것처럼, 이로 인해 이들에게서 태어난, 식용으로 사육되는 영계의 다리에 다양한 문제가 발생한다. 하지만 영계는 만성적인 다리 통증을 겪으면서도 대부분 생후 6~7주가 지나 도축될 때까지 살아남는다. 이들이 도축되지 않고 원하는 만큼 사료를 전부 먹을 경우 체중이 더 늘어나면서 매주 죽는 닭의 수도 늘어날 것이다. 어쨌거나 성장 속도와 무관하게 닭은 생후 18~20주가 될 때까지는 번식을 할 수 없는데, 일단 이 시기에 도달하면 생산자는 닭이 가능한 한 오래 계속 번식하길 원한다. 그런데 원하는 만큼 먹게 할 경우 닭이 성적으로 성숙되기 전에 죽을 수 있으며, 성적으로 성숙해진다 해도 너무 살이 쪄서 짝짓기가 불가능할 것이다. 육계 산업에서는 이 문제를 해결하는 독특한 방법이 있다. 부모 역할을 할 이러한 닭에게 마음껏 먹이를 먹을 수 있는 경우보다 60~80% 먹이를 적게 주는 것이다.[35]

한 기사는 고속 성장 닭의 유전적 부모에게 사료를 주는 문제를 다뤘는데, 이 기사에서 조지아대학교 가금류 전문가들은 미국에서 종계 사육자가 어떻게 '하루 굶기기Skip-a-Day, SAD 사료 공급 프로그램'을 활용하고 있는지를 설명하고 있다. 하루 굶기기란 닭에게 이틀에

한 번씩만 사료를 주는 프로그램이다.[36] 캐나다 과학자들은 이 사료 공급법의 효과를 다루는 여러 연구를 요약하고 있는데, 요약된 내용은 '하루 굶기기'의 영어 약어인 SAD('슬픈'이라는 뜻)가 적절한 용어 선택임을 보여준다. SAD 공급법으로 사료를 먹는 닭은 빈 모이통을 쪼는 데 25%의 시간을 소모한다. 그들은 나무 부스러기와 깃털처럼 소화할 수 없는 물질로 이루어진 깔짚을 먹기도 한다. 충족되지 못한 그들의 너무 강한 식욕은 자칫 연구자들이 "자기 자신, 다른 어린 닭, 장비, 여러 대상으로 방향이 전환된 구강 행동"[37]이라고 설명하는 행동이나 공격 행동으로 이어질 수 있다. 달리 말해, 이 닭들은 너무 배가 고파 무엇이든 먹으려 하는 것이다.

2017년 관련업계의 한 단체인 미국 양계협회는 「협회 양계 사육자를 위한 동물복지 지침 및 감사 체크리스트」[38]라는 제목의 문서를 웹사이트에 게시했다. 「영양과 사료 공급」이라는 제목의 글에는 다음과 같은 내용이 명시돼 있다. "(생산 혹은 건강과 관련된 이유로) 체중 증가율을 조정할 수 있다. 골격 크기, 체성분과 체중 증가를 적절히 유지하기 위해 사료 섭취량을 조절할 수 있다." 지침에 "사료 조절 프로그램이 물의 과다 소비를 초래하여 양계의 복지에 부정적인 영향을 미칠 수 있다"고 나와 있는 것을 보면 협회가 사료 조절의 부정적인 영향을 모르는 것이 아님을 알 수 있다. 하지만 '허용되는' 해결책이란 사료를 더 많이 제공하는 것이 아니라 물 섭취량까지도 제한하는 것이다. 만약 이 지침이 실제로 닭의 복지에 관심을 두고 작성된 것이라면 아마 이렇게 권했을 것이다. "유전적 부모가 평생 굶주리지 않으면서 성적으로 성숙하여 번식할 수 있는 속도로 성장하는 품종의 닭만 선택하라" 하지만 미국 양계협회의 동물복지 지침에는 절대 그런 내용이 나오지 않는다.

마지막으로 '맥리벨McLibel 재판'으로 알려지게 된 소송을 맡은 영국 판사 이야기를 소개하겠다. 1997년 맥도날드사는 헬렌 스틸Helen Steel과 데이비드 모리스David Morris라는 두 영국인 환경 운동가를 고소했다. 그들은 햄버거업계의 거두가 동물 학대에 책임이 있다고 비난하는 내용의 전단을 배포했다. 스틸과 모리스가 제출한 증거 자료를 검토한 뒤, 판사는 맥도날드사가 동물 학대에 책임이 있다는 주장은 사실이므로 명예 훼손이 아니라고 판결했다. 맥도날드사가 최고의 법무 팀을 꾸릴 수 있었고, 스틸과 모리스는 변호사 없이 재판에 참석했음에도 이런 판결을 얻어낼 수 있었다. 종계가 겪는 어려움에 대해 판사는 다음과 같이 말했다. "내가 내린 결론은 종계의 식욕을 자극하기 위한 사육 관행, 즉 배고픔을 심하게 느끼게 만들고 사료를 제한하여 계속 배고픔에 시달리게 하는 관행이 잔인하다는 것이다. 이 관행은 닭의 고통을 대가로 이익 획득이라는 목적을 수행하는 장치다."[39]

닭은 길고 혼잡하며, 먼지와 암모니아로 가득 찬 창문 없는 축사에서 살면서 스트레스를 받는다. 그런데 닭이 경험하는 처음이자 유일한 햇빛은 이보다 더 큰 스트레스를 준다. 닭을 도축할 준비가 되었다고 하면 작업자들이 들어와서 닭다리를 잡고 거꾸로 들고 나와 곧바로 궤짝에 욱여넣고, 이 궤짝들을 트럭 뒤에 쌓아올린다. 닭이 상처를 입으면 경제적 비용이 발생하므로 일부 농업 장비 제조업체에서는 이런 일을 줄이기 위해 더 나은 선택지로 기계화 시스템을 채택할 것을 홍보한다. 네덜란드의 한 제조업체인 피어 시스템Peer System은 이렇게 말한다. "가금류 포획은 아직도 수작업으로 하는 경우가 많기 때문에 작업자들에게는 신경을 많이 써야 하는 힘든 작업이 되고, 동물에게는 매우 스트레스가 큰 상황이 된다. 그들은 공포에 휩싸이며 쉽게 상처를 입는다." 이 이야기는 전부 사실이다. 그럼에도 피어 시스템이 자체 제작한 기계화 대안 홍보 영상을 보면 이 방법도 닭에게 큰 스트레스를 주기는 마찬가지다. 대형 기계에 휩쓸려 컨베이어 벨트 위에 올라가게 된 닭은 트럭 뒤편에 연결된 컨테이너에 쓰레기처럼 버려진 뒤 도축장으로 실려 간다. 피어 시스템은 시간당 닭 9,000마리를 운반할 수 있는 포획 시스템을 자랑한다.[40]

좋게 말해 '가공 공장'이라 불리는 도축장에서, 닭은 트럭에서 내려져 대개 다리에 족쇄가 채워진 채 움직이는 컨베이어 벨트에 거꾸로 매달린다. 닭의 다리에는 통증 수용기pain receptor가 있기 때문에, 완전히 의식이 있는 상태에서 다리에 금속 족쇄가 채워진 채 거꾸로 매달리는 것 자체가 이미 고통스러운 경험이다. 이어서 컨베이어 벨트는 목을 자르는 칼날이 있는 곳으로 닭을 실어 나른다. 대부분의 선진국에서는 닭의 목을 자르기 전에 기절을 시키게 되어 있다. 미국과 유럽에서 닭을 기절시키는 가장 흔한 방법은 컨베이어 벨트를 조작해 닭을 전류가 흐르는 수조에 살짝 담그는 것이다. 하지만 전류를 너무 강하게 흐르도록 설정하면 닭의 근육이 심하게 수축돼 육질에 좋지 않은 영향을 미칠 수 있다. 반대로 전류가 너무 낮으면 닭이 마비는 되지만 기절하지는 않게 된다. 닭은 전류에 의해 완전히 기절하지 않을 가능성이 높은데, 너무 높은 전류와 너무 낮은 전류의 경계가 매우 미묘하고, 육질이 떨어지지 않아야 상업적 인센티브를 보장받을 수 있기 때문이다. 이에 따라 의식을 잃지 않은 채 목이 잘리는 닭도 있지만, 멀쩡한 상태에서 칼날을 피한 닭도 있을 것이다. 다음 단계로 컨베이어 벨트는 깃털을 제거하기 위해 끓는 물이 담긴 수조로 닭을 이동시키는데, 아직 기절하지 않았고, 목이 잘리지도 않은 닭은 끓는 물에 빠져 죽음을 맞이할 것이다.[41]

이처럼 털이 뽑혀 손질된 닭의 몸통은 수백만 가정에 믿을 수 없을 만큼 낮은 가격에 팔려 매일 밤 식탁에 오른다. 한때 고급 식품이었던 닭이 어떻게 이렇게 저렴해졌는지 궁금해하는 소비자는 드물다. 혹시 잠시나마 이 점을 궁금해하는 소비자가 있다면, 답은 어디서 찾을 수 있을까? 미국 양계협회는 다음과 같이 선언한다. "소비자는 식용으로 사육되는 모든 동물이 살아 있는 동안 존중받고 적절한 보살핌을 받기를 진심으로 원한다." 이어서 협회는 자신들의 복지 지침이 '동물 감사원 전문 인증기관Professional Animal Auditor Certification Organization, Inc.'의 감사를 받았다고 자랑한다. 협회는 이러한 사실이 "소비자와 고객이 닭고기를 사먹을 때 닭이 살아 있는 동안 보살핌을 잘 받았고, 인도적으로 대우받았음을 확신할 수 있음"[42]을 뜻한다고 말한다. 방금 살펴본 것처럼 협회의 지침은 부모 닭이 엄청나게 굶주려야만 존재할 수 있는 닭을 회원사가 사용할 수 있도록 허용하는데, 이를 보면 감사가 어떤 역할을 하고 있는지 판단할 수 있을 것이다. 이와는 별개로, 우리가 주목해야 할 사실은 협회가 자체 언론 보도에서마저도 감사원이 닭의 실태를 조사했다고 주장하지 않는다는 점이다. 감사원은 단지 협회의 지침을 감사했을 뿐이다. 그렇다면 감사원이 소비자가 먹는 닭이 실제로 인도적으로 다뤄진 닭이라는 것을 소비자에게 확신시켜줄 방법은 없다. 협회가 상업용으로 사육된 닭의 복지를 보장하는 데 진짜 관심이 있다면, 협회는 설립 역사가 길고 공신력 있는 한 국가 동물복지 단체에 생산업체를 불시 방문하도록 요청하고, 그 단체가 닭을 인도적으로 다루고 있는지 결정하도록 해야 할 것이다.

2021년 150개국에 영업점을 두고 운영되고 있는 국제적인 외식업체인 KFC는 유튜브 인플루언서 니코 오밀라나Niko Omilana와 함께 '비하인드 더 버킷Behind the Bucket'이라는 유료 홍보 영상을 제작하여 자사에서 공급하는 치킨의 이미지를 개선하고자 했다. 조회수 100만 이상을 기록한 이 영상에서 니코는 모이 파크Moy Park 작업장을 방문한다. 모이 파크는 KFC에 닭을 납품하는 유럽의 주요 닭고기 생산업체다. 영상이 제작될 당시, 닭은 매우 어리고 귀여워 보였으며 축사 공간은 아직 넉넉했다. 이곳의 관리자 토니는 짚더미를 들고 카메라 앞에 서서, 닭이 가지고 놀거나 앉아서 쉴 수 있도록 바닥에 신선한 짚을 뿌려놓는다고 말한다. 그곳에는 천장에 매달린 횃대를 비롯해 다양한 종류의 장식물이 있었다. 니코가 토니에게 "이 닭들에게 정말 관심이 있는 거죠?"라고 묻자 토니는 이렇게 답한다. "그럼요." 니코는 철망 닭장이 없다는 사실에 놀라움을 표하면서, 닭이 더 빨리 자라도록 스테로이드를 먹이느냐고 묻는다. 하지만 동물복지 운동을 하는 사람들 중에서 식용으로 사육되는 닭을 철망 닭장에 가두어놓는 것(달걀 산업의 경우는 닭이 갇혀 있지만)을 문제삼거나 스테로이드를 먹인다고 항변하는 사람은 없다. 앞서 살펴본 것처럼, 오늘날의 닭이 빠르게 성장하는 것은 스테로이드가 아닌 선택적 육종 탓이다.

비건 식품 브랜드인 VFC 푸드 조사원들이 동일한 생산 시설을 불시에 방문했다. 그들이 제작한 영상에서는 횃대가 대부분 사라졌고, 그나마 닭이 올라갈 수 없는 높이로 천장에 매달려 있었다. 조사원들은 축사에 있는 5만 2,000마리의 닭이 사용할 횃대는 하나뿐이었다고 말한다. 영상에 보이는 바닥에는 전혀 신선하지 않은 짚이 깔려 있었는데, 한 조사관은 짚에 나무 조각과 배설물이 뒤섞여 있다고 설명하고 있다. 닭들은 니코가 보았던 다른 닭들에 비해 나이가 많아 보였고, 오줌에 젖은 깔짚에 앉아 있다 보니 피부에 아물지 않은 상처가 나 있었다. 영상에는 축사 안에 죽어 있는 닭, 그리고 미성숙한 골격이 빠르게 성장하는 몸무게를 지탱하지 못해 더 이상 일어서지도 사료나 물까지 걸어가지도 못해 조만간 죽게 될 닭이 나오기도 한다.

VFC 푸드의 영상이 공개되어 언론의 주목을 받게 되자 모이 파크 대변인은 직원들이 적어도 하루 세 번 축사를 방문한다고 말하면서도, "축사를 점검하는 사이사이에 닭 몇 마리가 죽을 수 있고, 이런 닭은 다음 점검 때 상태를 확인하고 치운다"는 사실을 인정했다. 니코 오밀라나를 대리하는 에이전시 대변인은 다음과 같이 말했다. "우리 고객이 참여한 촬영은 그날 그가 보고 경험한 상황을 그대로 전달한 것입니다." 이는 분명한 사실이다. 하지만 이것은 불시 점검을 해야 한다고 주장하지 않는 사람들, 혹은 올바른 질문을 할 수 있을 정도로 관련 업계를 충분히 알지 못하는 사람들이 홍보활동으로 인해 얼마나 오도되기 쉬운지를 보여줄 뿐이다. 이후 니코 오밀라나는 자신의 소셜 미디어 채널에서 이 영상을 삭제했다.[43]

이 책에서 닭고기 산업에 대해 알고 나서 닭고기 대신 칠면조를 구입해야 하는지 고민하는 독자라면, 가족이 모인 추수감사절 만찬의 주인공인 이 전통 음식이 오늘날 육계와 같은 방법으로 사육된다는 사실에 유의해야 한다. 새로 부화한 칠면조는 인큐베이터에서 사육되며, 생산자에게 수송되어 사육되기 전에 부리가 잘리고 발톱을 부분적으로 제거 당한다. 수컷 칠면조 이마에서 자라는 다육질 발기성 돌기인 스너드snood도 제거된다. 닭과 마찬가지로 칠면조도, 여생을 살아갈 혼잡한 축사에서 발생할지 모를 동종 포식을 방지하기 위해 부리와 발톱 끝이 잘린다. 스너드 역시 다른 칠면조가 표적 삼아 쪼아댈 수 있기 때문에 제거한다. 이 모든 일은 어떤 통증 완화 조치도 없이 행해진다. 칠면조는 닭보다 세 배 정도 긴 4~5개월간 축사에 머물고, 그 기간 내내 축사에는 바닥에 배설물이 쌓이면서 암모니아 악취가 강하게 풍긴다.

칠면조는 닭보다 다리에 문제가 더 많이 생긴다. 칠면조가 급속하게 성장하는 방식으로 사육될 뿐 아니라 다른 요인이 추가되기 때문에 그러하다. 오늘날 미국에서 가장 인기 있는 품종인 '큰가슴 흰칠면조broad-breasted white'는 외형에 걸맞는 이름을 가진 칠면조로, 가슴이 커지도록 품종이 개량되었다. 이 품종은 대개 '생리적인 균형을 잃은' 품종으로 묘사된다. 그들은 과거의 품종에 비해 걷는 일이 드물고 주로 서 있는데, 아마도 다리에 체중을 싣는 것이 고통스럽기 때문일 것이다. 서로 다른 13개 도축장에서 사육하는 칠면조를 연구한 결과 60%는 발바닥 부종이 있었고, 41%는 심각한 발바닥 피부염을 앓았으며, 25%는 관절염이 있는 것으로 확인되었다. 이 칠면조들은 아마도 고통을 겪고 있었을 것이다. 또한 칠면조의 30%는 가슴에 단추 모양의 염증breast button이 있었다. 이것은 가슴뼈 주변에 생긴 물집이나 기타 염증으로, 대부분의 시간을 가슴뼈가 바닥에 닿은 상태로 앉아서 보내는 칠면조에게 흔한 증상이다. 이렇게 보았을 때, 애초에 잘못된 운명을 안고 태어난 칠면조는 고통을 피할 방법이 없다. 관절염에 걸린 다리와 부은 발로 무겁고 불균형한 몸을 지탱하는 아픔을 피하려고 앉아 있다가 결국 가슴뼈 주변에 고통스러운 염증까지 생기는 것이다.[44]

칠면조가 큰 가슴을 갖도록 개량됨으로써 육체적 고통만 겪게 되는 것은 아니다. 이러한 개량의 결과로 그들은 교미도 할 수 없다. 수컷의 거대한 가슴이 교미를 방해하는 것이다. 이러한 사실은 미국인들이 추수감사절 식탁에 둘러앉은 가족에게 던질 수 있는 의문을 제기한다. "우리가 먹는 큰가슴 흰칠면조는 대체 어떻게 태어날 수 있었을까?" 바로 인공 수정을 통해서다.

2006년 나는 『죽음의 밥상The Ethics of What We Eat』이라는 책을 공동 집필했다. 공저자인 짐 메이슨Jim Mason은 미주리 주의 농장에서 성장했다. 당시 그는 버터볼Butterball 칠면조 회사가 미주리 주 카시지Carthage의 인공수정 업무팀에서 일할 사람을 모집한다는 광고를 보았다. 호기심이 발동한 그는 지원하기로 했고, 유일한 입사 조건이 약물 검사를 통과하는 것이어서 쉽게 합격했다. 짐은 다른 작업자가 수컷 칠면조에게 자위를 시키는 동안 칠면조 다리를 거꾸로 붙잡고 있으라는 지시를 받았다. 칠면조가 사정하면 짐의 동료는 진공 펌프로 주사기에 정액을 모았다. 그들은 '희석제'를 섞은 정액이 주사기를 가득 채울 때까지 이 과정을 수차례 반복했다. 그런 다음 암컷 칠면조만 따로 사육하는 '암컷 칠면조 사육장'으로 이 정액을 가져갔다.

짐은 한동안 암컷 칠면조 사육장에서도 일했는데, 그는 이곳을 다음과 같이 설명한다.

암컷 칠면조의 발과 다리를 한 손으로 잡으려면 양쪽 '발목'을 엇갈려 잡아야 한다. 몸무게가 9~13kg 정도인 암컷 칠면조는 겁에 질려 패닉 상태에서 퍼덕이며 몸부림친다. 1년 넘게 매주 이런 일을 겪으니 좋아할 리 없다. 먼저 암컷 칠면조의 다리를 한 손으로 잡고 가슴을 바닥에 닿게 하여 꼬리 부분이 하늘을 향하도록 한다. 이어서 다른 한 손을 암컷의 항문과 꼬리 부분으로 가져가서 엉덩이와 꼬리 깃털을 위로 잡아당긴다. 이와 동시에, 엉덩이가 더 솟아올라 항문이 벌어지도록 다리를 잡고 있는 손을 아래로 밀면서 암컷의 몸을 '꺾는다'. 이때 인공수정사는 항문 바로 아래를 엄지손가락으로 밀어서 난관卵管 끝이 드러날 때까지 항문을 더 벌린다. 그 안으로 공기 압축기의 튜브 끝에 연결된 정액 빨대를 삽입하고 방아쇠를 당기면 압축 공기가 분사되면서 빨대에서 정액 용액이 암컷 칠면조의 난관으로 들어간다. 그렇게 한 뒤 놓아주면 암컷 칠면조는 날개를 퍼덕이며 달아나버린다.

암컷 칠면조 사육장 작업자들은 이 일을 칠면조 한 마리당 12초 안에 하라는 지시를 받았고, 1시간에 300마리를 처리할 수 있었다. 하루 10시간을 기준으로 하면 3,000마리에 해당한다. 속도를 맞추지 못한 짐은 감독이 퍼붓는 폭언을 들으며 겁에 질린 암컷 칠면조가 뿜어내는 똥을 재빨리 피해야 했다. 그는 이 일이 "자신이 해본 일 중 가장 힘들고 신속하게 해야 하는 일이었으며, 더럽고 역겨운데 보수는 가장 낮은 일이었다"라고 말한다. 이런 상황에서 혹사당하는 대다수의 저임금 노동자는 칠면조를 살살 다루는 것을 최우선으로 생각하기가 힘들 것이다.[45]

철망 닭장에 갇힌 산란계

새뮤얼 버틀러Samuel Butler는 "산란계는 달걀이 또 다른 달걀을 생산하는 수단일 뿐"이라는 글을 쓴 적이 있다. 물론 버틀러는 자기가 한 말이 재미있다고 생각했을 것이다. 그러나 조지아의 한 가금류 회사 사장인 프레드 C. 할리Fred C. Haley가 산란계를 "달걀 생산 기계"라고 할 경우 그 말에 담긴 의미가 심각해진다. 할리는 사업가로서의 태도를 강조하기 위해 "달걀 생산의 목적은 돈벌이다. 우리가 이 목적을 잊는다면 가장 중요한 목적을 잊는 것과 같다"[46]라고 덧붙였다.

단지 미국인만 이런 태도를 보이는 건 아니다. 영국의 한 영농 잡지는 독자에게 이런 이야기를 들려준다.

요컨대 오늘날의 산란계는 낮은 유지 조건으로 원료(사료)를 최종 생산물(달걀)로 바꾸는 매우 효율적인 전환 기계에 지나지 않는다.[47]

산란계가 사료를 달걀로 전환하는 효율적인 방법이라는 사고방식은 쾌락과 고통을 느낄 수 있는(이런 측면에서 이들은 지금까지 우리가 발명한 어떤 기계와도 다르다) 산란계에게는 좋은 소식이 아니다. 사람들이 산란계를 기계라고 생각하면, 어떤 대가를 치르더라도 더 효율적으로 닭에게 일을 시키는 데 방점이 찍힌다.

달걀을 얻기 위해 사육하는 닭의 고통은 삶의 이른 시기부터 시작된다. 갓 부화해 솜털이 보송보송한 작은 병아리는 '병아리 감별 기계'로 즉시 수컷과 암컷으로 분류된다. 수평아리는 달걀을 낳지 못하고, 식용으로 쓸 만큼 성장 속도가 빠르지도 않기 때문에 상업적 가치가 없는 일종의 불필요한 부산물이다. 일부 회사에서는 이들을 가스를 사용해 살처분하기도 하지만, 드럼이 회전하는 분쇄기에 산 채로 던져지는 경우가 더 흔하다. 미국에서만 약 3억 마리의 병아리가 이런 운명에 처하고, 유럽연합도 비슷한 수준이며, 전 세계적으로는 수십억 마리가 같은 운명을 겪는다.[48] 하지만 동물보호 단체의 노력 덕분에 이 수평아리 대량 살상은 프랑스(일부 예외는 있음)와 독일에서 불법이며, 이탈리아에서는 2026년에 불법이 될 것이다. 대신 달걀 상태에서 병아리의 성별을 감별하는 기계를 사용하고 있으며, 수컷 배아가 들어 있는 달걀은 배아가 고통을 느낄 만큼 충분히 발달하지 않은 시기에 폐기된다.[49]

달걀을 낳는 산란계의 수명은 수컷보다는 길지만, 이것이 과연 좋은 일인지는 의문이다. 부화한 지 약 8일이 지나면 암평아리는 부리의 날카로운 끝부분이 잘린다. 힘 센 개체가 약한 개체를 쪼지 못하게 하기 위해서다. 미국 산란계의 대부분이 갇혀 있는 밀집된 철망 닭장 안에서는 약한 닭들이 다른 곳으로 도망갈 수 없다. 쪼여서 피를 흘리면 다른 닭들이 합세하여 약한 암탉을 죽여서 먹어버릴 수도 있다. 암탉에게 더 많은 공간과 풍부한 환경을 제공하고 덜 공격적인 품종을 선택하면 문제를 해결할 수 있지만, 물론 이 경우 생산자는 그렇게 하는 만큼 비용이 든다. 대안으로 쓸 수 있는 방법은 암탉 부리를 잘라 쪼아도 피를 흘리지 않게 하는 것이다. 이 방법이 처음 시행된 1940년대에는 닭을 사육하는 사람들이 토치로 닭의 부리 윗부분을 태워버렸다. 이 어설픈 기술은 곧 납땜 인두를 개조하여 사용하는 방법으로 대체되었고, 이 방법은 또 다시 뜨거운 칼날이 달린, 특수 설계한 단두대와 유사한 장치로 대체되었다. 수년 동안 닭 수십억 마리가 달궈진 칼날에 부리 끝을 잘렸고, 현재 이 방법은 더 정확하고 벌어진 상처도 남기지 않는 적외선 장치로 대체되고 있다.[50] 하지만 산란계는 보통 5~11주 사이에 또다시 부리를 절단 당하며, 이 때에는 대개 달군 칼날로 절단 당한다.[51]

'부리 자르기debeaking'는 이 절차를 지칭하는 업계의 표준 용어였다(중국은 농장 동물 처우와 관련해 완곡한 표현을 잘 사용하지 않는데, 그곳에서 가장 흔히 쓰는 관련 용어를 그대로 직역하면 '입 자르기cut mouth'다). 일부 과학 논문에서는 이를 '부리 부분 절단partial beak amputation'이라 하는데, 이는 이를 지칭하는 가장 정확한 용어다.[52] 오늘날 업계에서는 머리카락이나 발톱 다듬기와 같은 통증 없는 절차를 연상시키는 '부리 다듬기beak trimming'라는 용어를 선호한다. 하지만 이것이 업계가 창출하고자 하는 이미지라면 이것은 사람들을 잘못된 길로 인도하는 것이다. 동물학자 F. W. 로저스 브램벨F. W. Rogers Brambell 교수가 이끄는 영국

정부위원회의 한 전문가는 이렇게 보고했다.

> 뿔과 뼈 사이에는 매우 민감하고 부드러운 조직으로 이루어진 얇
> 은 층이 있는데, 인간의 손톱 밑 속살과 유사하다. 부리 절단에 사용
> 되는 달궈진 칼은 뿔과 뼈, 그리고 민감한 조직으로 이루어진 이 부
> 분을 절단하여 엄청난 고통을 준다.[53]

부리 절단은 닭에게 장기적인 손상을 입힌다. 부리가 잘린 닭은 여
러 주 동안 제대로 먹지 못해 체중이 감소한다.[54] 이와 관련한 가장
설득력 있는 설명은 상처 입은 부리에서 손상된 신경이 새로 자라면
서 신경종neuroma이라 불리는 서로 엉킨 신경 섬유질 덩어리가 형성
되고, 이것이 지속적인 고통을 일으킨다는 것이다. 이 신경종은 팔다
리가 잘린 사람에게서 극심한 만성적 고통을 일으키는 것으로 알려
져 있다. 영국 농업식량 연구협의회 가금류 연구센터의 연구원인 J.
브루어드J. Breward와 M. J. 젠틀M. J. Gentle은 부리 절단으로 생긴 신경
종에서도 이 현상이 나타날 수 있다는 사실을 알아냈다.[55]

또 다른 연구자 집단은 닭의 통증에 관한 많은 선행 연구를 검토했
고, 부리 절단이 심박수, 호흡 및 혈압을 급격히 변화시켜 닭의 신체
내부를 순환하는 스트레스 호르몬을 증가시킨다는 사실을 발견했
다. 그들은 닭이 부리를 절단당한 뒤 "일반 활동, 운동 능력, 먹이 활
동, 물 마시기, 깃털 고르기, 쪼기 등에서 장기간에 걸친 변화를 나타
내며, 이런 변화가 절단 시기, 방법, 손상 정도에 따라 몇 주간 지속될
수 있다"는 점을 확인했다. 또한 그들은 닭에게 국소 마취제나 오피

오이드(아편유사 진통제) 및 항염증제 같은 진통제를 투여하면 부리를 절단당한 후 보여주는 행동상의 변화가 적게 일어난다고 말한다. 그러나 상업적 생산이 이루어지는 곳에서 닭에게 진통제를 주는 일은 없다.[56]

이어서 젠틀은 과학 잡지에 기고하는 가금류 과학자가 흔히 그렇 듯 다음과 같이 신중한 어조로 말한다.

> 결론적으로, 닭이 부리 다듬기를 하고 나서 얼마나 고통과 불편을 느끼는지 우리가 알지 못해도, 배려할 줄 아는 사회에서는 닭에게 의심의 이득이 주어져야 한다(닭이 고통을 느낀다는 확실한 증거가 없더라도 그것이 입증되기 전까지는 닭이 고통을 느낀다고 생각해야 한다는 뜻-옮긴이)고 말하는 것이 타당하다. 가금류의 동종 포식과 깃털 쪼기를 방지하려면 적절한 관리가 최선이며, 빛의 강도를 조절하지 못하는 상황에서는 그런 성향이 없는 닭을 사육하는 것이 유일한 대안이다.[57]

이 책의 초판이 출간되었을 당시, 전 세계의 대규모 달걀 생산자는 모두 산란계를 철망 닭장에 가두어 사육했다. 이 닭장은 산란계 한 마리가 날개를 활짝 펼치거나 날갯짓조차 할 수 없을 정도로 비좁았고, 한 닭장당 한 마리도 아닌 너댓 마리를 가두어놓고 사육했다. 이런 과밀 사육의 이유는 특별할 게 없었다. 그래야 수익이 나기 때문이다. 코넬대학교 가금류학과 구성원들은 매우 엄격하게 통제된 연구를 통해 과밀 사육이 폐사율을 높인다는 사실을 확인시켜 주었다. 1년이 채 안 되는 기간에 $31 \times 46cm$ 크기의 닭장에 산란계 세 마리를 수용했을 때 폐사율은 9.6%였고, 같은 크기의 닭장에 네 마리를 수용했을 때는 폐사율이 16.4%로 급증했으며, 다섯 마리일 때는 23%가 죽었다. 이런 연구 결과가 나왔는데도 연구자들은 대부분의 환경에서 닭장당 산란계 네 마리를 사육해야 한다고 권고했다. 그 이유는 수확하는 달걀의 총수가 많아질수록 자본 및 노동 대비 수익률이 높아지는데, 이와 같은 수익률이 연구자들이 '조류 감가상각bird depreciation'이라고 부르는 높은 비용을 상쇄하고도 남기 때문이다.[58] 보고서는 달걀이 고가에 팔릴 경우 "닭장당 산란계 다섯 마리를 수용하는 것이 더 큰 이익"이라고 결론 맺고 있다.

철망 닭장 시스템은 1960년대부터 달걀 산업을 지배해왔고, 오늘날에도 미국에서는 여전히 대부분의 달걀이 이런 시스템에서 생산된다.[59] 이 시스템에서는 산란계가 자유롭게 돌아다니거나 둥지에 달걀을 낳을 수 없다. 1970년대까지도 미국과 유럽에서는 수억 마리의 암탉이 닭장에 과밀 수용돼 있었지만, 두 나라의 어떤 주요 동물복지 기관도 철망 닭장 시스템에 반대하는 캠페인을 벌이지 않았다. 이 상황은 1970년대 후반부터 바뀌기 시작했다. 이때 등장한 새롭고 더 급진적인 동물보호운동은 미디어를 이용해 소비자가 구매하는 달걀이 어디서 왔는지를 보여주었다.

당시 영국과 여러 유럽 국가에서 동물의 복지는 정치인이 더 이상 무시할 수 없는 정치적 이슈로 자리 잡아가고 있었다. 1970년대 초에 설립되었을 당시 소규모 단체였던 '컴패션 인 월드 파밍Compassion in World Farming'은 공장식 축산의 실태를 문서화하여, 처음에는 영국에서, 그다음에는 유럽의 단체들과 연합하여 유럽연합에서 폭넓은 대중의 지지를 얻기 시작했다. 이 압력으로 마침내 유럽연합 집행위원회는 한 과학위원회에 농장 동물복지 문제를 조사해달라고 의뢰했다. 과학위원회는 표준 닭장이 납득할 만한 수준의 산란계들의 복지와 양립할 수 없다는 데 동의하고 닭장 사용을 금지할 것을 권고했다. 1999년 유럽연합 집행위원회는 이 권고를 받아들였으나, 생산자가 투자한 장비를 단계적으로 철거할 충분한 시간을 확보하기 위해 권고안 시행을 2012년까지 연기했다. 이후에도 생산자가 산란계를 여전히 닭장에 수용할 수는 있지만, 좀 더 넓은 공간(최소 750cm² 이상)을 제공해야 했다. 여기에 추가하여 생산자는 암탉이 둥지상자에 들어갈 수 있도록 조치를 취해야 했고, 쪼거나 긁어낼 수 있는 깔짚을 제공해주어야 했으며, 닭장 안의 모든 닭이 앉을 수 있을 만큼의 횃대도 넉넉히 마련해주어야 했다.[60]

둥지상자가 중요한 이유는 둥지에 알을 낳을 수 있다는 사실을 전혀 모르는 암탉도 그런 곳에 알을 낳으려는 강한 본능을 가지고 있기 때문이다. 콘라트 로렌츠는 닭장 안의 산란 과정을 암탉이 겪는 최악의 고문 과정이라고 서술했다.

> 닭은 같은 닭장 안에 있는 다른 닭 밑으로 기어 들어가려 하는 등 헛되이 숨을 곳을 찾는다. 닭이 얼마나 수없이 이런 행동을 반복하는지, 동물을 조금이라도 아는 사람이 본다면 정말 가슴이 미어질 것이다. 분명 이 상황에서 산란계는 되도록 오랫동안 산란을 보류하려 할 것이다. 다른 닭들로 북적이는 닭장에서 산란하기를 꺼리는 그들의 본능은 문명인이 유사한 상황에서 배변을 꺼리는 것만큼이

나 강하다.**61**

　로렌츠의 생각은 암탉이 점점 더 어려워지는 장애물을 극복해야만 산란 둥지에 도달할 수 있도록 고안한 실험으로 뒷받침된다. 둥지에서 알을 낳으려는 닭의 강한 집념은 산란 둥지에 다가가려는 노력이 20시간 동안 굶은 상태에서 모이를 찾으려 애쓰는 경우 못지않았던 사실에 의해 확인되었다.**62** 암탉은 자신이 낳은 알과 알에서 부화한 병아리를 보호하기 위해 은밀한 곳에서 알을 낳으려는 본능을 진화시켜 왔다. 그러나 암탉이 은밀한 곳을 찾는 또 다른 이유는, 알을 낳을 때 암탉의 항문 주변이 붉고 축축해져서 다른 닭이 이 부분을 보면 쪼아댈 수 있기 때문으로 짐작해볼 수 있다. 항문을 쪼아 피를 흘리면 쪼아대기가 심해지고, 이는 앞서 살펴본 것처럼 동종 포식으로 이어질 수 있다.

　암탉이 둥지 짓기 본능을 절대 잃지 않는다는 증거는 또 있다. 내 친구 몇 명은 상업적 산란기가 끝나 조만간 도축장으로 끌려갈 암탉들을 데려다 키웠다. 암탉들을 뒤뜰에 풀어놓고 지푸라기를 조금 주자 그들은 곧바로 둥지를 만들기 시작했다. 아무것도 없는 철망 닭장에서 1년 넘게 살았는데도 말이다. 스위스의 과학자들은 심지어 암탉이 좋아하는 지푸라기까지 연구했는데, 닭장에서 사육됐건 짚더미에서 사육됐건 모든 암탉이 귀리 껍질이나 밀짚을 선호한다는 사실을 알아냈다. 자신에게 선택권이 있음을 알게 되자 그 어떤 닭도 철망 바닥, 심지어 인조잔디에도 알을 낳지 않았다. 연구에 따르면 의미심장하게도 지푸라기에서 사육된 거의 모든 암탉이 둥지상자에서 45분을 보낸 뒤 떠난 반면, 닭장에서 사육된 닭은 새로 찾아낸 안락함에 푹 빠진 것처럼 보였다. 그들은 45분이 거의 다 되었는데도 87%가 여전히 그곳에 눌러앉아 있었던 것이다!63

철망 닭장에 갇혀 표출하지 못한 다른 기본적 본능을 살펴보는 실험에서도 앞에서와 다를 바 없는 결론에 이른다. 두 과학자는 생후 첫 6개월 동안 날갯짓을 할 수 없을 정도로 좁은 닭장에 갇혀 있던 암탉을 관찰했다. 암탉의 절반은 닭장에서 풀려나자마자 10분 이내에 날개를 퍼덕였다.64 흙 목욕도 마찬가지다. 흙 목욕은 깃털의 건강을 유지하는 데 필요하다는 사실이 밝혀진 본능적 행동이다. 농장 뜰에서 자라는 암탉은 흙 목욕을 하기에 적합한 좋은 흙이 있는 장소를 발견하면 그곳을 움푹 파고 깃털을 부풀려 흙을 깃털 사이로 끼얹은 다음, 몸을 힘차게 흔들어 흙을 털어낸다. 닭은 흙 목욕의 필요성을 본능적으로 느끼며, 이 본능은 닭장에 갇힌 닭에게도 있다. 한 연구는 철망 바닥에서 자란 닭의 "배 쪽 털이 많이 빠져 있다"는 사실을 발견했다. 이 연구가 밝히고 있는 바에 따르면 "잘 알려진 바와 같이 암탉이 철망 바닥에 직접 대고 흙 목욕과 유사한 행동을 하는데, 이때 흙 목욕에 적합한 재료가 없다는 것이 배 쪽 털이 빠지는 중요한 원인일 수 있다." 또 다른 연구자는 철망 닭장에 수용된 암탉이 깃털에 뿌릴 흙이 없어도 모래에서 자란 암탉보다 비록 시간은 짧지만 훨씬 자주 흙 목욕과 유사한 행동을 한다는 사실을 발견했다. 암탉의 흙 목욕 욕구는 매우 강하여 철망 바닥에서도 계속 흙 목욕을 하려 하고, 그 과정에서 배를 문지르다 깃털이 빠진다. 반복되는 이야기지만, 닭장에서 풀려나는 순간 암탉은 흙 목욕의 참맛을 만끽할 수 있게 될 것이다. 기운 없고 소심하며 깃털마저 다 빠진 암탉도 적절한 환경 속에 놓이게 되면 비교적 짧은 시간 내에 깃털과 자연스런 품위를 모두 회복한다. 정말 경이로운 일이 아닐 수 없다.[65]

심각한 좌절만이 가득한 현대의 달걀 공장에서 철망 닭장에 감금된 채 사육되는 산란계의 삶을 이해하려면 잠시나마 산란계로 가득 찬 닭장을 살펴보는 것이 가장 좋은 방법일 것이다. 그들은 편하게 서 있거나 앉아 있기가 불가능하다. 설령 한두 마리가 만족스럽게 자리를 잡았다 해도 닭장 안의 다른 닭이 움직이면 그들도 따라 움직여야 한다. 이는 세 사람이 한 침대에서 편안한 밤을 보내려 애쓰는 경우와 비슷하다. 다만 산란계는 하룻밤이 아니라 꼬박 1년을 헛되이 버둥거려야 한다는 점이 다를 뿐이다. 마지막으로 대부분의 닭장에는 저항할 의지를 잃고 옆으로 떠밀리다 다른 닭에게 밟히는 닭이 꼭 한 마리씩 있다. 더 넓은 닭장에는 한 마리 이상인 경우도 있다. 일반적인 농장 뜰에서라면 그 닭은 쪼는 순위가 낮은 닭일 것이다. 정상적인 상황에서는 순위가 낮다는 것이 크게 문제가 되지 않는다. 하지만 닭장 안에서라면 이런 닭은 대개 경사진 바닥 근처 구석에 웅크리고 있을 수밖에 없다. 그렇다 보니 같이 사는 닭들이 모이나 물통이 있는 곳으로 다가가다 그들을 짓밟는 일이 생기기도 한다.

과거 유럽에서 사용되었고 미국에서는 여전히 널리 사용되고 있는 작은 닭장과 비교해보았을 때, 유럽의 동물복지형 닭장enriched cage은 상당히 개선된 닭장이다. 그럼에도 동물복지형 닭장은 필요를 충족시키기엔 여전히 너무 작은 공간에 산란계를 가두어놓는다. 이런 이유로 동물보호론자들은 모든 산란계를 닭장 아닌 환경에서 사육하라고 요구해왔다. 이에 따라 독일에서는 2021년까지 닭장에서 사육하는 산란계의 비율이 6%로 떨어졌고, 연방 및 주 정부는 2025년까지 단계적으로 닭장을 없애는 데 합의했다.[66] 또한 2021년 '컴패션 인 월드 파밍'이 '케이지(닭장) 시대 종식'을 위한 유럽 시민 발의 European Citizens Initiative에서 140만 명의 서명을 받은 후(공식 청원 절차에 따라 진행된 발의로는 역대 최대의 서명을 받았다), 유럽연합 집행위원회는 청문회를 열어 닭장을 대체할 수 있는 방안을 검토했다. 그리고 마침내 2027년까지 모든 산란계 닭장 사용을 금지하겠다고 발표했다.[67]

　미국은 유럽에 비해 진전이 더디다. 2022년에도 미국에서는 산란계의 65%가 여전히 표준 닭장에서 사육되고 있다. 달걀 생산업계 협회인 미국 달걀생산자협회United Egg Producers, UEP가 제시한 지침에 따르면, 닭에게 허용되는 닭장 공간이 432cm²일 때 달걀에 'UEP 인증' 라벨을 붙일 수 있다(미국에서 사용하는 표준 편지지 크기는 약 603cm²이다).[68] 이것이 얼마나 말도 안 되는 크기인지를 확인하려면 영국 '휴튼 가금류 연구소Houghton Poultry Research Station'의 암탉이 다양한 활동을 하기 위해 필요한 공간에 관한 연구 결과를 찾아보면 된다. 연구자들은 일반적인 산란계가 휴식을 취할 때 차지하는 물리적 공간이 637cm²임을 확인했다. 이는 미국 달걀생산자협회 지침이 요구하는 공간보다 거의 50%나 더 넓은 면적이다. 이렇게 본다면 협회의 지침은 너무 많은 수의 암탉을 닭장에 수용해 서로를 압박하는 상황을 허용하게 된다. 하지만 이게 전부가 아니다. 연구자들은 닭 한 마리가 편안하게 몸을 돌리려면 1,681cm²의 공간이 필요하다는 사실을 확인했는데, 이는 협회 지침이 허용하는 면적의 거의 네 배에 해당한다.[69]

미국 달걀생산자협회의 지침은 닭을 좁은 공간에 가득 채우는 관행을 허용할 뿐 아니라, 철망 바닥과 벽만 있고 둥지상자, 횃대, 깔짚은 없는 몹시 삭막한 닭장도 허용한다. 미국의 대다수 산란계는 여전히 이런 곳에서 살아가고 있다. 이런 환경에서는 먹고 마시고 싶은 욕구를 제외한, 닭이 가진 다른 모든 자연스런 본능이 좌절된다. 산란계는 쉽게 몸을 돌릴 수도 돌아다닐 수도 없고, 땅을 긁거나 쪼아대지도 못하며, 흙 목욕도 둥지 짓기도 할 수 없고, 횃대에 앉지도 날개를 펴지도 못한다. 그들은 서로를 피해 다른 길로 갈 수 없고, 약한 닭은 부자연스러운 환경 탓에 이미 잔뜩 화가 나 있는 강한 산란계의 공격을 피할 수 없다. 산란계에게 이는 비참한 삶이 아닐 수 없다. 당신이 이 글을 읽는 이 순간에도 미국에서만 수억 마리의 산란계가 이렇게 살아가고 있고, 산란계 표준 닭장을 금지하지 않은 다른 나라에서는 더 많은 산란계가 그렇게 살아가고 있다. 선택권이 주어진다면, 풀밭과 닭장 모두에 익숙한 산란계는 풀밭으로 달려갈 것이다. 그들 대부분은 닭장에 먹이가 있어도, 먹이가 없는 풀밭을 선호할 것이다.[70]

산란계는 7~8년을 살 수 있지만 산란을 1년 정도 하고 나면 낳는 알의 숫자가 줄어들기 시작하는데, 이에 따라 상업적 생산자는 12~18개월이 지나면 이들을 없애고 새로운 닭을 들여온다. 미국 달걀업계는 산란 숫자가 줄어든 이러한 닭들을 '산란노계spent hen'라고 부른다. 산란노계는 여전히 알을 낳지만, 그 수는 생산자의 수익을 극대화할 정도가 아니기 때문에 상업적 가치가 거의 없다. 한 가금류 사이트의 기사에서 밝히고 있는 것처럼 "오랫동안 생산자들은 산란노계의 상업적 가치를 무시할 만한 수준이라 생각해왔다." 결과적으로 산란노계는 동물이나 반려동물의 사료로 쓰거나 "안락사시킨 뒤 퇴비로 만들거나 묻어버린다. 시장 가치가 낮기 때문이다."**71** 이러한 죽임을 '안락사'라고 표현하는 것은 암탉이 말 그대로 '편안하게 죽는다'는 뜻의 안락사를 당한다는 것을 시사하는데, 이는 수만 마리의 새를 대량으로 살상하는 데 사용되는 방법을 철저하게 현혹하는 표현이다. 유럽 식품안전청European Food Safety Authority, EFSA의 한 보고서는 spent hen보다 덜 모욕적인 용어를 사용하여 "산란 막바지에 접어든 암탉end-of- lay hens에게 도축만이 유일한 선택지는 아니다"라고 밝히고 있다. 보고서에 따르면, 도축 외에 다른 방법이 고려되는 이유는 "경제적 가치가 크게 제한된 암탉을 포획하여 상자에 담아 운송하고 도축하는 데 비용이 많이 들고 수고를 해야 하기" 때문이며, "방법에 따라 차이는 있지만, 암탉을 포획해 상자에 넣고 운송하는 과정에서 암탉에게 발생할 수 있는 스트레스를 없앨 수 있다"는 점도 이러한 대안적 방법을 고려하는 또 다른 이유다. 보고서에는 산란계로 꽉 찬 축사 전체에 가스를 살포하는 방법을 포함해 닭을 생산자의 소유지에서 도축할 경우 허용되는 살처분 방법이 다수 나와 있다.**72**

고기를 생산하기 위해 사육하는 닭이 기형이 되거나 병들었을 경우에서 살펴본 바와 같이, 신속하고 저렴하기만 하다면 어떤 방법으로든 상업적 가치가 없어진 닭을 처분하려는 생산자는 늘 있기 마련이다. 때문에 2003년 캘리포니아 샌디에이고의 한 달걀 생산업체에서 일하는 직원이 살아 꿈틀거리는 암탉을 양동이에 가득 담아 목재분쇄기에 넣는 장면을 이웃 주민이 목격했다고 해서 그렇게 놀랄 것은 없다. 해당 카운티 동물보호국이 조사에 착수했고, 농장주들은 그런 방법으로 암탉 3만 마리를 처분했음을 인정했다. 하지만 그들은 자신들이 그저 두 수의사의 '전문적인 조언을 따랐을 뿐'이라고 말했다. 이 사건에서 농장주와 수의사 중 아무도 기소되지 않았다. 2년 후, 이번에는 미주리의 또 다른 달걀 생산업자가 살아 있는 암탉 수천 마리를 쓰레기통에 던져 폐기했음이 밝혀졌다.[73] 아마도 유사한 일이 우리가 알고 있는 것보다 훨씬 비일비재하지만 밝혀지지 않고 넘어가고 있을 공산이 매우 크다.

사형수는 사형 집행 전 특식을 제공받지만, 죽음이 결정된 암탉은 먹이를 전혀 먹지 못할 가능성이 높다. 미국 달걀생산자협회 지침에 따르면, "포획과 수송 계획은 도축 혹은 살처분이 이루어지기 24시간 이상 전에 사료 공급을 중단하도록 짜야 한다." 유럽연합의 한 가금류 운송 가이드도 암탉의 먹이 공급 중단을 최대 24시간으로 제한하고 있지만, 이 처분의 핵심은 배설물을 최소화하는 것이라고 설명하고 있다.[74] 하지만 미국에서 흔히 그러듯이 암탉의 '개체수를 조절해' 퇴비로 만드는 경우 배설물은 문제가 되지 않는다. 어쩌면 암탉에게 먹이를 주지 않는 진짜 이유는 1974년 『가금류 트리뷴*Poultry Tribune*』에 실린 기사에서 확인할 수 있을지 모른다. 당시에는 공장식 축산을 비판하는 경우가 드물었고, 오늘날과 달리 생산자는 대중에게 비춰지는 이미지에 크게 신경 쓰지 않았다. 「산란노계에게 사료를 주지 마라」라는 제목의 이 기사는 도축 30시간 전에 암탉에게 준 먹이는 낭비라고 영농인들에게 충고한다. 닭의 소화관에 남아 있는 사료 값은 영영 되돌려받을 수 없기 때문이다.[75] 어떤 경우든 암탉이 죽기 전 24시간 동안 먹이를 주지 않으려 하는 것은, 자신에게 일어나는 일에 항의할 힘이 없는 암탉의 고통에 생산자가 무관심하다는 것을 보여주는 또 다른 증거일 따름이다.

　나는 이 장을 코로나 19 팬데믹 기간에 약 100만 마리 돼지의 '개체수를 조절한depopulation' 이야기로 시작했다. 그런데 훨씬 많은 수의 닭, 칠면조, 오리가 주기적으로 같은 운명을 맞이한다. 도축장이 이들을 살처분할 능력을 갖추지 못해서가 아니라, 흔히 '조류독감'으로 알려져 있는 조류인플루엔자가 주기적으로 발생하기 때문이다. 한 무리의 조류가 감염되면 이들을 도축장으로 수송할 수 없게 된다. 수송하다가 질병이 확산될 수 있기 때문이다. 조류독감에 대응하는 가장 흔한 방법은 축사의 환기구를 닫고 히터를 가동하는 것이다. 이 말은 새가 열사병으로 서서히 죽어갈 거라는 뜻이다. 또 다른 기술은 히터를 가동하지 않고 '환풍기만 차단'하는 것이다. 환기를 하지 않으면 결국 새의 체온이 올라 열사병으로 죽게 되지만, 시간은 더 오래 걸릴 것이며, 더 많은 새가 죽지않고 살아남아 퇴비가 되어버리는 사체와 함께 생매장될 수 있다. 2014~2015년 미국에서는 5,000만 마리 이상의 닭과 칠면조가 조류인플루엔자로 죽었거나, 감염된 대규모 무리 속의 일부 닭과 칠면조와 함께 부득이하게 살처분되어야 했다.[76] 아이오와 주 스톰 레이크Storm Lake 인근의 달걀 생산업체인 렘브란트 엔터프라이즈Rembrandt Enterprises는 당시 암탉 560만 마리를 모두 살처분했다. 하지만 2022년 미국에서 또 다른 바이러스가 발생했다. 이 바이러스는 또다시 렘브란트 엔터프라이즈에서 사육하는 닭을 감염시켰고, 그들은 다시 한 번 모든 닭, 이번에는 530만 마리의 닭을 살처분했다. 이때 그들은 돼지를 도축할 때 사용하는 것과 동일한 방법, 즉 환기구를 차단하고 온도를 높이는 방법을 사용했는데, 이는 아이오와 주 농지관리청이 승인해준 방법이었다.[77] 다른 생산업자들이 키우던 감염된 닭에 대해서도 유사한 방법이 사용되었다. 미국 농무부 통계에 따르면 2022년에 5,000만 마리 이상의 닭을 환기구 차단 방법만으로, 또한 'VSD+(환기구 차단에 온도 상승을 추가한 방법을 의미하는 용어)'로 살처분했으며, 어떤 경우는 특정할 수 없는 다른 방법을 함께 사용하여 살처분했다.[78]

　VSD+가 새를 죽이는 비인도적인 방법인지가 조금이라도 의심스럽다면, 이 방법으로 암탉이 죽어가는 영상을 보라. 영상은 미국 가금류 및 달걀협회U.S. Poultry and Egg Association의 지원을 받아 노스캐롤라이나 주립대학교에서 시행한 연구의 일환으로 제작되었고, 동물보호 단체 '애니멀 아웃룩Animal Outlook'이 공공 기록 공개를 요청하여 입수한 것이다.[79] 영상에서 닭은 온도가 올라가자 호흡하기 힘들어하면서 천천히, 그리고 뚜렷이 고통스러워하며 죽어간다. 그럼에도 업계에서는 이후 조류인플루엔자가 발생했을 때 새를 더 신속하게 살처분하는 방법을 개발하는 대신, 그런 상황에서 VSD+를 허용할 수 있다고 결정한 것으로 보인다.

　많은 수의사들은 같은 직종에 종사하는 사람들이 이러한 방법을 받아들이고 활용하는 것이 수의사 윤리를 심각하게 위배하는 것이라고 생각한다. 이 비판에 대해 미국 수의사협회American Veterinary Medical Association, AVMA 동물복지 부문 책임자인 시아 존슨Cia Johnson은 2022년 한 컨퍼런스에서 이렇게 대응했다. "이 방법 중 일부는 지침을 벗어날 위험이 있습니다. 아마도 여러분은 그게 어떤 방법인지 알 거라고 저는 생각하는데요. 그러한 방법을 문서에 계속 남아 있게 하려면 데이터가 필요합니다."[80] 존슨의 이 발언은 농장 동물을 다루는 수의사들에게 VSD+를 지지해달라고 로비를 하는 것처럼 보였다. 얼마 있지 않아 추가 조사가 진행될 때까지 "열사병으로 개체수를 조절하는 방법"을 "권장하지 않음"으로 재분류해줄 것을 요청하는 청원서가 미국 수의사협회에 유포되었다. 협회 회원 278명이 청원서에 서명했으나, 협회 소위원회는 청원서에서 요청한 결의안을 표결에 부치길 거부했다.[81]

조류인플루엔자는 2022년에도 유럽에서 발생했다. 83쪽 분량의 「과학적 견해」에서 유럽 식품안전청은 "환기구 차단을 살처분 방법으로 사용해서는 안 된다"고 단호하게 주장하면서 조류를 도축장에서 살처분할 수 없을 경우 활용할 수 있는 더 인도적인 도축 방법을 제안하고 있다.[82] 그럼에도 프랑스에서는 적어도 1,400만 마리의 조류를 질식사시켰다. 한 영농인은 삽으로 새들을 때려 죽여야 했다고 말했다.[83] 다른 생산자들은 이산화탄소 요법을 사용했는데, 이는 온도를 상승시키는 방법을 추가하건 추가하지 않건, 적어도 환기 차단보다는 신속하게 새들을 살처분할 수 있는 방법이다.

돼지

조지 오웰George Orwell이 자신의 소설 『동물 농장Animal Farm』에서 인간에 대항하는 농장 동물 혁명의 지도자로 돼지를 선택한 것은 문학적인 측면뿐만 아니라 과학적 근거에서도 옹호할 수 있다. 서구 사회에서 즐겨 먹는 동물 중에 돼지는 아마도 가장 영리한 동물일 것이다. 돼지의 문제 해결 능력은 개와 비슷하거나, 어쩌면 개보다 나을지도 모른다. 쾌고감수능력을 갖춘 모든 존재는 고통을 느끼거나 삶을 즐길 수 있는 능력이 있기 때문에, 고통을 피하고 쾌락을 경험하는 자신의 이익을 동등하게 고려 받을 자격을 갖는다. 하지만 돼지의 사육 환경이 돼지가 즐겁게 살아가는데 필요한 것을 제공하는지를 따질 때는 돼지의 높은 지능도 염두에 두어야 한다. 서로 다른 능력의 동물은 필요로 하는 것도 서로 다르다. 모두에게 공통으로 필요한 것은 고통, 극심한 더위와 추위, 배고픔과 갈증을 피하는 것과 육체적 안락이다. 그런데 돼지는 자극도 필요하다. 자극이 없으면 돼지는 지루함을 느낀다. 에든버러대학교 연구자들은 울타리 안의 반半자연적 환경에 풀어놓은 상업용 돼지를 연구했는데, 그들은 돼지가 이런 환경에서 안정된 사회집단을 형성하고 공동의 보금자리를 마련하며, 보금자리에서 떨어진 곳에 만들어놓은 배설 구역을 사용함으로써 보금자리의 청결을 유지한다는 사실을 발견했다. 돼지는 활동적이고, 거의 하루 종일 코를 땅에 대고 먹이를 찾아 숲 언저리를 훑고 다닌다. 돼지는 사회적인 동물이며, 마음대로 돌아다닐 수 있게 해주면 약 세 마리의 암돼지와 새끼로 구성된 집단을 형성한다. 임신한 암돼지는 출산이 임박하면 공동의 보금자리를 떠나 자신만의 보금자리를 따로 만들고, 적당한 곳을 찾으면 구멍을 파고 그 안에 풀과 잔가지를 채운다. 그들은 그곳에서 새끼를 낳고 약 9일을 보낸 뒤 새끼 돼지와 함께 다시 무리에 합류한다.[84]

오늘날의 집약적 생산 시설에서 돼지는 이런 타고난 행동 패턴을 따를 수 없다. 먹고 자고 서 있고 눕는 것 외에 할 일이 없다. 그들에게는 지푸라기나 깔짚 재료가 제공되지 않는다. 직원들이 더러워진 깔짚을 치우고 다시 깨끗한 짚으로 교체해줘야 하기 때문이다. 이렇게 사육되는 돼지는 살이 찌지 않을 수 없겠지만, 에든버러 연구자들이 관찰한 돼지들과 대조적으로, 이 돼지들은 무료하고 불행할 것이다. 과학 연구를 보면, 삭막한 환경에서 사육된 돼지는 너무 무료한 나머지 여물통의 먹이를 먹기 전에 먹이와 함께 채워준 흙을 먼저 파헤쳤다.[85] 무미건조하고 과밀한 환경에 수용되면 돼지도 닭처럼 '나쁜 습관'을 갖게 될 가능성이 크다. 돼지는 깃털을 쪼는 대신 서로의 꼬리를 물어뜯는다. 이런 행동은 축사 안에서 싸움으로 번지고 이 때문에 체중이 감소한다. 돼지는 부리가 없기 때문에 축산업자가 부리를 절단해서 이런 행동을 막을 수는 없다. 그럼에도 축산업자는 말썽을 일으키는 원인을 그대로 둔 채 이런 증상을 없애는 방법을 찾아냈다. 아예 꼬리를 잘라버리는 것이다. 꼬리 자르기는 미국과 일부 다른 국가의 상업용 돼지 농장에서 일반화된 절차다. 이 절차를 다룬 한 리뷰를 살펴보자.

> 꼬리 자르기에는 칼이나 메스, 달군 인두, 수축성 고무 링을 사용하는 방법이 있다. 모든 방법은 대개 진통제나 마취를 사용하지 않고 시행되며, 어떤 방법이든 어느 정도의 통증을 유발할 가능성이 높다.[86]

좀 더 전통적인 농장의 돼지는 꼬리를 자를 필요가 없는데, 왜 상업용 돼지 농장에서는 꼬리를 잘라야 할까? 브리티시컬럼비아대학교에서 동물복지 프로그램을 운영하는 데이비드 프레이저David Fraser 교수는 이렇게 말한다.

> 근본 원인으로 생각해볼 수 있는 것은······ 돼지가 종전형적 species-typical 활동을 표출할 적절한 대상이 없기 때문에 비정상적으로 이런 행동을 한다는 것이다. 돼지에게 지푸라기 깔짚을 주는 농장에서는 꼬리 물기가 적게 나타나는데, 이는 적어도 어느 정도까지는 지푸라기의 '놀이' 효과와 관련이 있다고 볼 수 있다.[87]

문제는 돼지가 따분함을 느끼면 주의를 끄는 대상은 무엇이든 물어뜯고, 어떤 돼지가 다른 돼지의 꼬리를 물어뜯어 상처가 나고 피가 흐르면 다른 돼지들이 그 피를 보고 기를 쓰고 꼬리를 물어뜯기 시작할 것이라는 점이다.[88] 매우 엄격하게 통제된 한 덴마크의 연구에 따르면 사육 밀도를 낮추면서 밀짚을 제공하는 것은 꼬리 자르기만큼이나 꼬리 물기를 줄이는 데에 효과적이다. 꼬리 자르기를 금지한 스웨덴에서는 돼지에게 이런 환경을 제공하고 있다.[89] 미국과 대조적으로, 일상적인 절차로서의 꼬리 자르기는 사실상 유럽연합 전체에서 금지되어 있다. 하지만 꼬리 물기 사고가 일어날 경우 생산자는 사육하는 모든 돼지들의 꼬리를 자를 수 있는데, 이처럼 법 적용의 예외는 흔히 있는 일이다. 꼬리 자르기는 사육 밀도를 낮추고 깔짚을 제공하는 것보다 비용이 덜 들기 때문에 돼지가 꼬리를 잘릴 가능성은 높다. 프랑스에서는 2003년부터 꼬리 자르기가 불법이었지만 법이 지켜지지 않았다. 그러다 마침내 2022년에 동물보호 단체 'L214'의 노력으로, 생산자가 자신이 키우는 돼지의 꼬리를 자르는 관행으로 벌금형을 받은 첫 번째 사례가 탄생했다.[90]

양돈 산업은 닭과 달걀 산업보다 완만한 속도로 완전 감금으로 전환되었다. 하지만 오늘날 미국에서는 돼지 50~100마리를 사육하는 거의 모든 소규모 가족 농가가 거대 양돈 공장에 밀려 사업을 접었다. 2017년 미국 농업 인구조사에 따르면, 그해에 판매된 돼지의 93.5%가 5,000마리 이상 돼지를 사육하는 생산자 소유였다.[91] 양계 산업의 거두인 타이슨 푸드는 돼지 생산으로 사업을 확장해 2021년에는 매주 돼지 46만 9,000마리를 도축장으로 보냈다.[92] 이런 양돈 농장에서는 돼지가 분만사에서 태어나 젖을 빨고 포육실에서 사육된다. 이어서 돼지가 성장하면 최종적으로 사육이 "완성된다finished." 돼지는 생후 6~7개월에 시장에 출하되는데, 이때의 몸무게가 대략 127kg 정도다.[93] 인건비를 줄이려는 욕구는 생산자가 감금 사육으로 전환하는 주요한 이유다. 사료 공급을 자동화한다는 것은 노동력이 거의 필요하지 않다는 것을 의미한다. 또 다른 고려 사항은 움직일 공간이 협소하면 돼지가 '불필요한' 운동으로 먹이를 덜 소모하며, 이에 따라 섭취한 사료 1kg당 체중을 더 불릴 수 있다는 사실이다. 한 돼지 생산자가 말한 바와 같이, 이 모든 경우에서 생산자가 "실제로 하고자 하는 것은 최대의 이익을 얻기 위해 동물의 환경을 바꾸는 것이다."[94]

스트레스, 따분함, 과밀함 외에도 오늘날의 돼지 감금 시설은 돼지의 신체에 문제를 일으킨다. 그중 하나는 돼지의 대소변에서 나오는 암모니아의 함량이 높은 실내 공기다. 일리노이 주 스트론Strawn에 있는 리먼 농장Lehman Bros. Farms 농장주는 이러한 환경을 다음과 같이 설명했다.

> 암모니아는 실제로 동물의 폐를 갉아 먹습니다…… 나쁜 공기가 문제지요. 여기서 한동안 일하고 나면 나도 폐로 느낄 수 있습니다. 그래도 나는 적어도 밤이 되면 여기서 나가지만 돼지는 그렇게 못하죠. 때문에 우리는 테트라사이클린tetracycline(항생제)을 계속 돼지에게 투여해야 하는데, 이는 문제 해결에 도움이 됩니다.[95]

리먼은 특별히 낮은 기준을 고수하는 생산자가 아니다. 이 말을 하기 1년 전 리먼은 전국 양돈업자협의회National Pork Producer's Council가 선정하는 일리노이 돈육부문 모범 미국인Illinois Pork All-American으로 선정된 바 있다.

암모니아는 공기와 물도 오염시킨다. 미국의 최대 돼지 생산지인 아이오와 주의 130개 호수를 조사한 결과, 돼지 농장의 배출량을 10%만 줄여도 주거용 부동산 가치가 8,000만 달러에서 4억 달러(2014년 기준)까지 상승하고, 호수를 방문하는 관광객이 1만 명 이상 증가하며, 유아 사망자 수는 2~3명 줄어들 것으로 확인되었다(이것은 인간 유아에 관한 예측이며, 암모니아가 돼지에 끼치는 영향은 이 조사에 포함되지 않았다).[96]

하지만 집약적 돼지 사육에서 가장 염려스러운 측면은 식용으로 팔리는 돼지의 어미인 모돈母豚을 다루는 방식이다. 월즈 미트사Wall's Meat Company의 한 중진 간부는 집약적 돼지 생산이 시작되던 당시 이렇게 말했다. "번식용 모돈은 소시지 기계처럼 새끼 돼지를 뽑아내는 귀한 기계로 생각하고 또 그렇게 다루어야 한다."[97] 미국 농무부도 생산업자에게 모돈을 "돼지 생산 단위"로 생각하라고 권했다.[98]

임신하고 출산하고 새끼를 빼앗긴 뒤 또다시 임신하는 주기가 반복되는 존재에겐 최상의 환경에서도 기쁠 일이 별로 없다. 그리고 암퇘지가 최상의 환경에서 산다고 할 수도 없다. 미국에서는 모돈의 75%를 임신 스톨gestation stalls(가로 61cm, 세로 183cm의 금속제 개별 틀로, 크기는 모돈 자체보다 그렇게 크지 않다)에서 사육하며, 모돈의 목을 사슬로 묶어놓는 경우도 있다. 동물 과학자 템플 그랜딘Temple Grandin이 밝히고 있듯이, 이는 "기본적으로 모돈에게 비행기 좌석에서 살라고 하는 것이나 마찬가지다."[99] 모돈은 일반적으로 약 114일의 임신 기간 내내 이렇게 지낸다. 그동안 그들은 앞뒤로 한 발자국 이상 움직일 수 없고, 몸을 돌리거나 다른 방식으로 운동을 할 수도 없다.

임신 스톨에서 사육되는 모돈은 각종 스트레스 징후를 보인다. 감금 스톨의 가로대를 갉아대거나, 씹을 것이 없는데도 씹는 시늉을 하며, 머리를 앞뒤로 흔드는 등 여러 스트레스 증세를 나타낸다. 이러한 행동은 정형 행동stereotypical behavior으로 알려져 있다. 콘크리트 우리에 사자, 호랑이, 곰을 가두어둔 옛날식 동물원에 가본 사람이라면 동물이 울타리 주위를 끊임없이 왔다 갔다 하는 정형 행동을 본 적이 있을 것이다. 그런데 모돈에게는 이런 기회마저 없다.

1990년대의 유럽에서는 동물보호 단체들이 개별 스톨에서의 모돈 사육에 강력하게 반대하는 운동을 펼쳤다. 유럽연합은 스톨에서 지내는 모돈의 복지를 평가해달라고 과학수의위원회Scientific Veterinary Committee, SVC에 요청했다. 유럽연합 집행위원회는 스톨에 간힌 모돈이 "임상적인 의미에서 우울증에 걸려 있을 수 있다"[100]고 결론을 맺고 있는 끔찍한 보고서를 받고서 모돈 스톨이 동물복지 허용 기준에 위배된다고 판정했다. 위원회는 더 나은 대안으로서의 모돈 사육 시스템이 실현될 수 있으며, 이를 위해 비용이 많이 들지도, 추가 비용이 발생하지도 않는다는 판결을 내렸다. 이에 따라 위원회는 일정 기간 내에 모돈 스톨을 단계적으로 폐지할 것을 권고했다. 이 작업은 2013년에 마무리되었고, 이후 모돈 스톨 사용은 임신한 첫 4주를 제외하고 유럽연합 전체에서 불법이 되었다. 이제 유럽에서는 모돈을 대개 집단으로 사육한다. 이런 환경에서 모돈은 더 활동적이고, 돌아다닐 수 있으며, 깔짚, 건초, 흙 또는 그들이 조작하거나 주둥이로 헤집을 수 있는 다른 재료들에 접근할 수 있다. 그 결과 스톨에 갇힌 모돈에게서 나타나는 정형 행동은 거의 보이지 않는다.

불행하게도 미국의 모돈은 대부분 20년 전 유럽이 거부했던 환경에서 여전히 사육되고 있다. 캘리포니아, 미시간, 매사추세츠를 포함한 9개 주가 모돈 스톨을 불법화했지만, 이 주들은 미국 돼지 생산의 고작 3%를 차지하는 데 불과하다. 오하이오 주에서는 2026년 감금 스톨이 금지될 예정이다. 하지만 미국 농무부 경제조사국Economic Research Service이 예상하기로는 2026년 이후에도, 생산자가 돼지에게 몸을 돌릴 공간을 제공하라고 요구하는 법이 존재하는 주에서 사육되는 돼지는 10%에 미치지 못할 것이다.[101]

출산 시기가 되면 모돈을 다른 곳으로 옮기는데, 특별한 곳이 아니라 '새끼를 낳는 돈사farrowing pen'로 옮기는 것일 뿐이다(인간은 아이를 '분만give birth'한다고 하지만 돼지는 '새끼를 낳는다farrow'고 한다. 이는 인간과 동물을 구분하려고 생각해낸 또 다른 단어다). 여기서 모돈은 엎드린 자세를 유지할 수밖에 없는 금속 프레임에 갇혀 있으면서 원래 있던 스톨에서보다 훨씬 움직임의 제약을 크게 받는다. 이 장치를 이용하는 표면적인 목적은 암퇘지가 새끼 돼지 위로 굴러 뭉개버리지 못하게 하는 것인데, 암퇘지가 새끼 돼지를 뭉개버리는 문제는 더 많은 수의 새끼를 낳는 모돈에 대한 의도적인 선택적 육종이 이루어짐으로써 한층 악화되고 있다. 이 문제는 이러한 유전적 선택을 포기함으로써, 혹은 모돈에게 더 넓은 공간을 확보해주고, 보금자리를 짓는 데 활용할 수 있는 깔짚이나 다른 재료를 제공함으로써 줄어들 수 있을 것이다. 오래전 미국 농무부는 "좁은 틀에 갇혀 사육되는 암퇘지가 보금자리를 만들려는 강한 본능을 충족시킬 수 없다"[102]는 점과 이때 생기는 좌절감이 새끼를 낳고 젖을 먹이는 데 문제를 일으킬 수 있다는 점을 인정했다. 스톨에 갇혀 임신과 수유를 해야 하는 모돈은 자신이 바꿀 수 없는 단조로운 환경에서 거의 평생 동안 엄격한 제한을 받으며 살아간다.

방금 이야기한 모든 비참한 처지 외에, 모돈과 웅돈boar(거세하지 않은 성체의 수퇘지)은 육계로 사육될 닭을 낳는 데 쓰이는 종계와 다를 바 없이 평생을 굶주림 속에서 살아간다. 시장 출하용으로 몸무게를 불려야 하는 돼지는 식욕이 왕성하고 빨리 자라도록 유전적으로 선택된다. 하지만 번식 능력을 유지하는 데 필요한 최소한의 양 이상의 사료를 육종 돼지에게 주면 그들은 비만이 될 것이다. 어쨌거나 생산자 입장에서는 이는 비용 낭비에 불과하다. 한 연구에 따르면 영국 농업연구위원회가 권장하는 양의 사료를 먹는 돼지는 사료가 더 있었다면 먹었을 양의 60%만 섭취하는 셈이다. 사료를 추가로 얻기 위해 레버를 누르려는 돼지들의 의지는 하루치 사료를 먹기 전이나 후나 거의 같았는데, 이는 그들이 사료를 먹고 난 뒤에도 여전히 배가 고프다는 사실을 보여준다. 과학자들은 다음과 같이 결론을 맺고 있다.

> 임신한 모돈과 웅돈에게 이해타산을 따져 사료를 공급하는 것은 생산자의 요구에는 맞겠지만 돼지의 섭식 욕구를 충족시키지는 못한다. 흔히 동물에게 적절한 복지가 제공되지 않으면 높은 생산 수준을 달성할 수 없다고들 한다. 그런데 돼지의 번식 개체군은 먹이를 제대로 공급받지 못해 배고픔을 느끼며, 이는 스트레스의 주요 원인이 될 수 있다.[103]

유럽연합 집행위원회의 과학수의위원회도 비슷한 결론에 도달했다. "건유 모돈(새끼에게 젖을 주지 않는 모돈)에게 제공되는 먹이는 대개 모돈이 먹고자 하는 양보다 훨씬 적으며, 이로 인해 모돈은 거의 평생을 굶주리며 살아간다."[104] 여기서 다시 한 번 생산자의 이익과 동물의 이익이 충돌한다. 농업계에서 벌이는 로비의 영향으로 우리는 애지중지 키운 행복한 동물들만이 생산 능력이 있다고 생각하면서 마음을 놓는다. 그런데 진상을 파악해보면 양자의 이익이 상충된다는 사실을 쉽게 확인할 수 있고, 우리는 실로 놀라움을 금할 수 없다.

베스트셀러 『패스트푸드의 제국*Fast Food Nation*』의 저자 에릭 슐로서Eric Schlosser는 집약적 양돈업의 본질을 다음과 같이 요약하고 있다. 나는 이 이상으로 그 본질을 잘 요약한 주장을 본 적이 없다.

> 돼지는 코끼리와 유사한 사회 구조를 갖춘 동물로, 돌고래나 유인원처럼 다단계 추론이 가능한 영리하고 민감한 동물이다. 돼지는 거울을 보며 자신을 인식하고, 이 사람과 저 사람을 구별하며, 부정적인 경험을 기억할 수 있다. 또한 그들은 청결한 것을 좋아한다. 돼지 공장에서의 이들의 삶은 수천 년 동안 사육되어온 방식과 거의 닮은 점이 없다. 그들은 작은 새끼일 때 축사에 와서 서로의 오물을 뒤집어쓰고 다닥다닥 붙어 살다가 몇 달 후 도축장으로 떠난다. 그들은 축사에서 보내는 동안 한순간도 바깥에서 즐거운 시간을 보낸 적 없이 그렇게 떠나는 것이다. 여기서 살아가는 동물과 그 근처에 사는 사람들이 볼 때 이 장소의 더러움은 말로 표현하지 못할 정도다.[105]

송아지 고기veal용으로 사육되는 송아지

송아지 고기 산업은 오늘날 시행되고 있는 집약적 영농 방식 중에서 가장 비윤리적이라는 평판을 오랫동안 받아왔다. '화이트빌white veal'로 알려진 프리미엄 제품 생산 방법의 핵심은 빈혈에 걸린 송아지를 가두어놓고 고단백 사료를 주는 것이다. 이 경우 송아지의 살이 연하고 밝은색이 되어 고급 레스토랑에서 아주 비싼 가격에 팔리게 된다('화이트' 빌은 사실 흰색이 아니다. 미국 농무부 문서는 제품을 판매하려는 사람들이 별로 선호하지 않을 것 같은 '희끄무레한 분홍색'**106**이라고 묘사하고 있다). 송아지 고기 산업은 규모 면에서 가금류, 소고기, 돼지고기 제품에 비할 바는 아니다. 하지만 첫째, 동물 생산 산업이 얼마나 극단적인 수준의 착취까지 기꺼이 이르려 하는지를 이해하기 위해, 둘째, 관련업계가 이 책의 초판이 출간되고 나서 그 악명을 떨쳐버리기 위해 기울인 노력을 파악하기(또한 면밀히 검토하기) 위해 우리는 이 산업에 관심을 가져볼 필요가 있다.

'빌veal'이란 어린 송아지 고기를 말한다. 원래 이 용어는 어미에게서 젖을 떼기 전에 도축된 송아지를 뜻했다. 이와 같이 아주 어린 송아지의 살은 풀을 먹기 시작한 송아지의 살보다 색이 훨씬 엷고 부드럽다. 하지만 이런 고기를 구하기는 힘들다. 송아지가 생후 몇 주 후인 아주 어린 시기부터 풀을 먹기 시작하기 때문이다. 구할 수 있는 소량의 송아지 고기는 낙농업계에서 생산됐으나 쓸모없는 수송아지 고기였다. 송아지는 태어난 지 하루나 이틀 만에 트럭에 실려 시장으로 운송되었다. 시장에 도착한 송아지는 어미 없는 낯선 환경에서 두려움에 떨며 굶주렸고, 그곳에서 팔려 도축장으로 곧장 옮겨졌다.

1950년대에 이르러 네덜란드의 송아지 고기 생산자들은 살이 붉어지거나 질겨지지 않은 상태로 송아지를 오래 살려두는 방법을 개발했다. 그 비결은 송아지를 얼마나 극히 부자연스러운 상태에 두느냐에 달려 있었다. 송아지 고기 전문 생산자는 아직 젖도 안 뗀 송아지를 경매에서 구매해서 곧바로 감금 시설로 데려갔다. 그곳에서 송아지들은 개별 틀이나 우리에 감금되었는데, 이들은 폭이 너무 좁아 송아지가 몸을 돌릴 수 없었고 한두 걸음 움직일 수도 없을 만큼 크기가 작았다. 간혹 스톨의 뒷부분이 열려 있기도 했지만 송아지는 스톨 앞쪽에 묶여 있었다.

이런 상황에서 새끼 송아지는 어미를 몹시 그리워하며, 무언가를 매우 빨고 싶어 한다. 빨려는 충동은 인간 아기와 마찬가지로 새끼 송아지도 매우 강하다. 송아지는 감금된 첫 날(아마 생후 3~4일밖에 안 된 시기일 것이다)부터 플라스틱 양동이에 담긴 물을 마신다. 이 책의 초판을 쓰기 위해 조사를 진행할 당시 나는 한 송아지 생산자를 방문했고, 그가 자신의 송아지를 보여줬다. 송아지는 좁은 스톨에서 밖을 내다보며 우리를 따라 고개를 움직였다. 생산자는 내 엄지손가락을 송아지 한 마리에게 내밀어보라고 했다. 나는 살짝 겁이 났지만 그렇게 해보았다. 그러자 송아지는 마치 아기가 고무젖꼭지를 빨듯이 즉시 내 손가락을 힘차게 빨았다.

송아지는 짚이나 건초 혹은 잠자리에 쓸 것이 깔려 있지 않은 맨바닥에 눕는다. 돼지와 마찬가지로, 송아지에게 잠자리에 쓸 재료를 제공하려면 재료 자체는 물론 그것을 교체하는 데 인건비를 포함한 비용이 증가한다. 하지만 송아지의 경우는 짚이나 건초를 깔아주지 않는 또 다른 이유가 있다. 철분은 살을 붉게 만드는데, 이 때문에 생산자가 송아지들이 낮은 함량의 철분을 유지하도록 의도적으로 관리를 하는 것이다. 그런데 이처럼 관리가 이루어짐으로써 철분과 조사료roughage가 부족해진 어린 송아지는 철분이 함유되어 있는 짚과 건초를 먹으려 한다. 때문에 생산자는 송아지에게 짚과 건초를 제공하려 하지 않는 것이다. 비슷한 맥락에서 생산자는 송아지를 절대 들판에 내보내지 않는다. 송아지가 풀을 뜯어 먹을 것이기 때문이다. 또한 그들은 송아지가 돌아다니게 놔두면 근육이 발달해 육질이 덜 부드러워질 거라고 생각한다. 송아지 고기용 송아지 사육 매뉴얼은 생산자에게 물의 철분 함량을 확인하고, 함량이 높으면 철분 필터를 장착하라고 권고하고 있으며, 녹슨 금속은 송아지가 핥아 철분을 취할 수 있으므로 송아지 가까이에 두지 말라고 조언하고 있다.[107]

송아지는 이런 식으로 약 16주를 살며, 도축장으로 수송될 때에야 비로소 갇혀 있던 스톨을 떠난다. 갓 태어났을 때 40kg에 불과했던 송아지가 이 정도 연령에 181kg에 육박한다는 것은 송아지 고기용 송아지를 사육하는 생산자의 입장에서 볼 때 이 시스템의 장점이 아닐 수 없다.

송아지 고기는 고가에 팔리기 때문에 이러한 방식으로 송아지를 사육하는 것은 수지맞는 장사다. 하지만 일부 동물복지 단체와 이 책의 초판을 통해 송아지 사육 관행이 폭로되면서 사람들은 송아지 고기를 기피하기 시작했다. 특히 유럽에서 반대가 심했다. 유럽연합은 과학 수의학위원회에 자문을 구했고, 위원회 보고서는 당시의 송아지 사육 방식을 규탄했다. 이런 움직임은 1997년 동물운동의 대대적인 승리로 이어졌다. 모돈 스톨에 조치를 취했던 경우와 유사하게, 유럽연합은 개별 스톨 사용을 금지했고, 모든 송아지에게 영양학적으로 적절한 사료를 먹이라고 요구하는 결정을 내렸다. 이 규정은 2006년 말 발효되었고, 그때 이후 유럽에서는 송아지 고기용 송아지를 집단으로 사육하고 있으며, 조사료를 포함해 철분이 적절히 함유된 사료를 공급하고 있다.

비슷한 시기에 미국에서도 화이트빌 생산에 반대하는 시위가 벌어지고 있었다. 미국의 송아지 고기 생산자들이 결성한 미국 송아지 고기협회American Veal Association, AVA는 자신들에 대한 비판에 대응했는데, 칭찬받아 마땅하게도 송아지가 독방 감금 생활을 즐겼다고 믿게끔 소비자를 기만하는 방식으로만 이런 비판에 대응하지 않았다. 2007년 송아지고기협회는 모든 송아지 고기 생산자에게 10년 이내에 송아지가 서고, 몸을 활짝 펴고, 눕고, 몸을 돌리고, 다른 송아지와 어울릴 수 있는 집단 사육으로 전환할 것을 촉구하는 결의안을 채택했다. 2018년 1월, 송아지고기협회는 이 임무를 완수했으며, "송아지 고기 생산과 관련된 모든 협회 회원사와 개인이 집단 사육과 쇠사슬 없는 사육으로 성공적으로 전환했다"[108]고 발표했다.

이러한 변화 덕분에 유럽과 미국에서 사육되는 많은 송아지는 분명 변화가 있기 전보다는 나은 삶을 살게 되었다. 하지만 유럽과 미국의 규제에는 여전히 문제가 남아 있다. 유럽연합은 송아지가 몸을 돌릴 수 있을 만큼 우리가 충분히 넓어야 함을 규정하고 있다. 하지만 이러한 규정은 생후 8주까지 개별 우리에서의 사육을 허용한다. 미국 송아지고기협회의 기준도 최대 10주까지 개별 우리에서의 사육을 허용한다. 이런 기준을 정해놓은 것은 표면적으로는 어린 송아지가 연약하고 질병에 걸릴 가능성이 높기 때문이지만, 대체로 이는 송아지가 어미와 함께 있지 않기 때문에 취해지는 조치다. 송아지는 혼자 있음으로써 커다란 대가를 치르게 되기도 하는데, 이는 2021년 '미국 젖소 복지협의회U.S. Dairy Cattle Welfare Council'가 "생후 1~4일부터 젖소 송아지를 쌍으로 혹은 집단으로 사회적 사육social housing하는 방안"을 지지하는 입장문을 발표하면서 파악하게 된 사실이다. 협의회는 '사회적 사육'이 송아지의 인지 발달, 사회적 기술 및 놀이 방법을 개선하고, 스트레스를 겪을 때 정서적인 안정을 주며, 이유식 스트레스를 줄이고, 태어나자마자 어미와 떨어지면서 느끼는 불안 증세와 스트레스를 감소시킨다고 말했다. 협의회의 이야기는 나중에 젖소가 될 암송아지 사육에 관한 것이었다. 하지만 젖소에게서 태어난 수송아지에게 사회적 사육의 혜택이 적게 돌아갈 것이라고 생각할 하등의 이유가 없다.

다음으로 빈혈 문제를 살펴보자. 미국 송아지고기협회는 회원사에서 사육하는 송아지가 빈혈에 걸리지 않았다고 주장했지만,[109] 캘리포니아 주 포모나Pomona에 있는 웨스턴 보건과학대학교Western University of Health Sciences 수의학 교수인 제임스 레이놀즈James Reynolds 박사가 생각하기에 "생산자는 송아지 고기가 부드럽고 색이 연해지기를 원하기 때문에 [송아지의] 빈혈 상태를 계속 유지한다." 그는 송아지고기협회 생산자들이 일종의 질병인 빈혈을 유발하는 것이 비윤리적임을 알고 있으며, 이에 따라 송아지의 철분 수치를 모니터링하여 수치가 너무 낮으면 송아지에게 철분 주사를 놔준다는 사실을 인정한다. 그런데도 송아지는 빈혈의 경계선상에 놓여 있다고 그는 말한다.[110]

송아지고기협회는 표준에 따라 송아지 고기를 생산하도록 회원사에 요구할 수 있지만, 미국의 송아지 고기 생산자가 전부 협회 회원은 아니다. 애리조나, 캘리포니아, 콜로라도, 켄터키, 메인, 매사추세츠, 미시간, 오하이오, 로드아일랜드 등 9개 주에는 송아지가 돌아서 거나 자기 털을 핥는 자연스런 행동을 할 수 있는 공간을 제공하도 록 요구하는 법률이 있다(이들 법률은 공간이 넉넉하기만 하면 개별 스톨이나 개 별 우방pen을 허용하는데, 이렇게 보자면 이들 주는 사실상 사회적 격리를 금하지 않는다 고 볼 수 있다). 하지만 몸을 돌리지 못할 정도로 협소한 모든 스톨을 금 지하는 법률과 마찬가지로, 이 목록에도 최대 생산지(이 경우는 위스콘 신과 인디애나 주)가 빠져 있고, 주로 송아지 고기용 송아지를 키우는 메 노나이트Mennonite와 아미시Amish 공동체가 있는 펜실베이니아 주도 포함되어 있지 않다. 레이놀즈 교수는 이 공동체에 속한 영농인들이 오늘날 송아지고기협회가 금하고 있는, 1950년대와 1960년대에 네 덜란드에서 미국으로 도입된 방법들을 여전히 사용하는 경향이 있 다고 말한다.

좋은 소식은 미국 내 송아지 고기 소비량이 1940년대에 1인당 연 간 약 3.5kg에서 1995년에는 500g 미만으로, 2020년에는 100g으 로 급격히 감소했다는 것이다. 현재 미국 송아지 고기 시장에서 큰 비중을 차지하는 것은 이탈리아 식당이다. 이처럼 송아지 고기를 적 게 소비하게 된 한 가지 요인은 바로 가격이다. 실제로 송아지 고기 는 소고기보다 훨씬 비싸다. 그런데 내가 이 책에서 간단히 설명한 동물복지 문제에 대한 사람들의 인식이 널리 확산된 것도 송아지 고 기 소비가 줄어든 또 다른 한 가지 요인이다. 유럽연합에서는 미국 에서 여전히 사용하는 방법으로 송아지 고기용 송아지를 사육하는 것이 불법인데, 정작 유럽연합에서는 송아지 고기 소비가 미국만큼 줄어들지 않았다.[111]

송아지가 태어나자마자 어미와 떼어놓는 것은 잔인한 일이며, 그 후 몇 주간 격리하는 것은 상황을 더 악화시킨다. 풀을 뜯을 시기가 지날 때까지 송아지의 살색을 창백하게 유지하려 할 경우 송아지는 철분과 조사료 결핍으로 건강을 위협받게 된다. 게다가 '화이트'빌 생산에서 벌어지는 이 모든 일들은 자신이 먹는 동물의 고통보다 미각의 만족을 우위에 두는 사람들에게 사치품을 제공하는 것 외에 다른 특별한 목적이 없다.

우유 생산을 위해 사육되는 젖소

이미 살펴본 것처럼 송아지 고기 산업은 낙농업의 한 분야다. 유제품 생산자는 반드시 매년 젖소를 임신시켜야 한다. 그렇지 않으면 우유, 즉 젖소의 젖이 말라버리기 때문이다. 젖소의 새끼는 태어나자마자 어미와 생이별을 하는데, 이것은 송아지에게도 두려운 일이지만 어미에게도 고통스러운 경험이다. 어미는 흔히 송아지를 부르듯 계속해서 큰 소리로 울어대며 감정을 분명하게 드러낸다. 이 울부짖음은 어린 송아지를 빼앗긴 후 여러 날 계속될 수 있다. 어미와 이별한 일부 암송아지는 우유 대체물로 사육되다가 우유 생산 연령인 2살 정도가 되면 다른 젖소의 역할을 대신하며, 다른 송아지는 생후 1~2주에 팔려 비육우(질 좋은 고기를 많이 생산하기 위해 특별히 살 찌우는 소-옮긴이) 우사나 사육장에서 고기용으로 길러진다. 나머지는 송아지 고기 생산업자에게 팔린다.

젖소가 목초지에서 송아지와 함께 노니는 목가적인 모습은 상업적 우유 생산 과정에서는 더 이상 찾아볼 수 없다. 오늘날 전형적인 젖소는 더 이상 들판에서 평화롭게 풀을 뜯지 않는다. 대신 젖소는 비非방목 사육이 이루어지는 낙농 시설에서 사육되는, 세밀하게 조정된 우유 생산 기계로 전락했을 가능성이 크다. 젖소는 생산이 최고조에 달했을 때 하루 60L(미국 기준으로 15갤런)에 달하는 엄청난 양의 우유를 생산하도록 사육될 것이다.[112] 이 중에서 일부 젖소는 겨우 일어서고 엎드릴 수 있을 정도의 개별 우방pen에서 사육되고, 또어떤 젖소는 소가 취하는 대부분의 엎드린 자세조차 취하기가 불가능한 계류장치stanchion에 갇혀 지낸다. 상대적으로 운이 좋은 젖소는 작은 야외 마당으로 나갈 수 있고, 정말 운이 좋은 젖소만이 초원에서 자유롭게 풀을 뜯을 수 있다. 생산자는 젖소의 환경을 철저하게 통제한다. 그들은 사료 양을 계산해서 젖소에게 제공하고, 우유 생산량을 최대화하기 위해 실내 온도를 조절하며, 일반적으로 빛 16시간, 어둠 8시간으로 조명을 인위적으로 조정한다. 이것이 우유 생산량을 더 높이는 방법으로 밝혀졌기 때문이다.[113]

젖소가 첫 번째 송아지를 빼앗기고 나면 생산 주기가 시작된다. 젖소는 10개월간 하루에 두 번 혹은 세 번씩 젖을 짠다. 출산 후 세 달이 지나면 젖소는 또다시 임신을 하고, 다음 송아지 출산 예정일에서 6~8주 전까지 우유를 짜며, 송아지를 떼어놓자마자 다시 같은 과정을 반복한다. 젖소는 15~20년 동안 살 수 있지만, 이처럼 강도 높게 반복되는 임신과 수유 주기는 대략 5년 정도만 지속될 수 있으며, 그다음엔 우유 생산량이 감소하면서 '쓰임을 다한spent' 젖소로 분류된다.

쓰임을 다한 젖소는 대개 절름발이가 되거나 한 가지 이상의 고통스러운 질병에 시달리며, 경매장이나 다른 시장으로 갔다가 낙농장으로부터 젖소를 받는 여러 도축장들 중 한곳으로 보내진다. 이런 대형 동물을 처리하는 데 필요한 특수 장비를 갖춘 도축장은 얼마 되지 않기 때문에, 젖소는 하루 이상 트럭에 실려 전국을 떠돌 수 있다. 우유를 많이 생산하도록 사육된 젖소가 갑자기 더 이상 우유를 짜지 않게 되면 유방이 부어올라 통증이 생길 수 있다. 우유를 생산할 수 없는 소는 주인에게 가치가 없다. 젖소의 살코기는 햄버거나 개 사료로나 쓰일 뿐이고, 젖소의 복지는 더 이상 중요하지 않다.

젖소는 스트레스를 받으면 심리적·생리적 장애가 모두 나타나는 민감한 동물이다. 그들은 '관리인'과 한 몸이 되고 싶어 한다. 전통적인 낙농장에서는 젖소들과 많은 시간을 보내고, 각각의 이름을 일일이 기억하고, 젖을 짜고 사료를 주며, 각 동물의 독특한 개성을 익숙하게 파악하는 사람이 바로 관리인이었다. 하지만 오늘날의 낙농 생산 체계에서는 관리인이 하루에 젖소 한 마리당 5분 이상 관심을 쏟을 수 없다. 1988년까지도 다수의 낙농장은 200마리 미만의 젖소를 보유했다. 오늘날 대부분의 젖소 관리인은 1,000마리 이상의 젖소를 소유한 생산자이며, 젖소의 1/3은 2,500마리 이상의 젖소를 보유한 시설에서 사육된다.[114] 이런 대규모 시설에서는 젖소 관리인과 젖소가 개별적으로 상호작용을 할 기회가 별로 없다.

이 책의 초판이 출간된 후 첫 40년 동안 '상업적 우유 생산자는 모두 젖소를 매년 임신시키고, 거기서 얻은 우유를 판매하기 위해 어미와 송아지를 떼어놓는다'는 내 주장에 반박을 가하는 사람은 아무도 없었다. 그러던 중 나는 '하우 나우 데어리How Now Dairy'에 대한 이야기를 듣게 되었다. 하우 나우 데어리는 호주의 낙농가 3세인 레스 샌들Les Sandle과 그의 파트너이자 자신을 '열정적인 동물권리 활동가'라고 소개하는 캐시 파머Cathy Palmer가 설립한 단체다. 샌들은 호주의 낙농업이 미국처럼 대형 낙농업으로 나아간다는 사실에 불만을 표시해왔고, 2012년 레스와 파머는 마침내 이에 맞서 뭔가를 해보기로 결심했다. 그들은 윤리와 연민이 경제성과 충돌할 이유가 없다는 급진적인 신념을 바탕으로 윤리적 낙농장을 만드는 것을 목표로 삼았다. 그들은 멜버른에서 북쪽으로 약 200km 떨어진 곳에 위치한 25ha 규모의 농장을 운영하고 있는데, 이 농장에는 곳곳에 나무가 심어진 작은 방목장에서 풀을 뜯고 있는 소들이 있다. 이 농장의 가장 놀라운 특징은 송아지가 어미 소와 함께 지낼 수 있고, 적어도 생후 4개월이 되어 젖을 뗄 때까지 어미의 젖을 마음껏 먹을 수 있다는 것이다. 하우 나우 데어리에 따르면 송아지는 대개 하루 4~5L 정도의 젖을 빨고, 결코 8L를 넘지 않는다. 하지만 어미 소가 하루 약 20L의 우유를 생산하기 때문에 판매할 수 있는 양은 여전히 많다. 하우 나우 데어리는 상업적 우유 생산자 치고는 규모가 작은 생산자다. 하지만 이 글을 쓰고 있는 이 시점에, 하우 나우 데어리는 송아지와 어미를 떼어놓지 않고, 또한 단 한 마리의 송아지도 죽이지 않고 70만L 이상의 우유를 생산해내고 있다.

하우 나우 데어리가 송아지를 단 한 마리도 죽이지 않는다는 이야기를 처음 들었을 때 내 첫 반응은 이랬다. "그건 불가능해! 그 농장은 머지않아 황소로 바뀔 생산력 없는 수송아지로 넘쳐날 거야!"

하지만 여기서 현대 기술이 매우 자연스런 영농 방식을 구원하러 손길을 내민다. 하우 나우 데어리에는 아예 수송아지가 없다. 오직 암송아지만 태어나도록 성감별 정액sexed semen을 이용해 인공수정을 하기 때문이다. 암컷은 모두 성장하여 무리의 성원이 된다. 이 농장에는 대부분의 낙농장만큼 송아지가 많지 않다. 젖소가 새끼를 18~24개월에 한 마리씩만 낳기 때문이다. 이 말은 젖소의 생산성이 높지는 않아도 그 생산성을 오랫동안 계속 유지한다는 뜻이다. 하우 나우 데어리가 밝힌 것처럼 이들 젖소는 "그저 우유 생산 기계가 아니라 삶의 질을 갖추고 살아간다."

샌들과 파머가 젖소를 이렇게 대하는 것은 그저 자기들 기분 좋자고 그러는 것이 아니다. 그들은 젖소와 송아지에게 해로운 일을 해야만 우유를 생산할 수 있다는 생각에 도전하고 있다. 하우 나우 데어리의 우유는 표준 방식으로 생산되는 우유보다 비싸지만, 그들의 사업은 나날이 번창하고 있다. 젖소의 필요를 반영하여 운영되는 낙농장에서 생산한 우유에 기꺼이 비싼 가격을 지불하려는 고객 덕분이다.[115]

다른 나라에도 이런 낙농장이 몇 군데 있다. 영국 러틀랜드Rutland에 위치한 아힘사 낙농 재단Ahimsa Dairy Foundation은 송아지가 어미와 함께 지낼 수 있게 해준다. 독일의 안자 흐라데츠키Anja Hradetsky가 운영하는 낙농장도 송아지를 어미와 함께 지내게 하는데, 이 농장은 한 다큐멘터리에 소개된 바 있다. 다큐멘터리는 이런 형태의 낙농법을 '틈새 속의 틈새'라고 설명하고 있는데, 여기서 첫 번째 틈새는 독일 전체 낙농장의 3.5%를 차지하는 유기농 낙농장이고, 두 번째 틈새는 송아지를 어미와 함께 살게 하는 낙농장으로, 유기농 낙농장의 2%에 불과하다. 계산해보면 독일에서 출생 직후 어미 소와 이별하지 않는 송아지는 1,000마리 중 한 마리 미만으로 확인된다.[116] 샌들과 파머, 흐라데츠키 같은 낙농가, 그리고 아힘사 낙농 재단 창립자들이 소에게 보여주는 관심은 감탄할 만하다. 하지만 이런 사육 방식이 아직까지 전체 우유 생산 방식에 영향을 미친다는 징후가 보이지 않는다는 점은 안타깝다.

고기용으로 사육되는 소

흔히 소고기를 생산하기 위해 사육되어 도축되는 동물을 'cattle(가축화된 소의 총칭)'이라고 한다. 이는 'chattel'의 변형으로, 원래 옮길 수 있는 개인의 재산을 지칭하는 동산動産을 뜻하는 단어였다. 소고기 생산을 위해 사육되는 동물이 본질적으로 인간의 재산 목록이라는 인상을 주지 않고, 이들을 개별 동물로 생각하도록 권장하는 차원에서, 나는 이들을 암수 구분 없이 'cow(소)'라고 부르겠다. 브리태니커 백과사전에 나와 있듯이, cow는 "성별과 나이에 상관없이 보스 타우루스Bos taurus 종에 속하는 가축 소"[117]를 지칭할 때 이미 일반적으로 사용되고 있는 단어다.

전통적으로 미국에서 소고기를 얻기 위해 사육되던 소는 광활한 방목지를 자유롭게 배회했다. 이는 카우보이 영화에서 흔히 볼 수 있는 장면이다. 하지만 『피오리아 저널 스타Peoria Journal Star』에 실린

다음의 유머러스한 기사에 나오는 것처럼 오늘날의 목장은 과거와는 다르다.

> 카우보이의 집이 반드시 방목장에 있는 것은 아니다. 그의 집은 소가 향신료 냄새를 맡게 되는 가장 가까운 곳이 소고기찜 속인 비육장일 가능성이 더 크다. 이것이 오늘날의 카우보이의 모습이다. 노리스 농장Norris Farm에서는 풀이 드문드문 자란 8,000ha의 대목초지에서 소 700두를 키우는 대신, 4.5ha의 콘크리트 건물에서 소 7,000두를 사육한다.[118]

닭, 돼지, 송아지, 젖소에 비하면 육우는 아직도 방목 사육하는 경우가 많지만, 그들이 방목지에 머무는 시간은 줄어들고 있다. 카우보이 시절만 해도 소는 2년 정도 목초지를 돌아다닐 수 있었다. 하지만 오늘날의 소는 대부분 목초지에서 고작 6~8개월을 지내다 '완성되기finished' 위해 트럭에 실려 장거리를 이동한다. 여기서 '완성된다'는 말은 옥수수와 여타 곡물이 포함된 풍부한 사료를 먹여 소가 시장에 내놓기 적합한 무게와 조건에 이르도록 살을 찌운다는 것이다. 마지막으로 대략 생후 14개월이 되면 그들은 도축장으로 보내진다.[119]

비육장에서 소를 살찌우는 방식으로의 전환은 지난 수십 년간 소고기 산업계의 지배적인 추세였다. 현재 소고기용으로 사육되는 소 네 마리 중 세 마리는 야외 비육장에서 살을 찌운 소다. 이런 추세 속에서 비육장 규모도 점점 더 커졌다. 현재 미국의 소 열 마리 중 네 마리가 사육 규모 3만 2,000마리 이상의 비육장에서 온 것이다. 일부 비육장은 10만 마리를 사육한다.[120] 비육장을 활용하면 수익성이 높아진다. 그 이유는 비육장에서 소가 풀보다 곡물을 먹게 될 경우 살이 더 빨리 찔 뿐 아니라 미국인이 선호하는 마블링이 많은 고기를 생산할 수 있게 되기 때문이다. 그뿐 아니라 미국에서는 옥수수가 막대한 보조금 혜택을 받으며, 생산 원가보다 낮은 가격에 판매된다.

하지만 소에게 제공되는 표준 식단은 소의 위가 풀을 소화하도록 진화했다는 사실을 무시하고 있다. 식단의 대부분이 곡물일 경우, 소화가 시작되고 음식이 발효되는 위장의 일부인 반추위가 지나치게 산성화된다. 그러면 소는 배가 부풀어 올라 고통을 느끼게 되는데 더 심각한 문제는 손상된 반추위 벽을 뚫고 박테리아가 혈류로 들어가 농양을 유발할 수 있다는 사실이다. 2016년 미국 소고기위원회 품질 감사U.S. National Beef Council Quality Audit는 육우 간肝의 거의 18%가 농양으로, 또 다른 10%는 오염으로 불합격 판정을 받았음을 보여준 바 있다.[121]

비육장은 공장식 사육장에서 닭, 돼지, 송아지를 가두는 정도로 심하게 소를 가두지는 않지만, 그렇다고 이 말이 비육장이 소가 지내기에 적합한 장소라는 것은 아니다. 각각의 소는 4,000m² 크기의 사육장을 돌아다닐 수 있다. 송아지 고기용 송아지와 달리, 이 사회적 포유류는 고립되어 사육되지 않는다. 이들에게는 이동 제한보다는 황량하고 변화 없는 환경이 주는 지루함이 더 문제다.

육우 사육의 또 다른 매우 심각한 문제는 그들이 무방비 상태로 자연에 노출된다는 점이다. 소는 날씨가 더우면 그늘로 이동한다. 하지만 미국에서는 텍사스처럼 극단적으로 여름이 뜨거운 주에서도 대개 소에게 그늘을 만들어주지 않는다. 그늘이 육우에게 미치는 영향에 대한 2020년의 한 조사에 따르면 "최근 몇 년간 발생한 수차례의 폭염으로 비육장에서 심각한 폐사 손실이 발생했다."[122] 상황이 이러한데 왜 여름이 뜨거운 지역의 미국 비육장 소유주는 가령 호주 북부의 비육장 소유주들과 달리 소에게 그늘을 만들어주지 않을까? 여기서도 경제성에 대한 고려가 동물복지에 대한 관심에 우선한다. 텍사스 공과대학교 동물과학 및 식품기술학과 연구자들은 신중하게 통제된 한 연구에서, 소를 두 집단으로 나누어 한쪽에는 피할 그늘을 만들어주고 다른 한쪽에는 만들어주지 않았다. 하루 중 더위가 극성을 부리는 낮 동안, 첫 번째 집단은 태양의 움직임에 따라 만들어지는 그늘로 이동했다. 이와는 별개로 연구자들은 두 번째 집단의 소가 첫 번째 집단의 소보다 서로를 공격적으로 대하는 경우가 많다는 흥미로운 사실을 확인했다. 이는 인간과 마찬가지로 소도 너무 더우면 짜증을 낸다는 것을 시사한다. 하지만 그들이 언급한 내용의 핵심은 "일반적으로 서부 텍사스의 상업적 비육장이 소에게 그늘을 제공하지 않는 이유가 그곳의 비육장 소유자들이 그늘 제공의 비용 효율이 높지 않다고 생각하기 때문"[123]이라는 것이다. 2020년의 조사도 이와 유사한 결론에 이르고 있다. "소고기 업계는 일관되게 그늘의 이익이 경제적 투자보다 크다고 믿지 않는다." 이처럼 소에 대한 편협한 경제적 사고방식의 결과로, 2022년 6월 뜨거운 날씨가 이어지는 동안 캔자스 주에서만 2,000마리 이상의 소가 열사병으로 폐

사했다(NBC는 이 사건을 보도하면서 폐사로 인해 곡물 가격이 상승하여 미국 "축산업
계의 고통이 가중되었다"고만 언급했을 따름이다).**124**

총 강우량이 많은 아이오아 및 일리노이 같은 미국 일부 지역과 유
럽에서는 일부 소고기 생산자가 가금류, 돼지, 송아지 산업의 선례
에 따라 소를 실내에서 사육하고 있다.**125** 이렇게 할 경우 동물이 날
씨로부터 보호를 받을 수 있지만, 사육 밀도가 훨씬 높아지는 대가
를 치러야 한다. 소고기 생산자가 축사에 투자한 자본 대비 가능한
한 최대의 수익을 돌려받고 싶어 하기 때문이다. 실내에 갇힌 육우
는 개별 스톨보다는 일반적으로 우사에서 집단으로 사육된다. 축사
의 콘크리트 바닥은 청소하기 편하다는 이유로 많이 사용되지만, 돼
지나 송아지처럼 육우도 콘크리트 바닥을 불편해하며 잘못하면 절
름발이가 될 수 있다.

어류

집약적 어류 생산 방식은 이 장에서 설명하는 그 어떤 사육 방식
보다도 많은 척추동물을 가두어 사육한다. 나는 어류fish라는 단어를
사용하면서 지느러미가 있는 물고기finfish라고도 불리는 척추동물을
지칭하고 있는데, 이는 굴과 새우 같은 갑각류shellfish나 문어와 구분
하기 위함이다. 1장에서 살펴본 것처럼 어류가 쾌고감수능력을 갖
추었다는 증거는 강력하다. 유럽 식품안전청은 어류가 고통을 느낄
수 있는지를 보고하기 위해 과학 패널을 구성했는데, 그들은 어류가

고통, 두려움, 괴로움을 경험할 수 있는 능력이 있다는 증거를 확보했다. 이에 따라 패널은 "인간의 식량으로 사용되는 모든 동물, 즉 포유류, 조류, 어류에게 복지 개념이 동일하게 적용된다"[126]고 결론을 맺고 있다.

우리가 확보하고 있는 증거는 양식 어류의 고통을 크게 우려할 정도로 강력하며, 특히 최근 확인한 양식 어류 수에 대한 가장 신뢰할 만한 추산치가 약 1,240억 마리임을 감안하면 이러한 우려는 가중된다.[127] 이 수치에는 야생 포획 어류는 포함되지 않았다. 집약적으로 양식되는 어류와 갑각류의 사료로 쓰이는 야생 포획 어류의 수는 5,000억~1조 정도로 그 수가 훨씬 많다.

사료로 쓰이는 야생 포획 어류의 수가 시사하는 바와 같이, 집약적 어류 생산은 다른 형태의 집약적 동물 생산 방식과 기본적인 문제를 공유한다(이 문제는 4장에서 더 자세히 살펴볼 것이다). 다시 말해 동물이 스스로 먹이를 구할 수 없게 가두어놓으면 그들에게 줄 먹이를 마련해 주어야 하는데, 어떤 경우에도 우리가 동물에게서 얻게 되는 먹을거리보다 많은 먹이를 동물에게 공급해 주어야 하는 것이다.

잡은 물고기 중에 상업적 가치가 낮은 물고기를 갈아 어분이나 어유를 만들면 집약적 어류 생산자가 이것을 사서 자기가 키우는 물고기에게 먹인다. 사육 물고기는 더 높은 가격에 팔 수 있으니, 여전히 상업적으로 이익이다(어분은 공장식 농장에서 사육되는 닭과 돼지에게 사료로 주며, 일부는 반려동물 사료로도 쓰인다). 대서양 연어는 가장 인기 있는 양식 생선 중의 하나인데, 특히 부유한 국가에서 인기가 높다. 연어는 육식성 어종으로, 4kg짜리 연어 한 마리를 키우려면 평균 물고기 147마리를 죽여야 한다. 양식 유럽 뱀장어는 더 심각하다. 뱀장어의 체중은 고작 1kg 정도지만, 먹이를 제공하려면 물고기 79마리를 죽여야 하기 때문이다. 대량 양식되는 또 다른 물고기 나일 틸라피아Nile tilapia는 대체로 초식을 하는 어종이지만, 이 역시 1kg짜리 물고기 한 마리를 생산하려면 물고기 일곱 마리를 죽여야 한다. 이런 점에서는 잉어가 상황이 가장 낫다. 잉어는 식물과 해조류를 먹고 살 수 있고, 1kg짜리 잉어 한 마리를 사육하는 데 물고기 한 마리만 소모하면 되기 때문이다.[128]

대부분의 집약적 동물 생산 방식과 마찬가지로, 경제성과 동물복지가 서로 다른 방향을 가리킬 때 승리를 거두는 쪽은 경제성이다. 집약적으로 사육되는 다른 동물처럼 어류도 야생 종보다 훨씬 빠르게 성장하도록 유전적으로 선택되며, 이것이 이상 증세를 일으킨다. 일부 물고기들은 닭들이 겪는 다리 문제 대신, 호흡을 하고 먹는 데에서 곤란을 겪을 수 있다. 물고기를 너무 밀집된 상태에서 사육하면 수질이 나빠지고 폐사율이 높아지지만, 생산자에게는 이러한 사육 방식이 여전히 더 큰 수익을 안겨줄 수 있다. 어류 생산자는 일부 어종의 경우 치어 폐사율을 70~80%로 예상한다. 2019년 홍콩의 한 뉴스는 생산자들이 새로운 기생충 탐지 기술의 개발 가능성을 환영하는 모습을 보도했는데, 그들은 어린 물고기의 절반 정도가 살아남길 기대했다.[129]

어종이 다르면 복지와 관련하여 필요한 것들도 서로 다르다. 어떤 어종은 사회적이어서 다른 어종이 주변에 많이 있어도 별로 스트레스를 받지 않는다. 반면 대체로 독립생활을 하는 연어를 포함한 일부 어종은 그렇지 않다. 집약적 가두리 양식장에서 최대 75cm까지 자라는 이런 대형 어류는 각각이 욕조에 담긴 물 정도의 공간만 차지할 정도로 다닥다닥 붙어서 떼 지어 살아가야 하는데, 이 말은 스트레스가 많아지고, 공격 행동이 심해지며, 지느러미에 손상이 늘고, 수중 산소가 부족해진다는 뜻이다.

연어는 대양을 가로질러 이동한 뒤 자신이 태어난 강으로 돌아가는 것으로 유명하다. 하지만 10억 마리 이상의 연어는 어느 순간 그물에 갇혀 그러한 본능을 충족시키지 못하게 된다.[130] 그물에 갇혀 본능에 따르지 못하는 것이 얼마나 고통스러운지 우리는 알지 못하지만 이는 가두리양식장 안에서 끝없이 원을 그리며 헤엄치는 것뿐 아니라 양식업에서 관찰할 수 있는 다른 정형 행동의 원인일 수 있다. 나일 틸라피아는 이름을 통해 알 수 있듯이 강에 서식하는 어종이다. 이들은 영역을 지키려는 어종으로, 수컷이 강바닥에 원형 둥지를 만들고 입으로 자갈을 옮기며, 둥지 구역 안에서 구애와 짝짓기를 한다. 그런데 물속에 매달려 있는 어망이나 케이지 안에서는 이런 행동을 할 수 없다.

집약적 방식으로 생산된 물고기가 거두어들일 정도의 크기에 도달하면 먼저 내장을 비우기 위해 굶기는데, 14일 동안 굶기는 경우도 있다. 이렇게 굶을 경우 물고기가 고통을 느낄 것이라고 가정하는 것이 합당하다. 그런 다음 물고기는 그들이 살던 케이지나 어망에서 그물로 끌어올려지거나, 펌프를 통해 파이프로 빨려나와 배에 실리거나 곧바로 가공 시설로 이송된다. 2분 이상 펌프질을 당한 연어는 난류에 맞서 싸우느라 너무 지쳐 제대로 헤엄을 칠 수 없을 정도가 된다. 한편 물에서 그물로 물고기를 건져 올리면 그물 속에 물고기가 수백 킬로그램은 족히 담기게 되는데, 이때 "다른 물고기와의 접촉, 혹은 그물 자체나 그물 바깥쪽의 단단한 표면과의 접촉으로 인해 물고기가 상처를 입거나 짓눌리거나 찔리거나 살갗이 벗겨질" 수 있다.[131] 연어처럼 귀한 생선을 거칠게 다루면 육질이 상할 수 있는데, 이에 따라 그러한 생선을 가공시설로 수송할 때는 내부에 수조가 있는 배를 이용할 것이다. 하지만 잉어, 틸라피아, 장어, 미꾸라지는 물 없이 수송하는 것이 일반적이다. 이때 물고기는 산소 부족뿐 아니라, 주변에 있는 다른 물고기의 움직임과 압력으로 극심한 고통을 겪게 될 것이다.

매년 집약적으로 양식되는 것으로 추정되는 1,000억 마리의 물고기에 더해, 이보다 훨씬 많은 무척추 수생동물도 양식되고 있다. 한 연구에 따르면 매년 양식 새우 4,400억 마리가 죽임을 당한다.[132] 새우가 고통을 느낄 수 있다는 증거는 척추동물이나 가재 및 게와 같은 다른 갑각류보다는 덜 강력하다. 하지만 이는 새우에 대한 연구가 상대적으로 이루어지지 않았다는 사실과 어느 정도 관련이 있을 수 있다. 새우에게 쾌고감수능력이 있을 가능성을 배제할 수 없고, 엄청난 양의 새우가 양식되어 죽임을 당한다는 사실을 감안한다면 그들이 고통을 느낄 수 있는 조그마한 가능성도 결코 무시해서는 안 된다.[133] 스페인의 한 주요 기업은 현재 문어를 집약적 방식으로 대규모로 양식할 계획인데, 문어는 호기심이 많고 자기인식 능력이 있을 가능성이 매우 큰, 고도의 지능을 갖춘 동물이다.[134]

고통스러운 절차

　현대적인 사육 방식이건 전통적인 사육 방식이건, 인간은 자신의 이익을 위해 수천 년 동안 동물에게 고통을 가해왔다. 소, 양, 돼지에 초점을 맞추고 있는 국제 연구의 저자들이 적고 있듯이, "사람들은 농장 동물의 고통을 여전히 무시하고 제대로 인식하지 못하고 있다. 그들은 이들을 제대로 치료해 주지도 않는다." 이 저자들은 동물이 일상적으로 겪는 다음과 같은 고통스러운 절차를 논의한다. 웅돈, 황소, 숫양의 거세, 구더기 발생을 막기 위해 양의 주름진 피부를 잘라내는 '뮬싱', 주로 소에게 실시하는 열 낙인 혹은 동결 낙인, 송아지, 양, 새끼 돼지의 귀 자르기ear notching나 귀표 달기, 돼지나 양의 꼬리 자르기, 송아지와 염소의 단각dehorning이나 제각disbudding(뿔의 싹horn bud을 잘라 더 이상 뿔이 나지 않게 하는 것), 황소와 모돈의 코에 금속 코뚜레 꿰기. 이 모든 절차는 극심한 신체적 고통을 유발할 수 있으며, 몇 시간 계속될 수 있다. 예를 들어 단각이나 제각은 "여러 시간에 걸쳐 극심한 통증"을 유발하는 것으로 알려져 있다. "이는 심한 화상과 커다란 개방창, 행동 변화(소리 지르기, 발차기, 넘어지기 등), 기계적 통각 임계치 mechanical nociceptive thresholds(동물이나 인간의 피부나 조직에 인위적으로 압력이나 자극을 가할 때 생기는 통증을 감지하는 임계치-옮긴이) 감소, 혈청 코르티솔 수치 증가(스트레스 및 불안 수치가 높을 때 코르티솔 호르몬이 분비된다-옮긴이) 등으로 확인된다."**135** 열 낙인은 아무는 데 8~10주가 걸리는 3도 화상을 유발하고, 꼬리 자르기는 신경종을 형성해 동물이 살아 있는 동안 계속 고통을 줄 수 있다.

이러한 고통스러운 절차 중 일부는 피할 수 있는 방법이 있다. 예를 들어 뿔이 자라지 않는 소 품종을 선택하거나, 주름진 피부층이 적어 절개가 필요 없는 양을 활용하는 것이 그러한 방법 중 하나다. 다른 모든 경우에는 마취제나 진통제를 사용해 고통을 없애거나 적어도 크게 줄일 수 있다. 하지만 이런 형태의 통증 완화법은 거의 대부분 사용되지 않는다. 웨스턴오스트레일리아 주에서 소의 뿔을 자르는 장면이 TV로 방영된 뒤, 주 농업부 장관은 "지역 사회는 생산자들이 어떻게 이런 식으로 작업하는 것을 허용할 수 있는지 마땅히 따져 물을 것"이라고 말했다. 영상에서 인터뷰를 하는 사람은 제작진에게 이렇게 말한다. "누구도 진통제를 사용하지 않습니다. 너무 비싸고, 너무 번거롭기 때문이죠."[136] 앞에서 언급한 국제 연구를 보면, 미국에서는 40% 이상의 수의사가 어떤 형태의 진통제도 사용하지 않고 소의 뿔을 잘랐다. 일부 유럽 국가와 뉴질랜드에는 이런 고통스런 절차 중에서 적어도 일부에 진통제를 사용해야 한다는 규정이 있다.

19세기에는 특히 미국의 인도주의 운동가들이 가축의 수송과 도축 과정에서 확인되는 잔혹한 관행에 대해 깊은 유감을 표하며 탄원을 제기했다. 동물은 로키산맥 인근 목초지로부터 철도 운송 종점까지 수송되었고, 기차가 시카고에 도착할 때까지 아무것도 먹지 못하고 며칠 동안 철도 차량에 처박혀 있었다. 그러다 1906년 동물이 사료나 물 없이 철도 차량에서 보낼 수 있는 시간을 28시간, 특별한 경우에는 36시간으로 제한하는 연방법이 통과되었다. 그 시간을 초과하면 동물을 열차에서 내리게 하여 사료와 물을 공급하고, 다시 출발할 때까지 최소한 5시간 동안 쉬게 해주어야 했다. 흔들리는 기차

안에서 사료나 물 없이 28~36시간을 보낸다는 것도 분명 고통을 느끼기에 충분히 긴 시간이지만, 이것도 그나마 개선된 규정이었다.

가축을 철도로 수송하는 문제를 다룬 1906년의 미국 연방법에는 트럭을 이용한 가축 수송에 대해서는 언급이 없다. 그때는 가축을 수송하는 데 트럭이 쓰이지 않았던 것이다. 이 책의 1990년 판이 출간되었을 당시에도 트럭을 이용한 동물 수송은 여전히 연방 차원의 규제를 받지 않았다. 그러다가 1994년에야 마침내 규제 대상에 트럭이 포함된다고 해석할 수 있도록 법이 개정되었다. 이후 미국 농무부는 이 법이 이제 트럭에도 적용된다고 공표했지만, '동물복지연구소Animal Welfare Institute'와 '애니멀 아웃룩'의 연구를 보면 이 법은 으레 지켜지지 않았다. 예를 들어 2021년 8월, 조사팀은 돼지를 가득 실은 트럭을 30시간 넘게 추적했다. 이날 기온이 33℃까지 치솟았지만 기사는 차를 세우고 돼지에게 물을 주거나 휴식시간 및 먹이를 준 적이 한 번도 없었다. 조사팀은 트레일러에 꽉 들어찬 돼지들이 밤에 소리를 지르는 장면을 상세히 기록했다. '동물복지연구소'와 '애니멀 아웃룩'은 농무부가 28시간 법이 트럭에도 적용된다는 사실을 인정했음에도, 관련 법률 위반으로 기소된 사례를 단 한 건도 확인할 수 없었다.[137]

유럽연합에서는 미국에서 허용하는, 중단 없는 장거리 수송을 법으로 허용하지 않는다. 대신 14시간 동안 수송을 하면 1시간 동안 정차하여 동물에게 휴식과 물을 제공해야 한다. 그런 다음 추가로 14시간 더 동물을 수송할 수 있지만, 이렇게 해도 수송이 마무리되지 않으면 승인된 통제소에 동물을 내리게 하여 운송을 재개하기까지 24

시간 쉬게 해야 한다. 하지만 프랑스에서 이탈리아로 수송되는 소에 대한 한 연구에 따르면 수송차량의 21%는 14시간 이동 후의 의무 정차 시간을 지키지 않았고, 단 30%만 규정을 정확하게 준수했다.[138]

난생처음 트럭을 타는 동물은 겁을 먹을 것이고, 특히 그들을 트럭에 실은 작업자가 성급하고 거칠게 다루었을 경우에는 더 그럴 것이다. 흔들리는 트럭에 타는 것은 그들에게 새로운 경험이고, 이 경험 때문에 병이 날 수도 있다. 사료와 물을 먹지 않고 하루나 이틀을 트럭에서 보내면 그들은 극심한 갈증과 굶주림에 허덕이게 된다. 겨울에 수송될 때는 영하의 바람 속에서 심한 추위를 느낄 것이다. 여름에는 열기와 태양 때문에 물을 마시지 못해 나타나는 탈수 증상이 심해질 것이다. 두려움, 멀미, 갈증, 굶주림, 탈진, 극심한 추위가 합쳐진 복합적인 상태를 동물이 어떻게 느낄지 우리는 상상하기 어렵다.

물론 동물은 자신의 경험을 말로 설명할 수 없다. 하지만 그들의 몸에 나타나는 반응은 우리에게 무언가를 알려준다. 모든 동물은 수송 도중 체중이 감소한다. 탈수와 비워진 창자는 체중 감소의 한 가지 원인이다. 하지만 체중이 더 지속적으로 감소하는 경우도 흔하다. 최근의 한 연구를 보면 동물의 체중 감소는 대부분 지방이나 다른 조직의 손실로 인한 것인데, 이는 심각한 스트레스의 징후다. 가축 거래에서는 체중 감소를 '축소shrinkage'라고 표현하는데, 연구자들은 이 축소를 스트레스 징후로 본다. 육류 산업에서는 체중에 따라 가격이 달라지기 때문에 체중 감소는 걱정거리가 아닐 수 없다. 앞서 언급한 연구에 따르면, 미국에서 비육장으로 이송되는 소의 체중 감소를 1%만 줄여도 소고기 산업에 3억 2,500만 달러 이상의 경제적

이득이 발생한다고 한다.[139]

수송 도중에 죽는 동물은 편안히 죽음을 맞지 못한다. 겨울에는 얼어 죽고, 여름에는 갈증과 더위에 지쳐 쓰러진다. 그들은 미끄러운 화물용 이동 경사로에서 떨어져 상처를 입고 임시 가축 수용소에 버려진 채 엎드려 숨을 거두기도 한다. 트럭에 동물을 너무 많이 실어서 다른 동물에 깔려 질식해 죽는 일도 있고, 부주의한 관리자가 사료나 물주는 것을 잊어버려 굶주림과 갈증으로 죽기도 한다. 이 밖에 그들은 소름 끼치는 경험으로 인한 스트레스로 죽는다. 물론 오늘 당신이 저녁 식사로 먹을지 모를 동물이 이렇게 죽었을 수도 있고, 아닐 수도 있다. 하지만 그들이 맞이하는 이러한 방식의 죽음은 고기가 사람들에게 제공되는 전체 과정의 일부로, 과거에도 그랬듯이 지금도 여전히 그러하다.

도축

동물을 죽이는 것은 그 자체로 마음이 불편해지는 일이다. 도축장에 가본 사람은 거의 없을 것이고, 도축장 운영을 다룬 프로그램은 TV에서 인기가 없다. 물론 사람들이 동물이 고기가 되는 과정에 대한 실제 정보는 알고 싶어 하지 않으면서도 자기가 구매하는 고기가 고통 없이 죽은 동물로부터 온 것이기를 바랄 수 있다. 하지만 고기를 구입함으로써 동물의 죽음을 방조한 사람들은 자신들이 구입한 고기가 생산되는 이런저런 측면에 사실상 일조했음을 부정할 수 없다.

죽음이 고통스러워야 할 이유는 없다. 인도적 도축법이 시행되는 나라에서는 원칙적으로 동물이 죽음을 순식간에, 고통 없이 맞이해야 하는 것으로 되어 있다. 작업자는 먼저 전류나 가축총captive-bolt으로 동물을 기절시킨 후, 동물이 여전히 의식이 없는 상태일 때 숨통을 끊어 피를 쏟으며 죽게 한다. 하지만 실제로는 많은 동물이 매우 고통스럽게 죽음을 맞이한다.

도축장의 도축 라인killing line은 광란의 속도로 움직여야 한다. 동물이 느끼는 대부분의 고통은 이 광란의 속도에서 비롯된다. 효율적으로 경쟁을 한다는 것은 도축장이 경쟁업체보다 시간당 더 많은 동물을 죽이려 애쓴다는 말이다. 도축 라인의 속도가 강조되는 현실은 미국의 산업화된 도축을 다룬 티머시 패키릿Timothy Pachirat의 소름 끼치는 책 제목 『12초마다 한 마리씩*Every Twelve Seconds*』에 잘 드러나 있다. 제목은 2004년 패키릿이 5개월 반 동안 자신의 신분을 숨기고 일했던 오마하Omaha 도축장에서 소가 얼마나 빠른 속도로 도축되는지를 보여준다. 도축장에는 라인이 멈추면 안 된다는 압력이 늘 존재했는데, 한 예로 패키릿의 동료 작업자들은 그에게 라인의 틈이 벌어져 있을 경우 활송 장치chute에 올라 '노킹 박스knocking box(동물이 움직이지 못하게 고정시키는 장치-옮긴이)'까지 이동하는 소에게 전기 충격봉을 사용해야 한다고 알려줬다. 그는 한 동료 작업자가 계속해서 전기 충격봉으로 소의 꼬리 아래와 항문을 찔렀고, 충격을 준 소의 머리가 앞에 있는 소의 뒷다리 사이로 들어가 있을 정도로 라인에 빈 틈이 없는데도 충격을 멈추지 않았다고 설명했다. 이 충격으로 소들은 발로 차고 튀어 오르며 울부짖었다.[140]

최대한 신속하게 작업을 하라는 명령은 농무부 검사관이 어디에 있느냐에 따라 완전히 기절하지 않은 소에 대한 후속 조치가 달라진다는 것을 의미하기도 했다. 검사관이 참관하고 있는 경우에는 소가 완전히 기절하지 않으면 라인 가동이 중단되었다. 반면 검사관이 없을 때는 라인이 계속 가동되었고, 작업자가 소의 꼬리, 다리, 항문 등을 잘라 해체하는 과정을 시작했을 때에도 소가 여전히 의식을 잃지 않고 있을 수 있었다. 패키릿이 설명하고 있듯이, 이 일을 하는 작업자는 매달린 소 위에 서 있어서 소의 머리를 볼 수 없다. 그래서 그들은 의식이 있는 동물을 해체하고 있다는 사실조차 모를 수 있다. 소의 머리와 눈의 움직임을 볼 수 있는 사람만이 의식이 있는지 없는지 알 수 있다.[141]

패키릿은 도축 상자killing box로 이어지는 활송 장치에서 소 한 마리가 쓰러진 일을 이야기한다. 작업자가 쇠코뚜레를 세게 잡아당겨 소를 움직이려다 코뚜레가 소의 콧구멍을 찢고 나왔다. 겁에 질린 소가 활송 장치 바닥에 뒹굴자, 감독관은 쓰러진 소 위의 다른 소들을 전기 충격봉을 써서 몰아내라고 다른 작업자들에게 지시했고, 그러면서 검사관이 보고 있는지 주시하라고 말했다. 이 일은 농무부 검사관이 도착하여 쓰러진 소를 기절시켜 죽이되, 이 소를 가공 처리하지는 말라고 지시한 뒤에야 마무리되었다.[142] 도축장은 일하기 즐거운 곳이 아니며, 대부분의 피고용인들은 근속기간이 길지 않다. 패키릿이 도축장에 전화를 걸어 일자리가 있는지 물었을 때, 돌아오는 답은 대략 "그냥 곧바로 오세요. 항시 채용입니다"였다. 그는 이 답변이 자신이 읽은 통계자료, 그리고 연간 평균 이직률이 100%가

넘는다는 일부 추정과도 일치한다고 말한다. 이 말은 평균적인 피고용인이 1년을 못 버틴다는 뜻이다.[143] 결과적으로 겁에 질린 동물을 다뤄본 경험이 부족한 작업자가 계속 도축장으로 유입되는데, 그들은 항상 최대한 빠른 속도로 처리해야 한다는 끊임없는 압박감에 시달리며 작업을 한다.

패키릿이 이야기하고 있는 일들은 아무리 법이 엄격한 나라라 해도 모든 도축장에서 일어나고 있다. '영국 애니멀 이퀄러티Animal Equality UK'는 이탈리아의 돼지, 브라질의 소, 스코틀랜드의 연어, 웨일즈의 양, 스페인의 칠면조가 도축장에서 의식 있는 상태로 극심한 고통을 겪는 영상을 입수했다.[144] 2019년에는 프랑스의 동물보호 단체 'L214'가 도르도뉴Dordogne 소재 소베발Sobeval 송아지 도축장을 조사했는데, 그들이 제작한 영상이 너무 끔찍해서 보기가 조금 수월한 영상으로 수위를 낮춰 다시 제작해야 했다.[145] 당신이 고기를 먹는다면, 당신은 그 고기를 제공한 동물이 신속하고 인도적으로 죽었기를 바라겠지만, 그들이 어떻게 죽었는지는 실제로 알 수 없다.

육상동물을 죽이는 것도 문제지만, 물고기를 죽이는 것은 훨씬 더 문제다. 바다에서 잡혀 죽임을 당하는 야생 어류를 위한 인도적인 도살 조건을 규정해놓은 국가나 지역은 거의 없으며, 양식 어류에 대해서도 마찬가지다. 저인망 어선의 그물에 걸린 물고기는 선상에 내동댕이쳐지는데, 물고기 위에 물고기가 쌓이면서 무게에 짓눌리거나 숨을 쉴 수 없게 된다. 참치와 같은 대형 어류는 개핑gaffing으로 죽임을 당할 수 있다. 여기서 개핑이란 어부들이 갈고리나 가시 창으로 찔러 물 밖으로 끌어낸 의식이 온전한 물고기의 뇌를 뺐

족한 것으로 찔러 죽이는 관행을 말한다. 살아 있는 미끼 물고기를 낚싯바늘에 꿰는 것은 흔히 활용되는 상업적 관행으로, 이는 길이가 50~100km인 낚싯줄 한 가닥에 수백 또는 수천 개의 낚싯바늘을 다는 롱라인 낚시에 사용된다. 물고기가 미끼를 물면 낚싯줄을 걷어 올리기까지 몇 시간 동안 계속 낚싯바늘에 걸려 있을 가능성이 높다. 자망刺網은 촘촘한 그물 벽으로, 물고기는 대개 이 그물 벽에 아가미가 걸린다. 물고기가 그물에 걸리면 아가미가 수축되어 숨을 쉴 수 없기 때문에 질식할 수 있다. 이런 경우가 아니라도 물고기는 그물을 거둘 때까지 몇 시간 동안 그물에 걸린 채 있어야 한다. 수면 위로 끌어올려진 심해 어종은 감압으로 인해 부레 같은 내부 기관 파열로 죽을 가능성이 높다. 이 모든 일의 규모는 어마어마한데, 매년 7,870억~2조 3,000억 마리의 척추동물 어류가 이렇게 죽어간다.[146]

인간이 양식 물고기에게 최소한의 고통으로 최후를 맞도록 해주는 방법은 어떤 물고기이건 배를 가르고 내장을 꺼내기 전에 머리를 때리거나 전기충격을 주어 기절시키는 것이다. 하지만 이렇게 운 좋은 물고기는 드물다. 어떤 물고기는 얼음 위에 놓여 의식을 잃을 수 있지만, 즉각적으로 잃게 되는 것은 아니며, 모든 경우에 그렇게 되는 것도 아니다. 그들은 숨이 막혀, 다시 말해 공기 속에서 숨을 쉴 수 없어 질식하거나 아가미 활이 찢어져 출혈로 죽는다. 메기는 머리가 잘린다. 네덜란드에서는 대부분의 양식 어류를 죽이기 전에 전기로 기절시키지만 다른 대부분의 국가에서는 그렇게 하지 않는다.[147]

앞서 언급한 것처럼 일반적으로 물고기는 육상동물보다 더 나쁜 방법으로 죽임을 당하는데, 소금으로 민물고기를 죽이는 것은 물고기를 죽이는 다른 대부분의 방법보다 훨씬 더 나쁠 수 있다. 장어나 미꾸라지처럼 비늘이 없는 물고기는 특히 소금에 민감한데, 농축된 소금 용액이 삼투압 탈수로 알려진 과정을 통해 물고기의 피부에서 수분을 뽑아내기 때문이다. 유럽 식품안전청은 동물건강 및 복지 패널Panel on Animal Health and Welfare에 유럽에서 장어를 죽이는 데 흔히 사용되는 이 방법에 대한 과학적 의견을 제시해달라고 요청했다. 패널은 다음과 같이 보고했다.

> 장어는 매우 격렬하게 소금을 피하려 한다⋯⋯. 그리고 의식을 잃는 데 시간이 오래 걸린다⋯⋯. 행동 데이터와 자극에 대한 반응에 근거한다면 장어가 의식을 잃기까지 25분 이상 걸릴 수도 있다.[148]

소금이 우리 눈에 들어가면 탈수 현상이 일어나면서 고통이 느껴지는데, 삼투압 탈수로 죽어가는 물고기가 겪는 고통은 이와 유사할 수 있다.

소금으로 물고기를 죽이는 관행은 독일, 네덜란드, 뉴질랜드에서 금지되었고, 일부 다른 국가도 이 선례를 따를 가능성이 높다.[149] 하지만 동아시아에서는 미꾸라지를 죽일 때 지금도 소금을 사용하고 있다. 작은 민물고기인 미꾸라지는 매년 최소 180억 마리가 사육되어 도살된다. 그 수는 그 어떤 어종보다 많고, 전 세계적으로 양식되는 전체 어류의 약 1/5에 해당한다. 미꾸라지의 압도적인 다수는 중국에서 생산되어 소비되며, 일본과 한국에서도 상당량을 먹는다. 이 국가에서는 물고기가 학대와 관련된 법적 보호를 받지 못하고 있으며, 물고기를 서서히, 고통스럽게 죽이는 것을 문화적으로도 거의 금하고 있지 않는 것처럼 보인다. 이런 이유로 미꾸라지가 얼마나 많은 고통을 겪는지를 보여주는 영상을 제작하기 위해 굳이 동물보호론자들이 관련 장소에 잠입할 필요가 없다. 그저 유튜브에 들어가서 미꾸라지의 고통을 매우 뚜렷하게 보여주고, 동물 복지가가 아닌, 음식에 관심 있는 사람들이 댓글을 단 영상을 찾아보기만 하면 된다. 예를 들어 유튜버 찐푸드Jin Food가 제작한 영상은 한국의 '유명한' 추어탕 혹은 미꾸라지국을 홍보한다. 영상은 플라스틱 통에 담긴 수천 마리의 살아 있는 미꾸라지가 주방으로 배달되는 과정을 상세하게 보여준다. 주방에서 일하는 사람들이 배달된 미꾸라지를 커다란 그릇에 붓고 소금을 뿌리면 미꾸라지는 격렬하게 몸부림친다. 이윽고 장면이 바뀌고, 시간이 얼마나 흘렀는지는 모르지만 다시 미꾸라지가 등장한다. 미꾸라지는 여전히 꿈틀거리지만 지금은 하얀 점액질로 덮여 있고, 요리사는 대형 믹싱볼로 옮긴 미꾸라지를 휘저어 점액질을 씻어낸다. 미꾸라지들 중 일부는 여전히 살아서 움직이고 있음이 분명한데, 요리사는 이들을 김이 모락모락 나는 가마솥에 집어넣는다.**150** 동일한 과정을 보여주는 또 다른 영상에서 한 한국인 작업자는 이렇게 말한다. "소금기를 머금게 되면 고통스러워하는데, 미안하지만 맛있는 추어탕을 끓이려면 고통을 좀 줘야지 어떻게 하겠습니까?"**151** 하지만 추어탕 대신 맛있는 비건 음식인 순두부찌개 (완전 식물성 재료로 쉽게 만들 수 있는 한국식 두부국)를 먹을 경우 당신은 물고기에게 고통을 주지 않을 수 있다.

4장

종차별 없이 살아가기

기후변화에 맞서고 더 건강한 삶을 누리면서…

동물을 위한 효율적 이타주의

지금까지의 논의를 통해 우리는 종차별주의의 본질을 이해하게
되었고, 이것이 인간 아닌 동물에게 어떤 영향을 미치는지 알게 되
었다. 이제 나는 당신이 이렇게 자문해보길 바란다. "나는 무엇을 할
수 있을까?"

금세기 첫 10년간, 옥스퍼드대학교 철학과 대학원생이었던 토비
오드Toby Ord와 윌 맥어스킬Will MacAskill은 자신들이 할 수 있는 가장
선한 일을 어떻게 할 수 있을지 생각하고 연구하며 글을 쓰기 시작
했다. 그들의 작업은 효율적 이타주의effective altruism로 알려진 운동
에 불을 붙였다.[1] 효율적 이타주의자는 세상을 더 나은 곳으로 만드
는 것을 삶의 한 가지 목표로 삼고, 이성과 증거를 활용하여 가능한

한 가장 효율적으로 그 목표를 달성할 수 있는 방법을 찾고자 했다. 대부분의 효율적 이타주의자는 동물의 고통을 줄이는 일이 선을 행하는 한 가지 중요한 방법이라고 인식하고 있다. 효율적 이타주의자처럼 생각함으로써 당신은 다른 경우보다 동물에게 더 많은 선을 행할 수 있고, 인간에게도 마찬가지일 것이다.

종차별주의에 맞서 할 수 있는 일과 해야 할 일은 많다. 그중 확실한 것을 들자면 친구들에게 이 책에서 논의한 문제를 알리고, 당신의 자녀가 쾌고감수능력이 있는 모든 생물의 복지에 관심을 갖도록 교육하며, 적절한 기회가 있을 때마다 인간 아닌 동물을 다루는 방식에 공개적으로 항의하는 일 등이다. 당신이 재정 상황을 감안해 동물의 고통을 줄이기 위한 캠페인을 벌이는 구호단체에 기부할 수도 있을 것이다. 현재 동물의 고통을 가장 효율적으로 줄이는 데 기여하는 구호단체가 어디인지 독립적으로 평가하는 비영리단체를 온라인에서 확인할 수 있다(가장 잘 알려진 단체로는 '동물구호평가회Animal Charity Evaluators'를 들 수 있다). 효율적 이타주의의 관점에서 볼 때 안타까운 일이지만 대중으로부터 가장 많은 기부금을 받는 동물구호단체는 공장식 축산 동물이 받는 고통이 훨씬 큰데도 개와 고양이를 돕는 데만 초점을 맞추고 있다. 만약 당신이 공장식 농장에 감금되어 있는 동물의 삶을 개선하려는 단체에 기부하거나, 공장식 농장에서 사육된 동물 제품을 사지 않도록 권장해 이런 농장의 동물 수를 줄이려는 단체에 기부한다면 당신의 기부금은 더 많은 선을 산출하는 데 쓰일 것이다.

효율적 이타주의는 직업 선택에도 적용된다. 당신이 아직까지 직업을 정하지 않았거나 다른 직업으로 이직을 고민하는 상황이라면, 동물의 고통을 줄이는 데 영향력을 미칠 수 있는 직업을 고려해보라. 여러 가능성이 열려 있다. 가령 당신은 동물구호평가회에서 높이 평가한 한 구호단체에서 일할 수 있다. 탁월한 활동가나 관리자가 될 능력이 있고 헌신할 수 있는 사람은 공급이 부족하다. 책임 연구원도 마찬가지다. 하지만 이런 유형의 일이 너무 감정 소모적이라고 생각한다면, 그런 구호단체 캠페인에 자금을 대는 데 보탬이 될 만큼 충분히 돈을 벌 수 있는 직업을 구해 도움을 줄 수도 있다. 당신이 돈을 잘 벌면서도 적절히 기부를 하며 살아간다면 당신의 기부금이 기부 단체의 규모를 확장하고 더 많은 사람을 고용하는 데 도움이 될 수 있다. 관련 단체가 어떤 성과를 일구건, 아마도 당신의 재정적 지원 없이 그런 성과는 불가능할 것이다. 정계에 진출하여 동물보호를 정책 목표의 하나로 삼는 것은 위험 부담이 큰 선택지다. 세상을 바꾸기 위해 정치에 입문하는 사람들 중 주요한 긍정적인 변화를 일으킬 위치에 오르는 사람은 극소수다. 하지만 그 위치에 오른 소수의 사람은 수십억 마리의 동물과 사람의 삶을 개선할 수 있는 예외적인 기회를 얻을 수 있을 것이다.[2]

윤리적으로 먹기

방금 언급한 내용들은 모두 우리가 실천해야 할 중요한 것들이다. 하지만 우리는 여기서 한 걸음 더 나아가 동물을 위해 해야 할 다른 모든 활동의 토대가 되고, 거기에 의미와 일관성을 부여하는 일을 해야 한다. 즉 스스로의 삶을 책임지고, 가능한 범위에서 최대한 잔인함에서 벗어난 삶을 살아가야 하는 것이다. 우리는 개인의 여건을 고려하여, 합리적이고 실천 가능한 수준에서 육류 및 기타 동물성 제품을 구입하거나 소비하지 않을 수 있다.

채식으로 전환하는 것은 단순히 상징적인 제스처가 아니다. 채식은 세상의 추악한 현실에서 벗어나려는 시도도, 자신은 순수함을 유지하며 곳곳에서 벌어지는 잔혹한 처우와 살육에 대한 책임을 회피하려는 시도도 아니다. 동물 제품을 피하는 것은 건강한 생활 방식을 추구하기 위한 실용적이고 효과적인 조치다. 이러한 조치는 당신에게 유익할 뿐만 아니라, 심지어 더 중요한 결과를 가져올 수도 있다. 우리는 채식으로 전환함으로써 동물에게 가하는 고통을 줄이고, 늘어나는 세계 인구를 먹여 살릴 식량을 더 많이(더 '적게'가 아니라) 확보할 수 있게 되며, 재앙을 불러오는 기후변화로부터 지구를 구하고, 또 다른 전염병에 걸릴 위험을 줄이는 데 기여할 수 있다.

수많은 동물을 착취하여 이익을 얻는 사람들에게 필요한 것은 우리의 승인이 아니다. 그들에게 필요한 것은 우리의 돈이다. 공장식 축산업자가 대중에게 가장 바라는 지원은 자신들이 사육한 동물의 고기, 우유, 달걀을 구매해주는 것이다(여러 국가에서는 정부 보조금도 분명 도움이 되고 있지만). 집약적인 방법으로 생산하는 제품을 판매할 수 있는 한, 거대 농업기업은 계속 이러한 방법으로 동물 제품을 생산할 것이다. 그들은 이익을 얻음으로써 광범위한 변화를 막는 데 필요한 자원을 확보하고, 자신들은 대중의 요구를 충족시킬 뿐이라고 말하면서 계속해서 비판으로부터 스스로를 방어할 것이다.

이런 이유들로 우리는 오늘날의 축산 방식으로 생산된 제품을 더이상 구매하지 말아야 한다. 그렇게 하기 전까지 우리는 모두 공장식 축산의 존속, 번영, 성장에 이바지하고, 식용으로 동물을 사육하는 데 활용하는 모든 잔혹한 관행에 기여하는 셈이다. 마트와 저녁 식탁에서, 우리에겐 잔인한 행동을 막으려면 누가 어떻게 해야 하는지 이야기만 나누는 것보다 더 많은 일을 할 기회가 주어진다. 스페인의 투우, 한국의 보신탕, 호주의 캥거루 사냥, 캐나다의 물개 도살, 바다를 피로 물들이는 일본의 돌고래 대학살에 반대하는 입장을 취하기는 쉽다. 하지만 문제가 우리 가정과 관련되면 우리는 민낯을 드러낸다. 빠르게 성장하는 몸을 다리가 지탱할 수 없어 고통 받는 육계로 생산한 닭고기, 실내에 평생 갇혀 지내는 돼지의 고기를 계속 먹으면서 개고기 식용에 반대하는 것은 위선이다. 종차별주의의 영향이 우리 삶에 가장 직접적으로 들이닥치는 때는 바로 음식을 먹을 때다. 공장식 축산업계에서 생산한 동물 제품 구매를 거부하는 것은 인간 아닌 동물에게 우리가 보이는 관심의 깊이와 진정성을 입증하는 방법이다.

이 불매운동의 효과를 극대화하려면 우리가 무엇을 거부하고 왜 거부하는지 밝히는 것에 대해 머뭇거림이 없어야 한다. 나는 옥스퍼드대학교를 다닐 당시 동료 학생이었던 리처드 케션Richard Keshen과 점심을 함께하면서 공장식 축산의 존재를 처음 알게 되었다. 그 운명적인 날, 그는 우리가 주문한 음식에 고기가 들어 있는지 물었고, 그렇다고 하자 다른 음식을 주문했다. 나는 그에게 고기가 왜 문제인지 물었다. 그리고 그와 처음 대화를 나눈 지 한 달 만에 나는 채식주의자가 되었다. 누군가가 당신이 고른 음식에 대해 질문을 한다면 당신은 이때를 우리가 먹는 동물이 살아 있을 때 어떤 처우를 받았는지를 설명해줄 기회로 삼을 수 있다. 내 경우 이런 질문과 설명이 어우러진 대화 한 번이 인생을 바꾸는 계기가 되었고, 그 이후 내 생각은 다른 많은 사람에게 영향을 미쳤다. 불매운동이 동물의 고통을 줄일 수 있다면 우리는 가능한 한 많은 사람이 불매운동에 동참하도록 권해야 하는데, 이는 우리 자신이 모범을 보여야만 가능한 일이다.

공장식 축산 제품을 사지 않는 것은 불매운동의 한 방법이다. 그런데 만약 불매운동이 효과가 없다면 어떻게 해야 할까? 내가 이 책의 초판에서 독자에게 육류 불매운동을 촉구한 이후 전 세계 육류 소비량은 1억 1,200만 톤에서 3억 톤 이상으로 증가했고, 사실상 추가적으로 생산된 모든 육류는 공장식 축산업계에서 생산되었다.[3] 이와 같이 육류 소비가 증가한 것은 이 기간에 세계 인구가 두 배로 증가한 것이 가장 큰 원인이고, 나머지 대부분은 특히 아시아에서 빈곤이 줄어든 것이 그 원인이다(물론 다른 측면에서는 이는 환영할 만한 결과다). 사람들은 고기가 비싸기 때문에 여유가 있을 때만 고기를 사먹는다. 중국의 1인당 육류 소비량은 1990~2021년에 세 배 늘었고, 같은 기간 베트남은 네 배 증가했으며, 브라질, 인도, 인도네시아, 멕시코, 파키스탄, 남아프리카공화국 등에서도 급격한 증가세를 보였다. 1990년에 이미 부유했던 국가들은 증가 추세가 뚜렷하지 않았다. 호주, 이스라엘, 노르웨이, 일본은 완만한 증가세를, 영국과 미국에서는 더 완만한 증가세를 보였고, 캐나다, 뉴질랜드, 스위스에서는 소비량이 감소했다. 긍정적인 신호로는 독일과 스웨덴의 육류 소비가 2011~2019년에 12% 이상 감소했다는 사실이다.[4]

안타깝게도 내가 촉구한 육류 불매운동은 분명 실패했다. 그런데 이 말이 이 책에서 옹호한 논의에 설득된 사람들이 불매운동을 계속해 봤자 별 소용이 없다는 뜻일까? 간접적인 불매운동이라면 그럴 수 있다. 예를 들어 '동물을 인도적으로 사랑하는 사람들'은 에어프랑스가 야생 원숭이 수천 마리를 실험실로 수송한다는 이유로 지지자들에게 불매운동을 촉구했다. 이 경우의 불매운동은 에어프랑스가 영장류를 실험실로 수송하는 정책을 바꾸게 하는 데 성공하거나 혹은 실패해서 아무 성과가 없든지 둘 중의 하나로 귀결된다(다행히 불매운동은 성공했다).[5] 기업이나 정부의 행보를 바꾸려는 불매운동은 대개 이렇게 성공과 실패가 갈리며, 두 극단의 중간 지점 어딘가에서 결론이 나는 경우는 거의 없다. 에어프랑스와 같이 여객 운송을 주로 하는 기업을 대상으로 원숭이 수송처럼 전혀 다른 일을 중단하라고 불매운동을 벌일 경우 성공하지 못하면 불매운동을 계속할 이유가 없다고 말하는 것이 합리적이다.

공장식 축산 제품 불매운동은 불매운동을 벌이는 사람들이 반대하는 제품에 대한 직접적인 불매운동이며, 결과적으로 불매운동을 벌이는 사람들이 막고자 하는 고통의 양에 직접적인 영향을 미치기 때문에 간접적인 불매운동과는 다르다. 공장식 농장이 사육해서 도축하는 동물 수는 동물 제품의 수요에 따라 직접적으로 증가하거나 감소한다. 동물 제품 구매에 반대하는 광범위한 운동을 지지하지 않으면 더 많은 동물이 공장식 농장에서 비참한 삶을 살게 될 것이다.

그런데 우리가 원하는 방향으로 추세가 흘러가지 않는다고 해도, 그것이 상황을 더 악화시키는 이유가 될 수는 없다.

개인이 얼마나 많은 차이를 만들어낼 수 있을까? 이 질문에 답하기 위해 제시할 수 있는 한 가지 방법은 식용으로 도축되는 동물의 총수를 계산하고 그것을 고기를 먹는 사람들의 총수로 나누어보는 것이다. '동물구호평가회'의 마리아 살라자르Maria Salazar는 척추동물에 한해 이런 계산을 해보았는데, 그에 따르면 매년 평균적인 채식 소비자가 야생 물고기 79마리, 양식 물고기 14마리, 양식 조류 11.5마리, 양식 포유류 0.5마리의 목숨을 구하는데, 이 수를 다 합하면 척추동물 총 105마리가 된다.[6]

이런 계산 결과가 나와 있는데도, 어떤 사람들은 개인적인 구매 결정이 사육되어 도축되는 동물 수에 변화를 일으킬 수 있을지 의문을 제기해왔다. 그들은 가령 어떤 사람이 공장식 농장에서 사육되어 도축된 닭의 사체를 마트에서 구매하지 않기로 결정한다 해도, 그것이 사육되어 도축되는 동물의 수에 영향을 미치지 않을 것이라고 지적한다. 그 이유는 마트의 구매 정책이 그렇게 시시콜콜 조정되지 않기 때문이다. 즉 이번 주에 판매된 닭고기의 양이 조금 줄어들었다고 해서 마트가 다음 주에 주문하는 닭의 수를 바로 줄이지는 않으리라는 것이다. 또한 부화장에서 사육업자에게 보내는 병아리의 수를 곧바로 줄이지도 않을 것이다.[7] 하지만 수요공급 법칙에 따르면 닭의 사체에 대한 수요가 줄면 결국 마트의 주문 감소로 이어지고, 사육하는 닭의 수도 감소한다. 마트의 주문이 증가하거나 감소하는 임계치가 있을 수밖에 없는데, 당신의 구매가 이런 변화를 촉발할 가능성을 무시하는 것은 구매의 '기댓값'(이 경우에는 오히려 '반反 기댓값expected disvalue'이라 해야 할 것이다)을 무시하는 것이다. 예를 들어 설명해보자. 당신이 1/100 확률로 100달러를 받을 수 있는 복권과 1달러를 받는 것 중 하나를 매일 선택할 수 있다. 장기적으로 부를 극대화하고자 할 때, 당신이 1달러를 받건 복권을 선택하건 그 가능성은 다르지 않다. 복권이 매일 1달러를 받는 확실성과 다를 바 없는 1달러의 기댓값(당첨금 100달러에 당첨 확률을 곱한 값)을 갖기 때문이다. 마찬가지로 당신의 목표가 닭의 고통을 줄이는 것이라면, 죽은 닭을 사지 않는 것의 기댓값을 고려해야 한다. 가령 마트에서 100마리 단위로만 닭을 주문하고, 판매 수량이 100마리 안팎이거나 그 이하로 떨어지면 주간 주문량을 변경한다고 하자. 이제 첫째 주에 내가 닭을 구매하지 않기로 결정했고, 이것이 이번 주에 마트에서 8,722마리가 아닌 8,721마리를 판매한다는 의미라고 가정해보자. 이때 내가 닭을 구매하지 않는다고 해서 마트의 주문량이 바뀌지는 않을 것이다. 그런데 이런 일이 몇 주 더 지속될 수 있고, 이러한 과정이 어느 주에 내가 닭을 사지 않아 마트에서 8,700마리가 아닌 8,699마리를 팔 때까지 이어진다. 이렇게 하여 이번 주말에 마트 측에서 닭을 100마리 적게 주문한다. 이때 나는 개인적으로 마트가 1마리의 닭을 덜 주문한 데에 영향을 준 것이 아니라, 100마리의 닭을 덜 주문한 데에 영향을 미친 것이다. 닭 100마리를 아픔과 고통에서 구할 확률이 1/100이라는 것은 닭 1마리를 구할 확실성과 동일한 기대효용을 갖는다. 때문에 마트의 구매 정책이 이처럼 '100마리라는 덩어리 단위lumpy'로 이루어진다는 사실은 닭을 사지 않기로 한 나의 결정이 갖는 기대효용에 아무런 영향을 미치지 못한다. 이 사실은 닭 공급자가 더 많은 병아리를 부화시키려는 결정에도 적용되며, 결국 부화시킬 병아리 수는 마트 주문량에 좌우될 것이다. 변화를 위한 임계치가 100이든 1,000이든 100만이든 상관없다. 기대효용은 구매된 닭의 수와 사육된 수 사이에 직접적인 일대일 대응 관계가 있다면 동일하다. 이렇게 보자면 공장식 농장에서 사육된 동물 제품을 피하는 다른 많은 사람과 함께, 우리는 우리의 구매 선택이 공장식 농장에서 사육되는 동물 수를 줄이고 있다고 생각할 수 있다.

두 경제학자 베일리 노우드Bailey Norwood와 제이슨 러스크Jayson Lusk 는 『파운드당 연민: 농장 동물복지의 경제학Compassion, by the Pound: The Economics of Farm Animal Welfare』에서 이 착상을 경험적으로 확증했다. 그들은 더 복잡한 문제가 있음을 인정한다. 즉 어떤 제품에 대한 수요가 감소함으로써 가격이 떨어질 수 있는데, 이로 인해 또 다른 사람들이 제품을 더 많이 구매할 수 있게 될 수도 있는 것이다. 그럼에도 누구든 자신의 식품 소비를 늘리는 데는 한계가 있다. 그들의 계산에 따르면 암탉 100마리가 생산한 달걀에 해당하는 달걀 수요가 감소할 때 달걀 공장에 갇혀 있는 암탉이 91마리 줄어들 것이다. 소비자가 닭을 100마리 적게 구매하면 공장에서 사육되는 닭이 76마리 줄어든다. 돼지를 100마리 적게 구매하면 돼지 공장에서 사육되는 돼지가 74마리 줄어들고, 소를 100마리 적게 구매하면 사육되어 도축되는 소가 68마리 줄어든다. 소비자가 암소 100마리가 생산한 우유를 구매하지 않으면 우유 생산을 위해 사육되는 암소의 수가 56마리 줄어들 것이다.[8]

세계 식량 공급의 진실

  기업식 영농 지도자들이 전 세계적으로 증가하는 인구를 먹여 살리려면 공장식 축산이 필요하다고 주장하는 경우가 있다. 하지만 이 주장은 진실과 정반대이다. 이 문제에 대한 진실이 무엇인지를 정확하게 파악하는 것은 매우 중요하다. 이를 정확하게 파악하는 일은 동물 복지에 대한 관심과는 별개의, 식물 기반 식단의 필요성을 뒷받침하는 중요한 근거가 된다. 때문에 나는 이와 관련한 잘못된 생각을 교정하고 넘어가고자 한다.

  식용으로 키우는 모든 동물은 먹이를 섭취해야만 인간이 원하는 정도까지 크기와 무게를 키울 수 있다. 소가 인간이 먹을 수 있는 농작물을 생산하지 못하는 땅에서 자라는 풀을 뜯으며 몸무게를 늘린다면 결과적으로 인간이 먹을 수 있는 식량이 순전히 증가할 것이다. 소가 풀에서 쉽게 추출할 수 없는 단백질을 우리에게 제공하기 때문이다. 하지만 소를 사육장에 데려다 키우면 소에게 먹이를 주어야 하고, 그 먹이는 우리가 먹을 농작물을 키울 수 있는 경작지에서 재배된 작물에서 가져와야 한다. 아무리 엄격하게 운동을 못 하도록 막아도, 소는 몸을 따뜻하게 하고, 생명을 유지하는 데 필요한 기능을 보존하기 위해, 또한 우리가 먹지 않는 뼈와 다른 신체 부위를 생성하기 위해서도 자신이 섭취한 것을 에너지로 사용해야 한다. 이런 방식으로 우리가 소에게 먹이는 영양분은 설령 낭비되지 않아도 극히 일부만이 인간이 먹는 살코기로 전환된다.

  대부분의 사람은 우리가 재배하는 농작물 중 동물 사료로 사용되는 농작물의 비율이 얼마나 높은지 모른다. 내가 가장 좋아하는 두부 요리법을 사람들에게 이야기하면 대개 그들은 이렇게 말한다. "하지만 두부는 콩으로 만들고, 콩을 재배하느라 아마존을 개간하잖아요. 그런 건 지지하고 싶지 않네요!" 그들은 전 세계 콩 생산량의 77%가 동물 사료로 사용되고 그것이 육류와 유제품으로 전환된다는 사실을 알지 못한다. 그 외에는 바이오 연료로 사용되거나 식물성 기름으로 사용되며, 오직 7%만이 두부, 템페tempeh(인도네시아 전통음식으로 청국장과 비슷한 콩 발효식품-옮긴이), 풋콩edamame(꼬투리가 완전히 여물기 전에 수확한 콩-옮긴이), 두유가 되어 인간이 직접 먹게 된다. 삼림 파괴를 촉발하는 것은 두부가 아니라 육류와 유제품 산업이다.[9]

　이 과정에서 얼마나 많은 것들이 낭비될까? 동물 제품은 칼로리와 단백질을 모두 제공한다. 때문에 질문을 다음과 같이 두 가지로 나누어볼 필요가 있다. 첫째, 동물 제품에서 1cal를 얻으려면 동물에게 몇 칼로리의 사료를 공급해야 할까? 둘째, 동물 제품에서 단백질 1g을 얻으려면 동물에게 몇 그램의 단백질을 사료로 공급해야 할까? 이에 대한 미국만을 대상으로 한 연구의 답은 다음과 같다.

- 가장 효율이 낮은 소고기는 칼로리 전환 효율이 2.9%, 단백질 전환 효율이 2.5%에 불과하다. 바꾸어 말하자면 우리가 섭취할 1cal를 얻으려면 소에게 34cal의 사료를 먹여야 하며, 단백질의 경우는 1단위를 얻기 위해 40단위의 사료를 먹여야 한다는 것이다.
- 돼지고기는 칼로리와 단백질 전환 효율이 모두 9%로 소고기보

다는 효율적이다. 그럼에도 이는 여전히 돼지에게서 얻는 단백질 1단위당 10단위 이상의 사료를 돼지에게 먹인다는 것을 의미한다.

- 닭고기는 칼로리 전환 효율이 13%, 단백질 전환 효율이 21%로 한 단계 더 높은 수준이다.
- 고기가 아닌 우유를 생산하는 젖소는 칼로리 전환 효율이 17%, 단백질 전환 효율이 14%다.
- 달걀 생산을 위해 사육되는 암탉은 칼로리 전환 효율이 17%, 단백질 전환 효율이 31%다. 이는 모든 동물 제품 중 가장 높은 단백질 전환 효율이다.

이러한 결과는 미국인이 대규모로 먹는 모든 형태의 동물성 식품 중에서 가장 효율적으로 전환이 이루어지는 달걀에서 단백질을 얻는 경우마저도 1g의 단백질을 얻기 위해 단백질 3g 이상을 암탉에게 먹여야 함을 보여준다. 이러한 연구를 한 사람들은 미국에서 오직 소고기만을 콩류 같은 식물성 고단백 식품으로 대체하는 식단으로 전환해도, 추가적으로 1억 9,000만 명에게 충분한 식량을 제공할 수 있을 거라고 말했다. 또 다른 연구에서 같은 저자들은 미국 식단에서 모든 동물성 식품을 영양학적으로 동등한 식물성 대체 식품으로 전환한다면 추가적으로 3억 5,000만 명에게 음식을 제공하고도 남는 땅을 확보할 수 있을 거라고 평가했다.[10]

전 세계의 음식 소비 패턴은 그러한 패턴이 사람들을 먹여 살리는 데 요구하는 토지의 양이라는 측면에서 차이가 크다. 농장식 동물의 전 세계 농경지 점유 비율은 80%에 육박하지만, 막상 이들이 생산하는 칼로리는 전 세계 칼로리 공급량의 20% 미만이다. 스코틀랜드, 독일, 호주 연구자들은 전 세계 모든 사람이 인도인처럼 먹는다면 사람에게 식량을 공급하는 데 필요한 토지를 55% 줄일 수 있을 거란 사실을 알아냈다. 반면 그들은 모든 사람이 미국인처럼 먹는다면 우리에겐 178% 더 많은 토지가 필요할 것이라고 말했다. 물론 이러한 차이는 먹는 양보다는 먹는 음식의 유형, 특히 동물 제품이 미치는 영향에 좌우된다. 농장에서 식탁으로 음식이 옮겨가는 과정에서 부패, 낭비 및 기타 손실을 염려해야 하는 것은 맞지만, 가장 규모가 큰 형태의 낭비는 동물의 먹이를 재배하기 위하여 경작지를 활용하는 것이다. 식물을 직접 소비하는 대신 더 많은 동물 제품을 섭취하는 경우와 비교해보았을 때, 미국에서의 낭비와 과소비가 전체 낭비에서 차지하는 비중은 얼마 되지 않는다.[11]

원양어업이 토지를 사용하지 않는 것은 물론이다. 하지만 이는 여전히 부자들에게 유리한 방향으로 전 세계의 식량 분배 문제를 몰아가고 있다. 유엔 식량농업기구에 따르면, 생물학적으로 지속 가능한 어획 자원이 1974년 90%에서 2019년 65%로 줄어드는 등 해양 수산 자원이 감소하고 있다.[12] 특정 어종과 지역 어류가 번식하는 속도보다 더 빨리 잡히면 그 수준의 어획을 유지하기가 불가능해지고 어획량이 감소될 수밖에 없다. 만약 어획량을 줄이지 않고 어획을 이어가면 해당 어종은 '상업적 멸종'에 이를 것이다. 다시 말해 그 지역에서 상업적 어획이 가능할 만큼 충분한 어류가 남지 않게 된다는 말이다. 이 현상은 한때 풍부했던 다수의 어종에서 발생했다.

오늘날 어선단은 어장에 들어오는 물고기를 한 마리도 놓치지 않도록 촘촘한 그물을 이용해 조직적으로 저인망 어업을 한다. 저인망 어업은 과거에는 아무도 침범하지 않던 대양 바닥을 따라 거대한 그물을 끌고 다니기 때문에, 깨지기 쉬운 해저 생태계에 타격을 가한다. 이 모든 남획으로 해양 생태계가 붕괴되었을 뿐 아니라 인간에게도 비극적인 결과가 발생하고 있다. 수천 년간 어업으로 생계를 꾸려온 수많은 빈곤 국가의 작은 해안 마을에서는 전통적인 단백질 공급원이자 수입원이었던 수산 자원이 사라지고 있다. 이러한 상황은 서아프리카를 위기로 몰고 갔는데, 이곳은 규제를 받지 않는 불법 어획이 만연하면서 연안 어업이 붕괴되었다. 이 위기는 필사적으로 유럽에 가려는 아프리카인의 수에도 영향을 주었는데, 아이러니하게도 유럽은 아프리카 현지 어장을 파괴한 저인망 어선이 잡은 물고기의 대부분이 판매되는 곳이다.[13] 이러한 선진국의 어업으로 인해 빈자에서 부자로 또 다른 형태의 재분배가 일어나고 있다. 특히 빈곤 국가의 해안에서 잡은 물고기가 양식 연어 같은 육식성 어류의 사료로 쓰여 오직 부유층만이 즐길 수 있는 상품으로 변환될 때, 이러한 재분배 현상은 더욱 뚜렷해진다.

양심적 잡식주의자

나는 여기까지 읽은 사람이라면 누구나 공장식 농장이라는 환경에서 사육된 조류와 포유류의 살코기나 다른 제품을 구매하지도 먹지도 말아야 할 도덕적 필연성을 깨달았기 바란다. 사실 공장식 축산에 대한 지지가 잘못이란 것은 종차별주의를 거부하거나 동물을 동등하게 고려해야 한다는 원칙을 받아들이지 않아도 알 수 있다. 예를 들어 버지니아의 폴리페이스Polyface 농장을 소유한 조엘 샐러틴Joel Salatin은 지속 가능한 동물 사육의 권위자로, 마이클 폴란 Michael Pollan이 자신의 베스트셀러 『잡식동물의 딜레마The Omnivore's Dilemma』에서 극찬한 인물이다. 샐러틴은 인간과 동물이 평등하다는 모든 개념을 부정하면서도, 닭이 "평생 변기통에서 생활하는" 공장식 축산의 "지독하고 개탄스러운" 환경을 비난한다.[14] 공장식 축산 제품을 피하는 것은 편협한 이기심을 뛰어넘을 능력이 있는 사람이라면 누구나 받아들일 수 있는 가장 확실한 방법이자 최소한의 기준이다.

여기서 '최소한'의 기준이 무엇인지 확인해보자. '쾌고감수능력연구소Sentience Institute'의 한 연구는 미국에서 식용으로 사육되는 닭의 99.9% 이상, 칠면조의 99.8%, 돼지의 98.3%, 산란계의 98.2%, 소의 70.4%가 공장식 농장에서 사육된다고 추산했다. 또한 이 연구는 "사실상 미국의 모든 양식장은 공장식 농장이라고 해도 과언이 아니다"라고 밝히기도 했다.[15] 때문에 진짜 양심적인 잡식주의자가 되려면 동물 제품이 어디서 오는지 어느 정도 알아야 한다. 이는 우리가 구매하는 특정 품목이 어디서 왔는지 확신하지 못한다면 닭고기, 칠면조 고기, 돼지고기, 달걀, 송아지 고기, 소고기를 먹지 말아야 한다는 말이다. 현재 집약적으로 사육되는 양은 1% 미만이므로, 새끼 양고기와 성체 양고기는 공장식 농장에서 생산되었을 가능성이 낮다.[16]

소고기가 비육장에서 생산됐을 가능성은 당신이 어디에 거주하느냐에 따라 달라진다. 미국에서는 소고기의 1%만이 평생 풀을 먹고 자란 소에서 온 것인 반면, 호주에서는 전체 소고기의 절반이 목초지에서 자란 소에서 온 것이다.[17] 물론 공장식 농장에서 생산하지 않은 이 모든 고기를 구입할 수도 있지만, 대개는 가격이 훨씬 비싸다. 요즘 식용 닭을 야외에서 사육하는 농가는 거의 없다. 그럴 경우 가격이 너무 비싸지기 때문이다. '케이지프리cage-free' 달걀이라도 실내의 밀집된 환경에서 생산되었을 가능성이 크다는 점도 명심해야 한다. 미국에서는 '유기농'이라는 라벨이 붙어 있어도, 그것이 암탉이 야외에서 자랐다는 것을 보장하지 않는다. 달걀을 구매할 때는 '방목' 달걀이나 '목초지 사육' 달걀이라는 단어가 상자에 찍혀 있는지 확인해보라. 유럽연합과 영국에서 생산되는 달걀 상자에는 반드시 특정 코드가 찍혀 있는데, 이 코드는 달걀의 생산 방식을 나타낸다. '0'은 해당 지역의 법이 암탉이 자유롭게 돌아다닐 수 있도록 규정하고 있는 유기농 달걀(이 경우 해당 지역의 법적 요구에 따라 암탉이 자유롭게 돌아다닐 수 있어야 한다)을 의미하고, '1'은 방목을 통해 사육된 암탉이 낳은 달걀을, '2'는 케이지가 아닌 실내에서 사육된 암탉의 달걀을, 그리고 '3'은 케이지 안에서 사육된 암탉이 낳은 달걀을 의미한다. 호주에서는 달걀에 방목 사육, 축사 사육, 혹은 케이지 사육 암탉의 달걀이라는 라벨을 붙여야 한다. 방목 사육이나 목초지 사육 달걀을 살 때는 닭이 얼마나 넓은 공간을 확보했는지 확인해야 한다. 방목장에 닭이 너무 많으면 풀이 흙덩어리로 변해버리기 때문이다. 몇몇 방목 사육 생산자는 달걀 상자나 웹사이트에 사육 밀도를 명시한다.

명시되지 않았다면 생산자에게 연락해서 문의해보라. 사육 밀도가 에이커당 600마리(혹은 헥타르당 1,500마리) 정도면 닭이 널리 흩어져 생활할 수 있고 날씨가 좋으면 그곳에 풀이 자랄 수 있다.

일단 당신이 지금까지의 논의에 동의하고, 공장에서 생산된 닭, 돼지, 송아지, 소뿐만 아니라 사육된 암소의 우유와 암탉이 낳은 달걀도 먹지 않게 되었다고 가정해 보자. 다음 단계로 당신은 채식주의자가 될 것인지 아니면 양심적 잡식주의자가 될 것인지를 생각해보아야 한다. 양심적 잡식주의는 특히 조엘 샐러틴, 마이클 폴란, 그리고 여우 사냥을 좋아했던 영국 철학자로 2020년 타계한 로저 스크루턴Roger Scruton이 옹호하는 입장이다. 2005년 프린스턴대학교에서 나와 토론을 벌일 당시 스크루턴은 청중에게 자신이 돼지를 사육하는 농장을 소유하고 있으며, 그중 한 마리를 싱어라고 이름 지었다고 말했다. 그는 자신이 곧 싱어를 죽여서 먹을 것이라고 하면서, 누구도 고기를 먹지 않았다면 싱어는 존재하지 않았을 것이고 지금 싱어가 누리는 삶은 없었을 거라고 강조했다. 소설가 버지니아 울프의 아버지 레슬리 스티븐Leslie Stephen도 1세기 전 유사한 지적을 했는데, 그는 다음과 같이 썼다. "돼지는 베이컨 수요 변화에 그 누구보다 큰 이해관계를 가지고 있다. 전 세계 사람이 모두 유대인이었다면 돼지는 아예 존재하지 않았을 것이다."**18**

양심적 잡식주의자는 공장식 축산을 반대하지만, 동물을 함부로 다루지 않는 농부가 생산한 동물 제품은 계속 먹는다. 스크루턴은 동물의 죽음은 인간의 죽음이 흔히 그렇듯 '시기적절하지 않은' 죽음이 될 수 없으므로, 고통 없이 동물을 죽이는 것 자체는 잘못이 아니라고 주장했다. 인간의 생명을 단축하는 것은 비극적 죽임일 수 있다. 이렇게 죽은 사람이 살아서 이뤄야 할 것들이 많이 남아 있기 때문이다. 반면 동물은 이룰 성과라는 것이 없기 때문에 "30개월 만에 죽는다고 해서 40세, 50세, 60세에 죽는 것보다 본질적으로 더 비극적인 것은 아니다"라고 스크루턴은 주장한다. 그는 가축을 "적절하게 보살펴주었고, 보살핌의 의무를 모두 충족시켰으며, 그들에게 공감하고, 그들을 경건하게 대하려 했다면"[19] 가축을 죽여서 먹는 것을 정당화할 수 있다고 주장했다.

이 책의 초판에서 나는 다음과 같은 이유로 레슬리 스티븐의 논증을 거부했다. 그의 논증에 따르면 우리는 어떤 존재를 존재하게 하는 것이 그 존재에게 혜택을 주는 것이라고 생각해야 한다. 그리고 이 입장을 견지하려면 우리는 존재하지 않는 존재에게 혜택을 주는 것이 가능하다고 믿어야 한다. 초판에서 나는 이것이 터무니없는 주장이라고 썼지만, 지금은 정말 터무니없는지 확신이 서지 않는다. 요컨대 우리는 대부분의 삶을 고통스럽게 하고 단축시키는 유전적 결함이 있을 것을 아는데도 아이를 임신하는 것이 그 아이에게 해가 된다는 데 동의할 것이다. 그러나 우리가 존재하지 않는 아이에게 해를 끼칠 수 있다면, 분명 존재하지 않는 아이에게 혜택도 줄 수 있다. 이 사실을 부정하려면 두 경우 사이의 비대칭성을 적절히 설명해야 하는데, 그러기가 쉽지 않다.[20]

동물을 고통 없이 죽이는 것이 본질적으로 잘못인지와 관련한 여러 견해가 이 문제를 검토하는 데 도움이 될 것이다. 나는 동물을 죽이는 것이 잘못이라는 주장을 내 논증의 바탕으로 삼지 않았다. 이 주장을 면밀히 검토하다 보면, 피할 수 있는 고통을 주거나 그러한 고통을 지지하는 것의 잘못보다 훨씬 어려운 철학적 문제를 만나게 되기 때문이다. 앞서 살펴본 것처럼 스크루턴은 동물이 더 오래 살아도 이룰 것이 아무것도 없기 때문에 그들을 죽이는 것은 비극이 아니라고 생각했다. 그런데 누군가가 다음과 같이 의문을 제기할 수 있다. "암소 입장에서는 송아지를 낳고 성공적으로 젖을 먹이고 키우는 것이 일종의 성취가 아닌가?" 이러한 의문에 대해 스크루턴은 이것을 성취로 간주하려면 의식적으로 계획을 세우고 목표를 향해 노력해야 하는데, 소는 그렇지 않다고 대응했을지 모른다. 인간과 동물 사이에 선을 긋는 이런 시도에 저항할 수도 있겠지만, 논의가 어떻게 귀결되는지를 확인하기 위해 일단 소가 대부분의 인간과 같은 방식으로 무언가를 성취하지 못한다는 사실을 인정해보도록 하자.

그럼에도 우리는 여전히 스크루턴의 도덕적 주장을 거부할 수 있다. 우리는 죽임이 어떤 것을 성취하지 못하게 하는지의 여부와 상관없이, 삶을 누릴 수 있는 존재를 죽이는 것이 잘못이라고 생각할 수 있다. 죽이는 것이 잘못인 경우에 대한 이와 같은 더욱 포괄적인 관점을 뒷받침하기 위해, 우리는 다음과 같이 주장할 수 있다: "무언가를 성취한 존재와 그렇지 못한 존재를 구별할 경우, 스크루턴이 죽여서 먹은 돼지들의 인지 능력에 비해 나을 것이 없는 사람들을 죽이는 것을 허용할 수 있게 된다." 심지어 TV에서 보는 모든 것을 수동적으로 흡수하며 인생을 낭비하는 카우치 포테이토couch potatoes(소파에서 감자칩을 먹으며 TV만 보는 사람을 뜻하는 말-옮긴이) 같은 인간마저도 죽이는 것을 허용할 수 있다고 주장할 수 있을지 모른다. 그들도 미래에 무언가를 성취할 가능성이 없을 수 있기 때문이다.

방금 언급한 인간은 사육하고 죽여서 먹기 위해 탄생시키는 동물과 같은 방식으로 우리에게 존재함의 빚을 지지 않았다. 이는 분명 사실이다. 하지만 만약 인간이 그런 빚을 지고 있다면 어떻게 해야 할까? 가즈오 이시구로는 2005년 출간한 소설 『나를 보내지 마*Never Let Me Go*』에서 사람들이 자신을 복제하여 자신의 노화된 육체를 대체하는 장기를 기증해주는 클론을 탄생시키는 세상을 상상한다. 클론은 10대가 될 때까지 좋은 삶을 살아가다가 대개 자신에게 무슨 일이 있을지 전혀 모른 채 고통 없이 죽음을 맞이한다(소설에서는 몇몇 클론이 앞으로 자신의 운명이 어떻게 될지 알게 되지만, 동물 문제와 상황을 동일하게 설정하기 위해 자기 운명을 모르는 클론에 초점을 맞추기로 하자). 만약 장기를 얻기 위한 인간 살해를 금했다면, 클론들은 애초에 존재하지 않았을 것이다. 그런데 이것이 장기를 얻기 위해 그들을 살해하는 것이 정당하다는 것을 의미하는가? 만약 이를 엽기적이라고 생각한다면, 동물의 경우, 다시 말해 죽임을 허용하지 않았다면 존재하지 않았을, 그러면서 대체로 좋은 삶을 살고 있는 동물에 대해서도 동일한 관점을 취하는 것을 정당화할 수 없는 것 아닐까?

나는 헨리 시즈윅이 19세기 공리주의자 가운데 가장 사려 깊은 사상가라고 생각한다. 그는 만약 사람들이 행복한 삶을 살아갈 것이라 기대할 수 있고, 다른 사람들의 행복을 너무 많이 감소시켜 세상의 행복의 총량을 줄어들게 하지 않을 경우, 이 세상에 더 많은 사람들을 태어나게 하는 것이 좋은 일인지에 대한 문제를 논의했다. 그는 이러한 상황에서 더 많은 사람들을 존재하게 하는 것이 좋은 일이라고 생각했다. 이와 같은 사실로 미루어 보자면 그는 스크루턴을 포함한 다른 양심적 잡식주의자의 관점을 지지했을 가능성이 있다. 그 이유는 다른 모든 것이 동등한 상황에서, 만약 행복한 사람들을 세상에 존재하게 하는 것이 좋다면, 행복한 동물을 존재하게 하는 것 또한 마찬가지여야 하기 때문이다.

내가 옥스퍼드 대학원생이었을 때, 나는 지난 50년 동안 가장 존경받은 철학자의 한 사람인 데릭 파핏Derek Parfit의 연속 세미나에 참여했다. 명성이 자자했던 이 세미나에서 그는 우리가 행복의 총량을 가장 많이 가져올 수 있을 일을 해야 한다는 시즈윅의 입장이 "찜찜한 결론repugnant conclusion"으로 귀결된다고 주장했다. 파핏이 찜찜하다고 여긴 생각은 '겨우 살 만한 가치를 갖는 삶을 살아가는 엄청나게 많은 사람들이 살아가는 세상'이 '가능한 한 최고의 삶을 살아가는 훨씬 적은 수의 사람들이 살아가는 세상'에 비해 행복의 총량이 더 많을 수 있고, 그리하여 더 나을 수가 있다는 생각이다. 이와 같은 함의를 갖는다는 이유로 시즈윅의 전체론적 입장total view을 전면 거부하기에 앞서, 당신은 파핏이 누구를 존재하게 할 것인지에 영향을 미치는 결정과 관련한 다른 윤리적 접근 방식 또한 찜찜한 결론 못지않게 직관적이지 않은 함의를 갖는다는 사실을 보여주었음을 알고 있어야 한다. 다른 철학자들도 이 문제에 만족스러운 답변을 제시하지 못했다.[21]

나와 다른 많은 철학자가 이 문제를 두고 겪고 있는 어려움을 고려해보았을 때, 나는 행복한 삶을 살아갈 거라고 기대할 수 있는 존재를 태어나게 하는 것이 좋은지, 그리고 이것이 그들을 죽이는 것을 정당화할 수 있는지에 대해 여전히 의문을 가지고 있다. 다소 유감이지만, 나는 양심적 잡식주의자를 결정적으로 반박할 수 없음을 인정한다. 하지만 설령 동물을 태어나게 함으로써 동물이 혜택을 받을 수 있음을 인정한다고 해도, 또한 삶의 이른 시기에 그들을 죽이는 것이 잘못이 아님을 받아들인다고 해도, 현실에서는 충분히 좋은 처우를 받은 동물의 고기를 구입하기가 매우 어렵다. 돼지를 직접 키워 농장에서 고통 없이 도살한(이렇게 가정하자) 스크루턴은 돼지가 좋은 삶을 살았다는 확신을 가질 수 있었을지 모른다. 하지만 생산자들이 자신이 키운 가축을 한데 모아 평생 익숙했던 환경에서 끌어내고, 다른 가축들과 함께 트럭에 가득 실어 도축장으로 이송한 뒤 그곳에서 죽이는 경우는 상황이 다르다. 설령 생산자들이 동물을 여러 달 동안 괜찮은 환경에서 키운다 해도, 이 과정은 그 몇 달을 능가할 정도로 동물에게 시련을 준다.

이런 사실이 양심적 잡식주의에 관한 우리의 입장에 어떤 영향을 미칠까? 앞서 언급한 바와 같이 미국의 현대 철학자 애덤 러너Adam Lerner는 우리가 '알면서도, 또한 태어나지 않게 할 수 있는데도 비참한 삶을 살아갈 아이를 태어나게 하는 것은 잘못'이라고 생각한다는 사실을 지적한다. 러너는 우리가 좋은 삶을 살아갈 아이를 낳아서 이러한 잘못을 바로잡을 수 있다고 생각하지 않는다고도 주장한다. 동일한 맥락에서 러너는 '상업적으로 사육하기 위해 동물을 태어나게 하는 사람들은 동물 중 일부가 긍정적인 삶을 살아갈 것이라는 이유를 들어 그러한 행위를 정당화할 수 없다'고 주장한다. 왜냐하면 야외로 나갈 수 있는 농장에서조차 수많은 농장 동물들이 부정적인 삶을 살아가기 때문이다. 이렇게 말하는 이유는 어미와 새끼가 태어나자마자 격리되는 경우가 흔하고, 마취제 없이 거세가 이루어지며, 낙인이 찍히거나 귀가 잘리고, 그들이 이루는 사회집단이 해체될 가능성이 높기 때문이다. 마지막으로 농장에서 도축이 시행되는 드문 경우를 제외하고는 모든 가축이 도축장으로 이송되는 시련을 견뎌야 한다. 이런 이유로 러너는 우리가 양심적 잡식주의자가 되면 안 된다는 입장을 견지한다.[22]

18세기의 인도주의 수필가 올리버 골드스미스Oliver Goldsmith는 동물학대에 반대하면서도 채식주의자는 아닌 사람을 이렇게 표현했다. "그들은 연민을 느끼면서 그 연민의 대상을 먹는다."[23] 이 말이 은연중에 시사하는 바와 같이, 인간 아닌 동물을 걱정하면서도 계속 먹기는 어렵다. 식습관은 우리에게 소중하며 쉽게 바뀌지 않는다. 이에 따라 우리는 연민을 느끼면서도 돼지, 소, 닭, 물고기를 이용해야 할 대상으로 간주하게 될 가능성이 있다. 선뜻 지불할 수 있는 가격에 고기를 계속 얻으려면 동물의 생활환경을 좀 더 압박해야 한다는 사실을 알게 될 경우, 우리는 이런 환경이 동물에게 해를 끼치지 않는다는 말에 더 쉽게 넘어갈 것이다. 동물을 먹는 습관이 있는 사람이라면 그 누구도 편견에서 완전히 벗어나 동물이 사육되는 환경이 불필요한 고통을 주는지를 판단할 수 없다.

자유 시장이라는 환경에서는 상당한 고통을 주지 않고 대규모로 식용 동물을 사육하는 것이 어려울 것이다. 공장식 축산은 기술과 시장의 힘을 이용하여 동물을 단순히 우리의 목적을 위한 수단으로 취급하는 것이다.

또한 대부분의 농장 동물이 죽음을 맞이하기까지 좋은 삶을 살 수 있게 해주는 농장을 소규모로 운영할 수 있다 해도, 이런 농장은 오늘날 도시 인구가 습관적으로 소비하는 고기와 다른 동물 제품의 양을 감당할 수 없다. 우리의 건강이나 생존에 필요한 경우를 제외하고는 동물을 죽이지 말아야 한다는 단순한 일반 원칙을 받아들이고 그에 따라 행동하는 것이 궁극적으로 더 나은 결과를 산출할 수 있다. 설령 이것이 짧지만 좋은 삶을 살아갈 동물이 더 적게 태어난다는 것을 의미한다고 해도 말이다. 덧붙이자면 나는 채식주의자나 비건이 되기로 결정한 사람들이 양심적 잡식주의자를 모든 동물이 존중받으며 자신의 본성과 사회적 필요에 따라 살아가는 세상을 만들기 위해 함께 투쟁하는 동지로 여기면 좋을 것이라 생각한다.

곧 살펴보게 되겠지만, 진정한 양심적 잡식주의자는 동물의 고통뿐 아니라 동물 제품 소비로 온실가스가 배출됨으로써 다른 사람과 지구 전체 생태계에 미칠 해악을 고려해야 한다. 그리고 이에 대한 고려만으로도 그들은 식물을 더 많이 먹고, 특히 소나 양 같은 반추동물의 고기와 유제품을 피해야 한다.

기후변화

1980년대까지만 해도 나는 기후변화에 대해 알지 못했고, 거의 대부분의 사람들도 그랬을 것이다. 화석 연료의 연소가 일으키는 심각한 위협을 인식했을 때조차도, 동물 제품이 지구온난화에 미치는 영향을 이해하기까지는 시간이 걸렸다. 하지만 최근 들어 식물 섭취가 온실가스 배출량을 낮춘다는 사실이 널리 알려지게 되었는데, 이는 동물 제품을 줄이고 기꺼이 비건이 되려는 사람들에게 이러한 관행을 받아들여야 할 가장 중요하고 강력한 이유 중의 하나로 자리 잡았다. 여기서 나는 축산업이 기후변화에 미치는 영향에 대해 현재까지 알려진 최고의 과학적 연구와 데이터가 보여주는 사실을 아주 간략하게 전달하겠다.

기후변화와 관련한 가장 권위 있는 보고서는 기후변화에 관한 정부 간 협의체Intergovernmental Panel on Climate Change, IPCC에서 발행한 평가 보고서다. IPCC는 1988년 유엔 환경프로그램United Nations Environmental Program과 세계기상기구World Meteorological Office가 기후변화에 관한 학문적 이해의 현황, 그리고 이러한 변화의 경제적·사회적 영향 및 그 대응 전략을 검토하는 과제를 수행하고자 설립되었다. 2022년 IPCC는 6차 평가 보고서Sixth Assessment Report를 부문별로 나누어 발표하기 시작했다. 이 기획의 규모는 '기후변화 완화' 관련 부문만 3,000쪽에 육박한다는 사실로 미루어 판단할 수 있다. IPCC 보고서에는 많은 필진이 참여했고 모두가 관련 분야 전문가다. 이 보고서는 전부는 아니지만 대부분 심사를 통과해 출간되었거나 출간이 허락된 과학 문헌에 바탕을 두고 있다. 이 보고서의 초안은 먼저 전문가에 의해 검토되었고, 그 후 정부에서 다시 한 번 검토했다. 보고서의 모든 문장은 오류를 찾는 전문가의 검토를 거쳐야 했으며, 결과적으로 보고서는 이례적으로 권위 있는 문서로 자리매김하게 되었다. 만약 보고서에 오류가 있다면, 그 오류는 보고서가 가능한 최악의 시나리오보다는 덜 심각한 시나리오를 바탕으로 작성되었기 때문에 범한 것이다. 이렇게 보았을 때 기후변화 완화에 대한 보고서가 "식물성 단백질 함량이 높고 고기와 유제품이 적게 들어간 식단을 선택하는 것은 온실가스 배출량을 낮추는 것과 관련이 있다"라고 밝힌 것은 중요한 의미를 갖는다. 보고서에서 이 문장은 특히 중요한 진술을 강조하는 데 사용되는 굵은 글씨체로 쓰여 있으며, 이 문장에는 보고서의 또 다른 특징이라 할 수 있는 '신뢰도 높음high confidence'이라는 표시도 되어 있다. 보고서 후반에 나오는 부문에서는 기후변화 완화 전략이 논의되고 있는데, 이 논의에는 육류, 특히 붉은 육류 소비를 줄이기 위한 다양한 방안들이 빈번하게 거론되고 있다.[24]

　IPCC 보고서보다 제약이 덜한 문서는 더 강한 어조로 식단 변화를 촉구한다. 런던 왕립국제문제연구소Royal Institute of International Affairs로도 알려진 채텀하우스Chatham House의 보고서 「변화하는 기후, 변화하는 식단Changing Climate, Changing Diets」 요약문에는 다음과 같은 문장이 나온다. "고기에 대한 우리의 식욕은 기후변화의 주요 요인이다." 보고서에 따르면 이미 축산업은 전 세계 온실가스 배출량의 15%를 약간 밑도는 양을 배출한 책임이 있는데, 이 양은 전 세계 모든 차량 배기관에서 나오는 배출량에 거의 맞먹는 수준이다. 하지만 청정에너지가 화석연료 사용을 줄일 잠재력을 가지고 있는 것과 대조적으로, 전 세계 육류 소비는 금세기 중반까지 76% 성장할 것으로 예측된다. 이는 육류 소비가 온실가스 배출량에서 차지하는 비율이 점점 더 커질 것임을 의미하는데, 이런 사실을 바탕으로 보고서 저자들은 전 세계적으로 육류 소비가 감소되지 않으면 지구온난화의 수준을 '위험 수준'인 2°C 이하로 유지할 수 없을 거라고 결론을 내리고 있다. 이는 파리협정 등에서 넘지 말아야 할 선으로 정한 수준이다.[25] 이 수준마저도 해수면 상승으로 부득이하게 기후 난민이 될 수밖에 없는 저지대 태평양 섬나라를 구하기에는 부족하다. 전문가들은 합당한 이유로 온난화를 1.5°C 밑으로 유지해야 한다고 주장한다.

2007년 로컬푸드를 즐기는 사람을 일컫는 '로커보어locavore'가 옥스퍼드 영어사전이 선정한 올해의 단어'로 뽑혔다. 그 정도로 당신이 살고 있는 곳의 규정된 반경 내에서 생산된 식품만을 먹는 것을 뜻하는 로컬푸드 먹기는 수년 전부터 환경을 의식하는 사람들이 실천해야 할 과제로 자리 잡았다. 물론 당신이 거주하는 지역의 농부를 알아가고 지지하는 것을 즐긴다면 로컬푸드를 먹는 게 합당하다. 하지만 로컬푸드를 먹는 수많은 사람이 말하듯이 당신의 목적이 온실가스 배출을 줄이는 것이라면 음식이 어디에서 왔느냐보다는 무엇을 먹느냐를 생각하는 게 훨씬 나을 것이다. 운송이 음식 생산과 분배 과정에서 배출하는 온실가스의 비중은 극소량에 불과하기 때문이다. 가령 소고기의 경우 전체 온실가스 배출량에서 운송이 차지하는 비율은 0.5%에 지나지 않는다. 그렇다면 설령 로컬 소고기를 먹는다고 해도, 당신은 멀리서 운송된 소고기를 먹을 때 당신의 음식이 배출한 온실가스의 99.5%에 대해 여전히 책임이 있는 것이다. 반면 콩을 선택한다면 당신은 비슷한 양의 로컬 소고기를 생산할 때 배출되는 온실가스의 약 2%에 대해서만 책임지면 된다. 물론 소고기는 온실가스 배출에 최악의 영향을 주는 식품이다. 하지만 유럽연합 전역의 식품 탄소 발자국과 관련한 광범위한 연구를 보면 고기, 유제품, 달걀이 온실가스 배출량의 83%를 차지하는 데 반해 운송은 단 6%에 불과했다.[26]

좀 더 일반적으로 말하자면, 같은 양의 칼로리로 비교하건 단백질로 비교하건, 식물성 식품은 대개 어떤 동물성 식품보다도 온실가스를 훨씬 적게 배출한다. 예를 들어 소고기는 견과류보다 단백질 1g당 192배 많은 이산화탄소를 배출한다. 소고기와 견과류가 단백질 식품의 양극단에 해당하긴 하나, 단백질 1g당 온실가스 배출량이 가장 낮은 달걀도 단백질 1g당 배출량이 두부의 두 배를 넘는다. 칼로리당 배출되는 온실가스를 식물성 음식과 비교했을 때 동물성 식품의 배출량은 훨씬 심각하다. 소고기는 칼로리당 견과류의 520배의 온실가스를 산출하고, 이번에도 역시 온실가스 배출량이 가장 적은 달걀도 칼로리당 감자의 다섯 배 많은 양을 산출한다.[27]

이상에서의 수치들은 식물성 식품을 선택함으로써 환경을 보호할 수 있다는 것을 보여준다. 하지만 여기에는 기후변화를 막기 위해 노력하는 과정에서 식물성 식품을 더 많이 먹어야 한다는 중요한 이유가 하나 빠져 있다. 바로 동물을 방목하기 위해 사용되는 넓은 토지와, 가둬서 사육하는 동물을 먹일 농작물(앞서 살펴본 것처럼 이것은 식량 낭비다)을 재배할 지역(방목지보다는 작지만 그래도 여전히 넓다)이 환경에 미치는 부정적 영향, 즉 '탄소 기회비용'이다. 우리는 이 땅을 우리가 먹는 동물을 위해 사용하는데, 이 때문에 대기에서 엄청난 양의 탄소를 안전하게 제거해줄 숲을 포함한 자생적 생태계를 복원할 수 없게 된다. 한 연구에 따르면 식물성 식단으로 전환하면 탄소 제거에 쓸 수 있는 땅을 충분히 확보할 수 있게 되며, 이 경우 대부분의 관측자들이 달성할 기회를 놓쳤다고 생각하는, 온난화 한계치 1.5℃라는 목표를 달성할 확률이 66%에 달한다고 한다. 또 다른 연구는 축산업을 신속히 단계적으로 폐지하면 향후 30년간 온실가스를 안정화하고, 금세기 전체 이산화탄소 배출량의 2/3 이상을 상쇄할 수 있다고 보았다. 이 연구의 저자들은 이렇게 말한다. "이 잠재적 영향의 규모와 속도를 고려하면, 재앙적 기후변화를 피하기 위해서는 축산업을 줄이거나 없애는 것을 최우선으로 고려해야 한다."[28]

기후변화가 오늘날 우리가 직면하고 있는 가장 커다란 환경 문제임에는 의심의 여지가 없다. 하지만 오직 기후변화만이 유일한 환경 문제는 아니다. 더 넓은 시각으로 환경 문제를 바라보면 식물성 식단을 선호해야 할 이유를 더 많이 찾을 수 있다. 아마존 열대우림을 개간하고 태우는 것은 나무나 다른 식물에서 탄소가 대기로 방출된다는 의미일 뿐 아니라, 아직 기록되지 않은 수많은 동식물 종이 멸종될 가능성이 있음을 뜻하기도 한다. 이 파괴는 대체로 부유한 국가의 고기에 대한 엄청난 식욕으로 발생한다. 이 식욕 때문에 숲을 개간하는 행위는 아마존에 사는 원주민을 위해 숲을 보존하고, 생태 관광 산업을 유치하며, 그 지역의 생물 다양성을 보호하고, 숲을 이용해 탄소를 저장하는 것보다 더 큰 이익을 가져다주는 것처럼 보일 수 있다. 하지만 이렇게 하는 것은 우리가 말 그대로 햄버거를 먹기 위해 지구의 미래를 걸고 도박을 하고 있는 것이다.

옥스퍼드대학교의 조지프 푸어Joseph Poore는 119개국 3만 8,700개 농장과 1,600개 식품 가공업체 및 40가지 서로 다른 식품을 아우르는 방대한 양의 환경 관련 자료를 통합하는 연구를 이끌었다. 푸어는 이 모든 연구의 결과를 이렇게 요약한다. "비건 식단은 아마도 온실가스뿐 아니라 범지구적 산성화, 부영양화, 토지 및 물 사용 등이 지구에 주는 타격을 줄이는 유일하고도 가장 중요한 방법이다." 그는 『가디언』에서 "비건이 되는 것이 비행기를 덜 타고 다니거나 전기차를 구입하는 것에 비해 훨씬 큰 영향력을 발휘한다"고 덧붙였다. 그 이유는 "비행기를 덜 타고 전기차를 구입하는 등의 방법은 단지 온실가스 배출량을 줄이는 데 그치기" 때문이다. 푸어는 '지속 가능한' 축산업을 해결책으로 보지 않는다. "사실상 우리가 직면하고 있는 수많은 환경 문제들은 동물 제품의 생산과 소비와 밀접한 관련이 있다. 우리가 동물 제품 소비를 자제하는 것이 지속가능하다고 여겨지는 육류나 유제품을 구매하는 것에 비해 환경에 더 큰 도움이 된다."[29]

일상에서 선 긋기

1장에서 우리는 척추동물뿐 아니라 문어와 십각류 갑각류도 고통을 느낄 수 있는 능력이 있음을 보여주는 증거가 강력함을 확인했다. 이들 또한 대양에서 끌어올려져 죽임을 당할 경우 서서히, 고통스럽게 죽음을 맞이할 가능성이 크며, 집약적으로 양식이 이루어질 경우 사는 내내 고통을 겪을 수 있다. 이렇게 보았을 때, 이러한 수중 동물과 해양 생태계를 위해, 그리고 가난한 사람들을 위해 우리는 물고기, 문어, 바닷가재, 가재, 게를 먹지 말아야 한다. 하지만 이 동물 외에 우리가 흔히 먹는 동물이 고통을 느끼는지는 확실치 않은데, 이에 따라 우리는 이렇게 물어야 한다. "쾌고감수능력이 있는 존재를 착취하는 데 동참하지 않으려면 어디에 선을 그어야 하는가?"

먼저 새우를 생각해보자. 일반적으로 새우라는 용어는 서로 다른 목目의 갑각류를 포괄하는데, 이 중 일부는 십각목decapods이고 나머지는 십각목이 아니다. 어찌되었건 매년 약 4,400억 마리에 달하는 엄청나게 많은 새우가 양식장에서 생산된다는 점을 감안하면, 새우에 관심을 가져야 할 이유는 충분하다. 수많은 새우 부화장에서는 번식용 암컷 새우의 한쪽 혹은 양쪽 눈자루eyestalk를 으스러뜨리거나 절단하는 것이 일상화되어 있다. 이 방법으로 새우가 더 빨리 성장하게 만들 수는 있지만, 만약 새우가 고통을 느낄 수 있는 능력이 있다면, 이러한 상처를 입히는 것은 아마도 고통을 동반할 것이다. 실제로 이러한 상처를 입은 새우는 수명이 단축되고, 스트레스에 더 취약한 새끼를 낳게 된다는 사실이 밝혀졌다. 이렇게 보았을 때 눈자루 절단은 전혀 불필요한 행위라 할 수 있다.[30] 또한 새우 양식은 환경에 피해를 주기 때문에 우리가 이를 지지해서는 안 된다.[31]

세상에는 수백만 종의 곤충이 서식하고, 어떤 곤충이 고통을 느낄 능력이 있다고 자신 있게 말할 수 없지만 그렇다고 고통을 느낄 능력이 있을 가능성을 배제할 수도 없다.[32] 우리에게 크게 부담이 되지 않고 그들에게 의심의 혜택을 줄 수 있다면 그렇게 해야 한다. 그렇다고 모기를 때려잡는 게 잘못이란 말은 아니다. 우리가 1장에서 살펴본 바와 같이 고통을 느낄 수 있는 능력 자체가 어떤 존재에게 생명권을 부여하는 것은 아니기 때문이다. 하지만 그들에게 의심의 혜택을 주어야 한다는 말은 만약 곤충을 제거해야 한다면, 그들을 신속하게 죽여야 한다는 것을 의미한다. 파리잡이 끈끈이는 파리를 유혹하는 끈끈한 물질이 코팅되어 있다. 파리는 그곳에 붙어서 여러 시간에 걸쳐 서서히 죽어간다. 그들이 고통을 느낄 가능성이 조금이라도 있으면 우리는 다른 방법으로 파리를 없애야 한다.

상업적 곤충 생산은 또 다른 윤리적 문제를 제기한다. 매년 1조 마리 이상의 곤충이 상업적으로 사육되며, 상업적으로 생산된 곤충 가운데 어느 특정한 날에 살아 있는 곤충의 수는 740억에서 940억 마리 사이에 달한다.[33] 미국, 캐나다, 유럽에서는 이렇게 생산된 곤충 대부분이 동물 사료로 전환되지만, 중국과 태국에서는 식용으로 생산되기도 한다. 식용 곤충 개발을 부추기는 한 가지 주요한 이유는 곤충에서 생산되는 단백질 단위당 온실가스 배출량이 육류용으로 사육되는 소의 1%에 불과하고, 토지, 물, 사료는 소에게 필요한 양의 10%만 사용하면 되기 때문이다. 곤충에게 쾌고감수능력이 없다는 것을 확인할 수 있다면, 식용 곤충의 대중화를 통해 척추동물을 이용한 공장식 축산 제품에 대한 수요를 줄일 수 있다고 생각해볼 수 있을 것이다. 하지만 불행하게도 우리는 곤충에게 쾌고감수능력이 있는지 없는지 알지 못한다. 어쨌든 곤충을 다른 동물의 먹이로 쓰기 위해 생산한다면, 곤충 생산이 닭, 돼지, 소를 지속적으로 착취하는 발판이 될 수도 있다.

『식량 및 사료로서의 곤충 저널Journal of Insects as Food and Feed』이라는 학술지가 있다. 이 학술지의 편집자이자 네덜란드 곤충학 교수인 아르놀트 판후이Arnold van Huis는 상업적으로 생산되는 곤충의 복지 문제에 우려를 표한 글에서, 곤충이 쾌고감수능력이 있는 존재일 가능성이 있다고 결론 맺으면서 곤충을 그러한 존재로 대해야 한다고 권고한다.[34] 곤충이 쾌고감수능력이 있는 존재일 가능성이 얼마나 되는지, 그들을 그렇게 대한다는 것이 어떤 의미인지는 사육하는 곤충 종에 따라 달라질 것이다. 상업적으로 생산되는 주요 종은 귀뚜라미, 밀웜mealworm(갈색거저리), 동애 등애 유충black soldier fly larvae 세 종이다. 이 중에서 꿀벌과 뉴런 수가 비슷한 귀뚜라미가 고통을 느낄 가능성이 가장 높아 보인다.[35] 귀뚜라미는 매년 약 4,000억 마리가 생산되고, 특정 시기에 상업 농장에 살아 있는 개체수는 340억~410억 마리에 이른다. 이 점을 감안한다면 우리는 귀뚜라미가 겪을 고통을 최소화할 방법을 고민해야 하며, 먹을거리와 관련된 더 나은 선택지를 모색해봐야 한다.

이 책 초판에서 나는 무엇을 먹고 무엇을 먹지 말아야 할지 이야기하며 이렇게 썼다. "새우와 굴 사이 어딘가에 선을 긋는 것이 가장 적당할 것이다." 하지만 전반적으로 책 내용을 좋게 생각했던 몇몇 사람들은 굴을 먹는다면 비건은커녕 채식주의자도 될 수 없다며 이를 재고해볼 것을 요구했다. 하지만 자기 자신을 드러내는 데 어떤 명칭을 붙이느냐는 중요하지 않다. 동물 배양세포로 만들어낸 고기가 시장에 출시되면 나는 단순한 호기심 충족 차원에서라도 그 고기를 먹어보려 할 것이다. 그게 고기라는 사실이 그것을 먹어선 안 된다는 말은 아니다. 정말 중요한 건 인간이건 인간이 아니건, 그 대상에게 피할 수 있는 고통을 주는지의 여부, 혹은 환경에 피해를 주는지의 여부다.

굴을 먹는 것에 반대하는 더 강력한 논변은 우리가 굴에게 의심의 혜택을 주어야 한다는 것이다. 한 비건 친구는 이렇게 말했다. "우리가 꼭 굴을 먹어야 하는 건 아니잖아. 그리고 굴이 고통을 느끼지 않는다고 확신할 수 없잖아." 이런 생각에 수긍하여 나는 이 책의 1990년 판에서 굴을 먹지 않는 편이 낫겠다고 말했다. 나는 이 책에서 활용할 증거를 다시 찾아보다가 피터 고프리스미스Peter Godfrey-Smith의 최근 연구를 살펴보게 되었고, 새우와 굴 사이에 선을 긋는 게 여전히 유효하다는 사실을 알고 기뻤다. 그는 이렇게 적고 있다. "최근 연구에 따르면 새우는 고통 문제와 직접 관련이 있는 놀라울 정도의 복잡성을 보여주었다. 하지만 굴은 그렇지 않았다."[36]

40여 년 전에 내가 올바른 위치에 선을 그었다면, 그건 탄탄한 연구의 결과였다기보다는 운이 좋았던 덕분이다. 당시 나는 생명체가 고통을 느끼는 능력을 진화시킨 이유는 고통이 위험을 알려 거기서 벗어나게 해주기 때문이라고 주장했다. 그런데 굴은 움직이지 않으므로 굴이 고통을 느낀다고 생각할 이유는 없다. 하지만 당시 나는 홍합, 조개, 가리비를 언급하면서, 이들이 모두 이매패류bivalve이기 때문에 굴에게 적용되는 사실이 이들에게도 적용되는 것처럼 말했다. 이는 무지에서 비롯된 실수다! 고프리스미스를 다시 인용하면, "굴은 다른 연체동물, 심지어 다른 이매패류보다 더 단순하게 행동한다." 가리비는 껍질을 통해 물을 뿜어내 헤엄을 칠 수 있고 조개는 모래 속으로 파고들 수 있다. 가리비와 조개는 위험을 감지할 수 있는 눈도 있다. 물론 그들의 움직임이 단순한 반사 반응일 뿐 의식이 있다는 증거는 아닐 수 있다. 하지만 유충기에 바위에 달라붙어 있다가

이후 한곳에 고정되어 살아가는 굴과는 달리, 이들에게는 쾌고감수
능력이 있을 개연성이 더 크다. 홍합도 일반화해서 말할 수 없다. 바
다홍합과 민물홍합은 종도 다르고 서로 다른 이매패류의 하위 부류
에 속하기 때문이다. 민물홍합은 근육질의 '발'을 이용해 강이나 호
수 바닥을 따라 이동하는 반면, 내가 염두에 두고 있는 바다홍합은
단단한 것에 몸을 붙이고 일반적으로 그곳에 머문다. 대략적으로 나
는 여전히 새우와 굴 사이 어딘가에 선을 긋겠지만 그 사이에 회색지
대가 있음을 발견한다. 이에 따라 나는 이제 굴이나 어쩌면 바다홍합
에 맞는 사실이 가리비나 조개에는 맞지 않을 수 있다고 생각한다.

아예 복잡하고 세세한 선 긋기를 하지 않고 그저 모든 동물에게 의
심의 혜택을 주면서 동물을 먹지 않는 것은 어떨까? 물론 그렇게 할
수는 있지만, 그렇다고 쾌고감수능력이 있는 존재에게 끼칠 고통의
위험이 전부 사라지지는 않는다. 채소 재배도 동물을 고통스럽게 죽
게 할 수 있다. 예를 들어 우리가 기르는 농작물을 먹지 못하게 하는
방법 때문에 곤충, 민달팽이, 달팽이, 새, 설치류가 해를 입을 수 있
다. 판매되는 굴의 97% 이상, 홍합의 약 87%는 주로 바다 속에 밧
줄이나 기둥을 설치해서 양식하는데, 이러한 방식의 양식은 채소 재
배가 방금 언급한 육상 동물에게 미치는 해악에 비해 다른 동물에
게 미치는 해악이 적을 가능성이 크다. 굴이나 홍합은 양식하기 위
해 땅을 개간할 필요가 없다. 또한 이들은 아가미로 물을 빨아들이
고 내보내면서 물속에 있는 먹이를 섭취하며, 이 과정을 통해 물을
정화한다. 가령 체서피크 만에서는 굴 양식을 적극적으로 장려한다.
굴이 물속의 퇴적물을 제거하면 수중 풀이 자라 다른 수생 동물에게

서식지를 제공하기 때문이다.**37** 이렇게 볼 때 굴과 홍합이 고통을 느낄 수 없다면 이들을 먹는 것이 식물을 먹는 것보다 동물에게 고통도 덜 주고 환경에는 더 도움이 될 수 있다. 반면 판매되는 모든 가리비의 거의 절반은 해저에서 채취하므로 전체 수중 생태계를 파괴할 수 있다.**38**

생각에서 행동으로

나와 식사를 함께한 몇몇 사람들은 동물 제품, 특히 공장식 축산업계에서 생산된 것들을 피해야 한다는 데 쉽게 동의했다. 하지만 그들은 그러고도 치킨을 주문했다. 그들의 가치관과 음식 선택은 조화를 이루지 않으며 이런 부조화는 매일 반복될 수밖에 없다. 이는 좋은 삶의 방식이 될 수 없다. 궁극적으로 확신을 실천에 옮기는 것은 우리 각자의 몫이며, 한 권의 책이 이를 대신해줄 수 없다. 그럼에도 나는 이어지는 내용에서 그 간극을 좁히기 위해 노력해보고자 한다. 내 목표는 채식으로의 전환을 더욱 쉽고 매력적으로 보이게 하여, 식단 변경을 부담스러운 도덕적 강요가 아닌 새롭고 흥미로운 요리에 대한 기대로 바꾸는 것이다. 채식 식단은 신선한 음식 뿐만 아니라 유럽, 인도, 동남아시아, 중국, 중동의 독특한 요리들로 다채로워질 것이다. 이 식단은 육류 일색인 서구의 식습관과 비교하면 너무나 다채로워서, 심지어 늘 먹던 육류 식사가 밋밋하게 느껴지게 될 것이다. 채식 요리는 맛도 좋고 영양도 풍부하지만, 땅과 물을 최소한으로 사용하고 온실가스를 적게 배출하며, 당신이 먹는 고기를 제공한 동물이 고통을 받을지 염려할 필요가 없다. 덕분에 이 요리를 먹는 즐거움이 배가된다.

1971년 아내 레나타와 내가 채식주의자가 되었을 당시 우리는 영국에 살고 있었다. 영국의 식사는 육류 위주였고, 대개 채소는 부드러워질 때까지 삶아 먹었다. 육식을 하지 않게 되면서 나는 땅에서 갓 수확한 신선한 채소를 볶거나 튀겨 먹으며 또 다른 기쁨을 맛보았다. 몇 가지 채소는 손수 키우기 시작했는데, 전에는 생각도 못한 일이었다. 하지만 여러 채식주의자 친구들은 이미 그렇게 하고 있었다. 지금도 나는 기회가 있을 때마다 채소를 직접 키워서 먹는다. 동물 고기를 피하게 되면서 나는 식물, 흙, 계절을 더욱 가까이하게 되었다. 그러면서 부엌에도 드나들기 시작했다. 결혼하고 첫 2년 동안 식사 준비는 거의 레나타가 했다. 일반적인 성 역할 분담에 따라, 음식을 만드는 데는 아내가 나보다 일가견이 있었기 때문이다. 하지만 아내는 동유럽 출신이어서 그녀가 만든 메인 요리는 대개 육류 중심이었고, 우리가 고기를 먹지 않기로 하면서 그 지식들은 무용지물이 되었다. 우리는 새롭고 더 채식 친화적인 음식을 찾아보기 시작했고, 나는 우리 집에서 중국과 인도 요리 전문가가 되었다. 이 책 초판에서 나는 당시만 해도 여전히 생소했던 채식 식단으로의 전환을 돕기 위해 몇 가지 채식 요리법과 팁을 소개하는 부록을 추가했다. 하지만 1990년에 개정판을 출간할 무렵에는 훌륭한 채식주의 및 비건 요리책이 너무 많아져서 과거에 내가 제공한 도움이 필요 없어 보였고, 그래서 요리법 부분은 빼버렸다. 그런데 놀랍게도 여러 독자가 요리법을 다시 수록해달라고 요청했고, 이번 개정판에는 내가 좋아하는 요리법 몇 가지를 선별해서 실었다. 요리법은 이 책 마지막에서 찾아볼 수 있다.

1970년대에는 이 책에서 논의한 문제를 대중에게 이야기하면 고기 대신 무엇을 먹느냐는 질문을 자주 받았다. 질문의 어조로 보아, 질문자는 자신의 접시에서 고기를 빼고 으깬 감자와 삶은 완두콩만 남겨두는 상황을 상상하며 과연 고기가 빠진 자리를 무엇으로 채울지 고민하는 기색이 역력했다. 하지만 나는 왜 고기를 대체할 요리가 필요하냐고 그들에게 되물었다. 어떤 사람들은 식습관을 바꾸는 초기에 어려움을 겪는다. 실제로 메인 요리에 고기가 빠진 식사에 익숙해지려면 시간이 걸릴 수 있다. 하지만 일단 이런 식사에 익숙해지면 선택할 수 있는 흥미롭고도 새로운 음식이 많다는 것을 깨닫고 전에는 왜 고기 없이 식사하기가 어렵다고 생각했는지 의아해하게 될 것이다.

1970년대에는 비건이 되는 것은 고사하고, 고기를 먹지 않으면 영양을 골고루 섭취할 수 있을지 걱정하는 사람도 많았다. 오늘날 공인으로 살아가는 사람들 중에는 비건이 아주 많다. 가령 테니스계의 '악동'으로 유명한 닉 키리오스는 자신이 건강을 위해서가 아니라 "자신이 원하는 변화를 이루기 위해" 비건이 되었으며, 자신이 원하는 변화는 동물과 환경을 위한 것이었다.[39]고 말했다. 이 밖에 다른 비건 운동선수로는 여자 축구 스타 알렉스 모건, 농구 선수 데이미언 릴러드와 디안드레 조던, 자동차 경주 선수 루이스 해밀턴, 여자 서핑 챔피언 티아 블랑코, 울트라 마라토너 스콧 주렉, 장거리 하이킹 선수 조시 개릿(멕시코에서 캐나다까지 퍼시픽 크레스트 트레일Pacific Crest Trail 하이킹 기록 보유자), 팀 전체가 비건인 영국 축구팀 포레스트 그린 로버스Forest Green Rovers 등이 있다. 또한 채식 식단이 누구에게나 필요한 근력, 에너지, 지구력을 제공한다는 증거가 더 필요하다면 리치 롤의 놀라운 이야기를 확인해보라. 그는 40세에 마약과 술에 찌든 불건전한 생활 방식을 버리고 채식 식단으로 전환하여 몸을 가꾸기 시작했다. 2년 후 그는 울트라맨 세계선수권대회에서 최종 결선 통과자 중 한 명이 되었고, 웰빙과 채식 식단을 옹호하는 베스트셀러 작가이자 손꼽히는 팟캐스터로 거듭났다.

많은 사람들이 채식 식단으로 전환한 이후, 동물성 식품을 섭취할 때보다 몸이 더 가볍고 건강해졌으며, 더욱 활기가 넘친다고 말한다. 나 역시 그런 경험을 했다. 영양 전문가들은 건강하려면 동물 제품을 꼭 먹어야 하는지에 대해 더 이상 갑론을박을 벌이지 않는다. 그렇지 않다는 증거가 확실하기 때문이다. 세계적인 의학 저널 중 하나인 『랜싯』은 EAT-랜싯위원회를 발족하여 '100억 인구가 사는 세상을 위한 건강하고 지속 가능한 식단'이라는 과학 기반 목표를 제안하고자 했다. 이 위원회에는 인간의 건강, 농업, 정치, 지속 가능한 환경에 관한 전문가 37명이 함께했다. 위원회는 인간의 건강을 도모하는 주요 식단에 대한 연구 결과를 두 가지로 요약했다. 하나는 북미의 전망에 대한 연구로, 연구자들은 비건식, 채식, 페스카테리안pescatarian(해산물 채식주의자)식, 준準채식semi-vegetarian, 잡식을 하는 7만 명 이상의 사람들을 약 6년간 추적했다. 그 결과 그들은 고기를 거의 혹은 전혀 먹지 않은 사람의 사망률이 잡식주의자의 사망률보다 12% 낮았음을 확인했다. 사망률은 준準채식주의자보다 비건, 채식주의자, 페스카테리언에서 더 급격하게 감소했고, 전체적으로 여성보다는 남성의 감소율이 더 높았다.[40] 또 다른 연구는 식물성 음식을 더 많이 먹는 것이 제2형 당뇨병 및 관상동맥 심장 질환 발병률 감소와 관련이 있음을 알아냈다.[41] 위원회는 이 연구 결과가 "반드시 엄격한 비건이 되지 않는다고 해도 통곡물, 과일, 채소, 견과류, 콩류 위주의 식단으로 바꾸는 게 유익하다"[42]는 사실을 보여준다고 설명했다.

위원회는 별도의 간행물에서 소위 '지구 건강을 위한 식단Planetary Health Diet'을 소개한다. 위원회에 따르면 이 식단은 환경을 보존하면서 100억 인구에게 건강한 식단을 제공한다는 바람직한 목표를 달성할 수 있는 방법이다. 위원회는 이 식단이 채소, 과일, 통곡물, 식물성 단백질, 불포화 식물성 오일, 그리고 "(필요에 따라) 적당한 양의 동물성 단백질로 구성되어야 한다"고 말한다.[43] 여기서 '필요에 따라'라는 말에 주목하라. 위원회는 우리가 동물 제품을 꼭 먹을 필요는 없다고 명시하고 있다. 하지만 건강의 관점에서나 환경의 관점에서 모든 사람이 엄격하게 비건이 되어야 한다고 말하는 것도 아니다. 그럼에도 많은 양의 동물 제품을 생산하고 소비하는 것이 환경과 건강에 문제가 된다는 사실은 보고서 전반에 걸쳐 강조된다. 내 목적은 완전 식물성 식단이 소량의 고기나 다른 동물 제품을 먹는 것보다 모두를 더 건강하고 더 오래 살 수 있게 해준다는 사실을 보여주는 게 아니다. 종차별주의 종식이라는 목표가 실현 가능하다는 것을 보여주고자 할 때, 우리는 이러한 목표에 따라 살아도 우리의 건강이 위험에 빠지지 않는다는 사실을 보여주기만 해도 된다. 그리고 그렇다는 것은 과학적 증거가 시사하는 바다. EAT-랜싯위원회가 인용한 연구에 나와 있듯이, 부유한 국가에 살면서 동물성 제품 함량이 높은 식단을 채택하는 대부분 사람들은 동물 제품을 아예 섭취하지 않거나 크게 줄일 경우 훨씬 건강해질 것이다. 이는 우리에게 추가적으로 주어지는 보너스다.

5장

인간의 지배

종차별주의의 간략한 역사

횡포를 종식시키려면 먼저 그 횡포를 이해해야 한다.

다른 동물에 대한 인간의 지배는 우리가 2장과 3장에서 살펴본 방식이나, 스포츠 또는 모피를 얻으려고 야생동물을 도살하는 것과 관련된 관행에서 그 실천적 면모가 드러난다. 이런 관행을 맥락과 동떨어진 일탈로 생각해서는 안 된다. 이 관행은 우리 종의 이데올로기, 즉 지배적인 동물인 우리가 다른 동물에 갖는 태도가 발현된 것으로 보아야 제대로 이해할 수 있다.

이 장에서는 인류 역사상 서로 다른 시기에 살았던 저명한 서구 사상가들이 우리가 물려받은 동물에 대한 태도를 어떻게 형성했고 옹호했는지 살펴볼 것이다. 내가 서구 전통에 초점을 맞추는 이유는 다른 문화가 열등해서가 아니라(동물에 대한 태도에 관한 한 오히려 그 반대인 경우가 많다), 서구 전통이 내가 가장 잘 아는 전통이기 때문이다. 그리고 좋건 싫건 서구 전통은 지난 5세기 동안 유럽 밖으로 퍼져나가 그 어떤 지적 전통보다 훨씬 광범위한 영향력을 다른 세계에 미쳤다.[1]

지금부터 서술할 내용은 역사적 사실을 다루지만, 이 사실을 소개하는 목적은 당신의 과거사 지식에 뭔가를 추가해주고 싶은 마음을 넘어선다. 어떤 태도가 우리 사고에 깊숙이 뿌리내려 그것이 의심의 여지없는 진리로 간주되면, 그 태도에 도전할 때 웃음거리가 되거나 묵살당할 위험을 각오해야 한다. 물론 내가 앞 장들에서 시도했던 것처럼, 그런 태도를 견지하게 하는 무사안일함을 정면 공격으로 깨부술 수도 있다. 또 다른 전략은 그 태도의 역사적 기원을 폭로하여 지배적 태도의 타당성을 기반부터 흔들어놓는 것이다. 바로 이것이 내가 이 장에서 시도하려는 것이다. 오늘날 우리는 흑인과 여성의 열등함에 대한 과거의 믿음을 노예제도와 남성의 여성 지배를 지지하는 이기적인 백인과 남성의 이데올로기로 볼 수 있게 되었다. 마찬가지로 동물 착취를 정당화하는 관점을 새로운 시각으로 바라보게 되면, 우리는 그러한 관점이 실제로는 이기적인 관행을 거짓된 이념으로 위장하려는 태도에 지나지 않았음을 깨닫게 될 것이다. 그렇게 할 때 우리는 지금까지 당연하다고 여겨왔던 동물을 사용할 수 있는 권리에 대해 더욱 회의적으로 생각할 수 있게 될 것이다.

인간이 건전한 윤리적 기반 위에서 동물을 사용한다는 서구의 믿음은 두 가지 전통에 뿌리를 두고 있다. 첫째는 유대주의로, 여기에는 신이 인간에게 동물을 지배할 권리를 주었다는 믿음이 반영되어 있다. 둘째는 고대 그리스 사상으로, 여기에는 인간 중심적인, 좀 더 구체적으로 이성적 존재 중심의 우주관이 반영되어 있다. 이 뿌리들은 기독교 안에서 통합됐고, 기독교를 통해 이런 태도가 유럽으로 확산되었다. 인간과 동물의 관계를 좀 더 계몽적으로 본 견해는 18세기에 사상가들이 교회로부터 비교적 독립적인 입장을 취하면서 비로소 확산되기 시작했다. 지난 5세기 동안 우리는 우주와 그 안에 있는 인간의 위상을 이해하는 데 엄청난 발전을 이루었다. 그럼에도 동물에 대한 우리의 사고방식은 1,500년 이상 유럽 사상을 지배했던 믿음의 영향에서 아직도 완전히 벗어나지 못하고 있다.

지금부터 인간과 동물의 관계에 관한 서구의 전통을 기독교 이전 시대, 기독교 시대, 계몽 시대, 그리고 현대의 네 시기로 나누어 설명해보겠다.

기독교 이전 시대

우리의 논의를 천지창조에서 시작해보면 좋을 것이다. 성경이 들려주는 창조 이야기는 히브리인이 생각했던 인간과 동물 관계의 본질을 극명하게 보여준다. 이는 현실을 반영한 신화의 매우 훌륭한 사례다.

> 하나님이 이르시되 우리의 형상을 따라 우리의 모양대로 우리가 사람을 만들고 그들로 바다의 물고기와 하늘의 새와 가축과 온 땅과 땅에 기는 모든 것을 다스리게 하자 하셨다.[2]

성경은 창조주가 당신의 형상에 따라 인간을 만들었다는 이야기를 들려준다. 이것을 인간이 자신의 형상에 따라 창조주를 만들었다는 말로 이해할 수도 있다. 어느 쪽이든, 이 사실 덕분에 인간은 우주의 모든 생명체 가운데 유일하게 신을 닮은 존재로서의 특별한 위치를 차지한다. 성경에도 신이 인간에게 다른 피조물을 지배할 권리를 주었다고 분명하게 쓰여 있다. 사실 에덴동산에서는 이 지배권에 동물을 먹기 위해 죽이는 것까지 포함되진 않았다. 창세기 1장 29절에 따르면 인간은 태초에 풀과 나무 열매를 먹고 살았으며, 에덴은 어떤 형태의 살해도 없는 완벽하게 평화로운 장소로 종종 묘사된다. 인간은 이런 지상낙원을 지배했다. 하지만 이러한 지배는 자비로운 전제專制였다.

인간이 타락한 뒤에는 동물을 죽이는 것이 확실히 허용되었다(성경은 한 여성과 한 동물 때문에 인간이 타락했다고 설명한다). 신은 아담과 이브를 에덴동산에서 추방하기 전에 동물 가죽으로 만든 옷을 입혀주었다. 그들의 아들 아벨은 양치기였고 신에게 양을 제물로 바쳤다. 그러고 나서 홍수가 났고, 이때 신은 인간의 사악함을 벌하기 위해 다른 피조물을 거의 전멸시켰다. 물이 빠져 나가자, 노아는 감사의 뜻으로 '온갖 정결한 짐승과 새'를 구워 신에게 제물로 바쳤다. 신은 그 보답으로 노아를 축복하고 인간의 지배를 최종적으로 승인했다.

땅의 모든 짐승과 공중의 모든 새와 땅에 기는 모든 것과 바다의 모든 물고기가 너희를 두려워하며 너희를 무서워하리니 이것들은 너희의 손에 붙였음이니라.

모든 산 동물은 너희의 먹을 것이 될지라. 채소같이 내가 이것을
다 너희에게 주노라.[3]

이것이 고대 히브리 문헌에서 확인할 수 있는 인간 아닌 동물에 대
한 기본적인 태도다. 구약성경을 찾아보면, 인간은 원래 죄 없는 원
초적 상태에서 오직 '푸른 풀'만을 먹는 채식주의자였으나, 타락하
여 사악해지고 홍수를 겪고 나서 동물을 식량으로 삼아도 좋다는 신
의 허락을 받았다는 흥미로운 내용이 발견된다. 신이 허락한 인간
지배라는 이러한 가정의 밑바탕에 우리는 온정적인 생각이 여전히
깃들어 있음을 엿볼 수 있다. 예를 들어 예언자 이사야는 살아 있는
동물을 희생 제물로 바치는 것을 비난했고, 이사야서는 늑대와 양이
어울려 살고 사자가 소처럼 풀을 먹으며 "내 거룩한 산 모든 곳에서
해됨도 없고 상함도 없을" 시기를 아름다운 환영으로 그리고 있다.
하지만 이것은 유토피아적 환영이지 즉시 따라야 할 명령은 아니다.
구약성경에 산재해 있는 몇몇 구절은 동물에게 어느 정도 관대할 것
을 권하고 있다. 이렇게 볼 때 구약성경은 이유 없는 학대를 금했고,
여기에서 말하는 인간의 '지배권'은 사실상 '책무', 즉 지배하는 대
상을 잘 보살피고 그들의 행복을 도모해야 할 신에 대한 책임에 더
가깝다고 생각해 볼 수 있다. 그럼에도 창세기에 기록된 내용 중에
서 인간 종이 피조물의 정점이고, 신이 인간에게 다른 동물을 죽여
서 먹도록 허락했다는 전반적인 관점에 진지하게 도전하려는 시도
는 확인되지 않는다.

서구 사상의 오랜 전통 중 두 번째는 그리스에서 왔다. 그리스 사

상은 단일 학파가 아니라 서로 경쟁하는 여러 학파로 나뉘어 있었다. 각 학파는 위대한 창시자로부터 기본 학설을 계승했는데, 그중 한 사람이 피타고라스다. 그는 채식주의자였고, 동물을 존중하는 태도를 가질 것을 제자들에게 권했다. 아마도 피타고라스가 우리가 죽으면 영혼이 동물로 이전한다고 믿었기 때문일 것이다. 하지만 고대 그리스의 가장 중요한 학파는 플라톤과 그의 제자 아리스토텔레스가 속했던 학파다.

아리스토텔레스가 노예제도를 지지한 것은 잘 알려진 사실이다. 그는 어떤 사람들은 노예근성을 타고나며, 그런 사람들에게는 노예제도가 옳은 동시에 정당하다고 생각했다. 이 사실은 동물에 대한 그의 태도를 이해하는 데 중요하다. 아리스토텔레스는 창세기 저자와는 달리 인간과 동물의 세계 사이에 깊이 골을 패놓지는 않았다. 하지만 그 또한 동물이 인간의 목적을 위해 존재한다고 생각했다. 아리스토텔레스는 인간이 동물임을 부정하지 않는다. 실제로 그는 인간을 이성적 동물로 정의했다. 하지만 공통의 동물 본성을 공유한다고 해서 반드시 양자를 동등하게 배려해야 하는 것은 아니다. 아리스토텔레스가 보기에 천성이 노예인 사람도 의심의 여지없이 사람이며, 다른 사람과 다름없이 그들도 쾌락과 고통을 느낄 수 있다. 하지만 노예는 이성적 사고 능력이라는 측면에서 자유 시민보다 열등하다. 때문에 아리스토텔레스는 노예를 '살아 있는 도구'로 생각했다. 아리스토텔레스는 다음과 같이 노골적으로 한 문장에 두 요소를 나란히 병기하고 있다. 노예는 "인간으로서의 본질을 유지하면서도 재산 목록의 일부로 여겨지는 사람이다."[4]

이성적 사고 능력의 차이를 어떤 사람은 주인이 되고 어떤 사람은 누군가의 재산이 되는 근거로 삼을 수 있다면, 아리스토텔레스는 분명 인간이 다른 동물을 지배할 권리가 너무도 명백하여 왈가왈부할 필요가 없다고 생각했을 것이다. 그는 자연이 본질적으로 계층 구조로 이루어져 있으며, 그곳에서는 이성 능력이 더 낮은 존재가 이성 능력이 더 큰 존재를 위해 살아간다고 주장했다.

식물은 동물을 위해 존재하고 짐승은 인간을 위해 존재한다. 가축은 인간에게 사용되거나 식용으로 활용되기 위해 존재하고, 야생동물(혹은 그들 대부분)은 먹을거리, 의복이나 다양한 도구 등 생활 부대용품으로 사용되기 위해 존재한다. 자연은 어떤 것도 목적 없이 또는 공연히 만드는 법이 없다. 이를 감안한다면 자연이 인간을 위해 모든 동물을 주조했음은 부정할 수 없는 사실이다.[5]

후대에 서구 전통의 일부로 자리 잡게 된 것은 피타고라스의 견해가 아니라 아리스토텔레스의 견해였다.

기독교의 사유 방식

앞으로 살펴보겠지만 기독교는 마침내 유대인과 그리스인의 동물에 관한 사유 방식을 통합했다. 그런데 기독교가 토대를 마련하고 강력해진 것은 로마제국 치하에서이며, 따라서 기독교가 초기에 미친 영향을 제대로 파악하려면 기독교의 태도와 이것이 대체한 로마 제국의 태도를 비교해보면 좋을 것이다. 로마제국은 정복 전쟁으로 세워진 국가였으므로, 그 힘과 자원을 광대한 영토를 방어하고 확장하는 군사력에 상당 부분 투자해야 했다. 상황이 이러했기 때문에 약자를 향한 동정심은 발붙일 틈이 없었고, 군인의 미덕이 사회 기풍으로 자리 잡았다. 변방의 전투에서 멀리 떨어져 있던 로마 중심부에서는 로마 시민의 성품이 소위 투기회game라 불리는 시합을 통해 거칠어졌을 것이다. 콜로세움의 사자들에게 기독교인을 어떻게 던져주었는지는 모두가 다 아는 사실이지만, 투기회가 겉보기만의 (어떤 면에서는 진정으로) 문명화된 사람들이 나타내는 동정심과 측은심의 한계를 보여주고 있음을 꿰뚫어 보는 사람은 거의 없다. 당시에는 남녀 모두가 인간과 동물의 살육을 일상적인 여흥거리로 생각했다. 투기회는 크게 반발을 사는 일 없이 수 세기 동안 지속되었다.

19세기의 역사가 윌리엄 레키Willam E. H. Lecky는 로마 투기회가 원래 두 검투사 간의 싸움으로 시작되었으나, 관객들의 흥미가 시들해지자 흥미를 되살리기 위해 야생동물을 추가했고, 이후로 동물을 사용한 경기의 수가 점차 증가하게 되었다고 설명한다.

> 티투스 황제가 콜로세움을 헌정한 날, 단 하루 동안에만 5,000마리의 동물이 목숨을 잃었다. 트라야누스 황제 때는 123일 연속 투기회가 개최되었다. 사자, 호랑이, 코끼리, 코뿔소, 하마, 기린, 황소, 사슴, 심지어 악어와 뱀까지 관중에게 색다른 경험을 선사하기 위해 동원되었다. 인간도 온갖 고통을 부족함 없이 겪었다. ……트라야누

스 시대 투기회에서는 무려 남성 1만 명이 싸움을 벌였다. 네로는 송진을 칠한 옷을 입힌 기독교인을 불살라 자신의 정원을 밤새 밝혔다. 도미티아누스 황제 치하에서는 허약한 난쟁이로 이루어진 군대가 싸움을 벌여야 했다. ……피를 갈망하는 욕구가 너무나 강해서, 왕자는 곡식을 제대로 배분하지 않았을 때보다 투기회를 제대로 개최하지 않았을 때 더 큰 원성을 샀다.[6]

로마인에게 도덕 감정이 없거나 윤리적 삶에 대해 반성해볼 능력이 없는 것은 아니었다. 키케로와 세네카, 한때 노예였던 에픽테토스와 마르쿠스 아우렐리우스 황제는 정의와 공적 의무, 어떻게 사는 것이 최선인지에 대한 고찰을 매우 중요하게 생각했다. 투기회가 섬뜩하리만치 뚜렷하게 보여주는 것은 이런 도덕적 감정과 반성에 분명한 제한이 있었다는 점이다. 어떤 존재가 이러한 제한 범위 내에 있다면, 투기회에서 자행되는 것에 비할 만한 행동은 참을 수 없는 분노를 일으켰을 것이다. 하지만 어떤 존재가 도덕적 관심의 범위 밖에 있으면 그 존재에게 고통을 주는 것은 여흥거리에 불과했다. 노예, 죄인, 전쟁 포로 같은 일부 인간과 모든 동물은 이러한 관심의 영역 밖에 있었다.

기독교의 영향은 이런 시대적 배경을 감안해서 평가해야 한다. 기독교는 인간 종이 창조에서 독특한 지위를 차지한다는 관념을 로마에 전파했으며, 이 관념은 유대 전통을 이어받았지만 기독교에서 훨씬 더 강조되었다. 기독교가 지구상에 사는 모든 생명체 중에서 오직 인간에게만 사후세계가 열려 있다는 믿음을 중요시했기 때문이다. 이와 더불어 모든 인간의 생명은 신성하다는 독특한 기독교 사상이 나타났다. 종교 가운데 특히 동양에는 모든 생명이 신성하다고 가르치는 종교가 있다. 또한 자기가 속한 사회적·종교적·민족적 집단의 구성원 살해를 중대한 범죄로 보는 종교도 많이 있다. 하지만 기독교는 모든 인간의 생명, 그리고 오직 인간의 생명만이 신성하다는 생각을 널리 전파했다. 기독교는 갓난아기와 자궁 속의 태아도 불멸의 영혼을 가지고 있어서 그들의 생명도 성인의 생명과 마찬가지로 신성하다고 여겼다.

인간에 대한 적용이라는 측면에서 보았을 때 이 새로운 교의는 여러 측면에서 진보적이었으며, 결과적으로 로마인들의 제한된 도덕적 고려의 범위를 크게 확장시켰다. 그러나 인간 아닌 다른 종에 관한 한, 이 교의는 구약성경에서 확인되는 인간 아닌 동물의 낮은 지위를 공고히 하며 그들의 지위를 더욱 떨어뜨렸다. 구약성경에는 인간이 다른 종을 지배한다고 쓰여 있지만, 적어도 다른 종의 고통에 대한 희미한 관심은 찾아볼 수 있었다. 하지만 신약성경에서는 동물에 대한 가혹 행위를 반대하는 어떤 금지도 찾아볼 수 없고, 동물의 이익을 고려하라는 권고도 전혀 찾아볼 수 없다. 성경에서 예수는 돼지 2,000마리를 호수에 뛰어들게 함으로써 인간 아닌 동물의 운명에 전혀 관심이 없는 것으로 그려진다. 이 행위는 분명 불필요했다. 예수는 악령이 다른 피조물에게 옮겨가게 하지 않아도 악령을 쫓아낼 수 있었기 때문이다.[7] 사도 바울은 타작 일을 하는 소에게 부리망을 씌워서는 안 된다고 한 모세의 오랜 율법을 재해석해야 한다고 주장하며 비꼬듯 묻는다. "하나님께서 소에게 마음을 쓰시는 것입니

까?" 그는 그렇지 않다고 대답한다. 율법은 "전적으로 우리를 위한 것입니다."⁸

이와 유사하게, 후대의 영향력 있는 기독교인들은 예수가 보여준 본보기를 활용하여 인간 지배 관념을 강화했다. 성 아우구스티누스는 돼지 사건과 예수가 무화과나무를 저주한 사건을 언급하며 이렇게 썼다.

> 예수는 동물을 죽이지 않고 식물을 없애지 않는 것이 미신의 극치임을 몸소 보여주었다. 그는 우리와 짐승과 나무가 공통의 권리를 갖지 않는다고 판단하여 악마를 돼지 떼에 보내고, 저주를 내려 나무를 시들게 하고 열매를 맺지 못하게 한 것이다. 분명 돼지는 죄를 범하지 않았고 나무도 마찬가지다.

아우구스티누스에 따르면, 예수는 우리가 인간을 대할 때 따라야 할 도덕의 잣대로 동물을 대할 필요가 없음을 보여주려 한다. 바로 이런 이유로 예수는 악령을 쉽게 물리칠 수 있으면서도 돼지에게 악령을 보낸 것이다.⁹ 이와 같은 입장이 근저를 이룰 때, 기독교와 로마인의 태도가 상호 작용하여 어떤 결과가 나타났는지 추측하기란 그리 어렵지 않다. 그 결과는 로마제국이 기독교로 개종한 후 로마 투기회에서 어떤 변화가 있었는지 살펴보면 가장 확실히 알 수 있다. 기독교의 가르침은 검투사의 싸움을 완강하게 반대했다. 상대를 죽이고 살아남은 검투사는 살인자 취급을 받았다. 단순히 이런 싸움에 참여만 해도 기독교인은 파문당했고, 4세기 말에는 인간끼리의 싸움이 전면 금지되었다. 반면 인간 아닌 동물을 죽이거나 고통을 주는 것과 관련한 도덕적 평가는 변하지 않은 채 그대로 남았다. 야생 동물끼리 싸움을 붙이는 것은 기독교 시대 이후에도 계속되었다. 이 싸움이 사양길로 접어든 것은 단지 로마제국의 부와 영토가 줄어들면서 야생동물을 구하기가 어려워졌기 때문이다. 동물끼리의 싸움은 소싸움bullfight이라는 현대적 형태로 스페인, 프랑스, 포르투갈, 멕시코, 콜롬비아, 베네수엘라, 페루, 에콰도르 등에서 여전히 벌어지고 있다.

로마 투기회에서 확인되는 사실은 다른 곳에서도 널리 확인된다. 로마 시대와 마찬가지로, 기독교 시대에도 인간 아닌 존재는 단연코 관심의 영역 밖에 있었다. 결과적으로 인간에 대한 태도는 누그러지고 몰라보게 개선됐지만, 다른 동물에 대한 태도는 로마 시대와 다름없이 냉담하고 잔혹했다. 사실 기독교가 로마인이 다른 동물에 보인 극도로 잘못된 태도를 누그러뜨리지 못하기만 한 게 아니다. 안타깝게도 기독교는 극소수의 온화한 사람들이 빛을 밝혀온 더 광범위한 대상을 향한 연민의 불꽃을 길고 긴 시간 꺼뜨려버렸다.

고통 받는 존재가 어떤 종이건 상관없이, 그 고통에 연민을 보인 로마인은 소수에 불과했는데, 그들 중 일부는 미식가의 식탁에 올리든 투기장에서 사용하든 인간의 쾌락을 위해 쾌고감수능력이 있는 존재를 이용하는 것을 혐오스러워했다. 오비디우스, 세네카, 포르피리오스, 플루타르코스는 모두 이런 맥락의 글을 썼다. 역사가 윌리엄 레키에 따르면, 동물을 친절하게 대해야 한다고 강력하게 주장한 최초의 인물이라는 영광은 플루타르코스에게 돌아간다. 그는 영혼의 윤회에 대한 믿음과는 별개로 모두에게 자비를 베풀어야 한다는 생각을 기본적으로 갖고 있었다. 『황금 당나귀The Golden Ass』를 쓴 북아프리카 작가 아풀레이우스Apuleius도 빠뜨려서는 안 된다. 『황금 당나귀』는 당나귀로 변한 한 남자에 관한 재미있고 외설적인 이야기로, 분명 현존하는 세계 최고最古의 소설이자 동물의 관점에서 세상을 그린 최초의 작품이다. 소설에는 당시 당나귀가 당한 여러 형태의 수많은 잔혹 행위가 등장한다. 플루타르코스는 인간에 대한 잔혹한 태도를 조장할 수 있다는 이유 외에 다른 근거를 제시하면서 동물에 대한 가혹한 처우를 비판했는데, 그와 유사한 측면을 강조하고 세부적인 설명을 하면서 동물에 대한 가혹한 처우를 비판하는 기독교 저술가가 나타나기까지는 거의 1,600여 년을 더 기다려야 한다. 한편 『황금 당나귀』만큼 철저하게 동물의 관점을 취하는 애너 슈얼Anna Sewell의 『블랙 뷰티Black Beauty』 같은 소설은 19세기 후반이 되어서야 나타났다.[10]

초기 기독교도 중에도 동물에게 관심을 표명한 사람들이 몇 명 있다. 예를 들어 카이사레아의 성 바실리오St. Basil of Caesarea는 자신이 직접 쓴 기도문에서 동물에게 친절을 베풀라고 했고, 성 요한 크리소스토무스St. John Chrysostom의 이야기도 같은 취지였으며, 시리아의 성 이삭St. Isaac the Syrian의 설교도 마찬가지다. 심지어 성 네옷St. Neot처럼 사냥꾼으로부터 사슴과 토끼를 구하기 위해 사냥을 방해한 성인도 있다.[11] 후기 들어서는 동물에 관한 교회의 입장을 개선하기 위해 최선을 다한 인도적인 가톨릭 신자들이 여럿 등장한다. 하지만 그들은 대부분 자신이 속한 종교의 기본 입장에서 벗어나지 않았다.

아시시의 성 프란체스코의 사례는 이 점을 분명하게 보여준다. 성 프란체스코는 인간 아닌 존재의 행복에 관심을 갖지 않는 가톨릭의 교리에서 벗어난 매우 예외적인 인물이었다. 그는 이런 말을 한 것으로 알려져 있다. "내가 주님을 만나면 나는 신의 사랑으로, 그리고 나의 사랑으로 그 누구도 나의 자매 종달새를 잡거나 새장에 가두지 못하게 해달라고 기도할 것이며, 성탄절에는 소나 당나귀를 소유한 모든 사람이 이들을 특별히 잘 먹이게끔 칙령을 내려달라고 간청할 것이다." 수많은 전설이 그의 동정심에 대해 이야기하고 있으며, 성 프란체스코가 어떻게 새들에게 설교했는지에 대한 일화는 다른 기독교인들보다 그가 새와 인간의 차이를 크게 생각하지 않았음을 분명 보여주는 듯하다. 비록 일부 사람들은 성 프란체스코가 자신의 가르침에 귀 기울이지 않는 인간 청중들에게, 새들이 자신의 설교에 어떻게 반응하는지 보여주기 위해 새들에게 설교했다고 주장하기도 하지만 말이다. 그러나 프란체스코가 종달새나 다른 동물들에게 보인 태도에만 초점을 맞출 경우 그의 생각에 대해 잘못된 인상을 가질 수 있다. 성 프란체스코가 자신의 자매라고 한 것은 쾌고감수능력이 있는 존재만이 아니었다. 그에게는 태양, 달, 바람, 불 등 모든 것이 형제요 자매였다. 그의 동시대인들은 그가 "거의 모든 피조물에게서 내면과 외면을 향하는 환희를 얻었고, 이들을 어루만지거나 바라보는 모습을 보노라면 그의 영혼이 지상이 아닌 천국에 있는 듯했다"고 서술한다. 이 환희를 느낀 대상은 물, 바위, 꽃, 나무에까지 확장된다. 이것은 자연의 모든 대상과 일체감을 통해 깊은 희열을 느끼는 종교적인 도취에 빠진 사람의 이야기다. 여러 종교와 신비적 전통에 속한 사람들도 이런 경험을 하는 듯하며, 그와 유사한 보편적 사랑의 느낌을 표현해왔다. 종교 및 신비적 관점에서 성 프란체스코를 보면 그가 사랑하고 연민을 느끼는 대상이 광범했던 이유를 더 쉽게 이해할 수 있다. 아울러 모든 생명체에 대한 그의 사랑이 종차별주의라는 측면에서 상당히 정통적인 신학적인 입장과 공존할 수 있었던 이유도 이해할 수 있다.

이런 황홀경 속에서의 보편적 사랑은 동정과 선함의 훌륭한 원천이 될 수 있다. 하지만 이성적 성찰이 결여되면 그 사랑이 초래한 유익한 결과가 상쇄되어 버릴 수도 있다. 바위, 나무, 식물, 종달새, 소를 똑같이 사랑한다면, 우리는 그들 사이에 존재하는 본질적인 차이, 즉 어떤 것은 고통을 느낄 수 있지만 그렇지 않은 것도 있다는 사실을 놓칠 수 있다. 이 경우 우리는 생존하려면 먹어야 하고 사랑하는 대상을 죽이지 않고는 먹을 수 없기 때문에, 어떤 대상을 죽이든 상관없다고 생각할 수 있다. 바로 이런 이유로 성 프란체스코는 새와 소를 사랑했으면서도 이들을 계속 먹었는지 모른다. 그는 자신이 설립한 수도회에서 수사들의 수행을 위해 만든 규칙에 육식 금지 조항을 넣지 않았고, 1220년 긴 여행에서 돌아와 자신이 책임을 맡긴 사람들이 육식 금지 조항을 제정했다는 사실을 알고서 그 결정을 뒤집었다.[12]

성 프란체스코는 가톨릭 신자들에게 동물의 수호성인이며, 그의 축일인 10월 4일에는 많은 성당에서 교구민을 초대해 그들의 동물을 축복해준다. 하지만 성 프란체스코를 비롯해 동물에 관심을 보인 저명한 초기 기독교 사상가 중 그 누구도 주류 기독교 사상의 극단적인 종차별적 선입견을 바꾸지 못했다. 그들이 큰 힘을 발휘하지

못했다는 사실은 가장 영향력 있는 기독교 사상가인 성 토마스 아퀴
나스의 견해를 고찰해보면 확인할 수 있다.

아퀴나스는 성 프란체스코가 죽기 1년 전인 1225년에 태어났다.
아퀴나스는 자신의 주요 업적인 『신학대전Summa Theologica』에서 신
학적 지식을 종합하고 이를 다른 철학자들의 세속적 지혜와 조화시
키려 했다. 여기서 다른 철학자들이란 사실상 아리스토텔레스를 말
하는 것이었는데, 아퀴나스는 그를 그저 '철학자the Philosopher'라고
칭한다. 종교개혁 이전의 기독교 철학, 그리고 거의 오늘날까지의 로
마 가톨릭 철학을 대표하는 철학을 하나만 꼽으라면, 아퀴나스가 아
리스토텔레스 철학과 기독교 신학을 조합하여 발전시킨 철학, 즉 토
마스주의Thomism로 알려진 철학을 들 수 있을 것이다.

우리는 살해를 금하는 기독교의 명령이 인간 아닌 동물에도 적용
될 수 있는지, 적용될 수 없다면 그 이유가 무엇인지를 묻는 것으로
토마스주의 동물 윤리에 대한 탐구를 시작할 수 있을 것이다. 아퀴
나스는 다음과 같이 답한다.

> 어떤 사물을 그 사물이 존재하는 목적에 맞게 사용하면 그 어떤
> 죄도 범하지 않는다. 사물의 질서는 불완전한 것이 완전한 것을 위
> 해 존재하는 방식으로 구축되어 있다. 식물처럼 단순히 생명만 가지
> 고 있는 존재는 모두 동물을 위해 존재한다. 모든 동물은 인간을 위
> 해 존재한다. 그러므로 '철학자'가 말한 것처럼 인간이 동물의 이익
> 을 위해 식물을 사용하고, 인간의 이익을 위해 동물을 사용하는 것
> 은 잘못이 아니다. (『정치학』 I. 3)

가장 긴요한 활용은 동물이 식물을, 인간이 동물을 식용으로 사용하는 것이다. 그런데 생명을 빼앗지 않는 한 이것은 불가능한 일이다. 이렇게 본다면, 동물이 사용하기 위해 식물의 생명을 빼앗는 것과 사람이 사용하기 위해 동물의 목숨을 빼앗는 것은 모두 적법하다. 사실 이것이야말로 신의 계명에 따르는 것이다.(창세기 1장 29~30절, 창세기 9장 3절)**13**

아퀴나스가 마니교에 반대하는 이유를 거론하고 있는 아우구스티누스의 글을 익히 알고 있었음을 감안한다면 그가 인간이 동물을 먹어야 한다고 주장한 것은 이상하게 여겨진다.(싱어가 메일을 통해 보내준 설명에 따르면 여기서 자신이 이상하게 여겨진다고 말한 이유는 아퀴나스가 육식을 금하면서도 살아있는 마니교도들의 존재를 알고 있었을 것이기 때문이다. 만약 마니교도들이 육식을 하지 않아 모두 죽어 버렸다면 아우구스투스가 반대할 대상이 이 세상에 존재하지 않았을 것이다. 하지만 마니교도들은 채식만을 하면서도 살아 있으면서 아우구스투스와 논쟁을 벌였고, 때문에 아퀴나스는 그들을 통해 육식이 인간의 생존에 필요하지 않음을 알고 있었어야 했다는 것이다.) 마니교는 아우구스티누스 시대에 기독교와 경쟁하던 종교인데, 아우구스티누스가 마니교에 반대하기 위해 활용한 기독교와 마니교의 차이점 한 가지는 마니교가 동물을 죽여서 먹는 것을 금했다는 점이다(아우구스티누스는 동물을 죽이지 않는 것이 '미신의 극치'라고 가르치기 위해 예수가 돼지를 익사시켰다고 설명하고 있는데, 이는 마니교도를 염두에 둔 것이다).

그러나 아퀴나스가 이 구절에서 밝히고자 하는 주요한 윤리적 논지는 불완전한 것이 더 완전한 것을 위해 존재한다는 것, 그리고 우리 인간이 당연히 가장 완벽하다는 아리스토텔레스의 관점을 자신이 받아들인다는 것이다. 이런 관점에서 보았을 때 우리는 우리의 생명을 보전하기 위해 죽일 수 있지만 동물이 인간을 먹기 위해 죽인다면 이것은 상당히 차원이 다른 문제다.

> 야만성과 잔혹성은 야수와 닮았다는 데서 온 말이다. 이런 동물은 정의正義를 실현하려는 동기가 아니라, 단순히 먹이로 삼기 위해 인간을 공격하기 때문이다. 정의를 고려한다는 것은 오직 이성을 가진 존재만이 가능하다.[14]

물론 인간이 애초에 먹기 위해 동물을 죽이는 것이 정의로운지 따져보았다면 동물을 그런 목적으로 죽이지는 않았을 것이다!

어쨌든 아퀴나스의 의견에 따르면 인간은 다른 동물을 죽일 수 있고 먹을거리로 삼을 수도 있다. 그러나 우리가 그들에게 해서는 안 될 다른 무엇이 있는 것은 아닐까? 다른 동물의 고통은 그 자체로 악이 아닐까? 고통이 그 자체로 악이라면 바로 그와 같은 이유로 인간 아닌 동물을 고통스럽게 하거나 적어도 불필요하게 고통을 주는 것이 잘못은 아닐까?

아퀴나스는 '이성이 없는 동물'을 가혹하게 대하는 것이 그 자체로 나쁘다고 말하지 않는다. 아퀴나스가 죄의 유형을 신에 대한 죄, 자신에 대한 죄, 이웃에 대한 죄로 나누고 있음을 감안한다면, 그의 도덕 체계에는 이런 종류의 악이 존재할 여지가 없다. 여기서 또다시 인간 아닌 존재는 도덕적 고려의 범위를 벗어난다. 동물에 대한 죄라는 범주는 아예 존재하지도 않는다.[15]

그런데 인간 아닌 존재를 잔혹하게 대하는 게 죄가 아니라 해도, 그들에게 친절을 베푸는 것은 자애로운 일이 아닐까? 그렇지 않다. 아퀴나스는 그럴 가능성도 분명하게 배제한다. 그는 세 가지 이유로 '자애'가 이성을 갖추지 못한 피조물에까지 확장되지 않는다고 말한다. 첫째, 이성을 갖추지 못한 존재는 "좀 더 적절하게 표현하자면 선good을 소유할 능력이 없다. 선은 오직 이성적 피조물만 가질 수 있다." 둘째, 우리는 그런 존재에게 동료애를 느끼지 못한다. 마지막으로 "이성을 갖추지 못한 피조물은 영원한 행복을 얻을 수 없는데, 자애란 이와 같은 행복을 얻을 수 있는 존재에게 느끼는 동료애에 바탕을 두고 있다." 이런 피조물을 사랑할 수 있는 경우는 오직 "그들을 어떤 목적에 도움이 된다고 파악하는 경우에 한할 것이다." 즉 "신의 영광과 인간이 이용"하는 데 도움이 되는 경우에 한하여 그들을 사랑할 수 있는 것이다. 가령 우리는 동물이 배가 고프다고 해서 그 동물에게 애정을 담아 먹이를 줄 수 없다. 하지만 동물을 누군가의 저녁 식사로 생각한다면 그렇게 할 수 있다.[16]

이상에서의 논의는 아퀴나스가 인간 아닌 동물이 고통을 느낄 수 있다는 사실을 전혀 믿지 않았던 것이 아닌지 의심하게 만든다. 누가 봐도 터무니없지만 다른 철학자들은 아퀴나스가 실제로 그렇게 생각했다는 입장을 견지했는데, 이처럼 그들은 자신들의 생각이 아퀴나스로부터 왔다고 핑계를 대면서 적어도 자신들이 고통에 대해 무관심했다는 책임에서 벗어날 수 있었을 것이다. 하지만 아퀴나스의 주장을 살펴보면, 우리는 그가 동물이 고통을 느낀다는 사실을 알고 있었음을 파악할 수 있다. 구약성경에는 동물을 잔혹하게 다루는 것에 반대하는 몇 가지 가벼운 명령이 등장하는데, 아퀴나스는 이 명령을 논하면서 우리가 이성reason과 정념passion을 구별해야 한다고 주장한다. 그는 이성과 관련해 다음과 같이 말한다.

사람들이 어떻게 동물을 대하느냐는 문제가 되지 않는다. 신이 모든 것을 사람의 권한 밑에 두었기 때문이다. 신은 사람에게 황소나 다른 동물로 무엇을 하느냐고 묻지 않는다. 이런 의미에서 사도 Apostle는 신이 황소에게 관심이 없다고 말하는 것이다.

반면 정념에 대해 말하자면 우리는 동물을 보며 동정심을 느끼게 된다. 그 이유는 "이성을 갖추지 못한 동물마저도 고통을 느끼기 때문이다." 그럼에도 아퀴나스는 동물이 겪는 고통이 구약성경의 명령을 정당화하기에 미흡하다고 본다. 이에 따라 그는 이렇게 덧붙인다.

인간이 동물을 불쌍히 여기는 감정을 갖는다면 동료 인간을 불쌍히 여기는 마음이 그만큼 더 커진다. 이제 이는 의심의 여지가 없다. 이런 이유로 "의로운 사람은 자기 짐승의 생명을 중히 여긴다"(잠언 12장 10절)라고 쓰여 있는 것이다.[17]

이렇게 아퀴나스는 '동물을 잔혹하게 다루다 보면 인간을 잔혹하게 대하게 된다'는 것이 동물학대에 반대하는 유일한 이유라는 상투적인 결론에 도달한다. 어떤 주장도 종차별주의의 본질을 이보다 더 분명하게 드러낼 수는 없을 것이다.

이탈리아의 르네상스는 1453년 비잔틴제국이 무너지고 오스만 제국이 콘스탄티노플을 점령하면서 이탈리아로 몸을 피한 학자들에 의해 시작되었다. 르네상스는 중세 스콜라주의에 반대하여 새로운 인본주의 사고방식을 불러왔다. 하지만 동물을 대하는 태도에 관한 한 르네상스의 인본주의는 결국 인간중심주의humanism일 수밖에 없었다. 이 용어는 인도적으로 행동하는 경향을 뜻하는 인도주의humanitarianism와는 상관이 없다. 대신 르네상스기의 인본주의는 인간의 가치와 존엄성을 강조하고 인간을 우주의 중심에 둔다는 점이 중요한 특징이었다. 고대 그리스의 "인간은 만물의 척도"라는 말은 르네상스기에 다시 부활하여 그 시대를 나타내는 주제어가 되었다.

르네상스 시대의 인본주의자들은 무한한 권능을 지닌 신과 대비되는 인간의 죄와 나약함에 낙담하면서 초점을 맞추는 대신, 인간의 유일무이함, 자유의지, 잠재력, 존엄성을 강조했다. 하지만 그러기 위해 그들은 인간의 힘을 '하등 동물'의 제한된 본성과 비교했다. 르네상스 사상가들은 "이 세상 그 무엇도 인간보다 더 큰 찬사를 들을 대상은 없다"고 주장하며 인간을 "자연의 중심, 우주의 한가운데, 세상의 고리"로 묘사하는 오만방자한 에세이를 썼다.[18] 설령 르네상스기가 어떤 면에서 현대 사상의 출발점이 된다고 해도, 적어도 동물에 대한 태도에는 이러한 말이 적용되지 않는다.

하지만 이 무렵 명실상부하게 일반인과 동물 문제에 관한 의견이 다른 최초의 인물들이 나타난다. 레오나르도 다빈치는 동물의 고통을 너무 염려한 나머지 육식을 중단하여 친구들의 놀림을 받았다.[19] 새로운 코페르니쿠스 천문학은 다른 행성이 존재하고 그중에 생명체가 살고 있을 가능성을 제기했는데, 이 천문학의 영향을 받은 자연철학자 조르다노 브루노Giordano Bruno는 "인간은 무한한 존재 앞에서 개미에 지나지 않는다"고 과감하게 주장했다. 브루노는 이런 이단적 발언을 철회하지 않았다는 이유로 1600년에 화형을 당했다.

미셸 드 몽테뉴Michel de Montaigne는 작가 중에 플루타르코스를 가장 좋아했는데, 이 온화한 그리스인은 당대의 인본주의적 가정을 공격하던 몽테뉴의 의도와 맞아떨어졌을 것이다.

> 건방짐은 우리가 원래 가지고 있는 자연스런 질병이다……. 이와 동일한 공허한 망상을 통해 [인간은] 신과 자신을 동일시하고, 자신에게 신성을 부여하며, 다른 많은 피조물과 자신을 구분한다.[20]

이와 같은 자화자찬을 거부한 사상가 몽테뉴는 「학대에 관하여」라는 에세이에서 동물학대가 인간학대로 이어지기 쉽다는 이유 때문이 아니라, 그 자체로 나쁘다고 주장했다. 그가 로마 시대 이래 이런 주장을 한 최초의 작가 중 하나라는 사실이 분명 우연은 아닐 것이다.

유대-기독교 종교 전통에서 유래했든 아리스토텔레스에서 유래했든, 이 시기에 우주와 그 안에서의 인간의 중심적 위치에 대한 고대의 믿음들은 코페르니쿠스나 갈릴레이 같은 과학자들이 이룬 과학적 발견의 커다란 도전을 받게 되었다. 이에 따라 이제 인간 아닌 존재의 지위가 나아졌을 거라고 생각할 수 있다. 하지만 이때도 아직 최악의 상황에 도달한 건 아니었다.

기독교 교리가 담고 있는 최종적이고 매우 기이하면서 동물에게 가장 큰 고통을 안겨준 결과가 17세기 초 르네 데카르트Renê Descartes 의 철학에서 그 모습을 드러냈다. 어떤 측면에서 데카르트는 분명 근대적인 사상가다. 모든 것을 의심하는 데 확실하게 열린 태도를 견지했던 그는 '현대 철학의 아버지'라 불릴 만하며, 현대 수학의 기원이 되는 해석기하학의 선구자이기도 했다. 하지만 어떤 측면에서 데카르트에 대한 이런 평가는 오해의 소지가 있다. 그가 의심에 열린 태도를 보였다고 해도 그는 여전히 기독교인이었다. 그리고 동물에 대한 그의 믿음은 과학에 대한 지지와 기독교 교리에 대한 헌신이라는 두 가지 태도를 결합하려는 시도로부터 탄생했다.

역학이라는 새롭고도 흥미로운 과학의 영향을 받은 데카르트는 물질로 이루어진 모든 것이 시계의 작동을 설명하는 원리처럼 기계론적인 원리의 지배를 받는다고 주장했다. 그렇다면 우리는 어떠한가? 인간의 몸은 물질로 이루어져 있고 물질계의 일부다. 그렇다면 우리도 기계인가? 우리의 행동도 자연법칙의 지배를 받는가?

데카르트는 영혼이라는 관념을 도입하여 인간이 기계라는 불쾌하고 이단적인 견해를 피할 수 있었다. 데카르트에 따르면 우주에는 한 가지가 아니라 두 가지 실체가 있다. 정신 또는 영혼이라는 실체와 육체적physical 또는 물질적material 본성의 실체가 그것이다. 인간은 의식이 있는데, 의식은 물질에 기원을 둘 수 없다. 데카르트는 신이 특별히 창조한 의식을 불멸의 영혼과 동일시했고, 이 영혼은 육체적인 몸이 해체되어도 사멸하지 않는다고 생각했다. 기독교 교리에 따라 데카르트는 인간이 물질적 육체와 의식적 영혼을 모두 갖

는 유일무이한 존재라고 말했다(이런 관점에 따르면 천사와 다른 비물질적 존재
는 순수 의식만으로 존재한다). 결과적으로 동물은 영원불멸의 영혼을 갖지
않는다는 기독교 교리가 데카르트 철학에 와서 동물은 의식조차 없
다는 어이없는 결론으로 이어진다. 데카르트는 동물이 기계이며 자
동인형automata에 지나지 않는다고 말한다. 동물은 쾌락이나 고통뿐
아니라 그 무엇도 경험하지 못한다. 동물을 칼로 베면 비명을 지를
것이고 뜨겁게 달아오른 쇠에 닿지 않으려고 몸부림칠 것이다. 하지
만 데카르트에 따르면 이런 모습이 그런 상황에서 동물이 실제로 고
통을 느낀다는 것을 의미하지는 않는다. 그들은 그저 시계와 동일한
원리의 지배를 받을 뿐이다. 동물의 행동이 시계보다 복잡하다면, 그
이유는 시계가 인간이 만든 기계인데 반해 동물은 신이 만든 훨씬
더 복잡한 기계이기 때문이다.[21]

　의식이 물질계에 속한다는 그의 문제 '해결 방식'은 데카르트 시
대의 많은 사람들에게 그랬던 것처럼 우리에게도 역설적으로 보인
다. 그러나 이 해결 방식은 당시 매우 중요한 이점을 가지고 있었다
고도 볼 수 있다. 이는 내세를 믿을 근거를 마련해주었고, 데카르트
는 이를 '매우 중요하게' 생각했다. "동물과 우리 영혼의 본성이 같
다는 생각, 그리고 우리가 파리와 개미보다 내세의 삶을 더 두려워
하지도, 희망을 갖지도 않는다는 생각"은 부도덕한 행위로 이어지기
쉬운 오류이기 때문이다.[22] 그의 해결책은 악에 관한 오랜 신학적 난
제도 해결했다. 즉 전지전능하고 모두에게 자비로운 신이 창조한 세
상에서 왜 동물은 고통을 받는가라는 문제를 해결할 수 있었던 것이
다. 요컨대 인간은 죄를 지었기 때문에, 적어도 아담과 이브로부터

원죄를 물려받았기 때문에 고통을 받으며, 내세에 자신이 겪은 고통에 대한 보상을 받을 것이다. 하지만 동물은 죄가 없고 아담과 이브의 후손이 아니며 그들에게는 내세가 없다. 전통적으로 기독교인들이 다른 방법으로 전혀 극복할 수 없는 신의 존재에 대한 비판이라고 생각했던 이러한 반론에 대한 데카르트의 대응은 기가 막힐 정도로 간단하다: 동물은 고통받지 않는다.[23]

데카르트는 고통을 부정하는 것에 매우 실천적인 장점이 있다는 사실을 알고 있기도 했다. 그는 다음과 같이 주장한다. 동물의 고통을 부정하는 것은 "동물에게는 잔인하지만 인간(적어도 피타고라스의 미신에 빠지지 않은)에게는 너그러운 태도다. 그러한 입장이 동물을 먹거나 죽일 때 죄를 짓는 게 아닌가 하는 의심을 해소해주기 때문이다."[24]

과학자 데카르트는 이런 주장 덕분에 또 다른 운 좋은 결과를 얻었다. 당시 생물학과 의학 분야에서는 더욱 과학적으로 접근하려는 경향이 나타났는데, 이는 살아 있는 동물을 해부하는 관행이 유럽에 널리 퍼졌다는 것을 의미했다. 그런데 당시에는 마취제가 없었고, 이러한 실험에 사용된 동물은 대부분의 사람들이 극심한 고통을 겪을 때와 같은 방식으로 행동했을 것이다. 실험자들은 데카르트의 이론 덕에 이 상황에서 느낄 수 있는 어떤 가책도 외면할 수 있었다. 데카르트 자신도 해부학 지식을 넓히기 위해 살아 있는 동물을 해부했고, 당대의 수많은 선도적 생리학자들은 데카르트주의자인 동시에 기계론자임을 자처했다. 17세기 후반 포르루아얄의 얀선주의Jansenist 신학교에서 연구를 진행했던 데카르트주의자이자 기계론자인 일부 실험자들의 목격담은 데카르트 이론의 편리함을 분명하게 보여준다.

그들은 철저하게 냉정한 태도로 개를 구타했고, 개를 고통을 느끼는 생명체로 생각하여 불쌍히 여기는 사람들을 조롱했다. 그들은 동물이 시계라고 말했고, 그들이 두들겨 맞을 때 내는 울음소리는 작은 스프링을 건드릴 때 내는 소리일 뿐 온몸에 아무 느낌이 없다고 했다. 그들은 가엾은 동물의 네 발을 탁자에 못 박은 뒤 생체를 해부하여 혈액순환을 관찰했는데, 이 일은 아주 큰 화젯거리였다.[25]

이 시점에서 동물의 지위는 사실상 바닥을 쳤다고 보아야 할 것이다.

계몽 시대

스코틀랜드 계몽 시대의 가장 위대한 철학자 데이비드 흄David Hume은 "자비의 법칙에 따라 이 피조물들을 관대하게 사용해야 한다"[26]고 말하면서 동물을 대하는 우리의 태도 문제를 언급했다. '관대한 사용gentle usage'은 18세기에 확산되기 시작한 친절한 태도를 적절히 압축한 표현이다. 우리는 동물을 사용할 권리가 있지만 너그럽게 사용해야 한다. 이 시대에는 세련됨과 예의를 함양하고, 자비심은 높이고 잔혹성은 줄이려는 경향이 나타났다. 덕분에 인간은 물론 동물도 혜택을 받게 되었다. 18세기는 '자연'을 재발견한 시대이기도 하다. 장자크 루소Jean-Jacques Rousseau가 언급한 벌거벗은 채 숲을 돌아다니며 과일과 나무 열매를 주워 먹는 고매한 야만인은 자연을 이상화한 사조의 정점이라 할 수 있다. 사람들은 자신들을 자연의 일부로 생각하면서 '짐승들'과의 유대감을 되찾게 되었다.

동물실험이라는 새로운 유행은 그 자체가 동물에 대한 태도 변화에 어느 정도 영향을 주었을 가능성이 있다. 동물실험으로 인간과 다른 동물의 생리 구조가 놀랍도록 유사하다는 사실이 밝혀졌기 때문이다. 엄밀히 말해 인간과 동물의 유사성이 데카르트가 했던 말과 모순되는 것은 아니다. 그러나 양자가 유사하다는 사실이 알려짐으로써 그의 견해는 설득력이 줄어들었다. 볼테르는 이 상황에 대한 자신의 느낌을 다음과 같이 적절히 표현하고 있다.

> 충성심이나 우정이라는 면에서 사람을 크게 능가하는 개를 탁자에 못 박아 고정시키고 산 채로 해부하여 장간막 정맥을 보여주는 야만인들이 있다! 당신은 개의 몸에서 당신 몸에 있는 것과 똑같은 모든 감각기관을 발견한다. 기계론자여 답하라. 대자연은 이 동물이 아무것도 느끼지 못하도록 모든 감각의 원천을 조정해놓았는가?[27]

영국에서는 알렉산더 포프Alexander Pope가 "비록 열등한 피조물이 우리의 힘에 굴복했지만" 우리가 "그들을 적절히 관리하지 못한" 것에 책임을 져야 한다고 주장하면서 의식이 또렷한 개를 해부하는 관행에 반대했다.[28] 우리가 '열등한 피조물'의 관리자라는 생각이 보여주듯이, 이 시대는 여전히 우리가 동물을 지배하고 사용할 권리를 갖는다는 지배적인 관점을 타파하는 것과는 거리가 매우 멀었다. 사람들은 기껏해야 인간을 동물 가족의 자애로운 아버지 역할을 맡는 정도로 파악하는 데 머물렀다.

프랑스에서는 점차 확산되는 교권에 반대하는 분위기가 동물의 지위 향상에 긍정적으로 작용했다. 온갖 종류의 독단에 맞서는 데 희열을 느낀 볼테르는 힌두교 관행과 비교했을 때 기독교 관행은 문제가 있다고 보았다. 우리와 유사한 존재의 살과 피로 생명을 유지하는 야만적인 관습을 거론했던 볼테르는 비록 그 자신도 이런 유별난 야만성을 버리지는 못했지만 동물에게 친절을 베풀자고 주장한 당시 영국인들에 비해 진일보한 모습을 보여주었다.[29] 루소도 실제로 채식을 하지는 않았지만, 채식 옹호 논변의 힘은 인식하고 있었던 것 같다. 교육에 관한 그의 저서 『에밀Emile』에는 비록 장황하고 대부분 맥락과 동떨어졌지만 플루타르코스가 동물을 식용으로 쓰는 것이 부자연스럽고 불필요하며 피비린내 나는 살육이라고 공격한 내용이 담겨 있다.[30]

계몽주의가 모든 사상가들의 동물에 대한 태도에 동일하게 영향을 준 것은 아니었다. 이마누엘 칸트Immanuel Kant는 윤리학 강의에서 학생들에게 이렇게 말한다. "우리는 동물에게 직접적인 의무를 지지 않는다. 동물은 자의식이 없고, 목적을 위한 수단일 뿐이다. 여기서 목적이란 인간을 말한다."[31] 칸트가 이런 강의를 했던 해인 1780년 제러미 벤담은 『도덕과 입법 원리의 서설Introduction to the Principles of Morals and Legislation』을 완성했다. 내가 이 책의 첫 장에서 이미 인용했던 구절에서 벤담은 칸트에게 명확하게 답변을 제시한다. "문제는 그들이 이성적으로 사고할 수 있는지 또는 말할 수 있는지가 아니라 그들이 고통을 느낄 수 있는지다." 아마도 벤담은 동물의 처지를 아프리카 노예의 처지와 비교하고, "폭정의 손이 아니고서는 그 누구에게도 빼앗길 수 없는 권리를 여러 동물이 획득할" 날을 기대하며, '인간의 지배'를 정당한 통치라기보다는 폭정이라고 비판한 최초의 사상가였을 것이다.

18세기에 이룬 지적 진보는 19세기에 이르러 동물이 처한 상황에 대한 약간의 실천적 개선으로 이어졌다. 이 개선은 동물에 대한 이유 없는 학대를 금지하는 법의 형식을 취했다. 영국 의회에서는 동물의 법적 권리를 놓고 처음으로 논쟁이 벌어졌는데, 이때의 논쟁은 벤담의 생각이 아직 의회 구성원들에게 의미 있는 영향력을 미치지 못했음을 시사한다. 의회는 1800년 하원에 상정된 소끌리기bull-baiting(개를 부추겨 황소를 성나게 하는 영국의 옛 놀이—옮긴이)라는 '스포츠'를 금하는 법안을 논의 중이었다. 당시 영국 외무장관 조지 캐닝George Canning은 이 법안을 '터무니없다'고 하면서 이렇게 수사적인 질문을 던졌다. "소끌리기, 권투, 춤보다 무해한 것이 있을까요?" 당시 권투나 춤을 법으로 금지하려는 시도가 없었음을 감안한다면, 이 명민한 정치가는 자신이 반대하는 법안의 요지를 제대로 파악하지 못한 것 같다. 그는 이 법안의 목적이 비도덕적인 행동으로 이어질 수 있는 '폭도rabble'의 모임을 금지하는 데 있다고 생각했던 것이다.[32] 이런 실수를 가능하게 한 전제는 '오직 동물만 해를 입는 행위를 저지하기 위해서는 법을 만들 필요가 없다'는 것이었다. 『타임스』도 다음과 같은 사설을 실어 이와 같은 전제를 공유했다. "인간의 시간이나 재산의 사적 처분에 간섭하는 것은 무엇이건 횡포다. 타인이 상해를 입지 않는 한 권력이 개입할 여지는 없다." 법안은 부결되었다.

1821년 아일랜드 유한계급 지주이자 하원에서 갤웨이Galway 주를 대표했던 리처드 마틴Richard Martin은 말 학대 방지 법안을 제출했다. 다음 글에는 법안 제출에 이어진 논쟁의 분위기가 어땠는지 잘 나타나 있다.

> 앨더맨 C. 스미스가 당나귀도 보호해야 한다고 말하자, 회의장에서 큰 웃음이 터져 나오는 통에 『타임스』 기자는 무슨 말을 하는지 거의 알아들을 수 없었다. 이 제안을 의장이 반복하여 읽자 웃음소리는 더 커졌다. 어떤 의원이 마틴이 다음으로 개 보호법을 제안할 것이라고 말하자 더 큰 웃음과 고함이 터져 나왔고, "그 다음은 고양이!"라고 외치자 의회 전체가 포복절도했다.[33]

이 법안 역시 통과되지 못했다. 하지만 이듬해 마틴은 어떤 가축이 "개인 또는 공동 소유물인" 경우 "아무 이유 없이" 학대하는 것은 죄가 된다는 법안을 통과시키는 데 성공했다. 이 법안이 통과됨으로써 사상 처음으로 동물학대가 처벌 가능한 범죄가 되었다. 이 법안에는 전년에 폭소를 일으킨 당나귀는 포함되었으나 개와 고양이는 여전히 보호 대상에서 제외되었다. 더 중요한 것은 마틴이 사유재산 목록을 보호하기 위한 조치와 유사한 모양새로 법안을 만들어야 했다는 점이다. 그는 동물 자체를 위해서라기보다는 소유주의 이익을 위하는 것처럼 법안을 만들어야 했던 것이다.[34]

이제 법안은 법률이 되었다. 하지만 아직 법률이 실제로 집행되는 일이 남아 있었다. 피해자가 고소 능력이 없기 때문에 마틴과 여러 저명한 인도주의자들은 직접 나서서 증거를 수집하고 기소하기 위한 협회를 설립했다. 이렇게 세계 최초의 동물복지 단체인 '동물학 대방지협회Society for the Prevention of Cruelty to Animals'가 탄생했고, 후일 빅토리아 여왕의 축복을 받아 '왕립Royal'이라는 경칭이 단체명 앞에 추가된다.

1830년대 말, 찰스 다윈은 여러 권의 노트 중 한 권에 연구하면서 떠오른 착상을 적어놓았다. "오만한 인간은 스스로를 신의 중재자 역할을 맡을 수 있는 위대한 피조물이라 생각한다. 나는 인간을 동물에서 유래된 존재로 보는 것이 더 겸손하고 진실하다고 믿는다."[35] 다윈이 자신의 이론을 공개하기에 충분할 만큼 증거를 수집했다고 생각하기까지는 20년이 더 흘러야 했다. 그런데 1859년에 출간한『종의 기원The Origin of Species』에서도 다윈은 한 종에서 다른 종으로 진화했다는 자신의 이론이 인간에게 얼마만큼 적용될 수 있는지에 대해서는 논의를 회피하고 있다. 그는 단지 자신의 저작이 '인간의 기원과 역사'를 밝혀줄 수 있을 것이라고 말하고 있을 따름이다. 사실 다윈은 호모사피엔스가 다른 동물의 계통을 이어받았다는 이론을 뒷받침할 증거들을 이미 충분히 확보한 상태였다. 하지만 그는 이 자료를 출간한다는 것이 "자신의 견해에 반대하는 편견을 가중시킬 뿐"[36]이라고 판단했다. 1871년에 이르러 많은 과학자들이 진화론을 수용하자, 그제야 비로소 다윈은『인간의 유래The Descent of Man』를 출간했다. 이렇게 함으로써 그는『종의 기원』의 한 문장에 숨겨져 있던 의미를 분명하게 드러냈던 것이다.

이렇게 하여 우리와 인간 아닌 동물 간의 관계를 이해하는 방식에서 혁명이 시작되었다. 아니, 만약 인간이 '동물에서 유래되었다'는 사실이 단순한 지적 확신에 머물지 않고 우리의 동료인 동물을 죽여서 먹는다는 생각 자체를 혐오스럽게 만들 정도로 충분히 우리 정신에 깊숙이 침투했다면, 상황이 그렇게 전개되었을 것이다. 지적인 측면에서 볼 때 다윈의 혁명은 참으로 혁명적이었다. 인간이 다른 동물과 공통의 진화 과정을 거쳤다는 사실은, 창조에서 인간의 우월한 지위와 인간의 동물 지배를 정당화하는 이전의 모든 주장을 사실상 뒤집어놓았다. 이제 우리는 스스로가 동물과는 다른, 신의 형상에 따라 만들어진 특별한 피조물이 아니라는 사실을 알게 되었다. 다윈 자신은 인간과 동물 간의 차이가 흔히 생각하는 것과 달리 그리 크지 않다고 지적했다. 『인간의 유래』 3장은 인간의 정신 능력과 '하등 동물'의 능력을 비교하는 데 할애되고 있는데, 여기서 다윈은 비교 결과를 이렇게 요약한다. "우리는 인간이 자랑거리로 삼는 사랑, 기억력, 주의력, 호기심, 모방, 판단력 등 여러 정서와 재능이 하등동물에서도 기본적으로, 어떤 경우에는 제법 잘 발달되어 있음을 확인할 수 있다." 『인간의 유래』의 4장은 여기서 한 걸음 더 나아간다. 다윈은 도덕 감정의 기원이 서로 함께 있으면서, 서로에게 공감을 느끼면서, 서로 도움을 주고받으면서 즐거움을 느끼는 동물의 사회적 본능으로 거슬러 올라갈 수 있다고 주장한다.[37]

너무 잘 알려진 이야기여서 새삼 거론할 필요는 없지만, 인간 종이 다른 동물에서 유래했다는 발상에 불어닥친 저항의 폭풍은 종차별주의 신화가 서구 사상을 얼마만큼 지배하고 있는지를 잘 보여준다. 마침내 다윈의 이론을 받아들이면서 우리는 자연을 현대적으로 이해할 수 있게 된다. 이후 자연에 대한 이해는 지엽적으로는 변했지만 근본적으로 바뀌지는 않았다. 아마도 이성적 사고와 증거에 기초한 믿음보다는 종교적 신념을 선호하는 사람만이 인간이 전 우주의 특별한 총애를 받는 존재라거나, 다른 동물이 인간의 먹을거리로 창조되었다는 주장을 고수할 것이다. 또한 그러한 신념을 고수하는 사람만이 우리가 동물에 대한 신과 같은 권위를 가지고 있으며, 신의 허락을 받아 동물을 죽일 수 있게 되었다고 우겨댈 수 있을 것이다.

이와 같은 지적 혁명을 이에 앞서 나타난 인도주의적 감정의 성장과 한데 묶어보면, 이제 모든 것이 잘 풀릴 거라고 생각할지 모른다. 하지만 필자가 이전의 몇 장을 통해 분명하게 보여주었다고 생각하는 인간의 '폭정의 손'은 예전과 다름없이 다른 종을 탄압하고 있으며, 오히려 오늘날 우리는 역사상 다른 어떤 시기보다도 동물에게 더 많은 고통을 가하고 있을 가능성이 매우 크다. 무엇이 잘못되었는가?

현대

진보적인 사상가들이 동물에 대해 말하는 것과 관련해, 벤담에서 시작된 시기는 육식을 변명하는 시기로 특징지을 수 있을 것이다. 변명은 다양하고, 어떤 변명은 오늘날에도 여전히 통용되기에 검토해볼 가치가 있다.

첫 번째는 신을 내세운 변명Divine Excuse이다. 이는 윌리엄 페일리 William Paley가 쓴 『도덕과 정치 철학의 원리Principles of Moral and Political Philosophy』에 잘 예시되어 있다. 이 책은 1785년에 출간되어 19세기 중반까지 케임브리지대학교에서 사용되었을 정도로 널리 읽혔다. 페일리는 '인류의 일반적 권리'를 설명하면서 먼저 우리가 동물에게 가하는 고통과 그들의 목숨을 빼앗는 것에 대해 "약간의 변명이 필요한 듯하다"라고 말한다. 이어서 그는 동물이 서로 잡아먹는다고 해서 우리가 그들을 죽여도 되는지에 대한 정당성을 고찰한다. 페일리는 그렇지 않다고 답한다. 동물은 생존을 위해 서로 죽여야 하지만, 우리는 수많은 인도 사람들이 그러하듯 '과일, 콩, 허브, 뿌리'를 먹고 살 수 있음을 페일리도 잘 알고 있었기 때문이다. 마지막으로 그는 어떤 비종교적 논거를 통해서도 우리에게 동물을 먹을 권리가 있음을 지지하기 어려우며, 이 관행을 정당화하려면 창세기가 우리에게 허락했다는 것에 호소하는 방법 말고 다른 대안이 없다고 결론지었다.[38]

페일리는 동물 식단을 합리적으로 정당화하지 못했을 때 계시 revelation에 호소한 많은 사람 중 한 명일 뿐이다. 이처럼 계시에 호소한 또 다른 사상가로는 프랜시스 웨일랜드Francis Wayland을 들 수 있다. 그는 1835년 처음 출간된, 19세기 미국에서 가장 널리 사용된 도덕철학 책『도덕과학의 요소Elements of Moral Science』를 쓴 저자이다.[39] 헨리 솔트Henry S. Salt는 자서전『야만인들 가운데에서 보낸 70년Seventy Years Amongst Savages』(영국에서의 삶에 관한 이야기다)에 그가 이튼칼리지 교사로 재직하던 시절의 대화를 기록해놓았다. 채식주의자가 된 지 얼마 되지 않던 시기에 그는 처음으로 채식 습관을 놓고 실력파 과학선생인 동료 교사와 토론을 벌이게 되었다. 그는 약간 떨리는 마음으로 과학정신이 투철한 사람이 자신의 새로운 신념에 내리는 판결을 기다렸다. 판결은 이랬다. "하지만 동물이 우리에게 먹을거리로

보내졌다는 생각이 들지 않나요?"⁴⁰

자신의 『자서전*Autobiography*』에서 언급하고 있듯이 벤저민 프랭클린은 채식주의자로 수년을 보냈는데, 어느 날 몇몇 친구들이 물고기를 낚는 모습을 보았고, 그들이 낚은 물고기 중 몇 마리가 다른 물고기를 삼킨 것에 주목하게 되었다. 그는 이를 계기로 다시 고기를 먹게 되었는데, 그는 이렇게 결론을 내린다. "너희가 서로 잡아먹는데 우리라고 해서 너희를 잡아먹지 말아야 할 이유는 없지." 그래도 프랭클린은 최소한 물고기가 프라이팬 위에서 '끝내주게 맛있는' 냄새를 풍기기 시작했을 때 이런 결론에 이르렀음을 인정할 만큼 솔직했다. 그는 '이성을 갖춘 피조물'이 갖는 이점 중 하나는 자신이 하고 싶은 일이 무엇이든 거기에 대해 합당한 이유를 찾을 수 있는 것이라고 덧붙인다.⁴¹

사려 깊은 사상가들 중 일부는 인간의 마음으로 동물의 고통을 이해하는 것이 너무 심오한 문제라고 생각하여 이 문제를 회피하기도 한다. 영국의 개혁적인 교육자이자 럭비학교Rugby School 교장이었던 토머스 아널드Thomas Arnold 박사는 이렇게 썼다. "짐승이라는 피조물과 관련된 모든 주제는 나에게 너무나도 고통스런 미스터리인지라 감히 접근할 엄두도 낼 수 없다."⁴²

프랑스 역사가 쥘 미슐레Jules Michelet도 같은 태도를 보였고, 이를 한층 극적으로 표현한다.

동물의 생명, 음울한 신비로다! 생각과 말로 표현할 수 없는 고통이 넘치는 광활한 세상. 모든 자연은 자신의 연약한 형제를 오해하고 모욕하고 괴롭히는 인간의 만행에 항의한다. 삶이여, 죽음이여! 동물을 먹기 위해 매일 죽이는 풀기 어렵고 고통스러운 문제가 내 마음속에 단호하게 자리하도다. 괴로운 모순이로다. 이런 잔혹한 숙명을 면해줄 또 다른 세계가 있기를 희망하자.**43**

미슐레는 우리가 동물을 죽이지 않고서는 살아갈 수 없다고 믿었던 것 같다. 만약 이것이 사실이라면 '괴로운 모순miserable contradiction'으로 인한 그의 고뇌는 시간을 두고 검토했을 경우 분명 줄어들었을 것이다.

우리가 살기 위해 죽여야 한다는 속편한 오류를 받아들인 또 다른 인물로는 동양 사상을 서양에 소개하는 데 기여한 독일 철학자 아르투어 쇼펜하우어Arthur Schopenhauer가 있다. 그는 자신의 날카롭고 냉소적인 산문에서, 서양철학과 종교에서 흔히 볼 수 있는 동물을 향한 '역겨울 정도로 상스러운' 태도를 불교도 및 힌두교도의 태도와 비교했다. 그가 서양의 태도에 가한 수많은 예리한 비판은 오늘날에도 여전히 유효하다. 하지만 쇼펜하우어는 유독 신랄한 한 구절을 쓰고 난 후 식용으로 쓰기 위해 동물을 죽이는 문제를 간단하게 처리해 버리고 만다. 그는 인도를 너무 잘 알고 있었기에, 인간이 동물을 죽이지 않고도 살 수 있다는 사실을 거의 부정할 수 없었다. 하지만 그는 "동물을 먹지 않았다면 북쪽에는 인류가 아예 존재할 수 없었을 것"이라고 주장한다. 그는 마취제를 써서 동물을 '훨씬 편안하게' 죽여야 한다고 덧붙인다. 하지만 자신이 말한 지리적 구분에 대해서는 아무 근거도 제시하지 않는다.**44**

벤담조차도 동물을 먹는 문제에 대해서는 꽁무니를 뺀다. 이렇게 말하는 이유는 그가 "문제는 동물이 이성적으로 사고할 수 있는지 또는 말할 수 있는지가 아니라 그들이 고통을 느낄 수 있는지다"라고 밝힌 바로 그 구절에서 이렇게 적고 있기 때문이다.

> 우리가 먹고 싶어 하는 것[고기]을 먹으면서 괴로워해야 할 매우 훌륭한 이유가 있다. 그럼에도 생각해봐야 할 것은 동물을 먹는 것은 우리에게 이롭지만, 동물은 이로 인해 상황이 더 나빠지지 않는다는 사실이다. 동물은 우리와 달리 미래에 겪을 비참한 상황을 한참 전에 예상하지 못한다. 그들이 우리 손에 죽음을 맞이한다면 피할 수 없는 자연의 도정에서 그들을 기다리는 죽음보다 흔히 혹은 어쩌면 항상 더 빨리 죽음을 맞이할 것이며, 그래서 덜 고통스럽게 죽게 될 것이다.

이 구절들에서 우리는 쇼펜하우어와 벤담이 평소보다 논의의 강도를 약화시켰다는 느낌을 지울 수 없다. 인도적인 도축법을 지지한 것은 칭찬받을 만하지만, 쇼펜하우어와 벤담이 상업적 목적으로 동물을 사육하고 도축하는 데 따르는 고통을 고려하고 있는 것은 아니다. 쇼펜하우어와 벤담이 글을 쓰던 당시의 도축은 오늘날보다 훨씬 살벌하게 이루어졌다. 동물들은 먼 길을 걸어서 이동해야 했고, 가능한 한 빨리 일정을 마치는 데만 관심 있는 몰이꾼에 의해 도축장으로 끌려갔다. 그들은 도축장 마당에서 2~3일 동안 먹이 없이, 어쩌면 물도 없이 지냈을 것이다. 그런 다음 어떤 방법으로든 기절하지 않은 상태에서 야만적인 방법으로 도축 당했다.[45] 물론 동물들이 미래에 겪을 비참한 상황을 오래전부터 예상하지 못했을 수 있다. 하지만 그들은 도축장에 들어가 동료들의 피 냄새를 맡는 순간부터 위험을 느끼고 두려움에 떨거나 괴로워했을 것이다. 물론 벤담과 쇼펜하우어가 이런 만행에 찬성하지는 않았을 것이다. 하지만 그들은 동물 제품을 계속 소비하고 이런 만행이 포함된 일반적인 관행을 정당화함으로써 결과적으로 도축을 계속 지지한 셈이다. 이러한 측면에서 보자면 페일리는 고기를 먹는 것이 담고 있는 의미를 좀 더 잘 파악하고 있었던 것 같다. 하지만 그는 신이 계속해서 동물을 잡아먹어도 된다고 허락했다고 생각했고, 그래서 안심하고 사실을 직면할 수 있었다. 반면 쇼펜하우어와 벤담은 이런 변명을 하기에 너무 이성적이었고, 따라서 추악한 현실에서 눈을 돌릴 수밖에 없었다.

다윈도 동물에 대한 이전 세대의 도덕적 태도를 유지하면서, 자신이 수많은 설득력 있는 사례를 들어 설명한 사랑, 기억, 호기심, 이성, 그리고 서로에게 공감하는 동물의 살을 계속 먹었다. 그는 '왕립동물학대방지협회RSPCA'에 동물실험 (폐지가 아닌) 법적 규제 촉구를 요청하는 탄원서에 서명하는 것마저도 거부했다.[46] 그의 추종자들은 우리가 신의 힘에 의해서가 아니라 자연적으로 탄생했지만, 진화를 이해한다고 해서 우리의 지위가 바뀌는 것은 아니라는 점을 강조하고자 했다. 다윈의 가장 위대한 신봉자였던 토머스 헉슬리T. H. Huxley는 다윈의 사상이 인간의 존엄성을 손상했다는 비난에 답하여 이렇게 말했다. "문명인과 짐승 사이의 간극이 어마어마하게 크다는 사실을 나만큼 절실하게 느끼는 사람은 없을 것이다. 인간과 짐승이 본질적으로, 또한 구조적으로 하나라는 사실을 알게 된다 해도, 인간의 고결함에 대한 우리의 존경심이 줄어들지는 않을 것이다."[47]

반박에 저항하는 것은 이데올로기의 전형적인 특징이다. 이데올로기의 기초가 그 근저로부터 논파되면 사람들은 이를 대체할 새로운 토대를 발견하거나, 논리적 측면에서의 중력 법칙을 거부하면서 원래의 이데올로기적 입장을 고수하려 할 것이다. 헉슬리가 잘 보여준 바와 같이, 동물에 대한 태도에서는 후자와 같은 상황이 일어난 것 같다. 그는 '인간'과 '짐승' 사이에 큰 차이가 있다고 가정한 오래된 이유들이 더 이상 유지될 수 없음을 너무도 잘 알고 있었다. 그럼에도 그는 계속해서 그와 같은 차이가 있다는 믿음을 고수했다(적어도 그는 '문명인'과 동물 사이에 커다란 간극이 있다고 믿었다. 그는 당대에 흔했던 인종차별적 태도를 받아들이고, '문명인'이 아닌 인간과 동물 간의 차이가 그렇게 크지 않음을 기꺼이 인정하고 있는 듯하다).

세상에서 인간이 차지하는 위치에 관한 오늘날의 사람들이 견지하는 견해는 우리가 살펴본 이전의 모든 견해와 엄청나게 다르다. 하지만 실천적인 측면에서 따져볼 때, 다른 동물을 대하는 방식에 관한 우리의 태도는 거의 변한 게 없다. 이제 동물은 더 이상 완전히 도덕의 영역 밖에 머물러 있을 수 없게 되었다. 하지만 그들은 여전히 인간과 분리된 채 도덕의 영역 바깥쪽 언저리 부근의 특별한 구역에 위치한다. 그들의 이익은 인간의 이익과 충돌하지 않을 때만 고려의 대상이 될 수 있다. 만약 충돌이 발생한다면, 심지어 동물이 평생 겪는 고통과 인간 입맛의 기호가 충돌하는 경우라도 인간 아닌 동물의 이익은 무시당한다. 과거의 도덕적 태도는 우리의 사고와 행동에 너무 깊이 박혀 있어서, 우리와 다른 동물에 대한 지식이 달라진 것만으로는 상황이 뒤집히지 않는다.

어떤 이데올로기는 유달리 변화가 느리다. 로마가톨릭교회는 7세기 동안 동물에 대한 토마스 아퀴나스의 가르침을 계속 추종했다. 19세기 중반에도 교황 비오 9세는 '동물학대방지협회'가 로마에 설립되는 것을 허용하지 않았다. 협회 설립이 곧 인간이 동물에게 의무를 갖는다는 뜻을 함축한다는 이유 때문이었다.[48] 1951년 말 미국의 가톨릭 철학자 버넌 버크V. J. Bourke는 한 윤리 교과서에서, 아리스토텔레스의 주장을 반복했던 아퀴나스를 재차 언급하면서 육식을 정당화했다.

> 자연의 질서 속에서는 불완전한 존재가 완전한 존재를 위해 존재하고, 이성을 갖지 못한 존재는 이성을 가진 존재에 봉사하기 위해 존재한다. 이성적 동물로서 인간은 자신의 적절한 필요를 위해 자연의 질서 속에서 자신보다 아래에 있는 것들을 이용할 수 있도록 허락받았다. 인간은 자신의 생명과 힘을 유지하기 위해 식물과 동물을 먹어야 한다. 식물과 동물을 먹으려면 그들을 죽여야 한다. 그러므로 죽이는 것 자체는 부도덕하거나 부당한 행위가 아니다.[49]

앞서 우리는 아퀴나스가 인간의 생명 유지에 육식이 필요하지 않다는 사실을 알고 있었다고 믿을 만한 충분한 이유가 있음을 살펴봤다. 버크는 아퀴나스에 지나칠 정도로 집착하여 그의 주장을 반복한다. 영양에 관한 표준적인 연구만 살펴봐도 아퀴나스의 주장이 거짓임을 알 수 있을 텐데도 아퀴나스의 주장을 그냥 반복하고 있는 것이다.

그럼에도 20세기 말에는 환경 운동이 인간에게 다른 동물을 지배할 권리를 부여했다는 교회의 해석에 영향을 미치기 시작하는 징후가 나타났다. 교황 요한 바오로 2세는 그의 1988년 회칙 「사회적 관심에 관하여Sollicitudo Rei Socialis」에서 인간이 발전하려면 "자연계를 구성하는 존재를 존중해야" 한다고 강조하며 다음과 같이 덧붙였다.

> 창조주가 인간에게 허락한 지배권은 절대 권력이 아니다. 우리에게 어떤 것들을 '사용하고 오용할' 자유가 있다고 말할 수 없고, 이들을 마음대로 처분할 자유가 있다고 말할 수도 없다. ……자연계와 관련해 우리는 생물학 법칙뿐 아니라, 거스르면 죄를 면할 수 없는 도덕 법칙의 지배를 받기도 한다.[50]

수 년 후, 교황청 신앙교리성Sacred Congregation for the Doctrine of the Faith 수장이었던 요제프 라칭거Joseph Ratzinger 추기경이 한 기자와 인터뷰를 했다. 기자가 동물에 대한 인간의 의무에 대해 묻자, 라칭거 추기경은 놀라울 정도로 강한 답변을 내놓았다. 그 과정에서 그는 푸아그라를 생산하기 위해 거위를 강제로 먹이는 것뿐 아니라, "지나치게 밀집 사육되어 우스꽝스런 모습의 새가 되어버린 암탉"을 언급하며 산업화된 영농을 비난했다. 그는 이것이 "살아 있는 피조물을 상품으로 전락시키는 것"이라고 말했는데, 그에게는 이것이 "성경에 나오는 상호적인 관계를 어그러뜨리는 것"이었다.[51] 라칭거 추기경은 후일 교황 베네딕토 16세가 되었다. 어떤 사람들은 그가 교황으로서 푸아그라나 "상품으로 전락한 살아 있는 피조물"의 고기를 먹어서는 안 된다고 말해주기를 바랐지만, 공장식 축산 동물에 대해서는 더 이상 공개적인 발언을 하지 않았다.

2013년 베르고글리오Jorge Mario Bergoglio 추기경이 교황으로 선출되면서 동물의 수호성인인 아시시의 프란체스코를 기리기 위해 프란치스코(프란체스코의 라틴어식 표기-옮긴이)라는 이름을 사용했는데, 이때 다시 한 번 기대감이 고조되었다. 이듬해 프란치스코 교황은 사후세계를 거론하다가 "성경은 이 멋진 설계를 완수하는 일이 우리 주변의 모든 것에도 영향을 미친다고 가르친다"라고 말하여 사람들을 설레게 했다. 사람들은 이 말이 동물도 천국에 갈 수 있다는 것인지 교황에게 물었다. 신학자들은 프란치스코 교황의 발언이 교리에 관한 발언을 했다기보다는 큰 뜻 없이 말한 것이라고 경고했다.[52] 하지만 2015년 프란치스코 교황이 회칙 「찬미 받으소서Laudato si」를 발표했을 때는 그렇게 말할 수 없었다. 이 회칙의 제목은 아시시의 성 프란체스코가 작곡한 「태양의 찬가The Canticle of the Sun」에서 따온 것으로, 자연환경에 관심을 기울일 것을 강조한다. 이러한 맥락에서 보자면 회칙은 인간의 지배에 대한 토마스주의의 해석을 명시적으로 거부하는 내용을 담고 있다.

간혹 우리 그리스도인들이 성경을 정확히 해석하지 못하는 경우도 있지만 오늘날 우리는 인간이 신의 형상에 따라 창조되었다는 생각, 땅을 다스릴 권한을 받았다고 해서 다른 피조물을 절대적으로 지배해도 된다는 생각을 강력히 거부해야 한다.

심지어 「찬미 받으소서」는 안식일에 소를 쉬게 하라는 성경의 명령에 대한 성 바울의 해석도 거부하는데, 성 바울은 이 명령이 "전적으로 우리를 위한 것"이라고 생각했다. 프란치스코 교황은 이것이 잘못된 해석이라고 말한다. "일곱째 날에 쉬라는 말은 인간뿐 아니라 너희 소와 나귀도 쉬게 하라는 뜻이다."(출애굽기 23장 12절) 교황은 핵심을 정확히 짚고 넘어가기 위해 이렇게 덧붙인다. "분명 성경에는 다른 피조물을 배려하지 않는 포악한 인간중심주의가 차지할 자리가 없다."

이 회칙은 "하느님 보시기에 다른 살아 있는 존재들도 자신만의 고유한 가치를 지닌다"는 사실을 깨달아야 한다고 촉구하면서, 교회의 핵심적인 가르침을 담은 교리문답에 "모든 피조물의 특별한 선함을 존중하고, 이들을 아무렇게나 사용하지 말아야 한다"는 내용이 담겨 있음을 지적한다. 「찬미 받으소서」에 나오는 이 문구 및 여타 문구들은 동물과 환경에 대한 가톨릭의 가르침이 절실히 요구되는 쪽으로 방향을 전환할 조짐을 보여준다. 이는 역사적인 의미를 갖는 방향 전환의 조짐이다. 그러나 교회 지도자들은 성생활을 어떻게 해야 하는지에 대해서는 언제든 말할 준비가 되어 있지만, 교황이나 교회의 고위 관계자가 공장식 축산업계에서 생산된 제품을 소비하는 것이 잘못이라고 말한 적은 없다. 이와 같은 동물 생산 방식이 '공장식 축산 동물 본연의 선함을 존중하지 않으면서 아무렇게나 동물을 사용하는 것'이라는 이유를 내세워 관련 제품을 소비하는 것이 잘못이라고 주장한 적은 한번도 없었던 것이다.

종차별주의를 넘어서

기독교는 과거를 속죄하고 종차별주의적이지 않은 종교가 될 수 있을까? 쉽지는 않겠지만 로마가톨릭교회와 개신교 양측의 기독교도 집단에서 희망의 조짐이 나타나고 있다. 그들은 기독교 전통 내에서 동물에 대한 우리의 생각을 훨씬 광범위하게 변화시킬 수 있는 만족스러운 근거를 찾고 있다. 영국 성공회 사제이자 옥스퍼드 동물윤리센터 설립자인 앤드루 린지Andrew Linzey는 1976년에 출간된 『동물권: 기독교의 관점*Animal Rights: A Christian Perspective*』을 통해 이러한 변화를 주도했다. 예수회 계열인 포덤대학교와 크레이턴대학교 두 곳에서 신학과 사회윤리를 가르친 찰스 커모시Charles Camosy는 『동물을 사랑하기 위하여: 기독교 윤리, 일관된 행동*For Love of Animals: Christian Ethics, Consistent Action*』을 썼다. 이 책의 부제에서 알 수 있듯이 커모시는 대부분의 가톨릭 사상가가 명백히 잘못된 답변을 제시한 문제, 즉 '기독교인은 무엇을 먹어야 하는가?'라는 주제에 사려 깊고 솔직하게 도전할 준비가 되어 있다. 동물 윤리를 다룬 새로운 기독교 저작 가운데 가장 포괄적인 내용을 담은 책은 2014년 신학 교수이자 감리교도인 데이비드 클러프David Clough가 쓴 『동물에 대하여 *On Animals*』다. 이 책은 500쪽이 넘는 두 권 분량의 책으로 종차별주의를 철저하게 반대한다. 클러프는 인간이 창조의 중심이나 목적임을 부정하고, 기독교인은 집약적 농장에서 일해선 안 된다고 주장한다. 또한 그는 해를 주는 방식으로 동물을 연구에 사용하는 데 반대하고, "강한 믿음을 바탕으로 완전 채식을 하라"고 요구한다.

한편 20세기 내내 19세기 초의 개혁을 향한 열정을 잃어버린 듯했던 세속 공리주의의 전통은 20세기 후반과 21세기 초반에 이르러 새롭고 더 적극적인 지지자들을 확보했다. 공리주의는 이 책에서 옹호하는 입장과 일치하지만(이 책의 저자가 공리주의자라는 점을 감안하면 우연이 아니다), 내가 제시한 논의는 공리주의를 받아들일 것을 요구하지 않는다. 오늘날의 서구의 윤리적 입장을 대표하는 주요 철학자들은 종차별주의가 잘못이고, 이 책 2장과 3장에서 서술한 관행이 도덕적으로 옹호될 수 없다는 점을 받아들이고 있다. 예를 들어 동물권을 옹호한 톰 레건Tom Regan, 사회계약 윤리를 옹호한 마크 롤랜즈Mark Rowlands, 여성주의 철학을 옹호한 캐럴 애덤스Carol Adams, 앨리스 크러리Alice Crary, 로리 그루언Lori Gruen, 칸트주의자 크리스틴 코스가드Christine Korsgaard, 역량 접근법capabilities approach이라는 관점을 내세운 마사 누스바움Martha Nussbaum이 그러한 사람들이다. 이처럼 다양한 방식으로 윤리에 접근하는 철학자들이 우리가 동물을 대하는 태도를 근본적으로 바꿔야 한다는 데 동의한다는 사실은 아주 긍정적인 징후라 할 수 있다.[53]

서구에서는 적어도 윤리적 사고라는 측면에서 보자면 이데올로기로서의 종차별주의의 지배가 종식되었다고 믿을 만한 근거가 있다. 이 윤리적 사고의 전환이 궁극적으로 동물을 대하는 방식에 얼마만큼 큰 영향을 미칠지는 두고 볼 일이다. 오늘날 사람들이 동물을 대하는 태도는 동물에 대한 기본적인 태도에 도전하지 않으면서도 동물의 환경을 어느 정도 개선할 수 있을 정도로 충분히 자비로운 편(매우 선택적인 근거에서)이다. 그럼에도 종차별 없는 세상을 위한 견고한 토대를 구축하려면 2,000년 넘게 축적된 동물에 대한 서구의 사고와 근본적으로 단절해야 한다. 기억해야 할 것은 이 장이 오직 동물에 대한 서구의 관념에 초점을 맞추고 있다는 점이다. 흥미로운 것은 동물에 대한 태도에 관한 한 동양 또한 서구와 별다른 차이가 없는 듯하다는 것이다. 예를 들어 우리는 중국의 사상가들이 불교 전통의 영향을 받고 있으며, 이러한 전통의 세례를 받음으로써 그들이 육식 문제에 더 많은 관심을 가질 것이라 생각한다. 하지만 그들의 이 문제에 대한 관심은 오히려 서구의 사상가들보다 덜한 듯하다.[54] 다음 장에서는 동물운동이 일궈낸 동물 처우와 관련된 성과 및 향후 발전 전망에 대해 살펴볼 것이다.

6장

오늘날의 종차별주의

동물 해방에 대한 반론과 반론을 극복하는 과정에서 이루어진 발전

아이가 일곱 살이 될 때까지 맡겨주시면……

지금까지 우리는 사람들이 어떻게 인간과 모든 존재의 관계를 관장해야 할 '유사한 이익을 동등하게 고려하라'는 근본적인 도덕 원칙을 어기면서, 하찮은 목적을 위해 인간 아닌 동물에게 고통을 주고 있는지 살펴보았다. 또한 여러 세대의 서구 사상가들이 그러한 인간의 권리를 옹호하려고 얼마나 노력했는지 살펴보았다. 이 마지막 장에서는 오늘날 종차별주의 관행이 유지되고 촉진되는 몇 가지 방식을 살펴보고, 동물을 무자비하게 착취하는 관행을 옹호하는 데 여전히 사용되는 다양한 주장과 변명을 검토해볼 것이다. 그러면서 종차별주의에 반대하는 경우에 가장 많이 제기되는 몇 가지 반론에 답하고자 한다. 이어서 1975년 이후 이루어진 동물 해방을 위한 몇

가지 발전 사례를 소개하고, 격려의 말로 마무리하겠다.

아이들은 자연스레 동물을 좋아하게 되고, 부모는 아이가 개나 고양이 같은 반려동물에게 애정을 가질 것을 권장한다. 그들은 아이들이 껴안을 수 있는 귀여운 동물 인형을 건네기도 한다. 어떤 아이들은 고기 음식을 처음 접했을 때 그 음식을 거부한다. 그러다 고기가 몸에 좋다고 잘못 알고 있는 부모의 끈질긴 노력이 이루어진 후에야 비로소 육식에 익숙해진다. 하지만 어렸을 때 첫 반응이 어떠했건, 우리는 대부분 자신이 먹는 것이 동물의 죽은 몸뚱이라는 사실을 알기 훨씬 전부터 동물의 살을 먹는 데 익숙해진다. 이처럼 우리는 오랜 기간에 걸쳐 확립된 습관과 사회적 순응의 압력에 뒤따르는 편견에서 벗어나 의식적이고 정보에 기초한 결정을 내려보지 못한 채 동물 고기를 먹어왔다. 예수회 교육자들은 이렇게 말했다고 한다. "아이가 일곱 살이 될 때까지 맡겨주시면 아이가 어른이 되었을 때의 모습을 보여드리겠습니다." 다행히 오늘날의 청소년들은 다양한 관점을 접할 기회가 더 많아졌기 때문에 과거와는 상황이 다르겠지만, 설령 과거와 달라도 수년간 육식을 하고 나면 자신이 먹는 동물을 완전히 다르게 생각하기란 쉽지 않다.

농장 동물이 그림책, 이야기, 어린이를 위한 TV 프로그램이나 영상에 나올 때, 그들이 실제로 어떤 환경에서 살고 있는지를 구체적으로 밝히는 경우는 없다. 이런 점에서 이 책의 이전 판들이 나온 이래 변한 것은 없다. 지금과 마찬가지로 그때에도 농장 동물을 다루는 인기 있는 책들은 새끼들에 둘러싸인 닭, 칠면조, 소, 돼지를 아이들에게 보여주었지만 케이지나 헛간, 축사는 보여주지 않았다. 이 장을 수정하고 있는 지금, 아동서 부문 베스트셀러 중 하나는 에이미 픽스턴Amy Pixton의 『헬로 팜!*Hello Farm!*』이다. 행복한 돼지가 야외의 진흙 속에서 뒹굴고 암탉들이 병아리와 함께 땅을 쪼아대는 다채로운 삽화를 배경으로, 책에는 이런 질문이 등장한다.

> 누가 진흙 속에서 뒹굴고 있을까요? 장난꾸러기 돼지들이요! 누가 하루를 맞이할까요? 꼬끼오 우는 수탉이요!

상황이 이러하니 아이들이 농장에서 동물을 잘 보살펴준다고 믿으며 자라는 건 당연한 일이다![1]

1970년대의 페미니즘 운동은 새로운 아동문학의 성장을 촉진하는 데 어느 정도 성공했다. 이러한 문학 분야에서는 용감한 공주가 무력한 왕자를 구하고, 남자아이가 독점했던 적극적이면서 중심적인 역할을 여자아이가 일부 맡기도 한다. 우리가 아이들에게 읽어주는 동물 이야기에 오늘날의 현실을 어느 정도 반영하기는 이보다 더 어려울 것이다. 잔혹함은 아이들에게 들려줄 이야기 주제로 이상적이지 않기 때문이다. 그럼에도 우리는 너무 섬뜩한 내용을 자세하게 보여주지는 않되, 동물을 우리의 흥밋거리나 저녁 식사를 위해 존재하는 작고 귀여운 대상이 아니라 독립적인 존재로 존중해야 함을 권장하는 그림책, 이야기, 영상을 아이들에게 제공할 수 있을 것이다. 그러다 아이들이 성장하면 대부분의 농장 동물이 살아가는 실제 환경을 알려줄 수 있을 것이다. 문제는 육식을 하는 가정에서, 아이가 동물을 사랑해서 가족의 식사를 망쳐버릴지 모른다는 이유로 부모가 자녀에게 진실을 알려주기를 그다지 바라지 않을 수 있다는 점이다. 지금도 우리는 친구들로부터 고기의 출처를 알게 된 후 자녀들이 고기 섭취를 거부하기 시작했다는 이야기를 종종 듣게 된다. 이런 본능적 반항은 강한 저항에 부딪힐 가능성이 크다. 그리고 대부분의 아이들은 음식을 차려주는 부모가 고기를 안 먹으면 키도 안 크고 몸도 튼튼해지지 않을 거라고 할 때, 그 말에 반대하며 고기를 계속 거부하기가 불가능할 것이다. 도움이 될 만한 한 가지 예를 들어보자. 로렌스 콜버그Lawrence Kohlberg는 도덕성 발달에 관한 연구로 유명한 하버드대학교 심리학 교수였다. 그는 한 에세이에서 네 살배기 아들이 어떻게 처음으로 도덕적 결정을 내리게 되었는지 들려준다. 콜버그에 따르면 아들이 '동물을 죽이는 것은 나쁘다'는 이유로 육식을 거부했는데, 그의 생각을 바꾸는 데 6개월이 걸렸다. 콜버그는 아들이 정당한 살인과 그렇지 않은 살인을 제대로 구분하지 못해서 이런 생각을 한 것이고, 이는 아들이 도덕 발달의 가장 초보 단계에 머물러 있다는 사실을 나타내는 것이라고 말하고 있다.[2]

계속 무지하기

목가적인 농장 풍경을 담은 책들을 보면서 자란 아이들은 평생 그들이 가진 농장에 대한 평화로운 이미지를 굳이 바꿀 필요 없이 살아갈 수 있다. 이는 오늘날을 살아가는 사람들이 자신이 섭취하는 동물과 얼마나 동떨어져 살아가는지를 알 수 있게 하는 대목이다.

차를 타고 시골길을 달리다 보면 들판에 농장 건물은 많고 동물의 수는 상대적으로 적다. 그중 어느 것이 저장 창고이고, 어느 것이 케이지에 산란계를 가두어 사육하는 축사인지 구분할 수 있는 사람이 과연 얼마나 될까? 혹은 그 축사 안에서 동물이 어떻게 살아가는지 상상할 수 있는 사람이 얼마나 될까? 대중매체도 이런 주제를 다룰 때 대중을 올바른 방향으로 이끌지 않는다. 야생동물을 다루는 인기 TV 프로그램은 쉽게 찾아볼 수 있다. 하지만 집약적 축산 관련 영상은 농업 및 식량 생산 '특별 프로그램'의 일부로 아주 간략하게 소개될 뿐이다. 일반 시청자는 닭이나 돼지의 생활보다 치타와 상어의 생태를 더 잘 알 것이다. 결과적으로 TV를 시청하며 얻는 가축 관련 '정보'는 대부분 유료 광고에서 얻게 된다. 소시지가 되고 싶은 돼지나 통조림이 되려고 하는 참치가 등장하는 익살스러운 만화부터, 들판의 건초더미에서 마음껏 뛰어노는 돼지까지 그 모습은 다양하다. 영국의 마트 체인 테스코Tesco가 판매하는 한 소시지 광고에는 돼지 두 마리가 농부를 따라 나무 사이로 난 흙길을 걸어가는 장면이 나온다. 테스코가 광고한 돼지 제품은 사실 다른 돼지 수천 마리와 함께 실내에서 사육된 돼지에서 온 것이었고, 시청자들이 항의하자 테스코는 광고를 철회해야 했다.[3] 신문은 이보다 조금 낫지만 특별히 낫다고 할 수도 없다. 신문은 가령 동물원에서 아기 고릴라가 태어났다는 소식은 수없이 보도하지만, 일부러 열사병에 걸리게 한 돼지나 닭을 대량 살처분한 사건은 거의 보도하지 않는다. 이와 같이 하여 무지는 종차별주의자의 첫 번째 방어선이 된다. 현재와 같은 인터넷 시대에는 진실을 알고자 하는 의지만 있다면 누구나 이런 무지를 쉽게 극복할 수 있다. 하지만 고기를 먹는 사람들이 자기가 먹는 동물이 어떻게 살았는지 정말 알고 싶어 할까? 저녁 식사에 나오는 음식이 어떻게 만들어졌는지 알려주려 하면 흔히 이런 반응이 돌아온다. "말하지 마세요, 내 저녁을 망칠 셈이세요?"

"인간이 우선이다"

대중이 동물에 관심을 갖게 하기 어려운 요인 가운데 극복하기 가장 힘든 것은 '인간이 우선'이라는 가정과, 동물에 관한 문제는 무엇이건 인간의 문제와 비교할 만큼 중요한 도덕적 또는 정치적 이슈가 될 수 없다는 가정이다. 이런 가정에 대해서는 많은 이야기를 할 수 있다. 첫째, 이 가정은 그 자체가 종차별주의를 드러내는 징후다. 관련 주제를 철저하게 연구해보지 않은 사람이 어떻게 동물의 고통 문제가 인간의 고통 문제보다 중요하지 않다고 주장할 수 있는가? 그런 주장을 하려면 동물이 정말 중요하지 않고, 고통의 정도와 무관하게 동물의 고통이 인간의 고통보다 중요하지 않다고 전제해야 한다. 하지만 이미 주장한 것처럼 이런 태도야말로 종차별주의적이다.

세상의 많은 문제들은 시간과 노력을 들일 가치가 있다. 기아와 빈곤, 기후변화, 인종차별, 전쟁과 세상을 파멸시킬 수 있는 핵의 위협, 성차별, 실업, 취약한 환경 보존 중에서 가장 중요한 문제가 무엇이라고 그 누가 말할 수 있겠는가? 그러나 일단 종차별주의적 편견을 걷어내면, 인간이 인간 아닌 존재에게 가하는 억압이 이런 문제들과 더불어 변화가 필요한 것의 최우선 순위에 속한다는 사실을 알 수 있을 것이다. 우리가 쾌고감수능력이 있는 인간 아닌 존재에게 가하는 고통은 극단적으로 클 수 있고, 앞서 살펴본 것처럼 관련된 인간 아닌 존재의 수는 수천억, 어쩌면 수조에 달할 정도로 어마어마하다.

어떤 경우이건 '인간이 우선'이라는 생각은 양립 불가능한 선택지 가운데 참된 선택을 한 것이라기보다는, 인간을 위해서건 인간 아닌 동물을 위해서건 아무것도 하지 않을 때 변명으로 내놓는 경우가 많다. 사실 인간의 문제와 동물의 문제는 양립 불가능하지 않다. 물론 어떤 사람이든 사용 가능한 시간과 힘은 한정되어 있다. 또한 어떤 목적을 이루기 위해 적극적으로 노력하다 보면 다른 목적을 이루기 위해 활용할 시간이 줄어들기 마련이다. 하지만 인간 문제에 시간과 노력을 들이는 사람이 기업식 농업에서 벌어지는 학대의 결과로 생산된 제품의 불매운동에 동참한다고 해서 중단해야 할 것은 전혀 없다. 다시 말해 동물 고기를 먹지 않고 채식주의자나 비건이 된다고 해서 더 많은 시간과 노력이 필요하지는 않다는 것이다. 사실 4장에서 살펴본 것처럼 인간의 복지, 기후와 환경 보존에 관심이 있다고 주장하는 사람들은 그런 말을 했다는 이유만으로도 비건이 되어야 한다. 그러면 온실가스 배출과 기타 형태의 오염을 줄일 수 있고, 물과 에너지를 절약할 수 있으며, 다시 숲을 조성하기 위해 광대한 토지를 확보할 수 있고, 아마존 및 다른 산림을 개간하려는 가장 핵심이 되는 동기를 제거할 수 있다. 나는 다른 목적이 우선이어서 동물 해방운동에는 별로 관심을 갖지 않는 채식주의자들의 진실성을 의심하지 않는다. 하지만 고기를 먹는 사람이 '인간이 우선'이라고 주장한다면, 그들이 축산 동물의 무자비한 착취를 내버려둔 채 인간을 위해 정확히 무슨 일을 하겠다는 것인지 의문을 품지 않을 수 없다.

'인간이 우선'이라고 생각하는 사람들은 그렇게 생각함으로써 동물복지 운동에 참여하는 사람이 인간보다 동물을 더 소중히 여긴다는 통념을 가질 수 있다. 사실 동물복지 운동의 지도자들은 일반적으로 동물에 전혀 관심이 없는 사람보다 인간에게 훨씬 많은 관심을 갖는다. 실제로 소수 인종 및 여성 억압에 대항하는 운동의 지도자가 동물학대 반대 운동의 지도자이기도 한 경우는 수없이 많다. 그 수가 너무 많아서 예상치 않게 인종차별주의, 성차별주의, 종차별주의가 일맥상통하는 것이 아닌가 하는 생각이 들 정도다. 예컨대 영국 왕립동물학대방지협회RSPCA의 몇 안 되는 창립자 가운데 윌리엄 윌버포스William Wilberforce와 토머스 파월 벅스턴Thomas Fowell Buxton은 대영제국에서 노예제도 반대 투쟁에 앞장섰던 지도자들이다.[4] 초기 여성 해방론자들 중에서 동물에 관심을 가졌던 인물로는 메리 울스턴크래프트를 들 수 있다. 그녀는 여성권의 선구적 저서인 『여성의 권리 옹호』외에도 『신기한 이야기Original Stories』라는 어린이 동화집을 썼는데, 이 책은 동물에게 친절할 것을 권장하려는 목적이 뚜렷이 드러난다.[5] 이밖에 루시 스톤Lucy Stone, 어밀리아 블루머 Amelia Bloomer, 수전 B. 앤서니Susan B. Anthony, 엘리자베스 캐디 스탠턴Elizabeth Cady Stanton을 비롯한 다수의 초기 미국 여성 해방론자들도 채식주의 운동과 관련을 맺고 있었다. 그들은 『트리뷴The Tribune』지

의 편집자로, 개혁적 성향의 반노예운동을 펼친 호러스 그릴리Horace
Greeley와 만나 '여성권과 채식주의'를 위해 잔을 들어 건배했다.[6]

아동 학대에 반대하는 투쟁의 시작도 동물복지 운동에 공을 돌려
야 한다. 1874년 미국 동물학대방지협회 창립자인 헨리 버그Henry
Bergh는 감리교 선교사 에타 휠러Etta Wheeler로부터 잔인하게 구타
당하는 어린 동물을 도와달라는 요청을 받았다. 알고 보니 그 동물
은 메리 엘렌 윌슨Mary Ellen Wilson이라는 아이였다. 휠러가 버그에
게 손을 내민 이유는 버그가 초안을 작성하고 의회를 압박해 통과
시킨 '뉴욕 동물보호' 조례를 적용함으로써 동물학대를 막는 데 성
공했다는 사실을 휠러가 알고 있었기 때문이었다. 당시 부모나 보호
자의 아동 학대를 막기 위한 법적 노력은 별로 성과가 없었는데, 버
그는 같은 조례를 활용해 아동의 보호자를 학대죄로 기소할 수 있
었다. 그 뒤 추가적인 소송이 제기되었고, '뉴욕 아동학대방지협회
New York Society for the Prevention of Cruelty to Children'가 설립되었다. 이
소식이 영국에 전해지자 왕립동물학대방지협회도 이와 유사한 기
관인 '국립아동학대방지협회 National Society for the Prevention of Cruelty
to Children'를 설립했다.[7] 이 단체의 설립자 중 하나인 섀프츠베리
Shaftesberry 경은 아동 노동과 하루 14시간 노동을 종식시킨 공장법
통과에 중요한 역할을 한 인물 중 한 명이었다. 섀프츠베리는 통제
되지 않은 동물실험에 반대하는 캠페인도 벌였다. 다른 많은 인도주
의자들과 마찬가지로 그의 삶은 동물을 아끼는 사람이 인간을 아끼
지 않는다는 생각이 잘못되었음을 보여준다.

의도적으로 동물 외면하기

우리가 인간 아닌 동물을 어떻게 생각하느냐는 종차별주의적 태도를 강화하는 데 영향을 미친다. 이전 장에서 살펴본 것처럼 아퀴나스는 동물이 우리를 잡아먹기 위해 죽이기 때문에 야만적이고 잔인하다고 생각한 반면, 우리가 동물을 죽이는 것은 정당한 일일 수 있다고 생각했다.[8] 누군가가 '인간적'이라는 말은 그 사람이 친절하다는 뜻이다. 반면 '야수 같다beastly', '짐승 같다brutal', '동물처럼' 행동한다는 말은 그들을 비난하는 말이다. 하지만 페일리가 밝힌 것처럼 사실은 그 반대다. 늑대와 호랑이는 [다른 동물을] 죽여야 하며, 그러지 않으면 굶주릴 것이다. 반면 인간은 입맛을 만족시키기 위해 다른 동물을 죽인다.

우리는 우리 자신의 야만성에는 관대하면서 다른 동물의 야만성은 과장한다. 예를 들어 민담에 악역으로 수없이 등장하는 악명 높은 늑대는 매우 사회적인 동물이다. 동물학자들은 야생 늑대를 면밀히 관찰했는데, 그들은 늑대가 한 계절이 아니라 평생 충실하고도 애정 깊은 부부 관계를 유지하며, 헌신적인 부모인 동시에 무리의 충실한 구성원이라는 사실을 밝혀냈다. 늑대는 먹기 위해서가 아니면 거의 죽이지 않는다. 수컷끼리 싸움을 벌일 때는 패한 늑대가 승리한 늑대에게 자신의 몸에서 가장 취약한 부분인 목 아랫부분을 드러내며 복종의 몸짓을 보이는 것으로 싸움을 마무리한다. 승자는 적의 급소에서 불과 몇 센티미터 떨어진 부분에 송곳니를 들이대고는 복종에 만족하며, 인간 정복자와 달리 패배한 적을 죽이지 않는다.[9]

우리는 동물의 세계라 하면 피비린내 나는 전투 떠올리면서, 동물이 같은 종의 다른 구성원을 개별적인 존재로 인식하거나 서로 밀접한 관계를 맺는 등 복잡한 사회생활을 영위한다는 사실을 간과한다. 인간이 결혼하면 두 사람이 사랑 때문에 서로 가까워졌다고 생각하고, 배우자를 잃은 사람의 아픔을 자신의 아픔처럼 느끼기도 한다. 반면 다른 동물이 일생을 짝을 이루어 지내면 단순히 본능 때문이라고 치부해버린다. 또한 사냥꾼이나 덫을 놓는 사람이 동물을 연구소나 동물원에 보내기 위해 죽이거나 포획할 때, 우리는 동물이 배우자를 잃게 되어 고통 받을 파트너가 있을지 모른다는 생각에 불편해하지 않는다. 이와 유사하게, 우리는 인간의 아기와 산모를 떼어놓는 것이 양쪽 모두에게 비극임을 알고 있다. 하지만 동물의 새끼와 어미를 갈라놓는 것이 일상사인 반려동물, 연구용 동물, 식용동물 사육자는 인간 아닌 동물의 어미와 새끼의 감정을 전혀 고려하지 않는다.[10] 동물을 이렇게 대하는 사람들은 요컨대 '동물을 의인화해서는 안 된다'는 말로 비판을 일축하기 일쑤다. 물론 인간 아닌 동물이 우리가 이런 상황에서 느끼는 것처럼 느낀다고 생각할 수는 없다. 하지만 많은 종의 동물이 인간이 느끼는 사랑과 두려움, 지루함, 외로움, 슬픔 등과 유사한 감정을 느낀다는 증거는 명백하다. 만약 이것이 사실이라면 동물을 아무 감정도 느끼지 않는 무심한 기계로 보는 편의적 견해의 위험성보다는 감정적 의인화의 위험성이 덜 심각하다 할 것이다.

호주와 영국의 한 심리 연구 집단은 자신들이 '육식 역설meat paradox'이라고 이름 붙인 역설을 연구하는 데 관심을 갖게 되었다. '육식 역설'이란 대부분의 사람들이 동물을 좋아하고 그들에게 해를 끼친다는 생각을 불편해하지만 막상 고기를 먹는다는 사실을 설명하는 개념이다. 연구자들은 사람들이 이런 명백한 모순을 어떻게 처리하는지 궁금했다. 연구자들은 일련의 기발한 연구 방법을 고안했는데, 그들은 참가자들에게 소나 양이 쾌락, 두려움, 즐거움, 행복, 고통, 배고픔, 자부심과 같은 감정을 느낄 수 있는지, 그리고 욕구와 희망을 가질 수 있는 능력이 있는지를 얼마나 확신하는지 물었다. 그런 다음 그들은 관련 없는 주제로 참가자의 주의를 분산시킨 후, 몇몇 참가자에게 소비자 행동 연구의 일환으로 어떤 음식을 맛보도록 요청할 거라고 전했다. 어떤 참가자들에게는 양고기를, 다른 참가자들에게는 소고기를, 또 다른 참가자들에게는 사과를 먹게 될 거라고 전했다. 이 말을 듣고 나서 참가자들은 또다시 소나 양의 능력을 평가하라는 요청을 받았다. 연구에서 고기를 먹게 될 거라는 말을 전달받은 참가자들은 자신들이 곧 먹게 될 동물의 정신적 특성을 부정할 가능성이 이전보다 높아졌다. 반면 사과를 먹게 될 거라고 전달받은 참가자들은 소나 양의 정신 능력에 대한 평가가 바뀌지 않았다. 연구자들은 이것이 참가자가 갖게 될 부정적인 감정, 즉 소나 양이 여러 정신 능력을 갖추었다고 생각하다가 얼마 뒤 이 동물의 고기를 먹는다고 생각할 때 생기는 부정적인 감정을 줄이기 위한 노력의 결과라고 설명했다. 연구자들은 이를 '의도된 편향적 인식motivated mind perception'이라고 부른다. 즉 우리는 우리가 먹는 동물에게 마음이 있음을 부정하려는 경향이 있는데, 그래야 동물을 먹으면서 느끼는 불편을 피하기가 쉬워지기 때문이다.[11] 이 연구 결과는 동물에게 해가 되는 관행에 동참하면서도, 다른 한편으로 동물에게 해를 끼치는 데 반대하는 사람들의 모순된 태도에 대한 새로운 통찰을 제공한다. 아울러 연구는 동물에게 해를 끼치는 데 책임이 있다는 사실을 억누르려면 어느 정도 정신적 왜곡 과정을 거쳐야 한다는 것을 보여주기도 한다. 만약 가족이나 친구들의 압력에 저항할 필요 없이 맛있는 비건 음식을 쉽게 구할 수 있게 된다면, 사람들은 비건 식단을 이런 왜곡의 필요성을 줄이는 방법으로 이해하면서 자신의 신념과 일치하는 식단을 꾸려가려 할 것이다.

동물은 서로 죽이는데, 왜 우리는 그러면 안 되는가?

이전 장에서 살펴본 것처럼 벤저민 프랭클린은 생선 굽는 냄새 때문에 채식을 포기했다고 하면서 '동물은 서로 죽이는데, 왜 우리는 그러면 안 되는가?'라는 주장에 호소했다. 윌리엄 페일리는 인간은 죽이지 않아도 살아갈 수 있지만 다른 동물은 살아남으려면 죽이는 것 외에 다른 선택의 여지가 없다고 하면서 이 주장을 반박했다.[12] 물론 약간의 예외는 있다. 예를 들어 침팬지는 고기를 먹지 않고도 살 수 있지만 간혹 고기를 먹는다. 하지만 침팬지는 저녁 식탁에 흔히 올라오는 동물이 아니다. 더 중요한 사실은 채식으로 살아갈 수 있는 동물이 먹기 위해 죽이는 일이 간혹 있다 해도, 이런 사실을 우리 인간이 그들과 똑같이 행동하는 것을 도덕적으로 정당화할 근거로 삼을 수는 없다는 점이다. 평소 인간이 자신을 다른 동물보다 훨씬 우월하다고 여기면서도, '도덕적 영감과 지침을 얻기 위해 다른 동물을 본보기로 삼아야 한다'고 주장하며 자신의 식습관을 정당화하려는 것은 다소 이상하게 느껴진다. 물론 이 문제에서 핵심은 인간 아닌 동물이 대안을 고려하거나, 먹기 위해 죽이는 것이 옳고 그른지 도덕적으로 고찰할 능력이 없다는 것이다. 그들은 그저 그렇게 하는 것이다. 우리는 세상이 이렇게 돌아간다는 사실을 유감으로 생각할 수 있다. 하지만 인간 아닌 동물에게 행동에 대한 책임을 묻거나 죄가 있다고 말하는 것은 어불성설이다. 반면 이 책을 읽는 모든 독자는 먹기 위해 죽이는 문제에서 도덕적 선택을 할 능력이 있다. 우리가 이런 선택을 할 수 없는 존재의 행동을 모방하면서 선택의 책임을 회피할 수는 없다.

이제 여러분은 내가 인간과 다른 동물 사이에 큰 차이가 있음을 인정했고, 그래서 모든 동물이 평등하다고 한 내 주장의 설득력이 떨어진다고 이의를 제기할지 모른다. 하지만 나는 비장애인과 다른 동물 사이에 중대한 차이가 없다고 주장한 적이 없다. 내 주장의 핵심은 동물에게 도덕적으로 행동할 능력이 있다는 게 아니라, 단지 이익을 동등하게 고려한다는 도덕 원칙을 인간에게 적용하듯 동물에게도 적용해야 한다는 것이다. 스스로 도덕적 선택을 할 능력이 없는 존재를 동등한 고려의 범위 내에 포함시키는 것이 옳은 경우는 흔히 있다. 이는 우리가 이런저런 이유로 도덕적 선택의 본질을 이해할 지적 능력이 없는 사람이나 어린아이를 어떻게 대하는지 생각해보면 간접적으로 이해할 수 있을 것이다. 벤담의 말마따나 중요한 것은 그들이 선택할 능력이 있는가가 아니라 그들이 고통을 느낄 수 있는가다.

동물끼리 서로 잡아먹는다는 주장이 다른 걸 말하려는 것일 수 있다. 다시 말해 시인 알프레드 테니슨Alfred Tennyson이 말했듯이 "붉게 물든 이빨과 발톱"인 자연 속에서 우리가 그저 불가피하게 서로가 서로를 잡아먹는 시스템의 일부임을 말하려는 것일 수 있는 것이다.13 하지만 윤리적 논의에서는 '자연'에 호소하는 것을 경계해야 한다. 우리가 언제 자연을 따를지 결정할 때는 자신의 판단력을 활용해야 한다. 어쩌면 인간에게 전쟁은 '자연스런' 것인지 모른다(오랜 역사를 거치면서 수많은 사회는 분명 전쟁에 사로잡혔던 것으로 보인다). 그렇다고 이것이 전쟁을 시작해도 된다는 말은 아니다. 우리에겐 어떤 일이 최선인지 따져볼 능력이 있고, 우리는 그런 능력을 활용해야 한다. 이것이야말로 우리 본성의 일부라고 해야 할 것이다.

야생동물의 고통

사자, 호랑이, 늑대 같은 포식자가 존재한다는 사실은 도덕적 관심의 영역에 과연 동물을 포함시켜도 되는지 의문을 불러일으킨다. 그들을 제거하여 세상의 고통의 총량을 줄일 수 있다면 그렇게 해야 하지 않을까? 원래 이 질문은 동물에게 권리를 부여한다는 게 말도 안 된다는 것을 보여주려고 했던 사람들이 제기했던 질문이다.14 오늘날에는 동물 옹호론자 중에서도 이런 질문을 하는 사람들이 있다.

한 가지 생각해볼 수 있는 답변은 우리가 다른 동물들에 대한 지배를 포기하고자 한다면 동물을 그냥 내버려둬야 하며, 우리의 폭정을 어떤 다른 형태의 자비로운 전제專制로도 대체하려 해서는 안 된다는 것이다. 이 답변은 겉으로 보기에 번지르르하지만, 거기에 담긴 의미는 매몰차다. 만약 그렇게 하는 것이 옳다면 산불을 피해 달아나는 동물을 돕거나, 육지로 밀려와 오도 가도 못하게 된 고래가 바다로 돌아갈 수 있게 돕는 일을 그만두어야 하는가? 나는 그렇게 생각하지 않는다. 물론 이런 도움으로 자연에 개입하게 되는 건 분명 사실이다. 하지만 홍수나 가뭄 같은 자연현상으로 인간이 위험에 처했을 때 우리는 그런 개입을 주저하지 않는다.

장기적으로 득보다 실이 더 적은 상황에서 야생동물의 고통을 확실히 크게 줄일 수 있다면 제한된 방식으로 자연에 개입하는 것을 정당화할 수 있을 것이다. 하지만 포식자를 제거하는 것이 그런 목표를 달성하기 위한 최선의 방법은 아닐 것이다. 미국의 생태학자 알도 레오폴드Aldo Leopold는 한때 열성적인 늑대 사냥꾼이었는데, 이후 늑대를 제거하면 사슴의 개체수가 증가하고, 서식지에 사슴이 너무 많아져서 결과적으로 다른 종의 개체수도 줄어든다는 사실을 알게 되었다.[15] 결과적으로 사슴의 개체수는 먹이 공급에 의해 조절될 것이고, 먹이가 고갈되면 그들은 굶어죽게 될 것이다. 이것은 늑대의 습격으로 당하는 죽음보다 더 완만하고 흔히 더 고통스럽게 진행되는 죽음일 것이다.

야생동물의 고통을 언급하면 사자가 얼룩말을 죽이는 장면이 떠오른다. 하지만 주로 야생동물의 고통 문제에 관심을 갖는 가장 잘 알려진 단체 '애니멀 에틱스Animal Ethics'(www.animal-ethics.org)도, '와일드 애니멀 이니셔티브Wild Animal Initiative'(www.wildanimalinitiative.org)

도 포식자를 제거하자는 제안을 지지하지 않는다. 대신 이들은 '복지생물학'이라는 새로운 학제 간 연구 분야의 발전을 지지한다. 복지생물학은 야생에 서식하는 동물의 고통에 영향을 주는 요인을 연구하고, 인간의 개입이 어떻게 하면 부정적인 결과를 최소화하면서 이러한 고통을 줄일 수 있는지 평가하는 것을 목표로 한다.[16] 그중 일부 개입은 현재 실현이 가능하며, 광견병, 결핵, 돼지독감 같은 질병을 예방하기 위해 야생동물에게 백신을 투여하는 프로그램이 이미 시행되어 성공을 거둔 바 있다. 이는 동물의 먹이에 백신을 넣은 다음 이를 비행기나 헬리콥터로 살포해 유포하는 방법이다. 이 프로그램은 질병이 인간이나 가축에게 위협이 되기 때문에 시행되었지만, 유사한 기술을 감염 동물의 고통을 줄이는 데 사용할 수 있다. 사람들은 이미 도시와 근교 지역의 환경을 바꾸어놓았고, 때문에 그들의 입장에서 이러한 지역에서 자유롭게 살아가는 동물에게 혜택을 주기 위해 개입하는 일은 야생 지역에서 시행하려는 프로그램보다 수용하기가 용이할 것이다. 이런 개입은 자유롭게 살아가는 동물의 복지에 대한 이해를 증진하고, 그러한 동물을 도울 수 있는 방법을 개선하는 데 도움이 될 수 있을 것이다.[17]

우리가 쉽게 할 수 있는 다른 일로는 새가 창문에 충돌하는 사고를 줄이기 위해 충돌 예방 효과가 있는 유리를 창문에 사용할 것을 권장하여(고위험 지역에서는 의무화하여) 새를 보호하는 것이다. 집고양이가 새나 다른 작은 동물에게 위협이 되지 않도록 조치를 취하면 매년 수십억 마리의 생명을 구할 수 있을 것이다. 폭죽은 야생동물에게 심각하고 때로는 치명적인 스트레스를 야기하므로, 그 수가 많은 지역에서는 폭죽을 금지해야 한다. 도로를 놓거나 산불 위험을 줄이기 위해 고의로 불을 놓는 등 자연에 개입하는 계획에는 동물에 미치는 피해를 고려하고 최소화하려는 노력이 요구된다. 자율 주행차에 대한 규정은 현재 보행자와 충돌하지 않도록 차량을 프로그래밍할 것을 요구하고 있다. 이러한 규정은 차량이 가능한 한 야생동물과 충돌하지 않도록 프로그래밍하는 데에도 적용되어야 한다. 야생동물의 고통을 줄이는 가장 중요한 방법은 취미로 하는 낚시나 상업적인 고기잡이를 금하는 해양 보호구역을 넓게 조성하는 일일지도 모른다. 이런 낚시와 고기잡이는 자유롭게 살아가는 야생 동물에게 대규모로 가해지는 직접적이면서 현재 진행 중인 공격이다.[18]

야생동물이 겪는 고통의 가장 큰 원인은 포식이 아닐지도 모른다. 인간과 수많은 조류, 포유류와는 달리, 새끼를 아주 많이 낳고 그중 극소수만이 성체가 될 때까지 살아남는 종들에게서 발생하는 엄청난 수의 죽음이 더 큰 원인일 수 있다. 예를 들어 개구리는 새끼를 수천 마리 낳고, 개복치 한 마리는 알을 3억 개까지 낳는데, 그중 수백만 개만 수정되어 부화한다.[19] 이런 동물들의 개체수는 폭발적으로 증가하지 않는데, 장기적으로 평균을 내보면 이 새끼들 중에서 단 두 마리만 살아남아 번식한다는 것을 알 수 있다.

어떤 철학자들은 이 모든 때 이른 죽음이 전체적으로 보면 야생동물이 행복보다 고통을 더 많이 경험한다는 의미라고 생각한다.[20] 이 비관적인 견해가 과연 사실인지 확인하기는 어렵다. 올챙이가 웅덩이에서 부화되어 수일 동안 자유롭게 헤엄치다 웅덩이가 말라서 죽었다면, 그들이 쾌락보다 고통이 더 큰 삶을 산 것일까? 우리는 굶주리거나 포식자에게 먹힌 어린 물고기와 곤충에 대해서도 비슷한 의문을 제기할 수 있다. 다만 곤충은 고통을 느끼는 능력이 있는지와 관련한 불확실성이 추가된다.

야생동물의 고통을 줄이려는 모든 제안은 그 목표가 자연환경 보존과 갈등을 일으킬 것이라는 우려를 자아낼 수밖에 없다. 하지만 우리가 동물을 그들이 살고 있는 생명 공동체가 보전되고 온전함을 유지하는 데 이해관계를 가진 쾌고감수능력 있는 존재로 볼 수 있는데, 이러한 시각을 가질 경우 우리는 환경 보전에 방해가 되지 않고 도움을 줄 수 있게 될 것이다. 이 시각은 우리가 생태계 복원을 시도하려 할 때 덜 인간 중심적인, 그리고 이제까지와는 다른 새로운 시각을 제공할 것이다. 동물이 얼마나 건강하고 그들이 어떻게 행동하는지 알게 될 경우, 동물을 번성하게 하거나 반대로 사라지게 하는 요인이 무엇인지를 더 잘 알게 될 것이다. 한 걸음 더 나아가, 많은 사람들이 야생동물에게 감정이입을 한다는 사실로 미루어 보았을 때, 야생동물 복지의 중요성을 깨닫게 되면 더 많은 사람들이 자연과 동물보호에 관여하게 될 것이다.[21] 또한 야생동물의 고통을 줄이는 데 관심이 있는 사람들은 환경보호 활동가와 뜻을 함께하여 코끼리, 코뿔소, 하마, 테이퍼tapir, 유인원 같은 멸종 위기 동물을 보호하려는 노력을 경주할 것이다. 이런 대형동물은 초식동물이다(침팬지와 보노보는 대체로 초식동물이다). 이들은 새끼를 많이 낳지 않고 일일이 돌본다. 이들은 큰 몸집 덕분에 인간을 제외하고는 포식자로부터 거의 위협을 받지 않으며, 그래서 그들은 긍정적인 삶을 살아갈 것이다. 만약 이들이 멸종되는 일이 생긴다면 그들보다 작은 동물로 대체될 가능성이 높은데, 그러면 이들은 포식자의 위협에 더 취약해지며, 이에 따라 더 많은 고통을 경험하게 될 가능성이 높다. 결론적으로, 이런 대형 초식동물을 보호해야 하는 또 다른 이유는 그들에 대한 보호가 사실상 야생동물의 고통에 관심을 갖는 것이기 때문이다.

야생의 닭보다 사육 닭이 더 나은가?

야생에서 살아가는 동물의 삶이 고통스럽고 짧게 마무리될 가능성이 크다면, 오늘날의 농장 환경이 아무리 나쁘더라도 그들의 환경이 야생보다 나은 것이 아닐까? 적어도 공장식 농장에서는 대부분의 동물이 포식자 및 극단적인 더위와 추위로부터 보호를 받는다. 이 말은 오늘날의 농장이 야생보다 조금이라도 나은 환경을 제공한다면 현대의 농장 환경에 반대해서는 안 된다는 의미일 것이다.

야생과 공장식 농장처럼 서로 다른 두 환경을 비교하기는 어렵다. 하지만 굳이 비교를 해야 한다면 동물이 걷고 뛰고 자유롭게 몸을 뻗을 수 있으며, 필요를 충족시키는 사회 집단에 속할 수 없는 환경에서 살아가기보다는, 짧고 위험하지만 자유로운 삶이 더 낫다고 할 것이다. 농장 동물은 농장에서 끊임없이 사료를 제공받지만 이것이 반드시 축복은 아니다. 농장에서 사료를 꾸준히 공급해줌으로써 막상 동물은 자신의 가장 기본적이면서 자연스런 활동인 먹이를 찾는 습성을 빼앗길 수도 있기 때문이다. 결과적으로 수많은 공장식 축산 동물은 축사에 누워 있는 것 외에 다른 아무 일도 하지 않으면서 하루의 대부분을 보낸다. 그들은 철저하게 지루한 삶을 살아가는 것이다. 모든 농장 동물이 사료를 충분히 먹고 극심한 더위와 추위로부터 보호받는다는 주장도 사실이 아니다. 앞서 살펴본 것처럼 시장 판매를 위해 살찌우는 닭과 돼지의 부모는 늘 굶주려 있다. 여름에는 사육장 소들이 그늘도 없는 곳에 서 있어야 하고, 일부는 열사병으로 죽음을 맞이하며, 겨울에는 또 다른 소들이 눈보라가 치는 동안 추위로 죽음을 맞이한다. 3장에서 살펴본 것처럼 공장식 축산업계에서 사육되는 돼지와 닭은 폭염으로부터 보호를 받기는커녕, 의도적으로 온도를 높여 놓은 환경에서 죽음을 맞을 수 있다.

어떤 경우건 공장식 축산의 환경과 야생의 환경을 비교하는 것은 공장식 축산을 정당화하기에 적절치 못하다. 이것이 우리가 마주해야 할 선택은 아니기 때문이다. 오늘날 공장식 농장의 가축은 인간이 번식시킨 후 농장에서 사육되며 식용으로 팔린다. 우리가 공장식 축산 동물 제품을 더 이상 먹지 않는다면 공장식 축산 동물을 사육하여 얻는 수익성이 떨어질 것이다. 영농인들은 다른 유형의 농업으로 전환할 것이고, 거대 기업은 다른 곳에 자본을 투자할 것이다. 그 결과 사육 가축 수도 줄어들 것이다. 야생으로 '돌아가게' 될 동물은 없을 것이다. 어쩌면 (나는 지금 낙관적인 상상의 나래를 펴고 있다) 마지막에는 야생동물 보호구역과 비슷한 드넓은 보호구역에서만 소와 돼지 무리를 보게 될지도 모른다. 이렇게 볼 때 우리는 공장식 농장과 야생의 삶 중 하나가 아니라, 공장식 농장과 아예 태어나지 않는 것 중 하나를 선택해야 한다. 그런데 현재 그들이 살아가는 방식으로 살아가도록 그들을 태어나게 하는 것은 그들에게 이익이 아니라 오히려 큰 해가 된다.

일관성 없음에 대한 비판

종차별주의는 너무나 광범하게 확산되고 만연된 태도다. 이에 따라 가령 사냥이나 잔혹한 실험, 투우 같은 종차별주의의 한두 가지 징후를 공격하는 사람들 자신이 막상 다른 종차별주의적 관행에 참여하게 되는 경우도 흔히 있다. 이 경우 공격받은 사람은 자신을 공격한 사람의 일관성 없는 언행을 비판할 수 있게 된다. 예컨대 사냥꾼은 이렇게 반박할 것이다. "우리가 사슴을 총으로 쏘기 때문에 잔인하다고 말하지만 당신은 가축의 고기를 먹습니다. 당신이 누군가에게 당신을 위해 동물을 죽여달라고 돈을 냈다는 것 말고, 나와 당신 사이에 어떤 차이가 있죠?" 모피 가공업자도 이렇게 대응할 것이다. "당신은 동물을 죽여 그 가죽으로 옷을 만드는 것에 반대합니다. 하지만 당신은 가죽 신발을 신고 있지 않은가요?" 이 밖에 동물실험을 하는 사람들은 미각을 만족시키려고 동물을 죽이는 것이 허용된다면, 지식 증진을 위해 동물을 죽이는 데에 반대하는 이유가 무엇이냐고 그럴싸하게 반문할 것이다. 그리고 단순히 고통만을 문제 삼아 실험에 반대한다면, 식용으로 죽임당한 동물도 고통 받으며 살았다고 지적할 수 있다. 심지어 투우 애호가들조차도 도축장에서 암소를 죽이는 일은 암소를 먹는 소수에게만 만족을 주지만, 투우장에서 황소를 죽이는 것은 수천 명의 관객에게 즐거움을 준다고 주장할 수 있다. 물론 죽음의 마지막 순간에는 황소가 암소보다 더 극심한 고통을 겪을지 모르지만, 평생 대부분의 시간 동안 더 나은 대접을 받는 것은 황소다.

영국 소설가이자 동물보호 운동가인 브리지드 브로피Brigid Brophy가 말한 것처럼, 설령 사람 팔을 부러뜨리는 습관이 있는 사람이 한 말이라도 다리를 부러뜨리는 것이 잔인하다는 것은 여전히 참이다.[22] 그럼에도 자신이 공언한 신념과 일치하지 않는 행동을 하는 사람은 다른 사람에게 자신의 신념이 옳다고 설득하기가 어려울 것이다. 더구나 다른 사람에게 그 신념에 따라 행동하라고 설득하기는 더더욱 어려울 것이다. 물론 모피fur를 입는 것과 가죽leather을 입는 것을 구분하는 이유들은 언제나 찾아낼 수 있다. 모피를 제공하는 동물은 다리가 덫에 걸려 몇 시간, 심지어 며칠을 그 상태로 있다가 죽는다. 반면 가죽을 제공하는 동물은 이런 고통을 겪지 않는다.[23] 하지만 이렇게 세세하게 구분하다 보면 애초의 비판의 힘이 무뎌질 수 있다. 그리고 나는 어떤 경우에는 이러한 구분이 적절하게 이루어질 수 없다고 생각한다. 예를 들어 사슴고기를 얻기 위해 사슴을 총으로 쏜 사냥꾼이 마트에서 햄을 사는 사람보다 더 비판받아야 할 이유는 무엇인가? 사냥꾼이 총을 잘 쏘아 사슴을 빨리 죽일 수 있다면, 더 많은 고통을 겪는 쪽은 집약적으로 사육된 돼지일 것이다.

이 책의 1장에서 나는 인간 아닌 동물에게 영향을 주는 실천 중 어떤 것을 정당화할 수 있고 어떤 것을 정당화할 수 없는지를 결정하는 데 활용할 명확한 윤리 원칙을 제시했다. 종에 관계없이 모든 쾌고감수능력이 있는 존재의 유사한 이익에 동등한 비중을 둠으로써 우리는 매우 일관성 있게 행동할 수 있다. 또한 그렇게 함으로써 동물의 이익을 무시하는 사람들에게 우리의 일관성 없음을 비판할 여지를 주지 않을 수 있다. 만약 산업 국가의 도시와 교외에 사는 사람들이 자신들의 삶에 이익 동등 고려의 원칙을 적용하고자 한다면 적어도 공장식 농장에서 사육된 동물 제품 소비를 피해야 할 것이다. 우리가 이러한 원칙을 따르려 한다면 이 정도까지를 행하는 데에서 더 나아가 동물성 식품을 아예 먹지 말아야 할 것이다. 또한 일관성 있는 태도를 보이려면 동물을 죽이거나 동물에게 고통을 주면서 만든 동물 제품도 사용하지 말아야 한다. 우리는 모피를 입어서는 안 된다. 가죽 제품을 사서도 안 된다. 가죽 제품을 만드는 데 사용되는 동물의 생가죽 판매가 육류 산업의 수익 창출에서 상당한 비중을 차지하기 때문이다.

19세기의 선구적 채식주의자에게 가죽을 포기하라는 요구는 진정한 희생을 의미했다. 가죽이 아닌 재료로 만든 신발과 부츠를 구하기 힘들고 부족했기 때문이다. 루이스 곰퍼츠Lewis Gompertz는 왕립동물학대방지협회 사무국 차장이었던 인물로, 말이 끄는 수레에 타길 거부했던 엄격한 채식주의자였다. 그는 동물이 목초지에서 사육돼야 하고, 나이가 들어 자연사해야 하며, 이렇게 죽고 난 다음에야 비로소 그들의 가죽을 사용해야 한다고 주장했다.[24] 곰퍼츠는 절약정신이 아니라 인도적 정신에서 그런 말을 한 것인데, 이제 상황이 바뀌었다. 지금은 캔버스 천, 고무, 합성 소재로 만든 신발과 부츠를 저가 매장과 고급 디자이너 매장 모두에서 구입할 수 있다. 한때 가죽으로 만들었던 벨트, 가방, 기타 제품들은 이제 다른 재료로 만든 것을 어렵지 않게 구할 수 있다.

　가장 앞장서서 동물 착취에 반대하던 사람들을 괴롭히던 다른 문제도 사라졌다. 한때 동물 기름으로만 만들었던 초는 이미 필수품이 아니고, 여전히 초가 필요한 사람은 동물성이 아닌 재료로 만든 초를 구할 수 있다. 비누는 동물성 지방이 아닌 식물성 지방으로 만든 것을 어디에서나 구입할 수 있다. 우리는 양모 없이도 살아갈 수 있다. 일반적으로 양은 자유롭게 돌아다니지만, 이 온순한 동물에게 가해지는 수많은 학대 행위를 감안하면 양모를 쓰지 말아야 한다는 주장은 강한 설득력을 얻는다.[25] 이제 동물성 재료가 들어 있지 않고, 동물실험을 하지 않은 크루얼티프리Cruelty-free 화장품이나 향수는 어디서나 구할 수 있다.

　여기서 동물 제품 대체품을 언급하는 이유는 주요한 형태의 동물 착취에 동참하지 않기가 그리 어렵지 않다는 것을 보여주기 위해서다. 나는 일관성이 있으려면 반드시 우리가 입고 쓰는 모든 것에서 절대적 순수성이라는 기준을 엄격하게 고수해야 한다고 생각하지 않는다. 동물 제품을 피하고자 할 때 핵심은 스스로 악에 물들지 않게 하는 것이 아니라, 동물 착취를 경제적으로 지원하지 않고 다른 사람도 동참하도록 설득하는 것이다. 이렇게 본다면 동물 문제에 관심을 갖기 전에 구입한 가죽 신발을 버리지 않고 계속 신고 다니는 것은 죄가 아니다. 그 가죽 신발을 버려도 동물을 죽여서 얻는 수익이 줄어들지는 않을 것이다. 가죽 신발을 다 신고 나서 가죽이 아닌 신발을 사서 신으면 된다. 식사도 마찬가지다. 상황을 감안해보았을 때, 그리고 당신을 초대한 집주인과의 관계를 고려해보았을 때 파티에 나온 케이크에 달걀이 들어 있는지 아닌지 같은 지엽적인 문제에 신경 쓰는 것보다 더 중요한 것이 있을 수 있다. 윤리적·정치적 운동보다 종교적 식사법에 더 어울릴 법한 순수함을 얻기 위해 노력하는 대신 이상과 상식을 조화시킨다면, 우리와 태도를 공유하도록 다른 사람을 설득할 가능성이 높아질 것이다.

많은 경우 동물에 대해 일관성 있는 태도를 유지하기는 그리 어렵지 않다. 하지만 우리와 동물 간의 이익이 어느 정도 충돌할 수 있다는 것을 인정해야 한다. 우리는 곡물, 콩류, 채소와 과일을 재배하여 먹을거리를 마련해야 한다. 하지만 토끼, 쥐 또는 소위 '유해동물'이 이러한 작물을 노릴 수 있다. 이때 이익 동등 고려의 원칙에 따라 행동하려면 어떻게 해야 할까?

먼저 이런 상황에서 현재 사람들이 어떻게 대처하고 있는지 확인해보자. 농민은 최소 비용으로 '유해동물'을 죽여 없애려 할 텐데, 이때 흔히 독극물이 사용된다. 독극물을 먹은 뒤 죽는 데 걸리는 시간은 사용한 독극물의 종류와 동물 종에 따라 다르지만, 어떤 경우에는 동물이 서서히 고통스럽게 죽어갈 것이다. 바로 '유해동물'이라는 단어가 동물 자체에 대한 관심을 배제하는 것이다. 그러나 그들을 '유해동물'로 분류하는 것은 우리이며, 유해동물로 분류되는 토끼는 사랑스런 반려 토끼처럼 고통을 느낄 수 있고 배려의 대상이 될 자격이 있다. 여기서 문제는 어떻게 하면 그런 동물의 이익을 가능한 한 최대한 존중하면서, 필수 식량을 그들에게 빼앗기지 않을 수 있는가이다. 물론 모든 이해 당사자를 완전히 만족시킬 수는 없다. 하지만 우리의 기술 능력이라면 적어도 현재의 '해결책'보다 훨씬 적은 고통을 주는 해결책을 분명 마련할 수 있다. 예를 들어 동물을 신속하고 인도적으로 죽이는 미끼를 사용하는 방법은 분명 일종의 개선일 것이다. 이보다 더 나은 방법은 시간을 오래 끌면서 죽이지 않고 불임을 유발하도록 고안된 물질을 사용하는 것이다. 어쩌면 머지않아 우리가 식량을 재배하는 밭에서건 식량을 보관하는 집에서건, 어떤 의미에서 우리의 복지를 '위협하는' 동물조차 잔인하게 살해해서는 안 된다는 사실을 깨닫게 될 수 있다. 그리하여 결국 우리가 우리의 이익과 양립하지 못하는 동물의 수를 제한하는 더 인도적인 방법을 개발하고 사용하게 될지도 모른다.

식물은 어떻게 생각해야 하는가?

나는 동물을 식용으로 생산하는 것을 포함해, 우리가 동물을 대하는 수많은 방식이 동물에게 고통과 괴로움을 주기 때문에 잘못이라고 주장했다. 이 시점에서 어떤 사람은 분명 이렇게 물을 것이다. "상추를 써는 일이 상추에게 고통과 아픔을 주지 않는다는 것을 어떻게 알 수 있는가?" 이렇게 묻는 사람 중에는 식물이 의식이 있는지 정말 확신하지 못하는 사람도 있고, 식물이 고통 받을 수 있다는 것이 입증되면 굶는 것 외에 다른 방법이 없기 때문에 계속 동물을 먹을 수 있다고 생각하는 사람도 있을 것이다. 그들은 이익 동등 고려의 원칙을 위반하지 않고 살아가는 것이 불가능하다면, 우리가 항상 그래왔던 것처럼 식물과 동물을 계속 먹으며 사는 편이 낫다고 믿는 듯하다.

이 책의 이전 판에서 나는 식물에서 중추신경계와 유사한 것이 전혀 발견되지 않았고, 고통을 느낄 수 있음을 시사하는 관찰 가능한 식물의 행동이 없었다고 말하면서 식물이 고통을 느낄 수 있다는 주장을 간단히 일축했다. 적어도 신경계를 엄격한 의미로 사용한다면, 식물에서 중추신경계와 유사한 것이 발견되지 않았다는 말은 여전히 참이다. 식물에는 중추 뇌로 이어지는 신경계가 없다. 하지만 식물은 분명 다양한 종류의 전기적·화학적 신호를 주고받는다. 파리지옥이 덫에 걸린 곤충에 반응하는 방식은 잘 알려져 있으며 관련 연구도 있지만, 식물은 이외에도 다른 많은 방식(예를 들면 식물이 자신을 먹고 사는 곤충에 반응하는 방식)으로 자극에 반응한다. 이러한 반응을 식물이 자신에게 이롭거나 해로운 것을 학습했다고 보게 될 가능성은 열려 있다. 또한 식물은 다른 식물과 소통을 하는 듯하며, 이런 것을 지능적인 반응으로 간주해야 할지도 모른다. 이처럼 식물을 좀 더 많이 이해하게 됨으로써 식물이 우리가 상상하는 것처럼 수동적인 대상이 아니라는 것을 알게 될 수 있다.[26] 하지만 그렇다고 해서 이 사실들이 식물이 의식이 있거나 쾌락과 고통을 느낄 수 있음을 보여주는 것은 아니다. 자율 주행차는 전기 신호를 보내 소통하고 지능적으로 반응하며 실수를 통해 배울 수 있다. 하지만 그렇다고 자율 주행차가 의식이 있는 것은 아니다. 자율 주행차는 인간이 제작한 무생물인 데 반해, 식물은 자연적이고 진화를 거친 생명체다. 그렇다고 이것이 식물에 의식이 있다고 단정 지을 수 있는 충분한 이유는 아니다. 그럼에도 우리가 의식은 없지만 주변 환경에 지능적으로 반응

하는 물체를 만들어낼 수 있다면 수억 년간의 진화도 비슷한 결과를 산출해낼 수 있을 것이다.[27]

결론적으로 현재 나는 식물이 고통을 느낄 가능성에 대해 과거보다 더 개방적이다. 하지만 나는 여전히 그 가능성이 매우 적다고 생각하며, 굴이 고통을 느낄 가능성에 비해 훨씬 희박하다고 생각한다. 그럴 리 없겠지만, 그럼에도 연구자들이 식물이 고통을 느낄 수 있다는 것을 보여주는 증거를 찾았다고 가정해보자. 이 상황에서도 여전히 동물을 먹는 것이 낫다고 말할 수는 없을 것이다. 만약 우리가 고통을 가하지 않을 경우 굶어야 한다면 우리는 적은 악을 선택해야 하고, 야기하는 고통을 최소화해야 한다. 아마도 뇌와 중추신경계가 없는 식물이 동물, 특히 척추동물보다 고통을 덜 느낀다는 것은 여전히 사실일 것이고, 그렇다면 동물을 먹는 것보다 식물을 먹는 것이 더 나을 것이다. 사실 식물이 동물만큼 고통에 민감하다 해도 같은 결론에 도달할 것이다. 그 이유는 4장에서 살펴본 것처럼 고기를 먹는 사람은 비건보다 훨씬 더 많은 식물을 간접적으로 파괴하는 데 책임이 있기 때문이다. 식물과 관련한 비판을 제기하지만 잘 알려진 이러한 사실에 관한 함의를 따르지 않는 사람들은 사실상 그저 계속 고기를 먹을 핑곗거리를 찾고 있는 것이다.

종차별주의 철학

지금까지 이 장에서 우리는 서구사회의 많은 사람이 공통적으로 가져왔던 태도, 그리고 그런 태도를 옹호하기 위해 흔히 사용되는 전략과 주장을 검토했다. 우리는 논리적 관점에서 그들의 전략과 주장이 매우 취약하다는 사실을 알게 되었다. 이들은 논증이라기보다는 합리화와 변명에 불과했다. 하지만 그 취약함은 일반인이 윤리적 문제를 논의할 만한 전문성이 부족하기 때문이라고 생각할 수도 있다. 바로 이런 이유로 나는 이 책의 초판에서 1960년대와 1970년대 초의 선도적 철학자들이 언급했던 인간 아닌 동물의 도덕적 지위를 다룬 내용을 검토했던 것이다. 그 결과 그들이 한 말들마저도 철학의 명성에 부합하지 못했음을 확인할 수 있었다.

철학은 시대가 공유하는 기본 전제에 대해서도 의심을 품어야 한다. 내가 생각하기에 우리 대부분이 당연하다고 생각하는 것을 초지일관 비판적이고 신중하게 검토하는 것이 철학의 주요 임무이며, 이러한 임무를 수행함으로써 철학은 가치 있는 활동으로 자리매김하게 된다. 유감스럽게도 철학이 언제나 자신의 역사적 사명을 훌륭하게 수행하는 것은 아니다. 아리스토텔레스가 노예제도를 옹호했다는 사실은 철학자도 인간이며, 자신이 속한 사회의 갖가지 편견에 구속되기 마련임을 일깨워준다. 물론 당대에 널리 퍼져 있는 이데올로기에서 벗어난 철학자도 있지만, 흔히 더 많은 철학자가 이런 이데올로기를 매우 세련된 형태로 옹호한다.

이 책이 처음 출간될 무렵 동물의 도덕적 지위 문제를 다룬 철학자들은 인간과 다른 종의 관계에 대해 일반인이 갖는 그 어떤 선입견에도 도전하지 않았다. 그들은 철학에 무지한 사람들과 다를 바 없이 의심의 여지가 없는 것으로 여겨지는 가정을 내세웠고, 그들이

하는 말을 보면 독자들이 갖는 편안한 종차별주의 습관을 뒷받침해
주는 경향이 있었다.

　오늘날과 마찬가지로 20세기 철학에서 평등과 인권은 윤리학과
정치철학의 핵심 주제였다. 어떤 주요 철학자도 동물의 평등이나 권
리 문제를 직접 언급하지는 않았지만 인간의 평등 문제를 논하면
서 동물의 지위 문제를 완전히 외면하기는 어려웠다. 1950년대와
1960년대 철학자가 당면한 문제는 모든 인간이 평등하다는 생각을
너무 터무니없지 않게 적절히 해석해내는 것이었다. 대부분의 측면
에서 인간은 평등하지 않다. 그리고 모든 인간이 공유하는 어떤 특
징을 찾으려면, 그 기준이 극히 낮아 누구나 그 특징을 갖고 있는 최
소한의 공통분모여야 할 것이다. 문제는 모든 인간이 갖는 공통분모
는 오직 인간만이 갖는 특징이 아니라는 점이다. 예를 들어 오직 인
간만이 복잡한 수학 문제를 풀 수 있지만 모든 인간이 풀 수 있는 것
은 아니다. 반면 모든 인간이 고통을 느낄 수 있지만 오직 인간만이
고통을 느낄 수 있는 것은 아니다. 이렇게 볼 때 엄밀한 사실에 대한
단언으로서 모든 인간이 평등하다고 말할 경우, 최소한 다른 종의
일부 성원들도 일부 인간과 '평등'하다고 할 수 있다. 앞에서도 언
급했지만 이것이 평등을 올바르게 이해하는 방법이며, 이익 동등 고
려의 원칙은 이의 귀결점이다. 이러한 원칙은 동물에게도 적용된다.
하지만 1970년대 이전의 철학자들은 이러한 결론이 옳을 수 있다고
생각하지 못했다. 그들은 이 결론을 받아들이기보다는, 인간 평등에
대한 자신들의 믿음과 평등을 거론할 때 동물이 배제된다는 믿음을
조화시키고자 했다. 그들은 이런 목표를 추구하면서 솔직하지 않거

나 근시안적인 논의를 수용했다.

당시 평등에 대한 철학적 논의로 유명했던 인물은 UCLA 철학 교수이자 법학 교수였던 리처드 워서스트롬Richard Wasserstrom이었다. 워서스트롬은 1970년 자신의 논문 「권리, 인권, 인종차별Rights, Human Rights, and Racial Discrimination」에서 '인권'을 오직 인간만이 가지고, 인간 아닌 동물은 갖지 않는 권리라고 정의했다. 이어서 그는 인권에는 복지와 관련된 인권과 자유와 관련된 인권이 있다고 말했다. 워서스트롬은 그중 복지와 관련된 인권을 옹호하면서, 누군가에게서 극심한 육체적 고통에서 벗어날 권리를 빼앗는 것은 그가 충만하고 만족스러운 삶을 살지 못하게 하는 것을 의미한다고 말했다. 이어서 그는 "이러한 선goods을 향유할 능력을 기준으로 어떤 실질적인 의미에서 인간과 인간 아닌 존재가 구분된다"[28]고 말했다. 여기서 문제는 '이러한 선'이 무엇을 말하는지 확인해보기 위해 앞부분을 찾아보면, 그가 극심한 육체적 고통에서 벗어나는 것 외에 별다른 사례를 제시하지 않고 있다는 점이다. 그런데 고통을 느낄 수 있는 능력은 인간뿐 아니라 인간 아닌 동물에게도 있다. 이렇게 볼 때 인간에게 극심한 육체적 고통에서 벗어날 권리가 있다면, 이는 워서스트롬이 정의한 의미에서의 인간만의 권리는 아니다. 동물도 그런 권리를 가질 것이다.

동물에 대한 태도만 빼면 훌륭하다고 할 철학자들은 인간과 동물을 가르는 것으로 생각되는 도덕적 차이가 있다는 근거를 제시해야 할 상황에 직면했다. 하지만 그들은 일부 인간이 평등의 영역 밖에 놓여 있음을 함의하지 않으면서 그렇게 할 수 있는 인간과 동물 간의 구체적인 차이를 찾는 데에 실패했다. 그들은 마치 다른 존재들에는 없는 어떤 구체적이지 않은 가치를 모든 인간이 갖기라도 하는 듯이, "개인으로서의 인간이 갖는 본래적인 존엄성"이나 "모든 인간 men의 본래적 가치"(당시에는 종차별만큼이나 성차별에 대해서도 별다른 의문이 제기되지 않았고, 이에 따라 humans를 쓰지 않고 men을 쓰고 있다) 같은 격양된 표현에 호소했다. 또한 그들은 인간, 오직 인간만이 "그 자체로 목적"인 반면, "인간 외 모든 것은 인간을 위한 가치만 가질 수 있다"라고 말하기도 했다.[29]

앞 장에서 살펴본 것처럼, 오직 인간만이 존엄성과 가치를 갖는다는 생각은 그 역사가 길다. 20세기의 철학자들은 인간의 존엄성과 가치라는 관념 속에 담긴 원래의 형이상학적·종교적 족쇄를 벗어던지고, 이런 관념을 정당화해야 한다는 생각을 아예 버려버린 채, 임의로 이런 관념에 호소했다. 이런 일들은 1970년대에 이르기까지 계속되었다. 그런데 '본래적 존엄성' 또는 '본래적 가치'가 인간에게 있다고 해서는 안 될 이유는 무엇인가? 우리가 본래적 가치를 갖는 이 세상의 유일한 존재라고 말하지 못할 이유가 무엇인가? 동료 인간들은 우리가 너그럽게 부여한 영예를 거부하지 않을 것이고, 우리가 영예를 부여하지 않으려는 존재[동물]는 이에 반대할 능력이 없다. 오직 인간만을 논할 때는 모든 인간의 존엄성에 대해 이야기하는 것이 분명 매우 자유주의적이고 진보적이다. '모든 인간'의 존엄성을 말하면서 우리는 은연중에 노예제도, 인종차별, 여러 다른 인권 침해를 비난한다. 우리는 우리 자신이 우리 종의 가장 가난하고 배우지 못한 구성원들과 어떤 근본적인 의미에서 동등하다는 점을 인정한다. 하지만 우리는 인간이 우리 행성에 사는 모든 존재의 작은 하위 집단에 불과하다는 사실을 알아야 한다. 이때에야 비로소 우리 스스로가 우리 종을 높이면서, 동시에 다른 모든 종의 상대적 지위를 낮추고 있음을 깨달을 수 있을 것이다.

우리가 알아야 할 것은 인간의 본래적 존엄성에 대한 호소가 도전받지 않을 때에만 그 호소가 평등주의 철학자의 문제를 해결하는 것처럼 보인다는 것이다. 만약 누군가가 무뇌아부터 사이코패스, 히틀러와 스탈린 같은 대량 학살자에 이르기까지 왜 모든 인간이 침팬지, 개, 코끼리, 말, 고래가 가질 수 없는 존엄성이나 가치를 갖는지 묻는다면, 이 질문에 답하기 어렵다는 것을 알 수 있다. 이는 인간의 우월한 도덕적 지위를 정당화하는 적절한 사실이 무엇인지를 묻는 원래의 질문과 마찬가지로 답하기가 어렵다. 그런데 이 두 가지 질문은 사실상 하나의 질문이다. 여기서 본래적인 존엄성이나 도덕적 가치를 운운하는 것은 도움이 되지 않는다. 왜냐하면 모든 인간, 그리고 오직 인간만이 본래적 존엄성 혹은 가치를 갖는다는 주장을 만족스럽게 옹호하려면 그러한 주장을 오직 인간만이 가지고 있고, 어떤 인간 아닌 동물도 가지고 있지 않은 적절한 능력이나 특징에 근거 지워야 하기 때문이다. 인간과 동물을 구분 짓는 데에서 다른 특징이 아닌 존엄성과 가치를 끌어들이는 것은 그다지 만족스럽지 못하다. 이와 같은 거창한 구절은 논거가 바닥난 사람들이 내세우는 마지막 방편에 불과하다.

모든 인간을 다른 종의 모든 구성원과 구별하는 적절한 도덕적 특징이 있을 수 있을까? (인식, 자의식, 지능, 쾌고감수능력 수준 등의) 인지 능력이 여러 인간 아닌 동물보다 낮은 인간도 있다는 사실이 문제가 됨을 기억하라. 인간의 아이도 이 범주에 속하지만 그들의 잠재력은 도덕적 평가기준으로 활용할 수 있는 특징으로 볼 수 있을 것이다. 하지만 염색체 이상 같은 유전적 문제나, 회복 불가능한 뇌손상을 입어 심각하고 영구적인 지적장애를 갖고 태어나는 인간도 있다. 그런데 인간과 다른 동물을 구분 짓는 특징을 찾으려는 철학자 중에서 결함이 있는 인간을 다른 동물과 동일한 도덕적 범주로 분류해 그들을 포기해버리는 철학자는 드물다. 그들이 그렇게 하지 않는 이유는 분명하다. 다른 동물을 대하는 태도를 재고해보지 않고 결함이 있는 인간과 동물을 동일한 도덕적 범주로 묶을 경우, 현재 인간 아닌 동물에게 실험을 하는 것과 동일한 이유로 심각한 지적장애인에게도 고통스러운 실험을 할 수 있음을 시사하게 되기 때문이다.

수년 동안, 평등 문제를 논의하는 철학자들이 보기에 이런 어려움에서 빠져나가는 가장 손쉬운 방법은 이러한 어려움을 그냥 무시하는 것이었다. 하버드대학교 철학자 존 롤스는 20세기 후반 정치철학 서적 중에서 가장 널리 알려진 자신의 저서 『정의론A Theory of Justice』에서 인간에게는 정의를 행해야 하지만 다른 동물에게는 그럴 필요가 없는 이유를 설명할 때 이 문제에 봉착했다. 그는 "여기서 이 문제를 검토할 수는 없지만, 평등에 대한 설명이 실질적인 영향을 받지는 않을 것이라고 생각한다"[30]며 이 문제를 일축했다. 그런데 문제의 해결책이 기존의 평등 문제 해결책과는 전혀 다른 두 가지밖에 없는 것처럼 보일 때 롤스의 생각은 의심스러워진다. 즉 해결책이 '우리가 현재 동물을 대하는 것처럼 심각하고도 영구적인 지적 장애인을 처우할 수 있다'와 '동물에게 정의를 행할 의무가 있다'라는 두 가지 밖에 없는 것처럼 보일 때 롤스의 생각은 의심스럽게 여겨지는 것이다.

이밖에 철학자가 할 수 있는 일은 무엇일까? 케임브리지와 옥스퍼드대학교의 도덕철학과 명예교수로 임명된 것을 포함해 화려한 경력의 거의 막바지에 이른 2006년, 버나드 윌리엄스Bernard Williams는 「인간의 편견」이라는 제목의 에세이를 썼는데, 이 제목은 윌리엄스의 입장을 정확히 대변한다. 그는 특정 존재 혹은 존재 집단의 관점과 동떨어져 절대적인 중요성을 갖는 것은 아무것도 없다고 주장했다. 달리 말해 윤리는 어떤 존재가 동일시하는 집단에 따라 다르고, 만약 그 집단이 그 존재가 속한 종이라면, 그 존재가 속한 종을 선호하는 편견을 갖는 것은 전혀 잘못이 아니라는 것이다. 윌리엄스는 외계인이 지구에 왔을 때를 상상해 이런 입장을 옹호한다. 외계인이 "자비롭고 공정하며 멀리 내다보는 안목"을 지닌 존재란 사실이 드러났지만, 우리와 우리의 방침을 알게 되면서, 우리와 더불어 우주의 특정 지역에 살고 있는 다른 존재의 이익을 위해 우리를 제거하려 한다. 윌리엄스는 이 시점에서 모든 이성적 존재가 이해할 수 있는 방식으로 문제를 해결하려는 계획은 무너지고, "'당신은 누구 편인가?'라는 질문만 남는 듯하다"[31]라고 주장한다.

"당신은 누구 편인가?"라는 질문은 우리에게 있는 최악의 본능에 호소하는 것이다. 인종 및 민족 관련 폭력 사태가 발생하는 곳에서 폭력을 행사하는 지배 집단의 어떤 구성원이 예컨대 동료 백인, 나치, 후투족에게 흑인, 유대인, 투치족을 공격하지 못하도록 막을 경우 늘 이런 질문이 제기될 것이다. 이 상황에서 "나는 당신들 중 한

명이야. 그러니까 나는 당신들 편이야"라고 말하는 것은 완전히 잘못된 답변이다. 이 답변은 의견 불일치의 해결을 힘에 맡기고, 정의와 이성에 비추어 문제를 해결하려는 시도를 포기하는 것이다.

1장에서 언급한 것처럼 호주의 철학자 스탠리 벤은 우리가 어떤 존재를 실제 특성보다는 '종에 일반적인' 특성에 따라 대해야 한다고 주장했다. 그는 인간 아닌 동물보다 인지 능력이 낮은 인간이라도 모든 인간이 우월한 도덕적 지위를 갖는다는 통념을 지키려고 애썼다.[32] 하지만 우리가 왜 그래야 할까? 많은 사회의 부부는 아이가 생기면 대체로 남편이 일하러 나가는 동안 아내는 집에 머물며 아이를 돌본다. 그런데 어떤 사회에서, 심지어 남녀가 동등한 임금을 받고, 문화적 혹은 사회적 압력이 작용하지 않는데도 이런 일이 일어난다고 가정해보자. 이 사회에서 살아가는 일부 여성은 아이를 돌보는 것보다 직업 활동을 더 선호하고, 아이들의 아버지보다 직업 활동 능력이 더 뛰어나다. 그럼에도 이 여성들이 젠더에 기반한 전통적인 역할에 맞춰서 대우를 받아야 하고, 이에 따라 아이들 아버지가 일하러 가는 동안 아이들과 함께 집에 있어야 한다고 주장할 수 있을까?

이제 더욱 복잡한 방식으로 인간에게 더 높은 도덕적 지위를 부여하려는 최근의 입장으로 눈을 돌려보자. 예일대학교 철학자 셸리 케이건Shelly Kagan은 『동물의 가치를 어떻게 평가할 것인가How to Count Animals』에서 내가 이 책에서 취한 견해, 즉 "도덕적 관점에서 보았을 때 인간과 동물의 유사한 해악이나 혜택을 동등하게 고려해야 한다"는 견해에 반대했다. 대신 케이건은 동물도 고려의 대상이지만 인간에 비해서는 덜 고려의 대상이라는 위계적 관점을 옹호한다. 그가 이러한 입장을 취하는 이유는 인간이 동물에 비해 더 큰 해를 입을 수 있고, 더 많은 혜택을 누릴 수 있기 때문이 아니라, 인간의 도덕적 지위가 더 높기 때문이다.[33] 인간이 더 높은 도덕적 지위를 가질 수 있는 이유에 대한 케이건의 논의는 익숙한 길을 따르고 있다. 그는 인격체persons가 더 높은 도덕적 지위를 갖는다는 가정에서 출발한다. 여기서 '인격체'란 이성적이고 자의식이 있으며, 미래를 인식하고, 그 미래에 대한 선호를 갖는 존재를 말한다. 이어서 케이건은 유아가 인격체는 아니지만, 인격체가 될 잠재력이 있기 때문에 유아에게 더 높은 도덕적 지위를 부여할 수 있다고 주장한다. 이러한 입장에 대해서는 그런 잠재력을 갖추고 있지 않은 사람도 존재한다는 반론이 제기될 수 있을 것이다. 이러한 반론에 대해 케이건은 어린 시절 복구 불가능한 뇌손상을 입은 20세 여성을 상상해보라는 말로 대응한다. 이 여성은 뇌손상의 결과로 4개월 된 아이의 인지 수준에 머물러 있으며 인격체가 될 잠재력이 없다. 그럼에도 케이건은 이 여성이 "아기였을 때 사고가 나지 않았다면 (지금은) 인격체였을 수도 있기" 때문에 특별한 도덕적 지위를 가질 수 있다고 말한다. 케이건은 이처럼 현재 인격체가 아니고, 앞으로도 인격체가 될 수 없지만 그럼에도 인격체가 될 수 있었을 가능태로서의 인격성을 '양상 인격성modal personhood'이라 부른다. 돌이킬 수 없는 뇌손상을 입은 사람이 사고가 나지 않았다면 현재 인격체가 될 수 있었을 거라는 사실은, 동일한 인지 수준의 동물보다 더 높은 도덕적 지위를 부여할 수 있는 무엇이라고 케이건은 주장한다. 동물은 결코 인격체가 될 수 없기 때문이다.

실현되지 않았고, 또한 절대 실현되지 않을 거라고 알고 있는 이런 단순한 반사실적counterfactual 가능성이, 어떤 존재가 그 존재의 실질적 특성 때문에 갖는 도덕적 지위를 그 이상으로 격상시켜줄까? 케이건은 그렇다는 주장을 뒷받침하는 이야기는 별로 하지 않고, 책 말미에서 다음 정도의 사실을 인정한다. "사실 내가 한 것은 적절한 설명의 초안을 제안해 본 것뿐이다. 세부적인 문제로 들어가면 생각보다 복잡할 것이고, 이에 대한 설명은 아직 제시하지 않았다." 나는 더 상세한 설명이 제시되지 않은 상황에서 케이건의 제안을 받아들일 이유가 없다고 생각한다. 그 제안을 받아들이지 않는 한 가지 이유는 양상 인격성이 매우 이상한 곳에서 도덕적 지위의 높고 낮음을 구분하는 선을 긋고 있기 때문이다. 생후 4개월 정도의 인지 능력을 가졌고, 그 수준을 결코 넘어서지 못하는 22세의 앤과 벨라를 상상해보자. 앤은 케이건이 어렸을 때 돌이킬 수 없는 뇌 손상을 입었다고 서술하고 있는 여성이다. 다른 여성인 벨라는 13삼염색체성증후군trisomy-13 환자로, 이 증후군은 13번 염색체가 하나 더 있다는 뜻이다. 13삼염색체성증후군 환자가 장기 생존하면 심각하고 돌이킬 수 없는 지적장애를 갖게 된다. 그런데 케이건이 사용하는 '인격체'라는 의미에서 보면 앤은 인격체가 될 수 있지만 벨라는 그럴 수 없다. 여분의 염색체가 벨라가 가진 게놈의 일부이기 때문이다. 만약 다른 난자나 정자가 엄마의 몸 안에서 일어난 수정에 관여했다면 다른 사람이 태어났을 것이다. 그런데 앤과 벨라의 인지 능력이 동일하고, 타인과 관계를 맺는 능력, 그리고 삶의 고통과 즐거움을 느끼는 능력이 대체로 구별되지 않는다면, 우리는 앤의 도덕적 지위가 벨라보다 높다는 제안을 받아들여선 안 된다. 그런데 양상 인격성이 벨라보다 앤에게 더 높은 도덕적 지위를 부여하는 이유가 아니라면, 양상 인격성이 '앤의 기쁨과 불행'이 '그녀와 구별할 수 없는 정도의 삶의 고통과 즐거움을 느끼는 동물의 비슷한 기쁨과 불행'보다 도덕적으로 더 중요하다고 생각할 이유여서도 안 된다.

이 문제에 대한 논의는 계속될 것이고 또 계속되어야 한다. 나는 언젠가 누군가가 모든 인간이 어떤 인간 아닌 동물보다 도덕적으로 더 중요하다는 입장을 설득력 있게 옹호할 가능성을 배제하지 않는다. 하지만 이미 언급한 어려움을 감안해보았을 때 그럴 가능성은 별로 없어 보인다. 그동안 우리는 계속 '고통은 고통pain is pain'이라는 입장을 견지해야 하며, 도덕적 관점에서, 유사한 고통에 대해서는 인간의 고통이건 동물의 고통이건 동등한 비중을 두어야 한다.

철학의 회생

케이건은 불과 50년 전까지만 해도 거의 완전히 도외시되었던 동물 윤리가 오늘날 도덕철학에서 확고한 하위 학문 분야로 자리 잡았다는 말로 『동물의 가치를 어떻게 평가할 것인가』를 시작한다. 그는 여기서 많은 이론가들이 종차별주의가 잘못되었고, 쾌고감수능력이 있는 모든 존재의 유사한 이익을 동등하게 고려해야 한다는 입장(케이컨이 반대하는)에 끌리고 있다고 말한다. 이 주장은 참이며, 많은 이론가들이 그런 모습을 보이고 있다는 것은 철학이 이데올로기라는 눈가리개를 벗어던지고 기존의 믿음에 의문을 제기하는 소크라테스의 역할로 되돌아갔다는 징후이기도 하다. 현대의 여러 사회운동 중에서도 동물 해방운동의 흥기는 학문으로서의 철학 공동체가 토론 주제로 삼은 논의의 발전과 밀접하게 연결되어 있다는 점에서 독특하다고 할 수 있다. 오늘날 대학에 개설된 윤리 강의 중 상당수가 학생들에게 다양한 윤리 문제에 대한 태도를 재고해볼 것을 요구하고 있고, 그중에서도 단연 두드러진 것은 인간 아닌 동물의 도덕적 지위 문제다. 응용윤리 강의에 활용되는 거의 모든 표준적인 읽을거리 모음집에는 동물을 어떻게 대해야 하는지를 다룬 논문들이 수록되어 있다. 적어도 이제 서양철학에서는 동물이 중요하지 않다거나 인간보다 덜 중요하다는 가정은 안일하면서도 논의되지 않은 가정이라 생각하며, 이러한 가정을 내세우는 경우는 드물어졌다.

동물 처우 윤리에 관한 서적과 논문이 많아지고 있는 건 이야기의 일부에 지나지 않는다. 현재 전 세계 철학과에서, 그리고 이 책이 번역된 적어도 30개 언어로 철학자들이 동물의 도덕적 지위를 가르치고 있는데, 육식의 윤리를 배운 학생들이 고기 소비를 줄이는 경향이 있다는 강력한 증거가 있다.[34] 물론 철학자들이 종차별주의에 반대하는 것에 대해, 그리고 채식이나 비건식을 지지하는 것에 대해 의견이 일치하는 것은 아니다(그들이 어떤 문제에 의견이 일치한 적이 있었던가?). 하지만 독일, 오스트리아, 스위스의 대학 교수를 대상으로 한 연구에 따르면 67%의 윤리학자와 63%의 윤리학 비전공 철학자가 포유류 고기를 먹는 것이 도덕적으로 나쁘다고 생각했다. 다른 분야

교수들은 39%가 이런 입장을 취했는데, 이와 비교하면 이는 상당히 높은 비율이다.[35]

　이 책의 요지는 단순히 한 개체가 어떤 종에 속해 있다는 이유로 그 존재를 차별하는 것이 일종의 편견이며, 이런 태도가 어떤 인종에 속해 있는가에 따라 개인을 차별하는 것과 다를 바 없이 부도덕하고 정당화될 수 없다는 것이다. 나는 내 주장이 다른 사람들이 받아들일 수도 있고 그러지 않을 수도 있는 사적인 견해를 진술한 것으로 비치는 데 만족하지 않았다. 나는 감정이나 정서보다는 이성에 호소하며 종차별에 반대하는 입장을 옹호하고자 했다. 내가 이런 길을 택한 것은 다른 생명체에 대한 공감과 다른 연민의 감정이 중요하지 않아서가 아니라, 이성이 훨씬 보편적이고 호소력도 더 강하기 때문이다. 물론 나는 타인에 대한 관심을 쾌고감수능력이 있는 모든 존재로 확대하여 자신의 삶에서 종차별주의를 지워버린 사람들을 매우 높이 평가한다. 하지만 오직 동정심과 연민에 호소하기만 해서는 대다수에게 종차별주의의 잘못을 설득할 수 없을 것이다. 사람들은 인간들 사이의 문제를 고려할 때에도 자신이 속한 국가와 인종에게만 동정심을 발휘하는 데 놀라울 정도로 익숙하다. 하지만 대부분의 사람들은 최소한 명목상으로라도 이성의 목소리에 귀 기울일 준비가 되어 있다.

　이런 이유로 나는 이 책을 통틀어 이성적 논의에 의존했다. 이 책의 주요 논의를 반박하지 못했다면 당신은 종차별주의의 그릇됨을 인정해야 한다. 이 말은 당신이 도덕성을 진지하게 고려한다면 당신의 삶에서 종차별주의적 관행을 제거하고, 당신의 삶 외의 다른 곳에서도 종차별주의에 반대하는 데에 힘써야 한다는 뜻이다. 그렇게 하지 않을 경우, 당신은 위선자가 되지 않는 이상 인종차별주의나 성차별주의를 비판할 근거를 제시할 수 없을 것이다.

나는 동물학대가 인간학대로 이어질 수 있기 때문에 동물에게 친절해야 한다는 식의 주장을 가급적 피했다. 아마도 인간에 대한 친절과 다른 동물에 대한 친절이 일맥상통한다는 것은 사실일 것이다. 하지만 토마스 아퀴나스와 칸트가 그랬던 것처럼, 이것이 동물에게 친절해야 하는 참된 이유라면 이는 전적으로 종차별주의적 입장을 표명한 것이라 할 수 있다. 우리는 동물이 이익을 갖기 때문에 그들의 이익을 고려해야 하며, 그들을 도덕적 배려의 대상으로 삼지 않는 것은 정당하지 못하다. 인간에게 유익한 결과를 가져오느냐 아니냐가 동물을 고려할지 말지를 결정한다고 생각한다면, 그것은 동물의 이익 자체가 그들에 대한 고려를 보장하지 않는다고 생각하는 것과 다를 바 없다.

발전을 이루다

나는 동물 해방 옹호 논변이 논리적으로 설득력 있고 반박할 수 없다고 믿는다. 하지만 막상 현실에서 종차별주의를 전복시킨다는 것은 극히 어려운 일이다. 우리는 종차별주의가 서구사회의 의식 속에 깊이 스며들어 있는 뿌리 깊은 역사를 갖고 있다는 사실을 알게 되었다. 이와 더불어 종차별주의적 관행을 없앨 경우 대중에게 자신들이 동물을 학대하지 않았다고 선전 세례를 퍼부을 능력이 있는 거대 농업 회사의 기득권을 위협할 수 있음도 살펴보았다. 여기에 추가하여 대중은 가축을 식용으로 사육해서 도축하는 종차별주의적 관행이 계속됨으로써 이익을 얻는다(또는 그렇게 생각한다). 이 때문에 사람들은 이런 관행이 별로 잔혹하지 않다는 확신을 기꺼이 수용할 채비를 갖추고 있다. 앞서 살펴본 것처럼 사람들은 이 장에서 다룬 유형의 잘못된 추론을 기꺼이 받아들이는데, 이러한 잘못된 추론은 자신들이 선호하는 식단을 정당화하는 것처럼 보이지 않았다면 절대 받아들이지 않았을 유형의 오류다.

이처럼 오래된 편견, 강력한 기득권, 체질화된 습관을 극복하고, 과연 동물옹호론자는 승리를 거둘 수 있을까? 이성과 도덕, 그리고 일부 동물에 대한 일정 정도의 공감 외에 이들을 뒷받침할 지원군이 있을까? 여기서 우리는 간디가 말했다고 알려져 있는 단계에 따라 동물운동의 발전 과정을 도식화해볼 수 있을 것이다. "첫 단계로 그들이 당신을 무시한다. 다음 단계로 당신을 비웃는다. 세 번째 단계로 당신을 공격한다. 최종적으로 당신이 승리한다."[36] 초기에 활동했던 동물운동의 선구자들은 대체로 사람들에게 무시당했다. 처음으로 동물 해방운동이 등장했을 때 많은 사람들은 이를 비웃었다. 1980년대 초반까지도 동물운동은 여전히 별난 운동으로 여겨졌고, 진지하게 반종차별주의 태도를 보인 집단의 구성원은 소수였다. 하지만 1980년대 말에 이르자, '동물을 인도적으로 사랑하는 사람들'을 지지하는 후원자가 25만 명에 이르렀다. 헨리 스피라는 잔인하고 불필요한 동물실험을 폐지하기 위해 총 수백만 회원을 거느린 동물권 및 동물복지 단체들로 이루어진 연합 모임을 결성했다.[37] 당시 동물운동은 분명 상당한 세력을 갖추고 있었지만 다른 한편으로 다방면에서 공격을 받기도 했다. 지금도 동물운동은 공격을 받는 단계에서 여전히 벗어나지 못했다. 그럼에도 이러한 운동은 널리 지지를 받고 상당한 성과도 거두고 있다.

동물운동은 생활에 필수적이지 않고 오로지 과시 목적으로 사용되는 모피와 같은 제품을 생산하는 분야에서도 상당한 성과를 거뒀다. 모피산업계에서는 활동적이고 호기심 많은 밍크와 여우 등의 동물을 1억 마리 정도 사육하고 있다. 이들은 작고 허름한 철망 우리에 갇혀 스트레스를 풀기 위해 정형행동을 끊임없이 반복한다. 모피 농장은 벨기에, 이탈리아, 네덜란드, 영국을 비롯한 여러 국가에서 금지되었다. 독일에서는 모피산업을 경제적으로 성장할 수 없게 규제한다. 하지만 현재 전 세계 모피의 절반을 생산하는 중국의 모피산업에 영향을 미치려면 생산을 금지하는 것만으로는 부족하다.[38] 이스라엘은 한걸음 더 나아가 모피 판매를 금지하고 있으며 캘리포니아 주도 마찬가지다. 스텔라 매카트니, 구찌, 베르사체, 코치, 샤넬, 프라다, 버버리, 마이클 코어스, 조르지오 아르마니 같은 수많은 디자이너와 그들의 브랜드도 모피 사용을 중단했다.[39]

푸아그라는 미각을 만족시키려고 잔인함을 외면하는 미식가가 찾는 비싼 음식이다. 이름에서 알 수 있듯이 푸아그라foie gras는 '고지방 간'으로 만들지만 여기서의 간은 자연스레 고지방이 된 간이 아니다. 푸아그라 생산자는 간을 제공하는 거위나 오리의 목구멍으로 깔때기를 밀어 넣고 그곳으로 강제로 음식을 주입하는데, 이 과정은

간이 잔뜩 부풀어 올라 더 이상 견디기 힘들 때까지 계속된다. 현재 영국을 비롯한 여러 유럽 국가에서는 푸아그라 생산이 금지되었고, 미국에서는 캘리포니아에서 판매가 금지되었다. 새로운 화장품 출시를 위해 동물에게 고통을 주는 것은 우리가 옹호할 수 없는, 동물이 고통을 당하는 또 다른 영역이다. 유럽연합은 동물을 이용한 화장품 실험을 금지했으며, 이와 더불어 동물실험을 거친 화장품과 화장품에 사용되는 재료 수입도 중단했다.

*끈끈이*Glue traps의 접착제에 달라붙어 도망갈 수 없게 된 쥐, 다람쥐, 새 및 여러 작은 동물은 공포에 질린 채 서서히 고통스럽게 죽어간다. 끈끈이는 뉴질랜드, 아일랜드, 아이슬란드, 호주의 일부 주, 인도의 3개 주 및 영국에서 금지되었으며, 스코틀랜드와 웨일즈에서도 곧 금지될 것이다. 수백 개의 기업과 여러 단체들도 끈끈이 사용을 금지했다.[40]

2008년 당시 뉴질랜드는 도축을 목적으로 한 살아 있는 동물의 수출을 금지했지만 젖소, 양, 염소의 수출은 계속 허용하고 있었다. 이 동물들 중 다수가 적도를 가로질러 긴 시간 항해를 하면서 심한 고통을 겪었다. 이에 항의하여 뉴질랜드의 동물보호 단체들은 지속적으로 캠페인을 펼쳤고, 그 결과 2021년 1차 산업부 장관이 2023년부터 관련 무역을 중단할 것이라는 성명을 발표했다. 장관은 동물들이 일단 뉴질랜드를 떠나면 정부가 그들의 복지를 보장할 수 없으며, 이 때문에 살아 있는 동물 수출은 "뉴질랜드의 평판에 용납할 수 없는 위험"을 초래한다고 말했다. 모든 나라가 뉴질랜드만큼만 동물 복지 보호에 관한 자신들의 평판에 관심을 기울이면 얼마나 좋을까!

1993년에 나는 이탈리아의 학자이자 활동가인 파올라 카발리에리Paola Cavalieri와 공동으로 대형 유인원 프로젝트Great Ape Project를 시작했다. 이 프로젝트는 사람들의 마음에 존재하는 인간과 다른 모든 동물 사이의 간극을 좁히는 데 초점을 맞추고 있다.[41] 이러한 목표 달성 차원에서 우리는 우리와 가장 가까운 친척이며, 복잡한 사회관계와 풍부한 정서 생활을 영위하는 자의식적인 존재인 침팬지, 보노보, 고릴라, 오랑우탄이 기본적인 생명권, 자유권, 고문을 받지 않을 권리를 가질 자격이 있음을 인정하라고 요구했다. 여기서 말하는 고문은 특히 외과 실험에 유인원을 사용하는 것을 말하는데, 이런 실험은 1990년대에도 여전히 미국과 일부 다른 국가에서 침팬지를 대상으로 흔히 시행되었다. 이후 영국, 뉴질랜드, 일본, 유럽연합 전역에서 유인원을 대상으로 한 유해한 실험이 금지되거나 종식되었다. 미국에서는 이 실험이 2015년 종식되었고, 과학 시설에 있던 유인원은 대부분 보호 구역으로 보내졌다. 한편 인신보호영장writ of habeas corpus(이유 없는 구금이나 장기간 구류를 막기 위해 신속하게 재판을 받게 하는 법률. 영국에서 처음 제정되었다-옮긴이)을 포함한 법적 조치를 활용하여 유인원을 감금에서 벗어나게 하려는 시도도 있었다. 2016년 이런 시도가 성공한 사례가 있었다. 당시 아르헨티나 법원은 인간 아닌 동물에게 인신보호영장을 적용할 수 있음을 인정하고, 세실리아라는 이름의 침팬지를 풀어주었다.[42]

이 책 초판에서 공장식 축산에 대해 쓰면서 나는 당시 활용되던 동물을 가장 옥죄는 세 가지 유형의 감금 수단, 즉 송아지용 개별 스톨, 형편없는 산란계용 철망 닭장, 임신한 암퇘지용 개별 스톨에 초점을 맞췄다. 비록 암퇘지용 스톨은 암퇘지가 임신한 첫 4주 동안은 여전히 허용되고 있지만, 유럽연합과 영국의 동물보호 단체는 이 세 가지 감금 수단을 전면 금지시키는 데 성공했다. 관련 금지법령은 점진적으로 도입되어 2007년, 2012년, 2013년에 각각 시행되었다. 이런 조치 덕분에 수억 마리의 동물이 더 많은 공간을 확보하게 되었다. 송아지와 암퇘지는 몸을 돌릴 수 있는 공간을 얻었고, 암탉은 날개를 펼 수 있는 공간을 확보했으며, 알을 낳을 수 있는 안전한 둥지 상자에 접근할 수 있게 되었다. 이 변화들은 모두 중요하지만 불완전한 승리였다. 제한된 공간 내에서 비교적 자유로운 활동이 허용되긴 했지만, 모든 동물이 여전히 케이지에 갇혀 지내야 했기 때문이다. 그러나 2021년 170개의 동물복지 단체, 140명의 관련 분야 과학자와 전문가가 참여한 캠페인이 벌어지고 140만 명의 유럽 시민이 청원서에 서명하자, 유럽의회는 농장 동물용 케이지를 전면 금지하자는 제안에 압도적인 지지를 보내며 찬성표를 던졌다. 유럽연합 집행위원회는 2027년까지 유럽연합 전역에서 농장 동물용 케이지를 단계적으로 폐지하기로 합의했다. 이 조치는 송아지, 돼지, 산란계뿐 아니라 토끼, 오리, 거위, 메추라기와 다른 농장 동물을 포함해 3억 마리 이상의 동물에게 영향을 미칠 것이다. 낮은 기준이 적용되는 국가의 동물 제품이 유럽 제품을 대체하는 것을 막기 위해 위원회는 수입 동물 제품에 대해서도 유럽과 동등한 기준을 적용할 계획이다.[43]

유럽에서는 동물 처우 문제에 대한 사람들의 관심이 동물 캠페인을 전문으로 하는 정당의 탄생으로 이어졌다. 지금까지 설립된 정

당 중 가장 성공한 정당은 네덜란드의 동물당Party for the Animals으로,
2006년부터 국회에서 의석을 차지하고 있다. 2021년 총선에서 동물
당은 총 3.8%를 득표하여 네덜란드 의회의 하원 150석 중 6석과 상
원 3석을 차지했다. 독일, 포르투갈, 스페인의 동물옹호 정당도 자국
의회나 유럽의회에서 의석을 얻었다. 호주에서는 동물정의당Animal
Justice Party이 가장 인구가 많은 뉴사우스웨일스와 빅토리아 두 주의
상원에서 3석을 확보했다. 이런 정당들은 의회에서 동물의 입장을
대변하고 질의를 함으로써 영향력을 행사할 수 있다. 박빙의 선거에
서 그들이 힘의 균형에 영향을 미칠 기회는 늘 존재하며, 이 경우 그
들은 입법 및 정부 정책에 더 직접적인 영향력을 행사할 수 있다. 반
면 최다 득표자가 당선되는 투표 제도를 채택하는 국가에서는 동물
을 위한 정당의 후보가 의회에 진출할 가능성이 낮고, 친동물 정책
을 추구하는 주요 정당의 표를 빼앗아 궁극적으로 이 정당의 승리를
방해할 위험이 있다. 미국의 상황이 바로 이러하다. 랠프 네이더Ralph
Nader는 2000년 미 대선에서 녹색당 후보로 출마했는데, 이 때문에
조지 W. 부시가 엘 고어를 꺾을 수 있었다. 미국뿐 아니라 영국도 상
황이 비슷하며, 캐나다와 인도의 경우 하원이 그러하다.

　미국에서는 기업식 농업계와 영농업계가 로비 활동을 벌임으로
써 농장 동물의 복지를 보호하기 위한 연방 법안을 통과시키려는 시
도가 번번이 좌절되었다. 하지만 주정부 차원에서는 주로 시민이 주
민투표를 발의할 권리가 있는 주에서 동물보호를 위한 노력이 중요
한 승리를 거두었다. 이러한 승리의 결과로 총 9개 주가 송아지 스
톨, 배터리 케이지, 암퇘지용 스톨을 금지했다. 주민투표로 거둔 승

리 중 가장 인상적인 것은 캘리포니아에서의 승리였는데, 이곳에서는 63%의 유권자가 암퇘지, 송아지, 산란계가 눕거나 일어나거나 몸을 돌리거나 사지를 완전히 펼치지 못하는 방식으로 그들을 감금하거나 묶어놓는 것을 금하는 법안을 지지했다. 매사추세츠 주에서는 78%의 유권자가 유사 법안에 찬성했다. 이런 금지 법령이 마련되어 있는 다른 주로는 오리건, 워싱턴, 콜로라도, 메인, 유타, 로드아일랜드, 네바다 주가 있다.[44]

　미국 내에 식용 동물 보호를 위한 연방법이 없는 현실 속에서, 동물보호 단체들은 기업이 고기, 달걀, 유제품을 구매할 때 동물을 어떻게 다루었는지를 고려하도록 압력을 가해 의미 있는 진전을 이뤄냈다. 그 결과 2016년 미국 내 상위 25개 마트 체인 모두가 2026년까지 케이지에서 사육되지 않은 닭이 낳은 달걀만 팔기로 약속했다(비록 이 약속이 달걀 성분을 함유한 모든 제품에 적용되지는 않았지만).[45] 2016년에는 맥도날드사가 10년 내로 케이지프리 방식으로 전환하겠다고 합의했다(맥도날드사는 연간 20억 개의 달걀을 사용하는데, 당장 케이지프리 제품을 구할 수 없어서 부득이하게 전환이 늦어지게 되었다는 입장을 밝혔다).[46] 5년 뒤 여러 국가의 동물 단체가 참여한 범세계적 캠페인이 지속적으로 펼쳐진 끝에 마침내 KFC, 피자헛, 타코벨 등의 소유주이자, 세계 최대 패스트푸드 기업인 얌!브랜드Yum! Brands가 2030년까지 150개국 5만 개 매장에서 케이지에서 사육된 암탉의 달걀 사용을 중단하기로 약속했다.[47] 미국에서는 주 법률의 변화와 기업에 구매 정책 변경을 요구하는 캠페인의 영향력이 동반 작용하여 케이지에서 사육되지 않는 닭의 비율이 2005년 3%에서 2022년에는 35%로 상승했으며, 더 많은 기업이 약속을 지키면 그 비율은 계속 상승할 것이다.[48](다른 한편 케이지에서 사육되지 않는 암탉이 수천 마리의 닭과 함께 암모니아로 가득 찬 혼잡한 축사에서, 신선한 공기와 햇살 가득한 야외로 한 번도 나가보지 못한 채 살아갈 수 있다는 사실을 기억해야 한다. 이런 환경이 케이지보다는 낫겠지만, 방목장이나 목초지와는 여전히 비교가 되지 않는다.)

대체 전략

4장에서 확인한 것처럼, 이 모든 중요한 성과에도 불구하고 전 세계적인 육류 소비는 역사상 최고치에 이르러 있다. 이러한 상황을 개선하고자 환경보호에 힘쓰는 사람들과 협력하고 있는 일부 동물보호운동가들은 고기와 비슷한 대체 단백질 식품을 개발해 육류와 경쟁을 벌이면서 동물과 지구를 모두 구하려는 노력을 기울이고 있다. 2021년 금융 데이터 서비스 업체인 블룸버그는 식물성 고기와 식물성 대체유 매출이 2020년 290억 달러에 달했고, 2030년 1,620억 달러까지 성장할 것으로 예상한다고 보도했다. 이것도 전 세계 단백질 시장을 7.7% 점유한 데에 불과한 것이겠지만 그럼에도 이 정도면 고속 성장이다.[49] 이런 제품은 50여 년 전 내가 채식주의자가 되었을 때에도 이미 존재했지만, 그 당시엔 채식주의자의 구미에 맞춘 틈새시장에서만 구입할 수 있었다. 이와 대조적으로 2016년 임파서블 버거와 비욘드 미트 버거는 출시되자마자 곧바로 마트와 패스트푸드 체인점에서 고기와 함께 판매되기 시작했다. 식물 기반 육류 대체 식품이 취해야 할 다음 단계는 적절한 가격으로 동물성 고기와 경쟁하는 것이다.

1931년 윈스턴 처칠은 '지금부터 50년 후'의 세상을 상상하는 에세이를 썼다. 그는 에세이에서 "가슴살이나 날개와 같은 부위를 적절한 배양액 속에서 별도로 배양해냄으로써 닭 한 마리를 키워 이 부위를 먹는 터무니없는 관행으로부터 벗어나게 될 날"[50]이 올 것이라 전망했다. 만약 처칠이 자신의 에세이 제목을 '지금부터 1세기 후'라고 붙였다면, 그의 예언이 실현될 가능성이 높았을 것이다. 번식, 사육, 도축 과정을 거치지 않고 바이오리액터bioreactor에서 동물 세포를 배양하는 기술이 날로 발전하고 있기 때문이다. 2021년 싱가포르는 셀룰러 치킨cellular chicken 판매를 허가했으나, 이 제품은 닭 가슴살이나 날개보다는 치킨너겟에 가까웠다. 2022년까지 미국, 유럽, 중국, 일본, 이스라엘, 남아프리카에 본사를 둔 기업에 거의 20억 달러가 투입되었는데, 이 기업들은 모두 배양육이나 배양 해산물을 생산하려 하고 있으며, 수년 내에 여러 제품을 시장에 출시할 것으로 예상된다.[51] 만약 이 제품들이 맛, 질감, 가격으로 동물 고기와 경쟁할 수 있다면, 전 세계적으로 윤리적 식사를 확산하고, 궁극적으로 공장식 농업을 종식시키는 데에 커다란 역할을 하게 될 것이다. 처칠이 말한 것처럼 동물의 특정 부위를 먹기 위해 동물 한 마리를 키우는 것은 터무니없는 일이다. 덧붙이고 싶은 말은 처칠은 심지어 이런 사육 방식이 우리의 기후에 미치는 영향을 생각해본 적도 없다는 사실이다.

다음은?

『동물 해방』을 처음 썼을 때, 나는 이 책이 거둔 성공을 예상하지 않았느냐는 질문을 종종 받았다. 사실 나는 어떤 일이 일어날지 예측할 수 없었다. 한편으로는 내가 제시한 핵심적인 논의가 반박할 수 없고, 부정할 수 없을 정도로 옳기 때문에 책을 읽는 모든 사람들이 분명 설득될 것이라고 생각했다. 그 결과, 독자들이 자신의 친구들에게 이 책을 추천할 것이며, 결국 모든 사람들이 육식을 멈추고 동물에 대한 처우 방식을 개선하라는 요구를 하게 될 것이라고 생각했다. 반면 1970년대에는 동물 문제를 심각하게 생각하는 사람이 얼마 없었다. 사람들이 이런 종차별주의적 태도를 견지한다는 것은 이 책이 무시당할 수 있다는 뜻이기도 했다. 책이 어느 정도 주목을 받게 된다면, 나는 동물을 착취하는 거대 산업들이 자신들의 존재를 위협하는 생각에 맞설 것임을 의식하고 있었다. 안타깝지만 나는 합리적이고 윤리적인 논의가 이런 강력한 반대를 헤치고 앞으로 나아갈 수 있으리라고 생각하지 않았다.

실제로 일어난 일은 이 두 가지 상반된 시나리오 사이에 놓여 있다. 1975년보다는 현재 채식주의자와 비건 수가 많아졌고, 이 장에서 언급한 몇 가지 개혁 덕분에 수억 마리 동물의 삶이 개선되었다. 반면 오늘날 실험실과 공장식 농장에서는 과거 그 어느 때보다도 많은 동물이 고통을 받고 있다. 우리에게는 지금까지 목격한 것보다 훨씬 급진적인 변화가 필요하다.

동물은 스스로 해방을 요구할 능력이 없다. 그들은 자신이 처한 상황에 항의하는 집회, 투표, 시민 불복종, 거부 운동을 벌일 수 없으며, 자신들을 대변해주는 사람들에게 감사를 표할 수도 없다. 우리 인간에게는 영원히, 혹은 인간이 완전히 사라질 때까지 계속해서 다른 종을 억압할 힘이 있다. 여러 냉소적인 사람들이 늘 말해온 것처럼, 도덕이 자기 이익과 부딪히면 아무 역할도 하지 못한다는 사실을 입증하면서 우리가 계속 횡포를 부릴 것인가? 아니면 반란군이나 테러리스트의 강요에 의한 어쩔 수 없는 선택이 아니라, 우리가 현재 누리는 지위를 도덕적으로 옹호할 수 없다는 사실을 인정하고, 우리가 지배하는 종들에 대한 무자비한 착취를 끝장냄으로써 우리에게 진정한 이타적 능력이 있음을 입증할 것인가? 지난 1,000년 동안 우리가 동등하게 고려할 대상의 영역을 확장하는 데에서 진전을 이루었음을 감안해볼 때, 나는 마침내 우리에게 이런 능력이 있음을 입증할 날이 오리라 믿는다. 이 영역에 인간 아닌 동물을 포함시키는 데 얼마나 시간이 걸릴지 모르겠다. 또한 그럴 때까지 얼마나 많은 동물이 계속 고통을 받을지도 모르겠다. 당신과 다른 독자들이 이 책에 어떻게 반응하느냐에 따라 그 시간은 단축되고 고통받는 동물의 수도 줄어들게 될 것이다.

감사의 글

이 책의 내용 중 상당 부분을 1975년 판 『동물 해방』에서 가져왔음을 감안한다면 나는 리처드와 메리 케셴, 로슬린드와 스탠리 고들로비치에게 다시 한 번 감사를 드리지 않을 수 없다. 이들은 내 인생의 첫 24년 동안 의식하지 못했던 동물에 대한 부당한 처우를 깨닫게 해준 사람들이다. 이 네 사람과 오랜 대화를 나누며, 특히 자신의 윤리적 입장을 상당히 상세하게 설명해준 로슬린드와 대화를 나누며, 나는 육식을 한다는 것이 다른 종에 대한 인간의 조직적인 억압에 동참하는 것이었음을 깨달았다. 이 책의 핵심적인 착상은 50여 년 전 그들과의 대화에서 비롯되었다.

이론적인 결론에 도달하는 것과 이를 실천에 옮기는 것은 별개의 문제다. 그때나 지금이나 내 아내인 레나타의 지지와 격려가 없었다면 나는 양심의 가책을 느끼면서도 계속 고기를 먹고 있을지도 모른다.

『동물 해방』을 쓰기로 마음먹은 것은 1973년 4월 『뉴욕 리뷰 오브 북스』에 실린 『동물, 인간, 도덕*Animals, Men and Morals*』(스탠리와 로슬린

376

드 고들로비치, 존 해리스가 편집한)에 대한 내 논평을 읽은 대중의 열광적인 반응이 계기가 되었다. 로버트 실버스가 사람들이 관심을 갖지 않는 주제를 다룬, 색깔이 모호한 책에 대한 의뢰 없이 이루어진 논의 원고를 받아주지 않았다면, 또한 그 논평이 도화선이 되어 쓰게 된 책을 편집하고 출간하지 않았다면 이 책은 세상에 존재하지 않았을 것이다. 리처드 라이더와 짐 메이슨도 초판 출간에 크게 기여한 사람이다. 리처드 라이더는 종차별주의라는 용어를 처음 사용했고, 자신의 책 『과학의 희생자들Victims of Science』을 출간하기 위해 모아둔 자료를 기꺼이 활용하게 해주었다. 짐 메이슨은 처음으로 공장식 농장을 방문할 수 있게 도와주었다.

『동물 해방』은 1990년 제2판을 발간하면서 단 한 번 전면 개정을 했다. 개정 작업을 할 당시 도움을 준 로리 그루언에게 감사한다. 당시 대학원생이었던 그녀는 현재 동물과 윤리에 관한 중요한 책을 여러 권 쓴 저자다.

이 책을 쓸 때는 오픈 필랜트로피Open Philanthropy의 후원이 커다란 도움이 되었다. 오픈 필랜트로피 덕분에 나는 소피 케바니를 연구원으로 고용할 수 있었다. 그녀는 이 책의 2장과 3장에 나오는 내용의 상당수와 관련한 정보를 열심히 찾아주었고, 다른 장들도 그녀 덕을 톡톡히 보았다. 소피는 이하에서 소개하는 많은 사람들과 조직의 도움을 받아 연구를 진행했다. 한편 나는 이 책의 4장에서 소개하고 있는 고기 생산이 환경에 미치는 영향에 대한 연구를 자원해서 해준 데이비드 로젠블룸을 만나는 행운을 누리기도 했다.

입 파이 체Yip Fai Tse는 책 전체의 초안에 대한 의견을 제시해주었고, 중국의 동물 처우에 관한 정보를 제공해주기도 했다. 그는 어류 관련 부분을 확장해보라고 권유했는데, 미꾸라지와 이들의 처우에 대한 내 지식은 파이의 도움이 컸다. 카티아 파리아, 오스카 호르타, 입 파이 체는 야생동물의 고통을 줄일 수 있는 가능성에 대해 이야기를 해주었고, 폴라 카살과 마카레나 몬테스 프란체스키니는 포획 동물을 자유롭게 하기 위한 라틴아메리카의 법정 소송 사건을 소개해주었다. 이 책에서 다루는 문제와 관련하여 내 생각에 영향을 준 이들로는 베카 프랭크스, 구오 펭, 스티븐 하나드, 제니퍼 자켓, 에바 키테이, 데일 제이미슨, 아서 셰미츠, 애덤 러너가 있다. 또한 이 책을 쓸 계획의 모든 단계에서 조언해준 훌륭한 에이전트 캐시 로빈스, 로빈스 사무실의 데이비드 핼펀과 재닛 오시로에게도 감사의 마음을 전한다. 마지막으로 하퍼콜린스 편집자 세라 하우건에게도 감사드린다. 특히 책에 무엇을 넣고 뺄지 현명하게 조언해준 데 대해 감사드린다. 내가 이 책에 쓴 내용보다 더 자세하게 동물이 당하는 고통을 설명하고픈 욕구를 참기 어려워할 때 나를 막아준 세라 하우건에게 독자들은 감사해야 할 것이다.

다음에 언급한 이들에게도 특별히 고마움을 전한다.

- 책임 위원회: 조시 발크
- 미국 해부반대협회: 질 하워드 처치, 수 리어리
- 동물 구호: 제서미 코로토가
- 동물 시계: 릭 고틀리브
- 동물 윤리: 신디 룩

- 동물 전망: 파이퍼 호프만, 셰릴 리히
- 동물복지 연구소: 마조리 피시맨, 데나 존스, 그웬돌린 레예스-일그
- 수생 생물 연구소: 크리스틴 쉬
- 존스홉킨스 블룸버그 공중보건대학 동물실험 대안 센터: 캐서린 헤르만, 마티 스티븐스
- '동물을 위한 사람들' 첸나이 지부: 시라니 페레이라
- 보수적 동물복지 재단: 로레인 플랫
- 컴패션 인 월드 파밍: 필 브룩, 피터 스티븐슨
- 카운팅 애니멀스: 하리쉬 세투
- 크루얼티 프리 인터내셔널: 케이티 테일러
- Fishcount.org: 앨리슨 무드
- 어류 복지 이니셔티브: 마르코 세르키에라
- 글로벌 시푸드 동맹: 스티븐 헤드룬드
- 휴메인 리그: 비키 본드, 매튜 찰머스, 미아 퍼니호우
- 휴메인 소사이어티 인터내셔널: 웬디 히긴스, 피터 J. 리, 린지 마샬, 마샤 트리운폴, 로라 비비아니
- 미국 휴메인 소사이어티: 버나드 운티, 조시 발크
- 실험실 동물 과학연구소: 콩 치
- 그룹 간 동물복지 및 보호: 안드레아스 얼러, 루이사 페레이라 바스토스
- 국제 영장류 보호 연맹: 셜리 맥그레알
- 중국 실험실 동물 과학 복지 및 윤리위원회: 선 데밍

- L214: 세바스티앙 아르삭, 브리짓 고티에
- 동물을 위한 자비: 레아 가르세스
- OECD-FAO 농업 전망: 후베르투스 게이
- 우리의 영광: 크리스탈 히스
- PETA: 알카 찬드나, 프란시스 쳉, 캐시 기예르모, 매그놀리아 마르티네스, 에밀리 트러넬, 제니퍼 화이트와 실험동물 팀
- 프록터 & 갬블: 해럴드 슐라터
- 프로베그: 샬럿 베이커, 라라 패퍼스
- 리서치 스퀘어: 미셸 아비사-휘팅
- 왕립동물학대방지협회(영국): 페니 호킨스, 폴 리틀페어, 캐서린 로
- 미국 농무부: 커뮤니케이션 및 통계 팀
- 비어-포텐(네 개의 발), 오스트리아: 테레사 페거
- 동물을 위한 목소리, 러시아: 디나라 아게바, 드미트리 츠베코프
- 브샤인 동물보호협회, 중국: 홍 메이 유
- 웰빙 인터내셔널: 앤드루 로완
- 화이트 코트 폐기물: 저스틴 굿맨
- 세계동물보호: 조지 화이트

이하의 분들에게도 감사드린다. 제러미 베컴(전 PETA 소속), 『프레더릭 뉴스포스트』의 수전 권, 맥길대학교의 캐서린 밀스, 하버드대학교 동물법 및 정책 클리닉의 세라 피커링, 웨스턴 보건과학대학교의 제임스 레이놀즈, 카메리노대학교의 알레산드라 론카라티, 코넬대학교의 샤론(이름만으로 감사를 받고자 하는)과 마이클 슐러.

본의 아니게 빠뜨린 이들에게는 심심한 사과의 말씀을 전하며, 그들이 변화를 일으킨 장본인이었음을 알게 되었다는 것으로 충분한 보상이 되길 바란다.

채식 요리법

"이 책은 철학에서 시작해 요리법으로 끝난다." 『동물 해방』 초판에 대한 서평은 이렇게 시작한다. 그런데 왜 하필이면 요리법으로 마무리했는가? 내가 친구들에게 더 이상 고기를 먹지 않는다고 말했을 때, 그들이 가장 먼저 "그럼 무엇을 먹지?"라고 물었기 때문이다. 이 질문에 답하기 위해 나는 책의 초판 말미에 몇 가지 채식 요리법을 추가했다. 개정판에서는 이것이 불필요한 것 같아 삭제했는데, 이후 줄곧 다시 철학에서 시작해서 요리법으로 끝냈으면 좋겠다는 이야기를 들었고, 결국 요리법을 포함시켰다. 하지만 이번에는 내가 가장 즐겨 요리해서 먹고, 가족이나 친구들과 공유해온 몇 가지 요리법만 소개하려 한다.

우리 부모님은 1938년 나치가 오스트리아를 점령하자 사랑하는 빈을 떠나 호주로 이주했다. 그러면서 부모님은 당신들이 사랑하는 요리법도 함께 가지고 왔는데 디저트와 케이크를 제외하고는 거의 완전히 육류 식단이었다. 하지만 어린 시절 내가 좋아했던 음식 중 하나는 시펫sippets을 곁들인 완두콩 수프였다. 당신이 시펫을 모를 수 있는데, 다른 사람들도 마찬가지니 걱정할 것 없다. 내가 글을 쓰고 있는 동안 맞춤법 검사기도 빨간색으로 밑줄을 긋고 있다. 다음 내용을 읽다 보면 시펫이 무엇인지 알게 될 것이다.

 ## 시펫을 곁들인 오스트리아 완두콩 수프

4인분 기준

쪼갠 완두콩 1컵
대충 썬 양파(대) 1개
곱게 다진 마늘 2~3쪽
올리브오일
월계수잎 2~3장
대충 썬 큰 당근 1개
빵 3조각

완두콩 1컵으로 시작한다. 인원수가 많다면 양을 2배로 늘린다. 완두콩을 하룻밤 물에 불려주면 조리 시간을 단축할 수 있지만 꼭 그럴 필요는 없다. 그런 다음 큰 양파 1개와 (원한다면) 마늘 두세 쪽을 까서 썬다. 큰 냄비에 기름을 약간 둘러 달구면서 마늘을 넣는다. 나는 마늘 분쇄기를 사용했지만 잘게 썰어 넣어도 된다. 갈색이 될 때까지 가끔씩 저어준다. 완두콩을 물에 불렸다면 물기를 빼서 넣고, 양파와 함께 1~2분 볶아준다.

그다음 물 2L를 붓고 소금 1작은술과 월계수잎 2~3장을 함께 넣은 뒤 보글보글 끓인다. 완두콩이 너무 부드러워지기 전에 당근을 넣는다. 완두콩이 부드러워질 때까지 계속 끓이고, 월계수잎은 건져 낸다. 다 끓으면 믹서기나 핸드블랜더로 수프를 갈아준다. 덩어리 없이 곱게 갈 필요는 없다. 나는 씹는 맛이 느껴질 정도로만 수프를 간다.

취향에 따라 소금과 후추를 넣고, 시펫을 준비하는 동안 식지 않도록 한다. 시펫은 사실 영국식 크루톤crouton이지만, 갓 만든 시펫은 봉지에 든 평범하고 바짝 마른 크루톤보다 훨씬 맛있다. 빵 2~3조각을 준비한다. 나는 단단한 갈색 빵을 선호하고, 오래된 빵도 상관없다. 빵을 1.3cm 크기로 깍둑썰기 한다. 프라이팬에 기름을 두른 뒤 빵 조각이 갈색으로 변하고 약간 바삭해질 때까지 튀긴다. 바삭한 식감을 느낄 수 있도록 만든 즉시 그릇에 담아 손님상에 낸다. 수프를 먹으면서 한 번에 몇 개씩 더 넣을 수도 있다.

오스트리아 렌틸콩 수프

완두콩을 갈색이나 녹색 렌틸콩으로 대체하면 오스트리아 렌틸콩 수프 요리법과 거의 비슷하다. 나는 당근을 넣을 때 다진 감자 2개를 더 넣는다. 다시 말하지만, 나는 렌틸콩이 어느 정도 형태를 유지할 정도로만 섞고, 수프가 준비되면 레몬즙 1작은술을 넣어 저어준다. 시펫은 선택 사항이다. 시펫은 완두콩 수프와 더 잘 어울리는 것 같지만 렌틸콩 수프와도 잘 어울린다.

구야시

4인분 기준

대충 썬 양파(대) 1개
곱게 다진 마늘 2~3쪽
작은 비건 소시지 3~4개
감자(대) 3~4개(적갈색이 좋다)
월계수잎 3장
소금
파프리카 분말 1~2작은술
밀가루 1큰술(선택 사항)

구야시(독일어-영어식 발음인 '굴라시'로 잘 알려져 있으나, 헝가리 표기법에 따라 '구야시'로 적는다-옮긴이)는 사실 오스트리아 요리가 아닌 헝가리 요리다. 하지만 우리 부모님이 오스트리아가 오스트리아-헝가리였던 제1차 세계대전 이전에 태어나셨기 때문에 우리 집 식탁에는 구야시가 흔히 올라왔다. 구야시에는 주로 고기가 들어가지만 다른 구야시도 있다. 매년 가을이면 부모님은 버섯을 따러 갔고, 소나무 아래에서 찾은 단단한 오렌지색 젖버섯saffron milk caps을 양동이 한가득 담아 돌아오셨다. 이 버섯을 넣으면 훌륭한 구야시를 만들 수 있지만, 식용 버섯과 독버섯을 구별할 줄 모른다면 시중에서 버섯을 구입해라. 아니면 요즘은 시중에서 쉽게 구할 수 있는 훌륭한 비건 소시지를 조금 넣어 감자와 소시지 구야시를 만들어보라. 취향에 따라 다를 수 있지만 매콤한 소시지를 넣어도 좋다. 하지만 핵심 재료는 파프리카다. 일반적으로 이 요리에는 '달콤한' 파프리카를 사용하는데, 사실 이 파프리카는 달지도 않고 맵지도 않다. 파프리카 분말이 좋은 재료이긴 하지만 수년간 향신료 선반을 지키고 있었다면 향이 날아갔을 테니 버리는 게 낫다. 훈제 파프리카 분말은 시도해볼 가치가 있고 독특한 맛을 낸다. 매운 음식을 좋아하거나 매콤한 비건 소시지를 못 구했다면 매운 파프리카 분말을 사용하면 된다.

　먼저 크게 썬 양파와 마늘을 기름에 볶는다. 작은 소시지 3~4개를 두께 1.3cm 이하로 썰어 양파 및 마늘과 함께 넣고 전부 갈색이 될 때까지 볶는다. 큰 감자 혹은 작은 감자 3~4개를 껍질을 벗겨 한 입 크기로 잘라 넣는다. 그다음 월계수잎 3장, 소금 약간, 파프리카 분말 1작은술을 넣고(매운 파프리카 분말을 쓸 게 아니라면 적은 양으로 시작해서 취향에 따라 더 추가한다), 재료가 다 잠길 만큼 물을 충분히 붓는다. 재료가 끓으면 약불로 줄이고, 30분 정도 보글보글 끓이면서 양념을 조절한다. 이때 파프리카 분말 1작은술을 추가해야 할 수도 있다. 감자가 다 익고 국물이 졸아 소스가 걸쭉해지면 구야시가 완성된 것이다. 걸쭉해지지 않으면 밀가루 1작은술을 넣고 걸쭉해질 때까지 약한 불에서 저어준다.

응용 고추, 토마토, 호박 등 다른 채소도 넣을 수 있다. 이 재료들은 감자보다 조리 시간이 짧으므로 감자가 거의 익으면 넣어야 한다. 로즈마리나 타임 같은 허브를 추가할 수도 있다.

　내 아내 레나타는 어려서 폴란드에서 호주로 왔다. 아내의 가족은 우리 가족처럼 육류 위주로 식사를 했지만 아내는 계속해서 바르슈츠barszcz(러시아, 우크라이나, 폴란드 등 동유럽권 국가에서 주로 먹는 붉은 수프. 이 음식을 먹는 나라마다 명칭이 조금씩 다른데, 러시아나 우크라이나에서는 '보르시borscht'라고 한다. 이 책에서는 레나타가 폴란드 출신이므로 폴란드식 표기를 따르기로 한다―옮긴이)를 만들었다. 이 수프는 붉은색을 내는 비트를 걸러낸 맑은 수프부터, 감자, 당근, 양배추, 비트를 넣은 훨씬 더 푸짐한 수프까지 종류가 다양한데, 레나타의 바르슈츠는 후자에 해당한다.

 레나타의 바르슈츠

4인분 기준

다지거나 으깬 마늘 2~3쪽
크게 썬 양파(대) 1개
비트 0.5kg, 깨끗이 씻어 1.2cm
크기로 깍둑썰기 한다.
껍질을 벗긴 감자 0.5kg
소금
후추
달콤한 파프리카 분말 1작은술
다진 당근 2~3개(약 1컵)
다진 셀러리 1컵
채 썬 양배추 1컵
다진 토마토 425g짜리 1캔
토마토 페이스트 1큰술
레몬즙(취향에 따라)

다지거나 으깬 마늘 2~3쪽과 크게 썬 양파를 약간의 기름에 볶는다. 그다음 깨끗이 씻어 1.2cm 크기로 깍둑썰기를 한 비트를 넣는다. 비트와 감자, 채소들이 다 잠길 정도로 물을 충분히 붓고, 소금, 후추, 달콤한 파프리카 1작은술, 월계수잎을 넣고 끓인다. 10분간 끓인 다음 감자와 당근을 넣고 5분 더 끓이거나, 비트와 감자가 살짝 부드러워지기 시작하면 조금 더 익힌다. 다진 셀러리 1컵, 채 썬 양배추 1컵, 다진 토마토 1캔, 토마토 페이스트 1큰술을 넣고 5분 더 끓이거나, 감자와 비트가 먹기 좋게 익을 때까지 좀 더 끓인다. 양념을 첨가해 맛을 조절하고, 새콤한 맛이 살짝 나게 레몬즙 1작은술을 추가한다. 훌륭한 호밀 빵을 곁들이면 그 자체로 한 끼 식사가 된다. 바르슈츠는 조리한 다음 날 더 맛이 깊어지는 수프라서, 양을 넉넉하게 만들고 싶을 수도 있다. 육류를 끊으면서 레나타와 나는 이탈리아 음식을 더 많이 먹었다. 고기 없는 다양한 파스타와 피자는 우리가 이미 알고 있고 좋아했기 때문이다. 이 음식의 조리법은 잘 알려져 있기 때문에 여기서 소개하지는 않겠다. 우리는 유럽에서 먹는 것보다 고기 비중이 덜한 요리법을 실험하기 시작했다. 인도는 전 세계 어느 나라보다 채식주의자가 많은 나라로, 우리가 처음 만든 요리는 수억 명의 인도인이 날마다 먹는 렌틸콩 카레 달dal이었다. 달은 우리가 지금도 좋아하는 요리 중의 하나다. 요리법은 내가 만드는 대부분의 음식과 같은 방법으로 시작하고, 양을 넉넉하게 만들어 더 많은 사람에게 대접할 수 있으며, 얼려두었다가 나중에 먹을 수도 있다.

달

4인분 기준

다지거나 으깬 마늘 1~2쪽
양파(대) 1개
붉은 렌틸콩 1컵
카레 가루
소금
월계수잎
시나몬 스틱
다진 토마토 396g 캔 1개
코코넛 밀크 170g 캔 1개
레몬즙
다진 채소(케일 또는 시금치 중 택일)
쌀
반찬(인도 식료품점이나 마트의 아시아 식품 코너에서 쉽게 구입 가능하고, 선택 사항이지만 적극 권장한다)
망고 처트니
라임 피클
포파둠

큰 냄비에 기름을 살짝 두르고 다진 마늘이나 분쇄기로 간 마늘 2~3쪽을 볶는다. 큼직하게 썬 양파를 넣고 볶는다. 작은 붉은 렌틸콩 1컵, 취향에 따라 카레 가루 한두 숟갈, 소금 한 꼬집을 넣는다. 냄비에서 2~3분 동안 볶은 다음 물 3컵, 월계수잎, 시나몬 스틱을 추가한다. 끓어오르면 약불로 줄이고, 중간중간 저어주면서 20분 정도 끓인다. 다진 토마토 1캔을 넣고 10분 더 끓인다. 국물이 걸쭉해지고 렌틸콩은 부드러워질 정도로 끓이되, 부어서 먹을 수 있을 정도로 걸쭉함을 유지한다. 코코넛 밀크와 레몬즙 약간을 추가한다. 다른 식으로 먹고 싶다면 코코넛 밀크를 붓기 1~2분 전에 잘게 다진 시금치나 케일을 추가할 수 있다. 라임 피클과 망고 처트니를 곁들여 밥에 얹어 먹는다.

인도식당에서는 흔히 금방 다진 오이를 넣은 요거트와 달을 함께 제공하는데, 고수 가루를 뿌려주기도 한다. 요즘은 논데어리Non-dairy 요거트를 마트에서 구입할 수 있다. 달은 마트나 인도 식료품점에서 구할 수 있는 포파둠poppadum과 잘 어울린다. 포파둠을 튀길 때는 한 번에 하나씩 매우 뜨거운 기름에 아주 잠깐 푹 잠길 정도로 깊이 넣는다. 포파둠을 조금 떼어 기름에 떨어뜨려보면 온도를 확인할 수 있다. 포파둠이 곧바로 부풀어 오르면 기름이 충분히 뜨겁다는 뜻이다. 그릴을 이용해 포파둠이 부풀어 오를 때까지 구워도 되지만 쉽게 탈 수 있으니 유의해야 한다.

인도와 비교했을 때 중국에는 채식주의자가 적지만, 중국 요리 중에는 비건 요리가 많고 쉽게 만들 수도 있다. 볶음 요리는 내가 즐겨 먹는 기본 요리 중 하나가 되었다. 볶음 요리를 만들 때 나는 웍을 사용한다. 재료를 이리저리 뒤적일 때 옆으로 흘릴 가능성이 적기 때문이다. 물론 큰 프라이팬이면 어떤 것도 상관없다. 다음은 기본적인 요리법이다.

국수나 밥을 곁들인 두부 채소볶음

> **4인분 기준**
>
> 다지거나 으깬 마늘 1~2쪽
> 동량의 다진 생강
> 파 4쪽
> 단단한 두부 400g
> 간장 1작은술
> 쌀 식초 1큰술 또는 소흥주
> 참기름 몇 방울
> 다음 한두 가지 다진 채소 1컵: 브로콜
> 리, 브로콜리니, 콜리플라워, 청경채,
> 케일, 양배추, 단고추, 당근, 콩나물
> 아시아 국수 226g 또는 쌀 1컵

일단 요리를 시작하면 단시간에 내에 볶아야 하기 때문에 모든 재료를 미리 준비해두어야 한다. 마늘과 생강은 곱게 다진다. 파는 흰 부분과 푸른 부분을 분리하여 송송 썬다. 채소는 더 굵게 다지고, 두부는 1.2cm로 깍둑썬다.

볶음밥을 하는 것이 아니기 때문에, 밥과 함께 먹을 거라면 밥을 따로 지어야 한다. 국수를 좋아한다면 미리 삶아놓는다. 마지막에 웍에서 볶아야 하기 때문이다. 아시아 국수 중에는 삶은 뒤 찬물에 헹궈 물기를 빼야 하는 것도 있고, 끓인 물을 부어 몇 분간 불렸다가 물기를 빼야 하는 것도 있다.

두부를 튀기는 것은 선택 사항이다. 두부를 튀기면 더 맛있지만,

나는 기름을 너무 많이 먹는 것을 좋아하지 않아 어떤 때는 튀기고 어떤 때는 그냥 먹는다. 두부를 튀기려면 웍에 기름을 몇 큰술 넣고 달궈지면 두부를 넣는다. 두부가 노릇노릇하고 약간 바삭해지도록 잘 뒤집어준다. 이 두부는 기름에서 꺼내 따로 보관하라. 이제 기름을 조금만 남기고 여기에 마늘, 생강, 파의 흰 부분을 볶는다. 소금 한 꼬집과 설탕 1작은술을 넣는다. 이 재료들이 갈색이 되면서 좋은 냄새가 나면 준비해둔 채소를 넣는다. 예를 들어 브로콜리나 당근처럼 익는 데 시간이 오래 걸리는 것부터 먼저 넣는다. 두부를 튀기지 않았다면 지금 넣는다. 넣은 채소가 익을 때까지 볶고 나서 잎채소나 콩나물처럼 빨리 익는 채소를 넣는다. 두부를 튀겼다면 지금 넣는다. 삶아놓은 면은 파의 푸른 부분과 함께 넣는다. 먼저 익혀 따로 둔 재료가 데워졌는지 확인하며 잘 저어주고, 참기름 몇 방울을 뿌려 식탁에 올린다. 국수 대신 밥을 사용한다면 밥을 퍼서 접시나 그릇에 담고, 그 위에 볶음을 올리는 것이 가장 좋다.

두부보다 식물성 고기 같은 유사 육류 제품을 더 좋아한다면 이것을 사용해도 좋다. 응용 방법은 무궁무진하다.

응용 사천식: 마늘과 생강을 볶을 때 다진 고추를 조금 넣거나 중국식 고추기름 1작은술을 넣는다. 중국식 고추기름은 아시아 식료품점에서 구할 수 있는 진한 붉은색 재료로 병에 담아 판매하며, 중국식 고추기름을 넣으면 잘 저어줘야 한다. 진짜 중국 음식처럼 만들고 싶고 아시아 식료품점에서 구할 수 있다면, 고추기름과 함께 누에콩(잠두)으로 만든 사천식 된장인 두반장 1큰술을 넣는다. 입술이

마비될 정도의 다른 매운맛을 원한다면 다진 사천고추를 사용한다. 당신이 만든 볶음 요리를 먹을 사람 중에 매운 맛을 좋아하는 사람도 있고 싫어하는 사람도 있다면 향신료를 빼고 요리하거나, 고추기름을 따로 준비해 원하는 사람은 음식에 넣어 먹을 수 있게 한다.

 ## 식초를 곁들인 사천식 감자볶음

나는 이 요리를 뉴욕의 한 사천식 식당에서 먹어봤는데 너무 맛있었다. 적어도 서구에서는 보기 드문 감자 요리여서, 요리법을 찾아 직접 만들어봐야겠다고 생각했다. 다음에 소개하는 요리법은 내가 가장 좋아하는 것으로, 애틀랜타에 거주하는 중국계 미국인 셰프이자 수프벨리 LLC 소유주인 캔디 홈Candy Hom이 친절하게도 허락해주어서 여기에 실었다. 웹페이지 https://soupbelly.com/2009/12/16/sichuan-stir-fried-potatoes-with-vinegar에서 요리법을 확인할 수 있다. 4인분 메인코스 요리라면 양을 2배로 늘린다.

감자를 성냥개비 굵기로 썰어서 소금물에 담갔다가 사천고추, 건고추, 설탕, 식초를 넣고 볶는다. 이렇게 하면 단맛, 짠맛, 매운 맛이 난다. 감자를 소금물에 담그면 갈변을 막을 수 있고, 소금이 과도한 전분을 제거해준다. 식감은 씹히는 맛이 알덴테 파스타보다 살짝 더 나게 약간 바삭해야 한다.

> **4인분 기준**
>
> 성냥개비 굵기로 썬 감자(중) 3개
> 식용유 2작은술
> 말린 홍고추 3개 다진 것, 매운 맛 취향에
> 따라 작은 홍고추를 더 추가할 수 있다.
> 사천 후추(분쇄) 1작은술
> 설탕 1작은술
> 흑초 3작은술(전장상추 권장)
> 소금(취향에 따라)

감자 껍질을 벗겨 성냥개비 굵기로 자른다. 그다음 차가운 소금물(물에 소금을 1작은술 정도 넣는다)을 담은 큰 그릇에 썰어둔 감자를 담가둔다(최소 10분). 물기를 잘 뺀다.

중불에서 웍에 식용유, 고추, 사천 후추를 넣는다. 후추가 지글지글 소리를 낼 때까지 볶다가 감자를 넣는다. 4분가량 볶다가 설탕과 식초를 넣는다. 적당히 씹히는 맛이 날 때까지 볶다가 입맛에 따라 소금을 넣는다. 뜨거운 상태로 요리를 내놓는다.

 중국식 냉요리: 두부와 다시마

버섯 채취 방법에 대해서는 앞에서 이야기했다. 바닷가에 가면 나는 그곳에 널려 있는 다시마를 찾아 나선다. 아주 두껍고 질긴 다시마도 있지만 나는 얇은 것을 고른다. 다시마를 집에 가져와 부엌 가

위로 대략 길이 2.5cm, 너비 1.3cm 정도의 가느다란 조각으로 자른다. 다시마 두께와 질긴 정도에 따라 5~10분 정도 삶는다. 다시마 삶은 물은 버리고 다음에 소개하는 요리법으로 요리하거나, 병에 담아 소금을 많이 뿌려놓는다. 이렇게 하면 여러 달 동안 냉장 보관이 가능하고, 수프에 넣거나 여름철 요리에 사용할 수 있다. 다시마를 채취할 기회가 마땅치 않다면 건조 다시마를 구입해 물에 불린 뒤 신선한 다시마처럼 사용하면 된다. 이 요리법은 다른 종류의 해초에도 활용 가능하다.

4인분 기준

단단한 두부 1모
조각낸 다시마 1/2컵
다진 생강
얇게 썬 무 2~3개
얇게 썬 파 윗부분 1~2개
설탕 1/2작은술
간장 2작은술
쌀 식초 또는 중국 식초 2작은술
참기름 1작은술

두부를 1.3cm 크기로 깍둑썰기하여 그릇에 담는다. 다시마, 저민 생강 조금, 작게 썬 무 2개와 파 윗부분, 설탕, 간장, 식초, 참기름을 넣는다. 매운맛을 원한다면 고추나 고추기름을 입맛에 맞게 넣는다. 양념이 두부에 스며들도록 10분간 재워놓는다(양념이 두부에 골고루 배게 하려면 몇 번 뒤집어주어야 한다). 이제 먹기만 하면 된다.

다진 마늘을 넣는다

(생마늘이 부담스러우면 파 밑부분 다진 것과 같이 살짝 볶는다)

- 파 대신 다진 쪽파를 사용한다.
- 다진 고수 1큰술을 추가한다.
- 콩나물 한 줌을 추가한다.
- 프라이팬에 참깨 한 줌을 노릇노릇하게 볶는다. 기름은 넣을 필요 없고, 요리를 내놓기 전에 볶은 참깨를 요리에 솔솔 뿌린다.

주
—

1장 모든 동물은 평등하다

1   존 스튜어트 밀은 그의 『공리주의*Utilitarianism*』에서 '벤담의 격률'을 언급하며 이
를 '공리주의 계획의 제1원칙'이자 '완벽한 공평성'의 원칙이라고 설명한다. ed.
Katarzyna de Lazari-Radek and Peter Singer(New York: Norton Library, 2021) 초
판, 1861, p.81. 밀은 벤담이 『사법적 증거의 존재 이유*Rationale of Judicial Evidence*』
에서 특히 영국의 관행에 적용한 발언을 자신의 방식으로 설명한다. J. S. Mill, 5
vols.(London, 1827), iv, 475(book VIII, chapter XXIX); reprinted in The Works of Jeremy
Bentham, ed. J. Bowring, Edinburgh, 1838~43, vii. 334). 시즈윅 부분은 *The Methods
of Ethics*, 7th ed.,(1907; reprint, London: Macmillan, 1963), p.382 참고. R. M. Hare,
Moral Thinking(Oxford University Press, 1982) 참고. 이 문제에 관한 헤어의 의견
과 다른 의견들이 본질적으로 다르지 않다는 간략한 설명은 R. M. Hare, "Rules of
War and Moral Reasoning" in *Philosophy and Public Affairs* 1(2) (1972) 참
고. 롤스는 『정의론*A Theory of Justice*』(Boston: Harvard University Press/Belknap Press,
Cambridge, 1972)에서 '무지의 베일'을 설명한다.

2   '종차별주의speciesism'라는 용어는 리처드 라이더Richard Ryder에게서 가져온 것이
다. 이 용어는 이 책의 제1판이 출간된 후 널리 사용되게 되었으며, 현재 『옥스퍼드
영어사전*The Oxford English Dictionary*』에 등재되어 있다. 이 단어가 『옥스퍼드 영어사
전』에 처음 등장한 것은 1986년이며, 가장 최근에는 2018년 3월 마지막으로 수정되
어 2022년 8월 13일 온라인 『옥스퍼드 영어사전』에 등재되었다.

3   Jeremy Bentham, *Introduction to the Principles of Morals and Legislation*(1780), chapter 17.

4   Lucius Caviola, et al., "Humans first: Why people value animals less than humans," *Cognition* 225: 105139 (2022).

5   Stanley Benn, "Egalitarianism and Equal Consideration of Interests," in J. R. Pennock and J. W. Chapman, eds., *Nomos IX: Equality*, (New York, Atherton Press, 1967), p.62ff; John Finnis, "The fragile case for euthanasia: a reply to John Harris," in J. Keown, ed., *Euthanasia examined: Ethical, clinical and legal perspectives*(Cambridge University Press, 1995), pp.46-55; Shelly Kagan, *How to Count Animals, more or less*(Oxford University Press, 2019).

6   본서 354-355쪽 참고.

7   Cambridge Declaration on Consciousness, https://fcmconference.org/img/Cambridge DeclarationOnConsciousness.pdf.

8   T. C., Danbury, et al., "Self-selection of the analgesic drug carprofen by lame broiler chickens," *Veterinary Record*, 146 (11): 307-11 (2000).

9   Bernard Rollin, *The Unheeded Cry: Animal Consciousness, Animal Pain, and Science* (Oxford University Press, 1989) 참고.

10 Jane Goodall, *In the Shadow of Man*, (Boston: Houghton Mifflin, 1971), p.225. Michael Peters, "Nature and Culture," in Stanley and Roslind Godlovitch and John Harris, eds., Animals, Men and Morals(New York: Taplinger, 1972)에도 유사한 이야기가 언급된다. 언어가 없는 동물이 고통을 느낄 수 있음을 부정하는 태도의 비일관성에 대한 몇 가지 사례는 다음을 참고. Bernard Rollin, *The Unheeded Cry: Animal Consciousness, Animal Pain, and Science* (Oxford University Press, 1989).

11 Andrew Crump, et al., "Sentience in decapod crustaceans: A general framework and review of the evidence," *Animal Sentience* 32(1) (2022), www.wellbeingintlstudiesrepository.org/animsent/vol7/iss32/1/; Lynne Sneddon, "Pain in Aquatic Animals," *Journal of Experimental Biology* 218(7): 967-76 (2105)도 참고.

12 Helen Lambert, et al., "Given the Cold Shoulder: A Review of the Scientific Literature for Evidence of Reptile Sentience," *Animals (Basel)* 9:10:821 (October 2019); Helen Lambert, et al., "Frog in the well: A review of the scientific literature for evidence of amphibian sentience," *Applied Animal Behaviour Science* 247, article 105559 (2022) 참고.

13 Victoria Braithwaite, *Do Fish Feel Pain?*(Oxford University Press, 2010). 내가 요약한 실험은 3장과 4장에서 설명하고 있으며, 인용문은 본서 157쪽에 나온다. 물고기의 협동 사냥에 관한 원본 출처는 다음과 같다. R. Bshary, et al., "Interspecific Communicative and Coordinated Hunting between Groupers and Giant Moray Eels in the Red Sea," *PLoS Biology* 4 (12): 431 (December 2006); L. Sneddon, "Pain in aquatic animals," *Journal of Experimental Biology* 218 (7): 967-76; L. Sneddon and C. Brown, "Mental Capacities of Fishes," in L. S. M. Johnson, A. Fenton, and A. Shriver, eds., *Neuroethics and Nonhuman Animals* (London: Springer Nature, 220), 53-71. 물고기와 영장류의 인지 능력 비교는 다음을 참고. R. Bshary, et al., "Fish cognition: a primate's eye view," *Animal Cognition* 5 (1): 1-13 (2002).

14 Braithwaite, *Do Fish Feel Pain?*, 48-49.

15 J. K. Finn, et al., "Defensive tool use in a coconut-carrying octopus," *Current Biology* 19 (23): R1069-70 (2009).

16 Peter Godfrey-Smith, *Other Minds: The Octopus, the Sea, and the Deep Origins of Consciousness*(New York: Farrar, Straus and Giroux, 2016).

17 Jonathan Birch, et al., *Review of the Evidence of Sentience in Cephalopod Molluscs and Decapod Crustaceans*, (London: LSE Consulting, November 2021), www.lse.ac.uk/business/consulting/reports/review-of-the-evidence-of-sentiences-in-cephalopod-molluscs-and-decapod-crustaceans; Andrew Crump, et al., "Sentience in decapod crustaceans: A general framework and review of the evidence," *Animal Sentience* 32(1), www.wellbeingintlstudiesrepository.org/animsent/vol7/iss32/1 (2022) 참고. 2022 영국 동물복지 (쾌고감수능력) 법The UK Animal Welfare (Sentience) Act 2022은 www.legislation.gov.uk/ukpga/2022/22/enacted에서 볼 수 있다.

18 C. H. Eisemann, et al., "Do insects feel pain? A biological view," *Experientia* 40: 164-67 (February 1984).

19 Shelley Adamo, "Is it pain if it does not hurt? On the unlikelihood of insect pain," *Canadian Entomologist* 151 (6): 685-95 (2019).

20 Andrew Barron and Colin Klein, "What insects can tell us about the origins of consciousness," *Proceedings of the National Academy of Sciences* 113(18): 4900-908 (May 2016). 이 논문에 대한 답변은 다음을 참고: Malte Schilling and

Holk Cruse, "Avoid the hard problem: Employment of mental simulation for prediction is already a crucial step"; Shelley Adamo, "Consciousness explained or consciousness redefined?" 그리고 다음의 답변도 참고: Colin Klein and Andrew Barron, "Crawling around the hard problem of consciousness." 이것은 모두 다음에 수록돼 있다: *Proceedings of the National Academy of Sciences* 113: E3811-15 (2016). Lars Chittka and Catherine Wilson, "Expanding Consciousness," *American Scientist* 107 (6): 364 (November-December 2019); 그리고 다음을 참고: Matilda Gibbons, et al., "Descending control of nociception in insects?," *Proceedings of the Royal Society, B,* 289 (2022): 0599.

21 Kenny Torella, "Now is the best time to be alive (unless you're a farm animal)," Future Perfect, *Vox* September 12, 2022.

22 Neil Gorsuch, *The Future of Assisted Suicide and Euthanasia* (New Jersey: Princeton University Press, 2006) 참고.

23 상세한 내용은 다음을 참고: Gregory Pence, *Classic Cases in Bioethics*, 2nd ed.(New York: McGraw-Hill, 1995).

24 철학자 찰스 캐모시Charles Camosy는 프린스턴대학교의 실천윤리학 수업에 초청 강연을 왔을 때, 비이성적 인간과 비인간 동물의 차이는 인간이 실제로 이성적이지 않더라도 이성적 본성을 갖고 있다는 사실에 있다고 여러 차례 주장했다. 관련 견해에 대한 셸리 케이건Shelly Kagan의 논의는 본서 354-355쪽을 참고.

25 특히 내가 쓴 『삶과 죽음을 다시 생각하기』*Rethinking Life and Death* (New York: St. Martin's Press, 1995)와 『실천윤리학*Practical Ethics*』, 3rd ed.(Cambridge University Press, 2011)을 참고.

26 예를 들어 Katherine Bishop, "From Shop to Lab to Farm, Animal Rights Battle is Felt," *New York Times*, January 14, 1989에 인용된 Irving Weissman 박사의 글을 참고.

2장 연구를 위한 도구

1 Larry Carbone, "Estimating mouse and rat use in American laboratories by extrapolation from Animal Welfare Act-regulated species," *Scientific Reports*, 11-493 (2021) https://www.nature.com/articles/s41598-020-79961-0.

2 David Grimm, "How many mice and rats are used in US labs? Controversial study says more than 100 million," *Science*, January 12, 2021.

3   Zhiyan Consulting, "Heavyweight: Analysis of the licensed use and development prospects of China's laboratory animal industry in 2022," August 15, 2022, https://www.shangyexinzhi.com/article/5096882.html.

4   Katy Taylor and Laura Alvarez, "An Estimate of the Number of Animals Used for Scientific Purposes Worldwide in 2015," *Alternatives to Laboratory Animals* 47 (2019) 196-213.

5   European Commission, *Summary Report on the statistics on the use of animals for scientific purposes in the Member States of the European Union and Norway in 2019*, Brussels, 15.7.2022, p. 3.

6   Mira van der Naald, et al., "Publication rate in preclinical research: a plea for preregistration," *BMJ Open Science* 4: e100051 (2020).

7   Shanghai Rankings, 2020 *Academic Ranking of World Universities*, www.shanghairanking.com/rankings/arwu/2020.

8   영상은 다음을 참고. investigations.peta.org/nih-baby-monkey-experiments. 구달과 글릭의 주장은 다음을 참고. investigations.peta.org/nih-baby-monkey-experiments/expert-statement. 바버라 킹은 실험에 대한 자신의 입장을 "Cruel Experiments on Infant Monkeys Still Happen All the Time—That Needs to Stop," *Scientific American* (June 1, 2015)에서 밝힌 바 있다.

9   PETA, "NIH Ending Baby Monkey Experiments," www.peta.org/blog/nih-ends-baby-monkey-experiments/(December 11, 2015).

10 Harry Harlow, et al., "Total Social Isolation In Monkeys," *Proceedings of the National Academy of Sciences* 54 (1): 90-97 (1965).

11 Harry Harlow and Stephen Suomi, "Induced Psychopathology in Monkeys," *Engineering and Science* 33 (6): 8-14 (1970).

12 John Bowlby, "Maternal Care and Mental Health," the *Bulletin of the World Health Organization* 3: 355-534 (March 1951)에 처음 게재되었다.

13 Harlow and Soumi, "Induced psychopathology in monkeys."

14 Stephen Suomi and Harry Harlow, "Depressive behavior in young monkeys subjected to vertical chamber confinement," *Journal of Comparative and Physiological Psychology* 80 (1): 11-18 (1972).

15 Stephen Suomi and Harry Harlow, "Apparatus conceptualization for psychopathological

research in monkeys, Instrumentation & Techniques," *Behavior Research Methods & Instrumentation* 1: 247-250 (January 1969).

16   Harry Harlow, et al., "Induction of psychological death in rhesus monkeys," *Journal of Autism and Development Disorders (formerly Journal of Autism and Childhood Schizophrenia)* 3: 299-307 (October 1973).

17   Gene Sackett, et al., "Social isolation rearing effects in monkeys vary with genotype," *Developmental Psychology* 17 (3): 313-18 (1981).

18   Deborah Snyder, et al., "Peer separation in infant chimpanzees, a pilot study," *Primates* 25: 78-88 (1984).

19   *I, Candidate for Governor (1935)*, in Susan Ratcliffe, ed., *Oxford Essential Quotations*, 4th ed., www.oxfordreference.com/view/10.1093/acref/9780191826719.001.0001/ acref-9780191826719 (2016).

20   2021년 7월, 소피 커배니Sophie Kevany가 다음 검색어를 사용하여 미국 국립보건원 RePorter를 검색한 결과이다. Fiscal Year: 2020; Agency/Institute/Center: Nat'l Inst of Mental Health (NIMH) Admin: Yes; Funding: Yes; Text Search: "animal model," limit to: Project Terms, Project Abstracts.

21   Richard Solomon, et al., "Traumatic avoidance learning: the outcomes of several extinction procedures with dogs" *Journal of Abnormal and Social Psychology* 48 (2): 291-302 (1953).

22   Martin Seligman, et al., "Alleviation of Learned Helplessness in the Dog," *Journal of Abnormal Psychology* 73 (3, pt. 1): 256-62 (1968).

23   Seligman, "Alleviation of Learned Helplessness in the Dog."

24   Steven Maier and Martin Seligman, "Learned Helplessness at Fifty: Insights from Neuroscience," *Psychological Review* 123 (4): 349-67 (July 2016).

25   Gary Brown, et al., "Effect of Escapable versus Inescapable Shock on Avoidance Behavior in the Goldfish (Carassius Auratus)," *Psychological Reports* 57(3 suppl): 1027-30 (1985).

26   Steven Maier, "Learned helplessness and animal models of depression," Progress in Neuro-Psychopharmacology and Biological Psychiatry 8 (3): 435-46 (1984).

27   Hielke Van Dijken, et al., "Inescapable footshocks induce progressive and long-lasting behavioural changes in male rats," *Physiology & Behavior* 51 (4):

787-94 (April 1992).

28 Bibiana Török, et al., "Modelling posttraumatic stress disorders in animals," *Progress in Neuro-Psychopharmacology and Biological Psychiatry* 90: 117-33 (March 2019).

29 Lei Zhang, et al., "Updates in PTSD Animal Models Characterization," in Firas H. Kobeissy, ed., *Psychiatric Disorders: Methods in Molecular Biology* (Totowa, NJ: Humana, 2012), 331-44.

30 Meghan Donovan, et al., "Anxiety-like behavior and neuropeptide receptor expression in male and female prairie voles: The effects of stress and social buffering," *Behavioral Brain Research* 342: 70-78 (April 2018). Claudia Lieberwirth and Zuoxin Wang, "The neurobiology of pair bond formation, bond disruption, and social buffering," *Current Opinion in Neurobiology* 40: 8-13 (October 2016); Adam Smith and Zoxin Wang, "Hypothalamic oxytocin mediates social buffering of the stress response," *Biological Psychiatry* 76 (4): 281-88 (August 2014)도 참고.

31 Teng Teng, et al., "Chronic unpredictable mild stress produces depressive-like behavior, hypercortisolemia, and metabolic dysfunction in adolescent cynomolgus monkeys," *Translational Psychiatry* 11 (9) (January 2021).

32 Weixin Yan, et al., "fMRI analysis of MCP-1 induced prefrontal cortex neuronal dysfunction in depressive cynomolgus monkeys" (Research Square에서 제공되는 출판 전 공개논문, www.researchsquare.com/article/rs-10408/v2, 2021년 8월 9일에 접속). 웹사이트는 "Research Square가 윤리적 문제로 이 출판 전 공개논문을 없 앴다"라고 밝혔다.

33 Yin Y-Y, et al., "The Faster-Onset Antidepressant Effects of Hypidone Hydrochloride(YL-0919) in Monkeys Subjected to Chronic Unpredictable Stress," Frontiers in Pharmacology 11 article 586879 (November 2020).

34 Emily Trunnell이 Translational Psychiatry 편집장 Julio Licinio에게 보낸 편 지, Research Square 편집장 Michelle Avissar-Whiting에게 보낸 편지, 그리고 Frontiers in Pharmacology 편집장 Heike Wulff에게 보낸 편지. 모두 2021년 2월 4일에 보낸 편지다.

35 *Summary Report on the statistics on the use of animals for scientific purposes in the Member States of the European Union and Norway in 2019*, p.31.

36 *Summary Report on the statistics on the use of animals for scientific purposes in the Member States of the European Union and Norway in 2019*, p.8. 유럽연합에서는 일부 통계가 사용된 동물 수가 아니라 '동물 사용'을 기준으로 보고된다는 점에 유의해야 한다. 일부 동물을 두 번 이상 사용하는 경우도 있지만, 일반적으로 그 수는 사용된 동물의 수와 크게 다르지 않다.

37 Home Office, United Kingdom, *"Annual Statistics of Scientific Procedures on Living Animals, Great Britain, 2019,"* 하원의 요청에 따라 2020년 7월 16일에 인쇄됨.

38 *Summary Report on the statistics on the use of animals for scientific purposes in the Member States of the European Union and Norway in 2019*, p.6.

39 Jeffrey Aronson and Richard Green, "Me-too pharmaceutical products: History, definitions, examples, and relevance to drug shortages and essential medicines lists," *British Journal of Clinical Pharmacology* (86) 11: 2114-22 (November 2020).

40 U.S. Congress, Office of Technology Assessment, *Alternatives to Animal Use in Research, Testing and Education* (Washington, D.C.: U.S. Government Printing Office, 1986), 168.

41 Regina Arantes-Rodrigues, et al., "The effects of repeated oral gavage on the health of male CD-1 mice," *Lab Animal* 41 (5): 129-134 (May 2012).

42 이 척도는 K. J. Olson et al., Toxicological Properties of Several Commercially Available Surfactants, *Journal of the Society of Cosmetic Chemists* 13 (9): 470, library.scconline.org/v013n09/35 (May 1962)에 인용되어 있다.

43 Cristine Russell and Penny Chorlton, "Eli Lilly Removes Arthritis Drug From Market," *Washington Post*, August 5, 1982; Morton Mintz, "Ga. Jury Awards $6m in Oraflex Deaths," *Washington Post* November 22, 1983.

44 Matthew Herper, "David Graham on the Vioxx Verdict," *Forbes* August 19, 2005.

45 John Gartner, "Vioxx Suit Faults Animal Tests," *Wired* July 22, 2005.

46 U.S. Department of Justice, "U.S. Pharmaceutical Company Merck Sharp and Dohme to pay nearly one billion dollars Over Promotion of Vioxx," www.justice.gov/opa/pr/us-pharmaceutical-company-merck-sharp-dohme-pay-

nearly-one-billion-dollars-over-promotion(November 22, 2011).

47 G. E. Paget, ed., Methods in Toxicology (Oxford: Blackwell Scientific, 1970), 132.

48 G. F. Somers, *Quantitative Method in Human Pharmacology and Therapeutics* (Elmsford, NY: Pergamon Press, 1959), Richard Ryder, *Victims of Science* (Fontwell, Sussex: Centaur Press/State Mutual Book, 1983), 153에서 인용.

49 *West County Times* (California) January 17, 1988에 게재된 신디케이트 기사.

50 Michael Bracken, "Why animal studies are often poor predictors of human reactions to exposure," *Journal of the Royal Society of Medicine* 102 (3):120-22 (2009).

51 Michael Schuler, "Organ-, body-and disease-on-a-chip," *Lab on a Chip* 17: 2345-46 (2017).

52 *New York Times*, April 15, 1980.

53 로저 셸리의 인용문과 기타 자세한 내용은 Peter Singer, *Ethics into Action: Learning from a Tube of Toothpaste* (Lanham, MD: Rowman and Littlefield, 2019) 참고.

54 "Avon Validates Draize Substitute," News Release, Avon Products, New York, April 5, 1989; "Avon Announces Permanent End to Animal Testing," News Release, Avon Products, New York, June 22, 1989.

55 "Industry Toxicologists Keen on Reducing Animal Use," *Science* 236 (4799): 252 (April 17, 1987).

56 Barnaby J. Feder, "Beyond White Rats and Rabbits," *New York Times*, February 28, 1988; Constance Holden, "Much Work But Slow Going on Alternatives to Draize Test," *Science* 242 (4876): 185-86 (October 14, 1985)도 참고.

57 Coalition to Abolish the LD50, "Animal Rights Coalitions Coordinator's Report '83" (1984). Animal Rights Coalitions. 4. https://www.wellbeingintl studiesrepository.org/anircoa/4

58 Paul Cotton, "Animals and Science Benefit From 'Replace, Reduce, Refine' Effort," *Journal of the American Medical Association* 270 (24): 2905-907 (1993).

59 OECD 지침을 충족하는 데 필요한 동물 수에 대한 수치는 John Doe and Philip Botham, "Chemicals and Pesticides: A Long Way to Go," in Michael Balls, Robert Combes, and Andrew Worth, eds., *The History of Alternative Test Methods in Toxicology*, (London: Academic Press, 2019), 177-84에서 인용한 것이다.

60 U.S. Environmental Protection Agency, "Revised Final Health Effects Test Guidelines; Acute Toxicity Testing-Background and Acute Oral Toxicity; Notice of Availability," *Federal Register*, Notice 67, 77064-65 (December 16, 2002).

61 Nicholas St. Fleur, "N.I.H. to end backing for invasive research on chimps," *New York Times*, November 19, 2015.

62 David Grimm, "U.S. EPA to eliminate all mammal testing by 2035," *Science* September 10, 2019; Mihir Zaveri, Mariel Padilla, and Jaclyn Peiser, "EPA says it will drastically reduce animal testing," *New York Times*, September 10, 2019.

63 Doe and Botham, "Chemicals and Pesticides: A Long Way to Go" 참고.

64 *Summary Report on the statistics on the use of animals for scientific purposes in the Member States of the European Union and Norway in 2019*, p.45.

65 UK Home Office, "Annual Statistics of Scientific Procedures on Living Animals, Great Britain: 2019,"에서 사용된 데이터 표 7.4 참조. 하원에서 2020년 7월 16일에 인쇄하도록 요청. annual-statistics-scientific-procedures-living-animals-2019-tables.

66 Leandro Texeira and Richard Dubielzig, "Eye," in Wanda M. Haschek, et al., eds., *Haschek and Rousseaux's Handbook of Toxicologic Pathology* (Amsterdam: lsevier Science & Technology, 2013), 2128.

67 Francois Busquet, et al, "New European Union Statistics on Laboratory Animal Use: What Really Counts!" Altex 37(2): 167-186 (2020), p.179; 2019년 수치는 *Summary Report on the statistics on the use of animals for scientific purposes in the Member States of the European Union and Norway in 2019*, p.44 참고.

68 Thomas Hartung, et al., "New European Union Statistics on Laboratory Animal Use-What Really Counts!" *Altex: Alternativen zu Tierexperimenten* 37 (2): 167-86 (March 2020).

69 OECD (2021), Test No. 405: Acute Eye Irritation/Corrosion, OECD Guidelines for the Testing of Chemicals, Section 4, OECD Publishing, Paris, doi. org/10.1787/9789264185333-en.

70 Magnus Gregersen, "Shock," *Annual Review of Physiology* 8: 335-54 (March

1946).

71 Kirtland Hobler and Rudolph Napodano, "Tolerance of swine to acute blood volume deficits," *Journal of Trauma: Injury, Infection, and Critical Care* 14 (8): 716-18 (August 1974).

72 A. Fülöp, et al., "Experimental Models of Hemorrhagic Shock: A Review," *European Surgical Research* 50 (2): 57-70 (June 2013).

73 L. F. McNicholas, et al., "Physical dependence on diazepam and lorazepam in the dog," *Journal of Pharmacology and Experimental Therapeutics* 226 (3): 783-89 (September 1983).

74 Ronald Siegel, "LSD-induced effects in elephants: Comparisons with musth behavior," *Bulletin of the Psychonomic Society* 22 (1): 53-56 (1984).

75 Michiko Okamoto, et al., "Withdrawal characteristics following chronic pentobarbital dosing in cat," *European Journal of Pharmacology* 40 (1): 107-19 (1976).

76 "TSU Shuts Down Cornell Cat Lab," Newsweek December 26, 1988, 50; "TSU Shuts Down Cat Lab at Cornell," *Animals' Agenda*, 22-23,newspaper.animalpeopleforum. org/wp-content/uploads/2018/08/AnimalsAgendaMarch1989.pdf (March 1989).

77 Kathryn Harper, et al., "Age-related differences in anxiety-like behavior and amygdalar CCL2 responsiveness to stress following alcohol withdrawal in male Wistar rats," *Psychopharmacology(Berl)* 234 (1): 79-88 (January 2017).

78 Matt Field and Inge Kersbergen, "Are animal models of addiction useful," *Addiction* 115 (1): 6-12 (July 2019).

79 Stanley Milgram, *Obedience to Authority* (New York Harper & Row, 1974); 최근의 복제에 대해서는 Dariusz Doliński, et al., "Would You Deliver an Electric Shock in 2015? Obedience in the Experimental Paradigm Developed by Stanley Milgram in the 50 Years Following the Original Studies," *Social Psychological and Personality Science* 8 (8): 927-33 (2017) 참고.

80 Blick, D. W., et al., "Primate equilibrium performance following soman exposure: Effects of repeated daily exposures to low soman doses," U.S. Air Force School of Aerospace Medicine Report No. USAFSAM-TR-87-19, Brooks AFB TX, October 1987.

81 U.S. Air Force, School of Aerospace Medicine, Report No USAFSAM-

TR-87-19, 6.

82 Donald J. Barnes, "A Matter of Change," in Peter Singer, ed., *In Defense of Animals* (Oxford: Blackwell, 1985).

83 Barnes, "A Matter of Change," 160-66.

84 Steven Pinker, *The Better Angels of Our Nature* (New York: Viking, 2011), 455-56.

85 United Action for Animals, *The Death Sciences in Veterinary Research and Education* (New York, undated), iii.

86 Stan Wayman, "Concentration Camps for Dogs," *Life* February 3, 1966; Coles Phinizy, "The Lost Pets that Stray to the Labs," *Sports Illustrated* November 29, 1965. 더 많은 정보는 Christine Stevens, "Laboratory Animal Welfare," in *Animals and Their Legal Rights*(Washington, D.C.:Animal Welfare Institute, 1990), 66-111 참고.

87 *Journal of the American Veterinary Medical Association* 163 (9) (November 1, 1973).

88 Dominique Potvin, "Altruism in birds? Magpies have outwitted scientists by helping each other remove tracking devices," *Conversation* 21,theconversation.com/altruism-in-birds-magpies-have-outwitted-scientists-by-helping-each-other-remove-tracking-devices-175246 (February 2022); 이를 보고하는 과학 출판물은 et al., "Australian Magpies Gymnorhina tibicen cooperate to remove tracking devices," *Australian Field Ornithology* 39: 7-11 (2022) 참고.

89 도미니크 포트빈이 저자에게 보낸 이메일, 2022년 2월 26일.

90 Harry Harlow, editorial, "Fundamental Principles for Preparing Psychology Journal Articles," *Journal of Comparative and Physiological Psychology* 55 (6): 893-96 (1962).

91 Vanessa von Kortzfleisch, et al., "Improving reproducibility in animal research by splitting the study population into several 'mini-experiments,'" *Nature, Scientific Reports* 10, article 16579 (October 2020).

92 C. Glenn Begley and John P. A. Ioannides, "Reproducibility in Science: Improving the Standard for Basic and Preclinical Research," *Circulation Research* 116: 116-26 (2015).

93 Leonard Freedman, et al., "The Economics of Reproducibility in Preclinical Research," *PLoS Biology* 13 (6): e1002165 (June 2015).

94 Marlene Cimons, et al., "Cancer Drugs Face Long Road from Mice to Men," Los Angeles Times May 6, 1998. 이 인용문과 Elias Zerhouni에 이어지는 인용문은 Jim Keen, "Wasted money in United States Biomedical and Agricultural Animal Research," in Kathrin Hermann and Kimberley Jayne, *Animal Experimentation: Working Towards a Paradigm Change*(Leiden, The Netherlands: Brill, 2019), 244-72 에서 빌려온 것임.

95 Junhee Seok, et al., "Genomic responses in mouse models poorly mimic human inflammatory diseases," *Proceedings of the National Academy of Sciences* 110 (9): 3507-12 (2013).

96 Rich McManus, "Ex-Director Zerhouni Surveys Value of NIH Research," *NIH Record* LXV (13): 4 (June 21, 2013).

97 Medicines Discovery Catapult and the Bioindustry Association, *State of the Discovery Nation 2018*의 보고서, md.catapult.org.uk/resources/report-state-of-the-discovery-nation-2018/.

98 *Birmingham News*(AL), February 12, 1988.

99 "The Price of Knowledge," broadcast in New York, December 12, 1974, WNET/13. WNET/13가 제공한 대본.

100 U.S. Congress, Office of Technology Assessment, *Alternatives to Animal Use in Research, Testing and Education*, 277에서 인용.

101 Teng Teng, Carol Shively, et al., "Chronic unpredictable mild stress produces depressive-like behavior, hypercortisolemia, and metabolic dysfunction in adolescent cynomolgus monkeys," *Translational Psychiatry* 11, article 9 (2021).

102 Yin Y-Y, "The Faster-Onset Antidepressant Effects of Hypidone Hydrochloride."

103 *National Health and Medical Research Council, Australian Code for the Care and Use of Animals for Scientific Purposes*(1985년에 초판이 출간되었고, 현재 판은 2013년에 출간된 것이다), www.nhmrc.gov.au/about-us/publications/australian-code-care-and-use-animals-scientific-purposes에서 확인할 수 있다. 논의를 살펴보려면 Aaron Timoshenko, et al., "Australian Regulation of

Animal Use in Science and Education: A Critical Appraisal," *ILAR Journal* 57(3): 324-32 (2016) 참고.

104 OTA, *Alternatives to Animal Use in Research, Testing, and Education*, 377.

105 OTA, *Alternatives to Animal Use in Research, Testing, and Education*, 286.

106 OTA, *Alternatives to Animal Use in Research, Testing, and Education*, 287.

107 Animal and Plant Health Inspection Service, U.S. Department of Agriculture, *Animal Welfare Act and Animal Welfare Regulations*, May 2019, p. 6. 서술한 사건들에 대한 설명은 American Anti-Vivisection Society, "Birds, Rats and Mice," aavs.org/our-work/campaigns/birds-mice-rats/ 참고. 2022년 8월 11일에 접속.

108 Pinker, *Better Angels of Our Nature*, 455-56.

109 2021년 6월 9일, 에밀리 트러넬이 저자에게 보낸 이메일. 그리고 "Test Subjects", 2020년 알렉스 록우드Alex Lockwood가 감독하고 제작한 영상이며 testsubjectsfilm.com에서 확인할 수 있다.

110 윌로브룩 실험에 대한 설명은 다음 웹사이트를 참고: en.wikipedia.org/wiki/Willowbrook_State_School#Hepatitis_studies. "가장 비윤리적인" 평가는 Maurice Hilleman이 한 것으로, Paul Offit, *Vaccinated: One Man's Quest to Defeat the World's Deadliest Diseases*(Washington, D.C.: Smithsonian Books/Collins, 2007), 27에서 인용했다.

111 Richard Yetter Chappell and Peter Singer, "Pandemic ethics: the case for risky research," Research Ethics 16 (3-4): 1-8 (2020); Peter Singer and Isaac Martinez, "The Case for Human Covid-19 Challenge Trials," *Project Syndicate*(August 5, 2020) 참고.

112 R. J. Lifton, *The Nazi Doctors* (New York: Basic Books, 1986).

113 I. B. Singer, *Enemies: A Love Story* (New York: Farrar, Straus and Giroux, 1972), 257.

114 James Jones, *Bad Blood: The Tuskegee Syphilis Experiment* (New York: Free Press, 1981) 참고.

115 Sandra Coney, *The Unfortunate Experiment* (Auckland, Penguin Books, 1988).

116 다큐멘터리 "Monkeys, Rats and Me: Animal Testing"은 2006년 11월 27일 BBC에서 처음으로 상영했다. 리뷰 기사는 Laure Pycroft, John Stein, 그리고 Tipu Aziz의 "Deep brain stimulation: an overview of history, methods, and future developments," *Brain and Neuroscience Advances* 2: 1-6 (2018)이다.

117 Thomas McKeown, *The Role of Medicine: Dream, Mirage or Nemesis?*(Oxford: Blackwell, 1979).

118 David St. George, "Life Expectancy, Truth, and the ABPI," *Lancet* August 9, 1986, 346.

119 J. B. McKinlay, S. M. McKinley, and R. Beaglehole, "Trends in Death and Disease and the Contribution of Medical Measures," in H. E. Freeman and S. Levine, eds., *Handbook of Medical Sociology*(Englewood Cliffs, NJ: Prentice Hall, 1988), 16.

120 William Paton, *Man and Mouse*(Oxford University Press, 1984); Andrew Rowan, *Of Mice, Models and Men: A Critical Evaluation of Animal Research*, Albany: State University of New York Press, 1984, chapter 12; Michael DeBakey, "Medical Advances Resulting From Animal Research," in J. Archibald J. Ditchfield and H. Rowsell, eds., *The Contribution of Laboratory Animal Science to the Welfare of Man and Animals: Past, Present and Future*(New York: Gustav Fischer Verlag, 1985); OTA, *Alternatives to Animal Use in Research, Testing, and Education*, chapter 5; and National Research Council, *Use of Animals in Biomedical and Behavioral Research*(Washington, D.C.: National Academy Press, 1988), chapter 3 참고.

121 예를 들어 Ray Greek and Niall Shanks, *FAQs About Animal Research*(Lanham, MD: University Press of America, 2009); Robert Sharpe, *The Cruel Deception*(New York: HarperCollins, 1988) 참고.

122 UNICEF, "Under-five Mortality,"data.unicef.org/topic/child-survival/under-five-mortality. 2022년 8월11일에 접속. World Health Organization, "Children: improving survival and wellbeing," www.who.int/news-room/fact-sheets/detail/children-reducing-mortality(September 8, 2020) 참고.

123 Eurogroup for Animals, "A win for animals! The European Parliament votes in favor of a comprehensive plan to phase-out experiments on animals," www.eurogroupforanimals.org/news/win-animals-european-parliament-votes-favour-comprehensive-plan-phase-out-experiments-animals(September 16, 2021).

3장 공장식 축산업계에서 벌어지는 일들

1   Angela Baysinger, et al., "A case study of ventilation shutdown with the addition of high temperature and humidity for depopulation of pigs," *Journal of the American Veterinary Medical Association* 259 (4): 415-24 (August 2021); Gwendolen Reyes-Illg, et al., "The rise of heatstroke as a method of depopulating pigs and poultry: Implications for the US veterinary profession," *Animals* 13: 140 (2023)도 참고.

2   미국에서 도축된 육상동물의 수는 미국 농무부가 제공한 것으로, 2021년 자료다. USDA National Agriculture Statistics Service, *Poultry Slaughter*, January 24, 2022, p. 2; 그리고 USDA National Agriculture Statistics Service, *Livestock Slaughter*, January 20, 2022, p. 13 참고.

3   www.fao.org/faostat/en/#home(2023년 1월 9일에 접속)에서 관련 항목들을 선별하여 가져온 수치임.

4   "meat" in the *Online Etymological Dictionary*, www.etymonline.com/word/meat 참고.

5   Fact Sheet: The Biden-Harris Plan for a Fairer, More Competitive and More Resilient Meat and Poultry Supply Chain, White House, January 3,2022,www.whitehouse.gov/briefing-room/statements-releases/2022/01/03/fac-sheet-the-biden-harris-action-plan-for-a-fairer-more-competitive-and-more-resilient-meat-and-poultry-supply-chain/.

6   백분율 계산은 다음을 참고했다. the U.S. Department of Agriculture, National Agricultural Statistics Service, "Chickens and Eggs: 2021 Summary," February 2022; 그리고 Terrence O'Keefe, "The largest US egg-producing companies of 2022," Wattagent January 19, 2022, https://www.wattagnet.com/articles/44099-the-largest-us-egg-producing-companies-of-2022.

7   Lucy King, Adam Westbrook, and Jonah Kessel, "See the True Cost of Your Cheap Chicken," *New York Times*, February 10, 2022, www.nytimes.com/2022/02/10/opinion/factory-farming-chicken.html.

8   Ruth Harrison, *Animal Machines*(London: Vincent Stuart, 1964), 3.

9   이 책이 출간될 즈음, 캘리포니아 법을 준수하지 않는 환경에서 사육된 동물 제품 판매 금지를 저지하려는 북미 육류협회의 시도가 미국 대법원에 계류 중이다. 자세한 내용은 다음을 참고. "California's Proposition 12, 2018," Wikipedia, https://

en.wikipedia.org/wiki/2018_California_Proposition_12.

10 U.S. Department of Agriculture, *Broiler Market News Report*, January 2023.

11 Konrad Lorenz, *King Solomon's Ring* (London: Methuen and Company, 1964), 147.

12 예를 들어 다음을 참고. Brendan Graaf, "Lighting Considerations for Commercial Broiler" (Siloam Springs, AK: Cobb-Vantress, Inc, 201).

13 National Chicken Council, "U.S. Broiler Performance," www.nationalchickencouncil.org/about-the-industry/statistics/u-s-broiler-performance/2022년 2월에 접속; Marie-Laure Augere-Granier, *The EU Poultry Meat and Egg Sector*, European Parliamentary Research Service PE644-195, November 2019.

14 National Chicken Council, U.S. Broiler Performance, www.nationalchickencouncil.org/about-the- industry/ statistics/u-s-broiler-performance/, 2022년 2월에 접속.

15 Stéphane Bergeron, Emmanuelle Pouliot, and Maurice Doyon, "Commercial Poultry Production Stocking Density Influence on Bird Health and Performance Indicators," *Animals* 10(8): 1253 (2020).

16 Eurogroup for Animals, *The Welfare of Broiler Chickens in the EU* (Brussels, 2020), 12.

17 M. O. North and Bell D. D., *Commercial Chicken Production Manual*, 4th ed. (New York: Van Nostrand Reinhold, 1990), 456.

18 King, Westbrook, and Kessel, "See the True Cost of Your Cheap Chicken."

19 Casey W. Ritz, Brian D. Fairchild, and Michael P. Lacy, "Litter Quality and Broiler Performance," Poultry Site, August 22, 2005, www.thepoultrysite.com/articles/litter-quality-and-broiler-performance.

20 U.S. Department of Agriculture Yearbook for 1970, xxxiii.

21 Katy Mumaw, "Contract Chickens, Get an Inside Look," *Farm and Dairy*, April 26, 2018, www.farmanddairy.com/uncategorized/contract-chickens-get-an-inside-look/483606.html.

22 Chris Harris, "Broiler Production and Management," Poultry Site, April 24, 2004, www.thepoultrysite.com/articles/broiler-production-and-management.

23 National Chicken Council, U.S. Broiler Performance, www.nationalchickencouncil.org/about-the-industry/statistics/u-s-broiler-performance/, 2022년 2월에 접속.

24 U.S. Department of Agriculture, National Agricultural Statistics Service,

Poultry Slaughter, 2021 Summary, 2022년 2월 접속.

25 Jean Sander, "Sudden Death Syndrome in Broiler Chickens," *MSD Veterinary Manual*, November 2019.

26 Fabian Brockotter, "Controlling Sudden Death Syndrome via Feed Strategies, *Poultry World*, May 1, 2020.

27 R. F. Wideman, D. Rhoads, G. Erf, and N. Anthony, "Pulmonary arterial hypertension (ascites syndrome) in broilers: A review," *Poultry Science* 92 (1): 64-83 (2013).

28 S. C. Kestin, T. G. Knowles, A. E. Tinch, and N. G. Gregory, "Prevalence of Leg Weakness in Broiler Chickens and its Relationship with Genotype," *Veterinary Record* 131 (9): 190-194 (August 1992).

29 웹스터 교수의 발언은 『더 가디언*The Guardian*』(1991년 10월 14일)에서 가져온 것이다.

30 John Webster, *Animal Welfare: A Cool Eye Towards Eden* (Oxford: Blackwell Science, 1995), 156.

31 "Pilgrim's Shame: Chickens Buried Alive," *Animal Outlook*, animaloutlook. org/investigations/pilgrims/. 2021년 미국 가금류 산업의 총 매출은 461억 달러였으며, 이 중 68%는 육계에서 발생했다. U.S. Department of Agriculture, National Agricultural Statistics Service, "Poultry—Production and Summary, 2021," April 2022 참고.

32 Animal Law Italia and Equalia의 보도 자료, February 16, 2022.

33 Arnaud van Wettere, "Noninfectious skeletal disorders in poultry broilers," *Merck Veterinary Manual*(last modified 2022), www.merckvetmanual.com/ poultry/disorders-of-the-skeletal-system-in-poultry/noninfectious-skeletal-disorders-in-poultry-broilers.

34 G. T. Tabler and A. M. Mendenhall, "Broiler Nutrition, Feed Intake and Grower Economics," *Avian Advice* 5 (4): 9 (Winter 2003).

35 J. Mench, "Broiler breeders: feed restriction and welfare, *World's Poultry Science Journal* 58: 23-29 (2002).

36 K. M. Wilson, et al., "Impact of Skip-a-Day and Every-Day Feeding Programs for Broiler Breeder Pullets on the Recovery of Salmonella and Campylobacter following challenge," *Poultry Science* 97 (8): 2775-84 (August 1, 2018).

37 A. Arrazola, et al., "The effect of alternative feeding strategies on the feeding motivation of broiler breeder pullets," *Animal* 14 (10): 2150-58 (October 2020).

38 National Chicken Council, "National Chicken Council Animal Welfare Guidelines and Audit Checklist," June 2017, www.nationalchickencouncil .org/wp-content/ uploads/2017/07/NCC-Welfare- Guidelines_ Broiler Breeders.pdf.

39 John Vidal, *McLibel: Burger Culture on Trial*(London: Pan Books, 1997), 311.

40 "Welcome to Peer System," www.peersystem.nl/en/참고. 영상은 www. youtube.com/watch?v=8mFP4isNuMY (2022년 4월 26일에 접속) 참고.

41 닭 도축과 관련된 복지의 측면과 기절시키는 여러 방법을 비교한 정보를 구하려면 다음을 참고. Charlotte Berg and Mohan Raj, "A Review of Different Stunning Methods for Poultry-Animal Welfare Aspects," *Animals* 5 (4): 1207-19(2015).

42 National Chicken Council, "National Chicken Council Animal Care Guidelines Certified by Independent Audit Certification Organization," July 10, 2018, www.nationalchickencouncil.org/national-chicken-council-animal-care- guidelines-certified-by-independent-audit-certification-organization/.

43 불시 점검 과정에서 촬영한 동영상은 www.youtube.com/watch?v=b6A1kWnEfqk 에서 확인할 수 있다. 모이 파크와 니코 오밀라나 측 대변인의 인용문은 Andrew Wasley, "KFC faces backlash over 'misleading' portrayal of UK chicken farming," *Guardian*, April 12, 2022에서 가져온 것이다.

44 Edgar Oviedo-Rondón, "Predisposing Factors that Affect Walking Ability in Turkeys and Broilers," February 1, 2009, www.thepoultrysite.com/articles/ predisposing-factors-that-affect-walking-ability-in-turkeys-and-broilers# (2022년 4월 26일 접속); V. Allain, et al., "Prevalence of skin lesions in turkeys at slaughter," *British Poultry Science* 54 (1): 33-41 (2013); Hybrid, "What are breast blisters and buttons," www.hybridturkeys.com/en/news/preventing- breast-blisters-and-button/ (2022년 4월 접속).

45 칠면조 사육에 대한 이 설명은 이전에 출판된 다음 책을 바탕으로 한다. Peter Singer and Jim Mason, *The Ethics of What We Eat*(New York: Random House, 2007).

46 *Poultry Tribune*, January 1974.

47 *Poultry Tribune*, January 1974.

48 미국의 수치는 미국 농무부 보고서 「닭과 병아리Chickens and Eggs」(2022년 2월 25일) 에서 도출한 근사치다. 보고서는 2021년에 부화한 산란종 병아리가 6억 2,400만 마

리이고(16쪽), 이 중 절반이 수컷일 거라는 가정이 함께 나와 있다. 유럽연합의 수치는 하랄트 빌림스키[Harald Vilimsky]가 2018년 12월 5일 유럽의회에서 한 질의 응내에서 가져온 것이다. www.europarl.europa.eu/doceo/document/E-8-2018-006133_EN.html.

49 Hannah Thomson, "Fifty million male chicks saved as France bans egg industry from culling," *Connexion* February 8, 2022; "Germany bans male chick culling from 2022, DW, dw.com/en/germany-bans-male-chick-culling-from-2022/a-57603148; "Italy bans the killing of male chicks in an effort led by Animal Equality," https://animalequality.org/news/italy-bans-the-killing-of-male-chicks.

50 H. Cheng, "Pain in Chickens and Effects of Beak Trimming," in American College of Poultry Veterinarians, Workshop Proceedings Laying Hen and Pullet Well-being, Management and Auditing, April 18, 2010, (Vancouver, British Columbia), 20, www.ars.usda.gov/research/publications/publication/?seqNo115=253565; see also Taylor Reed, "Beak Trimming: Hot Blade v IRBT," www.slideshare.net/TaylorReed18/beak-trimming, Summer 2016.

51 C. H. Oka, et al., "Performance of Commercial Laying Hen Submitted to Different Debeaking Methods," *Brazilian Journal of Poultry Science* 19 (4): 717-24(October-December 2017); Philip Glatz and Greg Underwood, "Current methods and techniques of beak trimming laying hens, welfare issues and alternative approaches," *Animal Production Science* 61: 968-89(2021).

52 M. J. Gentle, L. N. Hunter, and D. Waddington, "The onset of pain related behaviours following partial beak amputation in the chicken," *Neuroscience letters* 128 (1): 113-16 (1991) 참고.

53 *Report of the Technical Committee to Enquire into the Welfare of Animals Kept Under Intensive Livestock Husbandry Systems*, Command Paper 2836 (London: Her Majesty's Stationery Office, 1965), paragraph 97.

54 A. Andrade and J. Carson, "The Effect of Age and Methods of Debeaking on Future Performance of White Leghorn Pullets," Poultry Science 54 (3): 666-674 (1975); M. Gentle, B. Huges, and R. Hubrecht, "The Effect of Beak Trimming on Food Intake, Feeding Behavior and Body Weight in Adult Hens," *Applied Animal Ethology* 8 (1-2): 147-159 (1982); M. Gentle, "Beak

Trimming in Poultry," *World's Poultry Science Journal* 42 (3): 268-275 (1986).

55 J. Breward and M. Gentle, "Neuroma Formation and Abnormal Afferent Nerve Discharges After Partial Beak Amputation (Beak Trimming) in Poultry," *Experienta* 41 (9): 1132-34 (September 1985).

56 N. J. Beausoleil, S. E. Holdsworth, and H. Lehmann, "Avian Nociception and Pain," in *Sturkie's Avian Physiology*(Amsterdam, The Netherlands: Elsevier, 2022), 223-231; American Veterinary Medical Association, "Welfare Implications of Beak Trimming," February 7, 2010, www.avma.org/resources-tools/literature-reviews/welfare-implications-beak-trimming 참고.

57 Gentle, "Beak Trimming in Poultry."

58 C. E. Ostrander and R. J. Young, "Effects of Density on Caged Layers," *New York Food and Life Sciences* 3 (3)(1970).

59 *USDA Egg Markets Overview*, July 29, 2022, 4.

60 Marie-Laure Augèe-Granier, European Parliamentary Research Service,The *EU Poultry Meat and Egg Sector* PE 644-195, November 2019, 10.

61 *Der Spiegel* 47 (1980): 264; quoted in, *Intensive Egg and Chicken Production* (Huddersfield, UK: Chickens' Lib, 1982).

62 I. Duncan and V. Kite, "Some Investigations into Motivation in the Domestic Fowl," *Applied Animal Behaviour Science* 18 (3-4): 387-388 (1987).

63 *New Scientist* January 30, 1986, 33, H. Huber, D. Fölsch, and U. Stahli가 *British Poultry Science* 26 (3): 367 (1985)에 게재한 연구 보고.

64 A. Black and B. Hughes, "Patterns of Comfort Behaviour and Activity in Domestic Fowls: A Comparison Between Cages and Pens," *British Veterinary Journal* 130 (1): 23-33 (1974).

65 이 단락에서 언급한 흙목욕에 대한 정보는 D. van Liere and S. Bokma, "Short-term Feather Maintenance as a Function of Dust-bathing in Laying Hens," *Applied Animal Behaviour Science* 18 (2): 197-204 (1987); H. Simonsen, K. Vestergaard, and P. Willeberg, "Effect of Floor Type Density on the Integument of Egg Layers," Poultry Science 59 (10): 2202-06 (1980); and K. Vestergaard, "Dustbathing in the Domestic Fowl—Diurnal Rhythm and Dust Deprivation," *Applied Animal Ethology* 8 (5): 487-95 (1982)에서 인용했다.

66 Albert Schweitzer Foundation, "Ending the Use of Battery Cages,"

albertschweitzerfoundation.org/campaigns/ending-use-battery-cages.

67 Eurogroup for Animals, "European commission announces historic commitment to ban cages," 보도 자료, June 30, 2021, www.eurogroupforanimals.org/news/european-commission-announces-hisoric-commitment-ban-cages-farmed-animals.

68 United Egg Producers, "UEP certified conventional cage program: UEP certified guidelines," uepcertified.com/conventional-cage-housing/(2022년 3월 20일 접속).

69 B. M. Freeman, "Floor Space Allowance for the Caged Domestic Fowl," *Veterinary Record* 112 (24): 562-63(June 1983).

70 M. Dawkins, "Do Hens Suffer in Battery Cages? Environmental Preferences and Welfare," *Animal Behaviour* 25 (4): 1034-46 (November 1977). M. Dawkins, *Animal Suffering: The Science of Animal Welfare* (London: Chapman and Hall, 1980), chapter 7 참고.

71 Chris Harris, "Finding the Value in Processing Spent Hens," Poultry Site, December 20, 2019, www.thepoultrysite.com/articles/finding-the-value-in-processing-spent-laying-hens.

72 EFSA Panel on Animal Health and Welfare, "Scientific opinion on the killing for purposes other than slaughter: poultry," *EFSA Journal* 17 (11):5850(2019).

73 Jia-Rui Chong, "Vet in row after hens 'chipped' to death," *Los Angeles Times* November 23, 2003; www.hsus.org/farm_animals/farm_animals_news/missouri_county_files_charges_against_moark.html.

74 United Egg Producers "Animal Husbandry Guidelines for U.S. Egg-Laying Flocks"(2017), uepcertified.com/wp-content/uploads/2021/08/CF-UEP-Guidelines_17-3.pdf; European Commission Guide to good practices for the transport of the Poultry(2018).

75 "Take feed away from spent hens," *Poultry Tribune*, March 1974.

76 Sean Remos, Matthew MacLachlan, and Alex Melton, "Impacts of the 2014-15 Highly Pathogenic Avian Influenza Outbreak in the U.S. Poultry Sector," U.S. Department of Agriculture, *Livestock, Dairy, and Poultry Outlook* (LDPM-282-02) (December 2017).

77 Tom Cullen, "Five million layers snuffed as avian influenza hits," *Storm Lake*

Times, March 23, 2022.

78 Gwendolen Reyes-Illg, et al., "The rise of heatstroke as a method of depopulating pigs and poultry: Implications for the US veterinary profession," *Animals* 13: 140 (2023).

79 Marina Bolotnikova, "Amid Bird Flu Outbreak, Meat Producers Seek 'Ventilator Shutdown' For Mass Chicken Killing," *Intercept*, April 14, 2022, theintercept.com/2022/04/14/killing-chickens-bird-flu-vsd/.

80 Marina Bolotnikova, "US farms lobby to use 'cruellest' killing method as bird flu rages," *The Guardian*, November 9, 2022.

81 Our Honor *Weekly Newsletter*, November 30, 2022, 그리고 www.ourhonor. org/blognew/avma-denies-petition-of-278-veterinarian-to-reclassify-mass-killing-of-animals-via-heatstroke-as-not-recommended에서 유사한 블로그 게시물을 확인할 수 있다.

82 EFSA Panel on Animal Health and Welfare, "Scientific opinion on the killing for purposes other than slaughter: poultry," *EFSA Journal 17* (11):5850 (2019). 해당 부분은 25쪽에 언급돼 있다.

83 L214 Media Release, "Millions of birds asphyxiated," April 5, 2022; "Grippe aviaire. En Vendée, il a dû asphyxier ses 18000 poulets, puis les enterrer dans un champ," ["조류인플루엔자. 방데Vendée에서 그는 닭 1만 8,000마리를 질식사시킨 다음 땅에 묻어야 했다."], *Ouest France* March 25, 2022.

84 R. Dunbar, "Farming Fit for Animals," *New Scientist* 102: 12-15 (March 1984); D. Wood-Gush, "The Attainment of Humane Housing for Farm Livestock," in M. Fox and L. Mickley, eds., *Advances in Animal Welfare Science* (Dordrecht, The Netherlands: Springer, 1985), 47-55; Gary Landsberg and Sagi Denenberg, "Social Behavior of Swine," *Merck Veterinary Manual*, 2022, www.merckvetmanual. com/behavior/normal-social-behavior-and-behavioral-problems-of-domestic-animals/social-behavior-of-swine.

85 D. Wood-Gush and R. Beilharz, "The Enrichment of a Bare Environment for Animals in Confined Conditions," *Applied Animal Ethology* 10 (3): 209-217 (May 1983); R. Dantzer and P. Mormede, "Stress in Farm Animals: A Need for Reevaluation," *Journal of Animal Science* 57 (1): 6-18(July 1983) 참고; 최근 연구 결과를 확인하려면 Marek Špinka, ed., Advances in *Pig Welfare*, (Sawston,

UK: Woodhead Publishing, 201), especially Marc Bracke, "Chains as proper enrichment for intensively farmed pigs?," 167-97 참고.

86 Mhairi Sutherland and Cassandra Tucker, "The long and short of it: A review of tail docking in farm animals," *Applied Animal Behaviour Science* 135(3): 179-91(December 2011).

87 D. Fraser, "The role of behaviour in swine production: a review of research," *Applied Animal Ethology* 11 (4): 317-339 (1984).

88 D. Fraser, "Attraction to blood as a factor in tail-biting by pigs," *Applied Animal Behaviour Science* 17 (1-2): 61-68 (1987).

89 M. Larsen, H. Andersen, and L. Petersen, "Which is the most preventive measure against tail docking in finisher pigs: tail docking, straw provision or lowered stocking density?," *Animal* 12 (6): 1260-67 (June 2018).

90 L214, "*Historique: une infraction routinière enfin condamnée*," savoir-animal. fr/historique-une-infraction-routiniere-enfin-condamnée/. European Court of Auditors, "Animal welfare in the EU: closing the gap between ambitious goals and practical implementation," *Special Report* No.31 (2018) 참고.

91 93.5%라는 수치는 미국 농무부의 2017년 농업 인구 센서스 표 20의 데이터에 근거한 것이다. 2017년 농업 인구 센서스에 따르면 그해에 총 2억 3,530만 마리의 돼지가 판매되었고, 이 중 2억 2,010만 마리는 돼지 5,000마리 이상을 사육하는 농장에서 판매되었다. 농업 인구 센서스는 www.nass.usda.gov/Publications/ AgCensus/2017/Full_Report/volume_1,_chapter_1_US/usv1.pdf에서 확인할 수 있다.

92 Tyson Food Facts page, ir.tyson.com/about-tyson/facts/default.aspx, 2022년 8월 11일 접속.

93 "Life cycle of a market pig," porkcheckoff.org/pork-branding/facts-statistics/ life-cycle-of-a-market-pig/, 2022년 3월 26일 접속.

94 *Hog Farm Management*, December 1975, 16.

95 Bob Fase, Orville Schell, *Modern Meat* (New York: Random House, 1984), p.62에서 인용.

96 Lauren Kendrick, *Ammonia Emissions from Industrial Hog Farming* (Santa Monica, CA: RAND Corporation, 2018).

97 *National Hog Farmer*, March 1978, 27.

98 U. S. Department of Agriculture, *Fact Sheet, Swine Management*, AFS-3-12 (Washington, D.C.: Office of Governmental and Public Affairs, 1981), 1.

99 K. H. Kim, et al., "Effects of Gestational Housing on Reproductive Performance and Behavior of Sows with Different Backfat Thickness," *Asian-Australasian Journal of Animal Science* 29: 142-48 (2016); Temple Grandin은 Mark Essig, "Pig farming doesn't have to be this cruel," *New York Times*, October 10, 2022 에서 인용.

100 Commission of the European Communities, Scientific Veterinary Committee, *The Welfare of Intensively Kept Pigs: Report of the Scientific Veterinary Committee, Adopted 30 September 1997*.

101 U.S. Department of Agriculture, Economic Research Service, "Hog welfare laws cover 9 states and 3 percent of the national herd in 2022," 2022년 3월 16일에 최종 업데이트.

102 U.S. Department of Agriculture, *Fact Sheet: Swine Housing*, AFS-3-8-9 (Washington D.C.: Office of Governmental and Public Affairs, 1981), 4.

103 A. Lawrence, M. Appleby, and H. MacLeod, "Measuring hunger in the pig using operant conditioning: The effect of food restriction," *Animal Science* 47 (1): 131-37 (1988).

104 Commission of the European Communities, Scientific Veterinary Committee, *The Welfare of Intensively Kept Pigs*.

105 Eric Schlosser, reviewing Corban Addison's *Wastelands* in the *New York Times*, June 7, 2022.

106 U.S. Department of Agriculture, Food, Safety and Inspection Service, "Veal from Farm to Table," last updated August 2013, www.fsis.usda.gov/food-safety/safe-food-handling-and-preparation/meat/veal-farm-table.

107 당시 미국 최대 화이트빌 생산업체였던 Provimi Inc.의 뉴스레터 *Stall Street Journal* 1973년 4월호와 11월호 참고.

108 "American Veal Association Confirms Mission Accomplished," January 2018, www.americanveal.com/industry-updates/2018/1/22/american-veal-association-confirms-mission-accomplished.

109 www.americanveal.com/veal-videos에서 "What do calves eat?" 영상 참고.

110 James Reynolds가 Sophie Kevany에게 보낸 이메일, 2022년 4월 19일.

111 111. M. Shahbandeh, "Per Capita Consumption of Veal in the United States," Statista, March 2, 2022, https://www.statista.com/statistics/183541/percapita-consumption-of-veal-in-the-us; U.S. Department of Agriculture, "Ask USDA: How much veal is consumed in the United States," https://ask.usda.gov/s/article/How-much-veal-is-consumed-in-the-US; "Veal: Production and Consumption in Europe," https://www.vealthebook.com/process/production-and-consumption-in-europe. (두 사이트 모두 2022년 10월 7일에 접속.)

112 Compassion in World Farming, "Standard Intensive Milk Production," www.compassioninfoodbusiness.com/awards/good-dairy-award/standard-intensive-milk-production/. 가장 최근의 것인 2014년 통계는 U.S. Department of Agriculture, *Dairy 2014: Dairy Cattle Management Practices in the United States, 2014*, www.aphis.usda.gov/animal_health/nahms/dairy/downloads/dairy14/Dairy14_dr_PartI_1.pdf 참고.

113 2019년 1월에 검토된 Ontario Ministry of Agriculture, Food and Rural Affairs, "Lighting for More Milk," Agdex 717, www.omafra.gov.on.ca/english/engineer/facts/06-053.htm 참고.

114 James MacDonald, "Scale economies provide advantages to large dairy farms," U.S. Department of Agriculture, Economic Research Service, August 3, 2020, www.ers.usda.gov/amber-waves/2020/august/scale economies-provide-advantages-to-large-dairy-farms/.

115 Lyndal Reading, "How Now dairy: Taking an animal welfare approach on milking", *Weekly Times*, November 6, 2017;https://hownowdairy.com.au 참고.

116 아힘사에 대해 살펴보고 싶다면 www.ahimsamilk.org/ 참고. 안자 흐라데츠키의 농장은 Jannis Funk and Jakob Schmidt가 감독하고 2021 Arte가 제작한 「Who we eat: The Status Quo」에 나온다.

117 Encyclopedia Britannica, www.britannica.com/animal/cow.

118 *Peoria Journal Star*, June 5, 1988.

119 U.S. Department of Agriculture, Economic Research Service, "Cattle & Beef: Sector at a Glance" (2021년 11월에 최종 업데이트),www.ers.usda.gov/topics/animal-products/cattle-beef/sector-at-a-glance.

120 U.S. Department of Agriculture, Economic Research Service, "Cattle & Beef: Sector at a Glance"; Temple Grandin, "Evaluation of the welfare of cattle housed in outdoor feedlot pens," *Veterinary and Animal Science* 1-2: 23-28 (December 2016).

121　Beef Cattle Research Council, "Acidosis," www.beefresearch.ca/research-topic.cfm/acidosis-63 (August 26, 2022년 8월 26일에 접속); L.C. Eastwood, et al., "National Beef Quality Audit-2016: Transportation, mobility, and harvest-floor assessments of targeted characteristics that affect quality and value of cattle, carcasses, and by-products," Translational Animal Science 1 (2): 229-38 (April 2017).

122　Lily Edwards-Callaway, et al., "Impacts of shade on cattle well-being in the beef supply chain," *Journal of Animal Science* 99 (2): 1-21 (February 2021).

123　F. M. Mitlöhner, et al., "Effects of shade on heat-stressed heifers housed under feedlot conditions," Burnett Center Internet Progress Report, no. 11, February 2001; www.depts.ttu.edu/afs/burnett_center/progress_reports/bc11.pdf; F. M. Mitlöhner, et al., "Shade effects on performance, carcass traits, physiology, and behavior of heat-stressed feedlot heifers," *Journal of Animal Science*, 80 (8): 2043-50 (August 2002) 참고.

124　Elisha Fieldstadt and Reuters, "At least 2000 cattle dead in Kansas heat, adding pain to beleaguered industry," NBC News, June 18, 2022, www.nbcnews.com/news/weather/least-2000-cattle-dead-kansas-heat-adding-pain-beleaguered-industry-rcna3387.

125　Temple Grandin, "Evaluation of the welfare of cattle housed in outdoor feedlot pens."

126　European Food Safety Authority, "General approach to fish welfare and to the concept of sentience in fish, Scientific Opinion of the Panel on Animal Health and Welfare," adopted January 29, 2009, *EFSA Journal* 954:1-27(2009).

127　Alison Mood et al, "Estimating global numbers of farmed fishes killed for food annually from 1990 to 2019," *Animal Welfare*, 32 e12 (2023) 1-16; B. Franks, C. Ewell, and J. Jacquet, "Animal welfare risks of global aquaculture," *Science Advances* 7: eabg0677 (2021)도 참고.

128　Annie Rueter, et al., "The Fish You Don't Know You Eat," produced by NBC News and the Global Reporting Program at the University of British Columbia Graduate School of Journalism, globalreportingprogram.org/fishmeal/.

129 Lao Minyi, "Fish farms are transformed into laboratories: fish farmers using microscopes to find parasites and prescribe the right medicine to increase the survival rate to 50%," *Hong Kong News* July 20, 2019, www.hk01.com/sns/article/352888.

130 유엔 식량농업기구의 2016년 수치를 바탕으로 Persis Eskander가 오픈 필랜트로피 프로젝트Open Philanthropy Project를 위해 작성한 매트릭스 정산표를 참고. docs.google.com/spreadsheets/d/12pA0UxIbRDcfY5g25XZ7na4duhj6411l-1-_3tRH48k/edit#gid=1419062790.

131 J. Lines & J. Spence, "Safeguarding the welfare of farmed fish at harvest," *Fish Physiology and Biochemistry* 38 (1): 153-62 (February 2012). 이 자료는 Fish Welfare Initiative, *Fish Welfare Improvements in Aquaculture*, December 2020, 10.13140/RG.2.2.17712.58889에서 가져왔다.

132 Daniela Waldhorn and Elisa Autric, "Shrimp Production: Understanding the Scope of the Problem," a 2023 report for Rethink Priorities, https://rethinkpriorities.org/shrimp-production; Becca Franks, Christopher Ewell, and Jennifer Jacquet, "Animal welfare risks of global aquaculture," *Science Advances* 7: eabg0677(2021)도 참고.

133 논의를 더 살펴보고 싶다면 Almaya Albalat, et al., "Welfare in Farmed Decapod Crustaceans, With Particular Reference to Penaeus vannamei" Frontiers in Marine Science 9: 886024 (2022) 참고. 제1장 주석 17번의 출처도 참고.

134 Jennifer Jacquet, Becca Franks, and Peter Godfrey-Smith, "The octopus mind and the argument against farming it," *Animal Sentience* 26: 19 (2019).

135 Paulo Steagall, et al., "Pain Management in Farm Animals: Focus on Cattle, Sheep and Pigs," *Animals* 11 (6): 1483 (May 2021).

136 Calla Wahlquist, "'Horrific' footage of live cattle having horns removed in Australia sparks outrage," *Guardian*, December 5, 2019.

137 Animal Outlook, "Animal Transport: Torture Hidden in Plain Sight," animaloutlook.org/investigations/#transport. '기소되지 않았다'는 내용은 애니멀 아웃룩의 법률 대변 고문 이사인 파이퍼 호프먼Piper Hoffman이 소피 커배니 Sophie Kevany에게 보낸 2022년 2월 7일 자 이메일 정보를 기반으로 한다. 동물복지연구소의 다음 문서도 참고할 것: awionline.org/sites/default/files/uploads/documents/AWI-Request-to-Enforce-28-Hour-Law.pdf; awionline.org/sites/

default/files/uploads/documents/21LegalProtectionsTransport.pdf.

138 Barbara Padalino, et al., "Transport certifications of cattle moved from France to Southern Italy and Greece: do they comply with Reg. EC 1/2005?," *Italian Journal of Animal Science* 20 (1): 1870-81 (October 2021).

139 Karen Schwartzkopf-Genswein, et al., "Symposium Paper: Transportation issues affecting cattle well-being and considerations for the future," *Professional Animal Scientist* 32 (6): 707-16 (December 2016).

140 Timothy Pachirat, *Every Twelve Seconds: Industrialized Slaughter and the Politics of Sight* (New Haven, CT: Yale University Press, 2011), 145.

141 Pachirat, *Every Twelve Seconds*, 60.

142 Pachirat, *Every Twelve Seconds*, 153-56.

143 Pachirat, *Every Twelve Seconds*, 85-86; https://animalequality.org.uk/our-investigations-into-slaughterhouses.

144 Animal Equality UK, "Our Investigations into Slaughterhouses."

145 L214, "*L'enfer des veaux a l'abattoir Sobeval*," www.l214.com/enquetes/2020/abattoir-veaux-sobeval/.

146 Alison Mood, *Worse things happen at sea: The welfare of wild-caught fish*, 2010, www.fishcount.org.uk/published/standard/fishcountsummaryrptSR.pdf.

147 J. Lines and J. Spence, "Safeguarding the welfare of farmed fish at harvest," *Fish Physiology and Biochemistry* 38: 153-62(February 2012).

148 European Food Safety Authority, "Species-specific welfare aspects of the main systems of stunning and killing of farmed eels, *Anguilla Anguilla*; Scientific opinion of the panel on animal health and welfare," *EFSA Journal* 1014: 1-42 (2009).

149 네덜란드에 대해서는 *Regulation of the Minister of Agriculture, Nature and Food Quality of 15 May 2018, no. WJZ/17127055, amending the Regulation on animal keepers in connection with the stunning of eels*, https://zoek.officielebekendmakingen.nl/stcrt-2018-25060.html; New Zealand Government, *Code of Welfare: Commerical Slaughter*, p.28, www.mpi.govt. nz/dmsdocument/46018-Code-of-Welfare-Commercial-slaughter 참고. 낚시꾼을 위한 독일의 웹사이트는 소금 사용을 포함하여 고통스럽게 장어를 죽이는 다양한 방법이 "무조건적으로, 확실하게 허용되지 않는다"고 밝히고 있다.

www.netzwerk-angeln.de/angeln/fischverwertung/194-aal-toeten-und-ausnehmen.html.

150 www.youtube.com/watch?v=JdF12LQ4wGA에서 영상 참고.

151 www.youtube.com/watch?v=hbW88hGyDEU에서 영상 참고. 번역 자막이 제공된다.

4장 종차별 없이 살아가기

1 Will MacAskill, *Doing Good Better: How Effective Altruism Can Help You Help Others, Do Work that Matters, and Make Smarter Choices about Giving Back*, (New York: Penguin Random House, 2016); 그리고 Peter Singer, *The Most Good You Can Do* (New Haven, CT: Yale University Press, 2015) 참고.

2 가장 선한 일을 하는 직업에 대한 조언은 80000hours.org 참고.

3 Our World in Data, "Global Meat Consumption, 1961-2050, https://ourworldindata.org/grapher/global-meat-projections-to-2050?time=1961,2050.

4 육류 소비 정보는 Organization for Economic Cooperation와 Agriculture Organization of the United Nations 데이터베이스의 육류 가용성 수치를 기반으로 했다.

5 People for the Ethical Treatment of Animals, "Air France Commits to Banning Transport of Monkeys to Laboratories," June 30, 2022, www.peta.org/about-peta/victories/.

6 Maria Salazar, "The Effects of Diet Choices," Animal Charity Evaluators, February 2021. 이는 2018년 수치에 근거를 두고 있다. Available animalcharityevaluators.org/research/reports/dietary-impacts/effects-of-diet-choices에서 확인할 수 있다.

7 이 논의는 Julia Driver, Mark Budolfson, and Claytonton Littlejohn이 Ben Bramble and Bob Fischer, eds., *The Moral Complexities of Eating Meat* (Oxford University Press, 2015)에 실린 논문에서 저저들이 다루고 있다.

8 Bailey Norwood and Jayson Lusk, *Compassion, by the Pound: The Economics of Farm Animal Welfare* (Oxford University Press, 2011),chapter 8.

9 Hannah Ritche and Max Roser, "Soy," Our World in Data, ourworldindata.

org/soy, 2022년 10월 9일에 접속.

10 A. Shepon, et al., *Environmental Research Letters* 11 (10): article 105002 (2016); A. Shepon, et al., "The opportunity costs of animal based foods exceeds all food losses," *Proceedings of the National Academy of Sciences of the U.S.A.* 115 (15): 3804-09 (April 10, 2018).

11 P. Alexander, et al., "Human appropriation of land for food: The role of diet," *Global Environmental Change* 41: 88-98 (November 2016). 전 세계 인구가 앞서 언급한 특정 국가의 평균 식단을 채택했을 때 농업에 필요한 전 세계 거주 가능 면적의 비율은 Hannah Ritchie, "How much of the world's land would we need in order to feed the global population with the average diet of a given country?" Our World in Data, October 3, 2017, ourworldindata.org/agricultural-land- by-global -diets 참고. 또한 Michael Grunwald, "No one wants to say 'Put down that burger,' but we really should," *New York Times*, December 15, 2022도 참고.

12 Food and Agriculture Organization, *The State of World Fisheries and Aquaculture 2022. Towards Blue Transformation*, Rome, FAO, 2022, https://doi.org/10.4060/cc0461en.

13 Global Initiative Against Transnational Organized Crime, "Illicit Migration to Europe: Consequences of illegal fishing and overfishing in West Africa," May 8, 2015; globalinitiative.net/analysis/illicit-migration-to-europe-consequences-of-illegal-fishing-and-overfishing-in-west-africa/, 2022년 8월 14일에 접속.

14 Munk Debate, Animal Rights, guests Peter Singer and Joel Salatin, January 25, 2022, munkdebates.com/podcast/animal-rights.

15 Jacy Reese Anthis, "U.S. Factory Farming Estimates," Sentience Institute 2019, https://www.sentienceinstitute.org/us-factory-farming-estimates.

16 Information from Compassion in World Farming의 정보, www.ciwf.org.uk/farm-animals/sheep/에서 확인할 수 있음.

17 Stone Barns Center for Food and Agriculture, "Back to grass: the market potential for U.S. grassfed beef," 2017, www.stonebarnscenter.org/blog/future-grassfed-beef-green; Meat and Livestock Australia, "Grainfed cattle make up 50% of beef production," June 10, 2021, https://www.mla.com.au/prices-markets/market-news/2021/grainfed-cattle-make-up-50-of-beef-production/.

18 Leslie Stephen, *Social Rights and Duties* (London, 1896), 그리고 Henri Salt가 인

용한 "The Logic of the Larder" 참고. 후자는 *The Humanities of Diet* (Manchester: The Vegetarian Society, 1914), 34-38에서 확인할 수 있고, Tom Regan and Peter Singer, eds., *Animal Rights and Human Obligations* (Englewood Cliffs, NJ: Prentice-Hall, 1976)으로 재출간되었다.

19   Roger Scruton, "The Conscientious Carnivore," in S. Sapontzis, ed., *Food for Thought* (Amherst, MA: Prometheus, 2004), 81-91; Roger Scruton, *Animal Rights and Wrongs* (London: Continuum, 2006); Michael Pollan, *The Omnivore's Dilemma: A Natural History of Four Meals* (New York Penguin Books, 2016); 그리고 G. Schedler, "Does ethical meat eating maximize utility?," *Social Theory and Practice* 31 (4): 499-511 (October 2005)도 볼 것.

20   비대칭성을 설명하고 싶다면 S. Sapontzis, *Morals, Reason and Animals* (Philadelphia: Temple University Press, 1987), 193-94; David Benatar, *Better Never to Have Been: The Harm of Coming into Existence* (Oxford University Press, 2009), chapter 2; 그리고 Melinda Roberts, "An Asymmetry in the Ethics of Procreation," *Philosophy Compass* 6 (11): 765-76 (November 2011)을 볼 것. 논의를 보려면 Peter Singer, *Practical Ethics*, 3rd ed. (Cambridge University Press, 2011, chapters 4 and 5를 참고할 것)

21   이 단락에서 논의된 관념을 더 확인하려면 Henry Sidgwick, *The Methods of Ethics*, book IV (London: Macmillan, 1907), chapter 1; Derek Parfit, *Reasons and Persons* (Oxford: Clarendon Press, 1984), Part IV; Gustaf Arrhenius, Jesper Ryberg, and Torbjörn Tännsjö, "The Repugnant Conclusion," *The Stanford Encyclopedia of Philosophy*, Summer 2022 ed., Edward N. Zalta ed., plato. stanford.edu/archives/sum2022/entries/repugnant-conclusion; Jeff McMahan, "Eating Animals the Nice Way, Daedalus Winter 2008, 1-11; Tatjana Visak, *Killing Happy Animals* (Houndsmill, Basingstoke: Palgrave Macmillan, 2013); and Andy Lamey, *Duty and the Beast*, (Cambridge: Cambridge University Press, 2019), 특히 5장과 7장 참고.

22   이 마지막 논점은 Adam Lerner, "The Procreative Asymmetry Asymmetry" [sic], Philosophical Studies, forthcoming의 도움을 받았다.

23   Oliver Goldsmith, *The Citizen of the World, in Collected Works*, volume 2, A Friedman, ed., (Oxford: Clarendon Press, 1966), 60. 하지만 골드스미스 자신은 분명히 이 범주에 포함된다. Howard Williams in *The Ethics of Diet* (abridged edition,

Manchester and London, 1907, 149)에 따르면 골드스미스의 감성이 자제력보다 강했기 때문이다.

24 Intergovernmental Panel on *Climate Change, Climate Change 2022: Mitigation of Climate Change*, 2022, Technical Summary, TS-89, www.ipcc.ch/report/ar6/wg3/.

25 Laura Wellesley and Antony Froggatt, *Changing Climate, Changing Diets: Pathways to Lower Meat Consumption* (London: Chatham House, 2015). 요약은 www.chathamhouse.org/2015/11/changing-climate-changing-diets-pathways-lower-meat-consumption에서 인용했다.

26 J. Poore and T. Nemecek "Reducing food's environmental impacts through producers and consumers," *Science* 360 (6392): 987-92, 그리고 V. Sandström, et al., "The role of trade in the greenhouse gas footprints of EU diets," *Global Food Security* 19: 48-55 (December 2018)에 의존하는 Hannah Ritchie, "You want to reduce the carbon footprint of your food? Focus on what you eat, not whether your food is local," ourworldindata.org/food-choice-vs-eating-local 참고.

27 Hannah Ritchie and Max Roser, "Environmental Impacts of Food Production," Our World in Data. ourworldindata.org/environmental-impacts-of-food#carbon-footprint-of-food-products.

28 축산업의 탄소 기회비용 연구는 Mathew Hayek, et al., "The carbon opportunity cost of animal-sourced food production on land," *Nature Sustainability* 4: 21-24 (2021) 참고. 인용문을 포함해 이 단락에서 언급된 다른 연구는 Michael Eisen and Patrick Brown, "Rapid global phaseout of animal agriculture has the potential to stabilize greenhouse gas levels for 30 years and offset 68 percent of CO2 emissions this century," *PLOS Climate* 1 (2): e0000010 (2022) 참고.

29 푸어는 Damian Carrington, "Avoiding meat and dairy is 'single biggest way' to reduce your impact on Earth," *The Guardian*, June 1, 2018에서 인용했다. 푸어가 이끈 연구는 J. Poore and T. Nemecek, "Reducing food's environmental impact through producers and consumers," *Science* 360 (6392): 987-92 (June 2018)에서 확인할 수 있다.

30 The Fish Site, "The case against eyestalk ablation in shrimp aquaculture," September 22, 2020, thefishsite.com/articles/the-case- against-eyestalk-ablation-in-shrimp-aquaculture 참고; 새우의 복지 일반에 대해서는 www.

shrimpwelfareproject.org/; see also G. Diarte-Plata, et al., "Eyestalk ablation procedures to minimize pain in the freshwater prawn Macrobrachium americanum," *Applied Animal Behaviour Science* 140 (3-4): 172-78 (2012) 참고.

31 Katherine Martinko, "Why it's a good idea to stop eating shrimp," *Treehugger*, May 5, 2020, https://www.treehugger.com/shrimp-may-be-small-their-environmental-impact-devastating-4858308.

32 E. S. Nielsen and L. A. Mound, "Global diversity of insects: the problems of estimating numbers," in: P. H. Raven and Tania Williams, eds., *Nature and Human Society: The Quest for a Sustainable World* (Washington, D.C.: National Academy Press, 2000), 213-22.

33 Abraham Rowe, "Insects raised for food and feed—global scale, practices, and policy," *Rethink Priorities*, June 29, 2020, rethinkpriorities.org/publications/insects-raised-for-food-and-feed.

34 A. van Huis, "Welfare of farmed insects," *Journal of Insects for Food and Feed* 5 (3): 159-62 (2019).

35 Berthold Hedwig and Stefan Schöneich, "Neural circuit in the cricket brain detects the rhythm of the right mating call," University of Cambridge, Research, September 11, 2015, www.cam.ac.uk/research/news/neural-circuit-in-the-cricket-brain-detects-the-rhythm-of-the-right-mating-call#:~:text=Using%20tiny%20electrodes%2C%20scientists%20-from,up%20to%20a%20million%20neurons.

36 Peter Godfrey-Smith, "Somewhere between a shrimp and an oyster," *Metazoan* 61 (April 2018), metazoan.net/61-somewhere-between/.

37 Chesapeake Bay Program, "Oysters," www.chesapeakebay.net/issues/oysters; Jennifer Jacquet, et al., "Seafood in the future: Bivalves are better," *Solutions*, January 11, 2017, thesolutionsjournal.com/2017/01/11/seafood-future-bivalves-better도 볼 것.

38 이미 인용한 것 외에 이 주제에 대한 내 생각에 영향을 준 최근의 기사와 블로그 는 다음과 같다. Christopher Cox, "Consider the oyster," Slate 7 (April 2010); Diana Fleischman, "The ethical case for eating oysters and mussels," 2013년 에 게재되고 2020년에 Pt 1, dianaverse.com/2020/04/07/bivalveganpart1/, Pt 2 dianaverse.com/2020/04/07/bivalveganpart2에 다시 실림; David Cascio, "On

the consumption of bivalves," Animalist(January 20, 2017), theanimalist.medium.com/on-the-consumption-of-bivalves-bdde8db6d4ba: 그리고 Brian Tomasik, "Can bivalves suffer?" (February 2017, 2019년 업데이트), reducing-suffering.org/can-bivalves-suffer. 양식되는 이매패류 비율은 Food and Agriculture Organization of the United Nations, *Fishery and Agriculture Statistics Yearbook 2019*, FAO, 2021를 볼 것. "Global Production of Marine Bivalves, Trends and Challenges,"in Aad Small, et al., *Goods and Services of Marine Bivalves* (Dordrecht, The Netherlands: Springer, 2018)의 공저자인 Alessandra Roncarati에게 이 정보를 제공해준 데 감사한다.

39 "Nick Kyrgios on why he is vegan," BBC Sport, June 30, 2022, www.facebook.com/watch/?v=1500784720364306.

40 M. J. Orlich, et al., "Vegetarian dietary patterns and mortality in Adventist Health Study 2," *JAMA Internal Medicine* 173(13): 1230-38.

41 A. Satija, et al., "Plant-Based Dietary Patterns and Incidence of Type 2 Diabetes in U.S. Men and Women: Results from Three Prospective Cohort Studies," PLoS Medicine 13 (6): e1002039 (June 2016); A. Satija, et al., "Healthful and Unhealthful Plant-Based Diets and the Risk of Coronary Heart Disease in U.S. Adults," *Journal of the American College of Cardiology* 70 (4): 411-22 (July 2017).

42 Walter Willett, et al., "Food in the Anthropocene: the EAT-*Lancet* Commission on healthy diets from sustainable food systems," *Lancet* 393 (10170): 447-92 (February 2019).

43 The EAT-Lancet Commission, *Food, Planet, Health: Summary Report of the EAT-Lancet Commission*, eatforum.org/eat-lancet-commission/에서 확인할 수 있다.

5장 인간의 지배

1 불교는 분명 서구 전통보다 동물을 자비롭게 대하지만, 스스로 불교 신자라고 생각하는 사람 중에 불교의 이런 가르침에 따라 살아가는 사람은 상대적으로 적다. 이 문제를 논의하는 Shih Chao-Hwei와의 대화가 곧 Peter Singer and Shih Chao-Hwei, The Buddhist and the Ethicist (Boulder, CO: Shambala Publications, 2023)로 출간될 것이다. 동물을 친절하게 대할 것을 장려하고, 쿠란에서 말하는 것처럼 동

물이 "당신들과 같은 공동체의 일원"이라는 생각을 지지하는 다수의 이슬람 텍스트에 대한 설명은 Al-Hafiz B.A. Masri, *Animals in Islam*, Nadeem Haque, ed. (Woodstock and Brooklyn, NY: Lantern Publishing and Media, 2022) 참고.

2 창세기 1장 26절.

3 창세기 9장 1-3절.

4 Aristotle, *Politics*, Everyman's Library (London: J. M. Dent & Sons, 1956), 10.

5 Aristotle, *Politics*, 16.

6 W. E. H. Lecky, *History of European Morals from Augustus to Charlemagne*, volume I (London: Longmans, 1869), 280-82.

7 마가복음 5장 1-13절.

8 고린도전서 9장 9-10절.

9 Saint Augustine, *The Catholic and Manichaean Ways of Life*, D. A. Gallagher and I. J. Gallagher, trans. (Boston: The Catholic University Press, 1966), 102. 이 문헌은 John Passmore, *Man's Responsibility for Nature* (New York: Scribner's, 1974), 11에서 인용했다.

10 W. E. H. Lecky, *History of European Morals*, volume I, 244; 플루타르코스에 대해 알고자 한다면 특히 그의 Moral Essays에서 "On the Eating of Flesh"라는 논문을 볼 것; 나는 아풀레이우스의 당나귀 이야기에 초점을 맞춰 축약판을 만들었다. Apuleius, *The Golden Ass*, Peter Singer, ed., Ellen Finkelpearl, trans. (New York: Norton, 2021).

11 성 바실리오에 대해서는 John Passmore, "The Treatment of Animals," *Journal of the History of Ideas* 36 (2): 198 (1975) 참고; 요한 크리소스토무스에 대해서는 Andrew Linzey, *Animal Rights: A Christian Assessment of Man's Treatment of Animals* (London: SCM Press, 1976), p. 103 참고; 시리아의 성 이삭에 대해서는, A. M. Allchin, *The World is a Wedding: Explorations in Christian Spirituality*(London: Darton, Longman and Todd, 1978), p. 85 참고. 이 참고문헌들은 R. Attfield의 "Western Traditions and Environmental Ethics," in R. Elliot and A. Gare, eds., *Environmental Philosophy*(St. Lucia: University of Queensland Press, 1983), pp. 201-230에서 확인했다. 더 자세한 논의는 Attfield의 책 *The Ethics of Environmental Concern*(Oxford: Blackwell, 1982); K. Thomas, *Man and the Natural World: Changing Attitudes in England 1500-1800*(London: Allen Lane, 1983), pp. 152-153; 그리고 R. Ryder, *Animal Revolution: Changing Attitudes*

Towards Speciecism(Oxford: Blackwell, 1989), pp. 34-35 참고.

12   *St. Francis of Assisi, His Life and Writings as Recorded by His Contemporaries*, L. Sherley-Price, trans. (London: Mowbray, 1959), 특히 p. 145; Wikipedia, "Rule of St Francis," en.wikipedia.org/wiki/Rule_of_Saint_Francis, accessed July 7, 2022 년 7월 7일 접속.

13   Summa theologica II, II, Q64, art. 1.

14   Summa theologica II, II, Q159, art. 2.

15   Summa theologica I, II, Q72, art. 4.

16   Summa theologica II, II, Q25, art. 3.

17   Summa theologica II, I, Q102, art. 6; 유사한 견해는 Summa contra Gentiles III, II, 112를 참고.

18   첫 번째 인용문은 Giovanni Pico della Mirandola, *Oration on the Dignity of Man* (1486)에서, 두 번째 인용문은 Marsilio Ficino, *Theologia platonica*(1482)에서 가져왔다. 특히 III, 2와 XVI, 3을 볼 것. Giannozzo Manetti, *On the Dignity and Excellence of Man* (1453)도 참고.

19   E. McCurdy, *The Mind of Leonardo da Vinci* (London: Cape, 1932), 78.

20   Michel de Montaigne, *An Apology for Raymond Sebond*, M. A. Screech, trans. (London: Penguin, 1987).

21   René Descartes, *Discourse on Method*, volume 5; Henry More에게 보내는 그의 편지(February 5, 1649)도 볼 것. 나는 이 책에서 데카르트에 대한 표준적인 이해 방식을 제시했고, 당시와 오늘날까지 대다수 독자들은 이 방식으로 데카르트를 이해한다. 그런데 최근 들어 이 표준적인 이해 방식이 잘못되었다는 주장이 제기되고 있다. 좀 더 상세한 내용은 John Cottingham의 "'A Brute to the Brutes?' Descartes' Treatment of Animals." *Philosophy* 53: 551-559(1978) 참고.

22   *Hansard's Parliamentary History*, April 18, 1800.

23   John Passmore는 "왜 동물이 고통을 느끼는가?"라는 질문이 "수 세기 동안 문제 중의 문제"였다고 서술한다. 이 문제는 "매우 놀라울 정도로 정교한 해결책을 만들어 냈다. Malebranche[데카르트의 동시대인]는 순수하게 신학적인 이유를 들어 동물이 고통을 느낄 수 있음을 부정해야 한다고 매우 명확하게 밝힌다. 그가 이렇게 주장하는 이유는 모든 고통이 아담이 범한 죄의 결과이고 동물은 아담의 후예가 아니기 때문이다." John Passmore의 *Man's Responsibility for Nature*, p. 114n 참고.

24   René Descartes, letter to Henry More, February 5, 1649.

25 Nicholas Fontaine, *Memoires pour servir A l' histoire de Port-Royal*, volume2 (Cologne, 1738), 52-53, L. Rosenfield, *From Beast-Machine to Man-Machine: The Theme of Animal Soul in French Letters from Descartes to La Mettrie* (New York: Oxford University Press, 1940)에서 인용.

26 David Hume, *An Enquiry Concerning the Principles of Morals* (1751), chapter 3.

27 Voltaire, "Betes," *Dictionnaire Philosophique* (1764).

28 *The Guardian* May 21, 1713.

29 Voltaire, *Elements of the Philosophy of Newton, volume 5; see also Essay on the Morals and Spirit of Nations*.

30 Jean-Jacques Rousseau, *Emile*, Everyman's Library (London: J. M. Dent & Sons, 1957), 118-20.

31 Immanuel Kant, *Lectures on Ethics*, L. Infield, trans. (New York: Harper, 1963), 239-40.

32 *Hansard's Parliamentary History*, April 18, 1800.

33 E. S. Turner, *All Heaven in a Rage* (London: Michael Joseph, 1964), 127. 이 절의 다른 내용들은 이 책의 9장과 10장에서 가져온 것이다.

34 동물을 학대로부터 보호하는 최초의 법률은 1641년 매사추세츠만 식민지에서 제정한 것으로 알려져 있다. 그해에 발행된 '자유의 본체The Body of Liberties'에 관한 92조를 살펴보면 "그 누구도 인간이 사용하기 위해 사육하는 동물을 거칠게 대하거나 학대해서는 안 된다"라고 쓰여 있다. 그리고 그다음 조문에서는 가축을 몰고 갈 때는 적당히 휴식 시간을 주라고 요구한다. 이 문서는 매우 진보적인 내용을 담고 있다. 전문적인 의미에서 이것을 과연 '법률'이라 할 수 있는지 의문을 제기하는 사람도 있지만, '자유의 본체'의 편집자인 너새니얼 워드Nathaniel Ward는 분명 리처드 마틴과 더불어 동물보호 관련 입법의 선구자로 기억될 만한 인물이라 할 수 있다. 더 자세한 내용은 Emily Leavitt, *Animals and Their Legal Rights* (Washington, D. C.: Animal Welfare Institute, 1970) 참고.

35 E. S. Turner, *All Heaven in a Rage*, p. 162에 인용됨. 이 주장의 의미를 자세히 살펴보려면 James Rachels, *Created From Animals: The Moral Implications of Darwinism* (Oxford: Oxford University Press, 1990) 참고. 이 책은 여기서 논의한 내용을 보완해주는 가치 있는 자료다.

36 Charles Darwin, *The Descent of Man* (London, 1871), 1.

37 Darwin, *Descent of Man*, 3장과 4장. 문구는 p.193에서 인용했다.

38 William Paley, *The Principles of Moral and Political Philosophy*, volume 2 (1785; 재발간, Cambridge University Press, 2013), 11장.

39 Francis Wayland, *Elements of Moral Science* (Cambridge, MA: Harvard University Press, 1963), 364 참고.

40 S. Godlovitch, "Utilities," in Godlovitch and Harris, eds., *Animals, Men and Morals*. (New York: Taplinger, 1972)에서 인용.

41 Benjamin Franklin, *Autobiography* (New York: Modern Library, 1950), 41.

42 H. S. Salt, *Animals' Rights* (1892), 15에서 인용.

43 Jules Michelet, *La bible de l'humanité* (1864), H. Williams, *The Ethics of Diet*, abridged edition, (Manchester and London, 1907), 214에서 인용.

44 Arthur Schopenhauer, *On the Basis of Morality*, E. F. J. Payne, trans. (Indianapolis: Bobbs-Merrill, Library of Liberal Arts, 1965), 182; Arthur Schopenhauer, *Parerga und Paralipomena*, volume 2, chapter 15도 참고.

45 Turner, *All Heaven in a Rage*, 143.

46 Turner, All Heaven in a Rage, 205.

47 T. H. Huxley, *Man's Place in Nature* (Ann Arbor: University of Michigan Press, 1959), 2장.

48 Turner, *All Heaven in a Rage*, 163.

49 V. J. Bourke, *Ethics* (New York: Macmillan, 1951), 352.

50 John Paul II, *Sollicitudo rei socialis* (Homebush, NSW: St. Paul Publications, 1988), 34: 3-74.

51 Kurt Remele, "A Strange Kind of Kindness—On Catholicism's Moral Ambiguity Toward Animals," in Andrew Linzey and Clair Linzey, eds., *The Routledge Handbook of Religion and Animal Ethics* (Oxfordshire: Routledge, 2018)에서 인용.

52 Rick Gladstone, "Dogs in Heaven? Pope Francis Leaves Pearly Gates Open," *New York Times*, December 11, 2014.

53 여기서 언급한 철학자들의 입장은 다음을 참고할 것. Tom Regan, *The Case for Animal Rights* (Berkeley and Los Angeles: University of California Press, 1983); Carol Adams, *The Sexual Politics of Meat* (New York: Continuum, 1990); Mark Rowlands, *Animal Rights* (New York: St Martin's Press, 1998); Lori Gruen, *Ethics and Animals* (Cambridge: Cambridge University Press, 2011); Christine Korsgaard,

Fellow Creatures (Oxford: Oxford University Press, 2018); Martha Nussbaum, *Justice for Animals* (New York: Simon and Schuster, 2022); Alice Crary and Lori Gruen, *Animal Crisis* (Cambridge: Polity Press, 2022).

54 오늘날 중국 철학자들이 육식에 대해 내놓는 견해는 Tiantian Hou, Xiaojun Ding, and Feng Yu, "The moral behavior of ethics professors: A replication-extension in Chinese mainland," Philosophical Psychology, DOI: 10.1080/09515089.2022.2084057 (2022) 참고. 불교와 세속적 공리주의 전통 간의 수렴 가능성에 대해서는 Peter Singer and Shih Chao-Hwei, The Buddhist and the Ethicist (Boulder, CO: Shambhala, 2023) 참고.

6장 오늘날의 종차별주의

1 Amy Pixton, *Hello Farm!* (New York: Workman's Publishing, 2018)은 2022년 8월 3일 기준 Amazon.com에서 어린이 농장생활 도서 부문 1위를 차지했다. 더 많은 사례들을 보려면 2022년 7월 28일 Amazon.co.uk에서 어린이용 활동도서 부문 베스트셀러 1위를 차지한 Axel Scheffler, *On the Farm* (London: Campbell Books, 2018), Thea Feldman, *Discovery: Moo on the Farm* (San Diego: Silver Dolphin Books, 2019) 참고.

2 Lawrence Kohlberg, "From Is to Ought," in T. Mischel, ed. *Cognitive Development and Epistemology* (New York: Academic Press, 1971), 191-92. 흔히 아이들은 어른에 비해 인간과 동물의 도덕적 지위를 더 가까운 것으로 본다. M. Wilks, et al., "Children prioritize humans over animals less than adults do," *Psychological Science* 32 (1): 27-38 (2021) 참고.

3 Rick Dewsbury, "Tesco forced to withdraw sausage adverts as pigs 'not as happy' as they claimed," *Daily Mail*, September 14, 2021.

4 Turner, *All Heaven in a Rage*, 129.

5 Turner, *All Heaven in a Rage*, 83.

6 이 단락의 역사에 대한 상세한 내용은 Turner, *All Heaven in a Rage*, 83, 129; and Gerald Carson, *Cornflake Crusade* (New York Rinehart, 1957), 19, 53-62를 볼 것.

7 Turner, *All Heaven in a Rage*, 234-35; Gerald Carson, *Men, Beasts and Gods* (New York: Scribner's, 1972), 103; Eric Shelman and Stephen Lazoritz, *The Mary Ellen Wilson Child Abuse Case and the Beginning of Children's Rights in*

19th Century America (Jefferson, NC: McFarland, 2005).

8 본서 5장 289-294쪽 토마스 아퀴나스에 대한 언급을 참고하라.

9 Farley Mowat, *Never Cry Wolf* (Boston: Atlantic Monthly Press, 1963), and Lorenz, King Solomon's Ring, 186-89 참고. 첫 번째 자료는 Mary Midgley, "The Concept of Beastliness: Philosophy, Ethics and Animal Behavior," *Philosophy* 48 (184): 111-35 (1973)를 참고했다.

10 위의 참고 자료 외에 Niko Tinbergen, Jane Goodall, George Schaller, and Irenaus Eibl-Eibesfeldt의 저술들을 참고할 것.

11 Brock Bastian, et al., "Don't mind meat? The denial of mind to animals used for human consumption," *Personality and Social Psychology Bulletin* 38 (2): 247-56 (2012).

12 본서 5장 307-309쪽에서 페일리와 프랭클린의 참고 자료를 볼 것.

13 이 구절은 알프레드 테니슨이 1850년에 쓴 시 *In Memoriam A. H.*에서 인용한 것이다.

14 동물의 고통을 줄이는 문제와 관련한 질문에 대해서는 가령 D. G. Ritchie, *Natural Rights* (London: Allen & Unwin, 1894) 참고, Regan and Singer, eds., *Animal Rights and Human Obligations*, 183에서 다시 발간됨.

15 Aldo Leopold, "Thinking Like a Mountain," *Sand County Almanac* (1949); New York: Oxford University Press, 2020에서 재발간.

16 이 용어는 Yew-Kwang Ng가 "Towards welfare biology: Evolutionary economics of animal consciousness and suffering," *Biology and Philosophy* 10 (3): 255-85 (1995)에서 최초로 사용했다. Catia Faria and Oscar Horta, "Welfare Biology," in Bob Fischer, ed., *The Routledge Handbook of Animal Welfare* (New York: Routledge, 2019), 455-66; 그리고 Asher Sorel, et al., "The Case for Welfare Biology," *Journal of Agricultural and Environmental Ethics* 34:7 (2021), https://doi.org/10.1007/s10806-021-09855-2 참고.

17 Catia Faria and Oscar Horta, "Welfare Biology"; Catia Faria, Animal Ethics in the *Wild* (Cambridge: Cambridge University Press, 2022)도 볼 것.

18 이 제안들은 Yip Fai Tse, Oscar Horta, Catia Faria and Wild Animal Initiative의 도움을 받았다.

19 Catia Faria, *Animal Ethics in the Wild*, p. 84, 그리고 그곳에서 인용된 출처를 볼 것.

20 Oscar Horta, "Animal suffering in nature: The case for intervention,"

Environmental Ethics 39 (3): 261-79 (Fall 2017); 그리고 Catia Faria, *Animal Ethics in the Wild* 참고.

21 Jane Capozelli, et al., "What is the value of wild animal welfare for restoration ecology?," *Restoration Ecology* 28: 267-70 (2020).

22 Brigid Brophy, "In Pursuit of a Fantasy," in Godlovitch and Harris, eds., *Animals, Men and Morals*, 132.

23 Cleveland Amory, *Man Kind?: Our Incredible War on Wildlife* (New York: Harper and Row, 1974), 237 참고.

24 Lewis Gompertz, *Moral Inquiries on the Situation of Man and of Brutes* (London, 1824, reprint, Lewiston, NY: Edwin Mellen Press, 1997).

25 호주 양모 산업의 잔인성에 대한 유력한 설명은 Christine Townend, *Pulling the Wool* (Sydney: Hale & Iremonger, 1985) 참고. 이 책은 출간된 지 40년이 되었지만 마취제를 사용하지 않는 꼬리 자르기 같은 최악의 관행 중 일부는 여전히 합법이며 성행하고 있다. Wool With a Butt, "Our Progress: Timeline to End Mulesing," April 12, 2022: woolwithabutt.four-paws.org/issues-and-solutions/timeline-to-end-mulesing 참고.

26 식물이 환경에 능동적으로 반응한다는 관점은 다윈으로 거슬러 올라가지만 Peter Wohlleben의 베스트셀러 *The Hidden Life of Trees*, (Vancouver, Greystone, 2016)를 통해 다수의 오늘날의 독자들에게 소개되었다. 현재 이 분야의 문헌들은 시중에 많이 나와 있다. 자세한 내용은 Sergio Miguel-Tomé, Rodolfo Llinás, "Broadening the definition of a nervous system to better understand the evolution of plants and animals," Plant Signaling & Behavior 16 (10): article 1927562(2021)을 볼 것.

27 나는 이 단락에서 언급한 인공지능과의 유사성에 대한 내용에 대해 Stevan Harnad 를 참고했다. 그의 블로그 Skywritings, July 14, 2022, generic.wordpress.soton.ac.uk/skywritings/category/sentience/ 참고.

28 Richard Wasserstrom, "Rights, Human Rights and Racial Discrimination," in A. I. Melden, ed., *Human Rights* (Belmont, CA: Thomson Wadsworth, 1970), 106.

29 W. Frankena, in Richard Brandt, ed., Social Justice (Englewood Cliffs, NJ: Prentice-Hall, 1962), 23; H. A. Bedau, "Egalitarianism and the Idea of Equality," in J. R. Pennock and J. W. Chapman, eds., *Nomos IX: Equality*, (New York, Atherton Press, 1967); G. Vlastos, "Justice and Equality," in *Social Justice*, 48.

30 John Rawls, *A Theory of Justice* (Cambridge, MA: Harvard University Press/Belknap Press, 1972), 510. 또 다른 사례로는 Bernard Williams, "The Idea of Equality," in P. Laslett and W. Runciman, eds., *Philosophy, Politics and Society*, second series (Oxford, Blackwell, 1962), 118 참고.

31 Bernard Williams, "The Human Prejudice," in Bernard Williams, *Philosophy as a Humanistic Discipline*, A. W. Moore, ed. (Princeton University Press, 2006), 152.

32 한 사례로 Stanley Benn's "Egalitarianism and Equal Consideration of Interests," in J. R. Pennock and J. W. Chapman, eds., *Nomos IX: Equality*, (New York, Atherton Press, 1967), 62ff 참고.

33 Shelly Kagan, *How to Count Animals, more or less* (Oxford University Press, 2019); Shelly Kagan, "What's wrong with speciesism?" *Journal of Applied Philosophy* 33: 1-21 (2016)도 볼 것.

34 Eric Schwitzgebel, Bradford Cokelet, and Peter Singer, "Do ethics classes influence student behavior? Case study: Teaching the ethics of eating meat," Cognition 203: article 104397 (October 2020); Eric Schwitzgebel, Bradford Cokelet, and Peter Singer, "Students Eat Less Meat After Studying Meat Ethics," *Review of Philosophy and Psychology* 1-26 (November 2021).

35 Philipp Schönegger and Johannes Wagner, "The moral behavior of ethics professors: A replication-extension in German-speaking countries," *Philosophical Psychology* 32(4): 532-59 (2019); Andrew Sneddon, "Why do ethicists eat their greens?", *Philosophical Psychology* 33: 902-923 (2020) 참고.

36 간디의 저서에서 이 인용문을 찾으려는 노력은 실패했다. 가장 근접하게 일치하는 것이 1918년 미국 의류노동자대회에서의 Nicholas Klein에게서 가장 먼저 발견되었다. 간디의 발언을 포함하여 이 인용문 및 기타 관련 발언에 대한 상세한 내용은 Quote Investigator: quoteinvestigator.com/2017/08/13/stages/ 참고.

37 Spira의 성공 사례에 대한 설명은 Peter Singer, *Ethics into Action* (Lanham, MD: Rowman and Littlefield, 2019) 참고.

38 www.hsi.org/news-media/fur-trade/; www.furfreealliance.com/republic-of-ireland-bans-fur-farming.

39 Vanessa Friedman, "The California Fur Ban and What it Means for You," *New York Times*, October 14, 2019.

40 Humane Society International, "Inhumane rodent glue traps to be banned in

England following unanimous vote in House of Lords," www.hsi.org/news-media/inhumane-rodent-glue-traps-to-be-banned-in-england; www.peta.org/features/join-campaign-glue-traps.

41 Paola Cavalieri and Peter Singer, eds., *The Great Ape Project: Equality beyond humanity* (London: Fourth Estate, 1993) 참고.

42 이것과 다른 사례들에 대한 더 많은 정보를 확인하려면 Macarena Montes Franceschini, "Animal Personhood: The Quest for Recognition," *Animal and Natural Resource Law Review* XVII: 93-150 (July 2021)를 볼 것.

43 Animal Equality, "European Parliament Votes to Ban Cages on Farms," June 10, 2021, animalequality.org/news/european-parliament-votes-ban-cages/.

44 Animal Welfare Institute, "Legal Protections for Animals on Farms," May 2022, awionline.org/sites/default/files/uploads/documents/22-Legal- Protections-Farm.pdf.

45 Compassion in World Farming, "All of Top 25 U.S. Food Retailers Go Cage-Free," July 18, 2016, www.ciwf.com/blog/2016/07/all-of-top-25-us-food-retailers-go-cage-free.

46 Beth Kowitt, "Inside McDonald's Bold Decision to Go Cage-Free," *Fortune* August 18, 2016.

47 Natalie Berkhout, " 'Largest and Longest' Global Cage-Free Campaign a Success," *Poultry World* 22 (September 2021).

48 USDA AMS Livestock & Poultry Program, Livestock, Poultry, and Grain Market News Division, *Egg Markets Overview* July 29, 2022.

49 "Plant-based Foods Market to Hit $162 Billion in Next Decade, Projects Bloomberg Intelligence, "August 11, 2021, www.bloomberg.com/company/press/plant-based-foods-market-to-hit-162-billion-in-next-decade-projects-bloomberg-intelligence/.

50 Winston Churchill, "Fifty Years Hence," *Strand Magazine* December 1931, www.nationalchurchillmuseum.org/fifty-years-hence.html.

51 Good Food Institute, *State of the Industry Report: Cultivated Meat and Seafood*, 2022, gfi.org/resource/cultivated-meat-eggs-and-dairy-state-of-the-industry-report/.

역자 후기

1

『동물 해방』을 최초로 번역했던 1999년 당시만 해도 동물의 도덕적 지위는 우리 사회에서 매우 생소하게 느껴지는 주제였다. 대부분의 사람들이 개나 고양이를 집 안에서 키우지 않았던 것은 물론, 민주화가 되었다지만 여전히 인권마저도 제대로 보장되지 않은 경우가 적지 않은 시절이었음을 감안한다면 도덕적 지위 보장 차원에서 동물 실험을 해선 안 되고 고기를 먹어도 안 된다는 생각은 윤리학을 전공하는 나에게도 익숙한 생각은 아니었다. 『동물 해방』 번역을 맡게 되었던 것도 내가 동물의 도덕적 지위 문제에 관심이 있어서가 아니었다. 진화론의 도덕적 함의에 대한 학위 논문을 준비하면서 읽었던 피터 싱어의 『사회생물학과 윤리』를 번역하려고 출판사 사장님과 이야기를 나누다 『동물 해방』까지도 우연히 번역을 하게 되었던 것이다.

사반세기가 흘러 『동물 해방』을 전면 개정한 『우리 시대의 동물 해방』이 출간되는 2024년, 동물의 도덕적 지위에 관한 우리 사회의 인식은 크게 달라져 있다. 적지 않은 사람들이 도덕적 지위에 관한 이야기를 한번쯤 들어보았고, 관련 주제를 다루고 있는 서적의 출간도 활발하게 이루어지고 있으며, 동물보호단체들도 제법 큰 목소리를 내고 있다. 2023년에는 '개 식용 금지법'이 통과되어 마침내 개를 먹는 것이 법적으로 금지되기에 이르렀다.

이처럼 언뜻 보기에 많은 발전이 있었고, 적어도 사회 성원들의 반려동물에 대한 관심은 과거와는 비교할 수 없을 정도로 바뀌었지만, 고통 속에 평생을 살다가 식탁 위에 오르는 엄청난 수의 동물들, 그러니까 소, 돼지, 닭 등의 가축들에 대한 관심은 과거에 비해 크게 달라지지 않은 듯하다. 이들 동물 고기의 소비량으로 미루어 보았을 때, 우리 사회의 성원들은 과거보다 훨씬 더 크게 이러한 동물들의 고통스러운 삶과 죽음에 관여하고 있다. 이는 동물의 도덕적 지위에 관한 수업을 하면서도 어느 정도 확인된다. 채식을 하는 학생이 있으면 손들어보라 하면 과거와 다름없이 0명인 경우가 대부분이며, 수업이 마무리되고 나서 채식으로 전환하는 학생들 또한 0명에 가깝다. 적지 않은 세월 동안 동물의 도덕적 지위에 대한 강의를 했지만 수업을 들었던 학생 중에서 채식을 하고 있는 친구들도 손가락에 꼽을 정도다. 흥미로운 것은 동물 해방의 논리적 타당성을 부정하는 학생들은 거의 없다는 사실이다. 그럼에도 그들이 막상 채식을 실천하는 데까지 이르지 못하는 이유는 무엇일까?

『동물 해방』을 번역하고 난 후 나는 동물 해방의 논리를 거부하기 힘들다고 생각하게 되었다. 적어도 공장식 축산이나 대부분의 동물

실험의 부당성만큼은 부정할 수 없었다. 아마도 이 책을 읽은 사람이라면 누구나 나와 특별히 다를 바가 없을 것이다. 그럼에도 많은 사람들이 육식을 포기하지 못하는 것은 육식을 하는 사람들의 입장에서 보았을 때 육식이 너무나도 매혹적이기 때문일 것이다. 사람들이 특정 도덕 규범을 얼마나 잘 따르는지는 그 규범이 자신의 이익에 어느 정도 부합하는지에 따라 달라진다. 사람들은 자신의 이익과 직결되거나 지키지 않을 경우 큰 손실을 감수해야 하는 도덕 규범을 잘 준수하는 경향이 있다. 반면, 개인의 이익과 상충되거나 따르지 않더라도 큰 비난을 받지 않는 도덕 규범은 잘 지키지 않는 경우가 많다. 고기를 먹지 말라는 요청은 후자에 해당하며, 이에 따라 논리적 타당성을 담지하고 있음에도 사람들이 좀처럼 육식을 포기하지 않는 것이다.

마하트마 간디는 "한 나라의 위대함과 도덕성은 그 나라에서 동물이 받는 대우로 가늠할 수 있다"고 주장했다. 이 말은 진정한 의미의 도덕성은 자신에게 보상이 돌아오지 않아도 약자를 배려하기 위해 개인적인 이익을 어느 정도 포기하는 태도를 견지하는 데에서 확인된다는 뜻일 것이다. 그런데 누구나가 쉽사리 위대해지는 것이 아님을 감안한다면, 가축이나 실험용 동물을 도덕적으로 처우해야 한다는 요청은 좀처럼 대세로 자리 잡을 것 같지 않다. 최근 유행하고 있는 제로 칼로리 음료나 과자처럼 동물에서 온 고기와 차이가 전혀 나지 않는 맛의 대체육 개발 등 이기적인 욕구를 충족시킬 수 있는 다른 방법이 개발되지 않는 한, 동물 해방은 이루기 어려운 이상일지 모르는 것이다.

이와 같은 어려움이 있음에도 이 책에서 언급하고 있는 가축이나 실험용 동물의 처우 개선이 꾸준히 이루어져 왔다는 사실은 실로 기적과 같은 일이다. 이러한 개선이 있을 수 있었던 것은 동물 해방을 위해 애써왔던 수많은 사람들의 노력 덕분이며, 이 책의 전신인『동물 해방』도 크게 한몫했다. 이 책이 출간됨으로써 많은 사람들이 공장식 축산이나 동물 실험의 현실을 알게 되었으며, 이러한 앎은 동물 복지에 대한 전 세계적인 관심과 실천으로, 그리고 제도적 개선으로 연결되었다. 당장 나부터도 이 책을 알지 못했다면 동물 문제에 별다른 관심을 갖지 않고 살고 있었을 것이며, 죄책감 없이 육식을 고수하고 있었을 것이다. 이처럼 많은 사람들이 관념적으로만 받아들이고 실천을 하지 않는다고 해도, 또한 오직 소수의 사람만이 사유 과정을 통해 받아들인 결론을 실천으로 옮긴다 해도, 미세한 변화가 모이고 모이면 결국 변화가 일어날 수 있음을 동물 해방운동은 웅변적으로 보여주었다. 변화의 가능성이 희박하다고 해도 우리는 결코 포기해서는 안 되는 것이다.

나는 심지어 변화의 가능성이 전혀 없다고 해도 어떤 것이 옳으면 결과와 상관없이 그것을 행해야 한다고 생각한다. 마치 언덕 위로 바위를 굴려 올려도 항상 원점으로 돌아와 조금도 앞으로 나아가지 못하는 시시포스의 숙명이 사실상 우리의 운명을 이야기하는 것일지라도, 심지어 우리가 그와 같은 숙명이 변할 수 없음을 알고 있을지라도 우리는 어떤 것이 옳다면 이를 묵묵히 행하려 노력해야 한다. 적어도 고기를 먹고자 하는 수많은 사람들이 지적하는, 동물과 다른 인간만의 고유한 특징을 몸소 보여주고자 한다면 마땅히 그래야 하는 것이다. 물론 이런저런 유혹이 있을 수 있고, 실제로 그러한 유혹에 넘어가는 경우도 있을 것이다. 하지만 간혹 유혹에 넘어간다고 해도 포기하지 않으면서 올바름을 실현하려고 노력한다면 그것이야말로 인간으로서의 가치를 구현하는 방법이 되지 않을까?

2

동물의 도덕적 지위를 인정해야 한다는 메시지 외에 이 책을 읽으면서 독자들이 깨달았으면 하는 또 다른 한 가지는 도덕 추론의 중요성이다. 이와 같은 추론은 도덕 판단의 궁극적인 기준이 되는 도덕 원칙 내지 원리를 준거로 삼아 논리의 내적 일관성을 도모한다. 도덕적 삶을 살아가기 위해선 이러한 도덕 원칙 내지 원리를 의식하고 도덕 판단을 내리려 하는 것이 매우 중요한데, 그렇게 하지 않을 경우 우리가 현실 속에서 무엇을, 어떻게 해야 제대로 올바름을 실천할 수 있는지를 판단할 수 없게 되기 때문이다. 가령 나눔이 도덕적으로 옳다는 것을 알고 있지만 도덕 원칙을 의식하지 않을 경우 우리는 구체적으로 무엇을, 어떻게 나누어야 명실상부한 나눔이 될 수 있는지를 결정할 수 없게 된다. 이런 상황에서 우리는 남을 돕는다고 생각하면서 막상 민폐를 끼칠 수 있게 되며, 효율적으로 나눔을 실천할 수 있음에도 그렇게 하지 못하게 될 수도 있다. 공장식 축산과 동물 실험을 비판하고 있는 이 책은 대체로 이익 동등 고려의 원칙이라 부르는 도덕 원칙을 바탕으로 논리적 일관성을 도모하고자 하는 노력을 보여준다. 공장식 축산과 동물 실험에 대한 싱어의 비판은 이러한 원칙을 동물 문제에 적용해보았을 때의 논리적 귀결이며, 그의 논의가 여러 반론들에 효과적으로 대응할 수 있는 이유는 그가 이처럼 도덕 원칙을 기준으로 삼아 논리적 일관성을 유지하려 하기 때문이다.

그런데 논리적 일관성은 자기 이익과 상충될 경우 흔들리기 십상이며, 이때부터 구차한 변명이 이어지는 경우가 적지 않다. 우리는 자신과 무관한 일들에 대해서는 상당히 객관성을 잘 유지하는 편이다. 그리하여 여러 사회적 이슈들에 대해서는 비교적 일관성 있는 태도를 견지한다. 하지만 막상 자신이 이해 당사자가 될 때는 상황이 달라진다. 예를 들어 우리는 인종차별이나 성차별이 잘못되었고, 공평무사성을 유지하려면 '누구'에게 초점을 맞추지 않고 '고통의 양'에 초점을 맞출 필요가 있다는 주장에 수긍한다. 하지만 인간과 동물을 비교할 경우 생각이 달라진다. 이 상황에서 동물은 고통을 느끼는 존재이기 때문에 고통의 양에 따라 동등한 처우를 해야 한다고 이야기해주면 식물도 고통을 느끼지 않느냐고 항변한다. 동물과 식물이 모두 고통을 느끼니 어느 쪽을 먹어도 상관없다는 이야기를 하고자 함일 것이다.

이와 같은 태도는 동물 해방의 논리를 부정하는 논의에서 일관되게 나타난다. 가령 채식에 반대하는 사람들은 소위 학교의 '일진들'이 힘없는 친구들을 괴롭히는 것에 대해서는 불쾌감을 드러내지만 동물을 먹는 것은 약육강식이니 어쩔 수가 없는 것이라고 말하며, 평소 술, 담배를 하는 등 건강에 도움이 되지 않는 일들을 적지 않게 하는 사람들에게 육식을 재고해보라 하면 건강 문제를 집요하게 붙들고 늘어진다. 나는 특히 건강 문제에 이처럼 끈질기게 집착하는 태도를 곰곰이 살펴봐야 한다고 생각한다. 가령 누군가가 "폭행을 가하고 싶은 내 욕구를 막을 경우 미쳐버리게 될 거야"라고 주장하면서 폭행을 정당화하려 할 때 우리는 이를 마땅하다고 생각하지 않는다. 우리는 "피해자에게 무엇인가를 하지 않을 경우 가해자가 해를 입는다"라고 주장하면서 피해자에게 주는 피해를 정당화하지 않는 것이다. 하지만 우리는 동물과의 관계에서는 전혀 달리 생각하려 한다. 인간과 가축 내지 실험용 동물의 관계에서 가해자는 인간이고 피해자는 이러한 동물들이다. 그런데 사람들은 피해자인 동물이 목숨을 잃거나 극심한 고통을 받는 데에는 별다른 관심이 없고, 오직 가해자인 인간의 건강 문제에만 초점을 맞춘다.

이처럼 일관되지 못한 태도를 견지하면서도 특별히 그것이 잘못임을 인지하지 못하는 것은 그만큼 우리가 자기 이익에 눈이 어두워져 있는 것이라 생각해볼 수 있다. 많은 경우 우리는 자기가 어떤 입장에 놓여 있느냐에 따라 논리를 바꾸어가며 자신의 이익을 정당화하려 한다. 우리 자신의 이익이 달려 있지 않다면 그다지 어렵지 않게 내릴 수 있는 옳고 그름에 대한 판단도 막상 내 이익이 걸려 있으면 객관성을 쉽게 상실하고 만다. 나는 동물 문제에 별다른 관심이 없고, 오직 인간의 문제에만 관심을 갖는다고 하는 사람마저도 우리가 빠질 수 있는 이와 같은 경향에 유의해야 한다고 생각한다. 우리가 약자인 동물에 대해서도 이러한 태도를 경계할 수 있다면 인간관계에서 이러한 태도를 견지하는 것은 훨씬 용이할 것이다. 동물 문제는 약자에 대한 우리의 태도를 되돌아볼 수 있게 하는 일종의 거울이다.

마지막으로 지적하고 싶은 것은 습관이 우리의 사고에 미치는 영향이다. 우리는 당연하다고 생각하며 살아온 것을 좀처럼 검토하지 않고 살아간다. 가령 우리가 대한민국에서 태어나 살아가고 있다면 대한민국의 관행을, 아프리카에서 살고 있다면 아프리카의 관행을 당연하게 받아들이며, 이와 다른 태도를 견지하는 사람들을 이상한 눈으로 바라본다. 이처럼 우리는 자신이 견지하고 있는 삶의 방식은 별다른 오류가 없고, 그와 다른 것은 잘못이라 생각하는 경향이 있다. 여기서 말하고자 하는 것은 문화의 상대성을 인정해야 한다는 것이 아니라 우리가 당연하게 생각했던 것이 도전을 받을 때, 기존의 생각을 그저 옹호하려고만 생각하지 말고 기꺼이 근본적으로 검토해보려는 태도를 가져야 한다는 것이다. 습관은 제2의 천성이란 말이 있듯이 어떤 것이 습관으로 자리 잡으면 이를 벗어나기가 매우 어려우며, 일단 벗어나고자 해도 기존의 습관으로 회귀하려는 경향을 나타낸다. 물론 기존의 습관이 잘못되었을 수도, 그렇지 않을 수도 있다. 여기서 중요한 것은 비판적 사고 능력을 동원하여 자신의 가치관을 심층적으로 검토해보아야 한다는 것이다. 이와 같은 검토가 이루어지지 않을 경우 우리의 삶은 좀처럼 발전을 이룰 수 없으며, 심지어 자신이 퇴보하고 있음에도 이를 의식하지 못하는 우를 범할 수 있다. 이 책은 동물 문제에 대한 비판적 사고의 한 예를 보여주고 있는데, 개인적으로 나는 독자들이 이처럼 비판적으로 생각해보려는 자세를 동물 문제뿐만이 아니라 자신이 가지고 있는 여러 가치관들에 적용해보았으면 한다.

3

엄청나게 큰일을 한 것은 아니지만 번역을 마무리하면서 감사를 표하고 싶은 분들이 계시다. 무엇보다도 부모님께 감사드린다. 부모님이 살아온 지난 세월에 대한 영상을 만들면서 새삼 확인한 것이지만 부모님이 지금까지 살아오면서 내게 쏟은 정성은 실로 눈물겨우며, 90세가 된 지금도 그 정성은 이어지고 있다. 이 책은 저녁 내내 쉬지도 않고 아들의 도시락을 준비해주시는 어머니, 허리가 많이 아파 제대로 걷지 못하심에도 아들을 터미널까지 직접 차를 태워주시는 아버지의 사랑의 결과물이라 해도 과언이 아니다. 다음으로 함께 나이 들어가는 즐거움이 나이 먹는 괴로움을 잊게 해줄 최은아 교수, 늦은 밤까지 연구실 불을 밝히며 늘 큰 힘이 되어주시는 이창근, 홍기천 교수님께 고마움을 전한다. 박창길 교수님과 생명체학대방지포럼 여러분들께도 감사드린다. 박창길 교수님은 동물권 활동이 지향해야 할 길을 알고 계시는 분으로, 제도적인 차원에서의 변화를 꾀하기 위해 오랜 세월을 헌신하셨고, 지금은 그 뜻이 김기왕 교수님과 회원들에게 전해지고 있다. 앞으로 생명체학대방지포럼의 모든 분들이 뜻하고자 하는 바의 결실이 잘 맺어지길 소망해본다. 끝으로 헌신적으로 교열 작업을 해주셔서 원고의 질을 크게 높여주신 조민영 선생님과 초벌 번역을 검토해주신 최훈 교수님, 그리고 번역 과정에서의 온갖 불편함을 기꺼이 감내해주신 연암서가 사장님께 크게 감사드리며, 이 책을 읽고 크건 작건 동물 문제에 관심을 갖게 된 모든 분, 그리고 자신의 삶을 어떤 방식으로든 바꾸어보려는 모든 분들께 감사의 마음을 전한다.

얼마 되지 않은 금액이겠지만 나는 이 책의 수익금을 전액 기부에 활용함으로써 사유 과정을 통해 얻은 결론을 작은 실천으로 옮겨보고자 한다. 기부는 내가 할 수 있는 최소한의 일일 것이고, 이와 더불어 동물의 도덕적 지위에 대한 강연도 해보고자 한다. 강연은 내가 활동가가 아닌 학자로서 할 수 있는 일로, 동물 문제에 대한 저변을 확대하는 방법이 될 수 있다. 이러한 강연은 동물의 도덕적 지위에 대한 생각을 재고하게 하고, 강연료를 기부에 활용하여 일석이조의 효과를 거둘 수 있는, 일종의 효율적 이타주의를 실천하는 방안이 될 수 있을 것이다. 나는 이런 방법으로 직접 활동을 펼치고 있는 활동가들에 대한 죄송함을 대신하고자 한다. 강연이 필요한 분들은 언제든 연락 바란다(kishan@jnue.kr).

2024년 여름
김성한

찾아보기

저자에 대해

피터 싱어Peter Singer는 1946년 호주 멜버른에서 태어나 멜버른대학교와 옥스퍼드대학교에서 공부했다. 영국, 미국, 호주에서 학생들을 가르치다 1999년부터 프린스턴대학교 인간가치연구센터의 Ira W. DeCamp 생명윤리 교수로 재직 중이다. 싱어는 1975년 『동물해방』을 출간한 후 국제적 유명세를 타기 시작했다. 잘 알려진 저서로는 『실천윤리학』, 『사회생물학과 윤리』, 『현실계의 윤리』, 그리고 『왜 비건인가?』 등이 있다. 그는 2009년 『물에 빠진 아이 구하기*Life You Can Save*』의 출간을 계기로 동일한 이름의 비영리단체를 설립했는데, 이는 가장 효과적으로 극빈자를 지원하는 자선단체를 추천하는 단체다. 또한 싱어는 2021년 베르그루엔 철학 및 문화상으로 상금 100만 달러를 받았으며, 이 상금을 동물을 위해 일하는 비영리단체와 세계 빈곤 퇴치 기구들과 나누었다.